Exklusiv für Buchkäufer!

Ihre Arbeitshilfen online

- Leseprobe „Unternehmensführung mit Werteorientierung —
  Zukunftsorientiert Führen mit dem ‚Sinnergie'-Konzept"
- Checklisten
- Übersichten
- Excel-Tools

Ihr eBook zum Download:

- Ihr kostenloses eBook zum herunterladen

Und so geht's

- unter www.haufe.de/arbeitshilfen
  den Buchcode eingeben
- QR-Code mit Ihrem Smartphone
  oder Tablet scannen

Buchcode: HWM-R8KS

www.haufe.de/arbeitshilfen

Erfolgreich im Familienunternehmen

Arnold Weissman

Erfolgreich im Familienunternehmen

Strategie und praktische Umsetzung in 10 Stufen

Prof. Dr. Arnold Weissman

1. Auflage

Haufe Gruppe
Freiburg · München

Bibliografische Information der Deutschen Nationalbibliothek
Die Deutsche Nationalbibliothek verzeichnet diese Publikation in der Deutschen
Nationalbibliografie; detaillierte bibliografische Daten sind im Internet über
http://dnb.dnb.de abrufbar.

Print ISBN: 978-3-648-04724-8   Bestell-Nr. 00040-0001
EPUB ISBN: 978-3-648-04725-5   Bestell-Nr. 00040-0100
EPDF ISBN: 978-3-648-04726-2   Bestell-Nr. 00040-0150

Arnold Weissman
Erfolgreich im Familienunternehmen
1. Auflage

© 2014, Haufe-Lexware GmbH & Co. KG, Freiburg
www.haufe.de
info@haufe.de
Produktmanagement: Jutta Thyssen

Lektorat: Helmut Haunreiter, 84533 Marktl am Inn
Satz: Reemers Publishing Services GmbH, 47799 Krefeld
Umschlag: RED GmbH, 82152 Krailling
Druck: fgb freiburger graphische betriebe, 79108 Freiburg
Illustrationen: www.die-zeichner.de

Erfolgreich im Familienunternehmen

Strategie und praktische Umsetzung in 10 Stufen

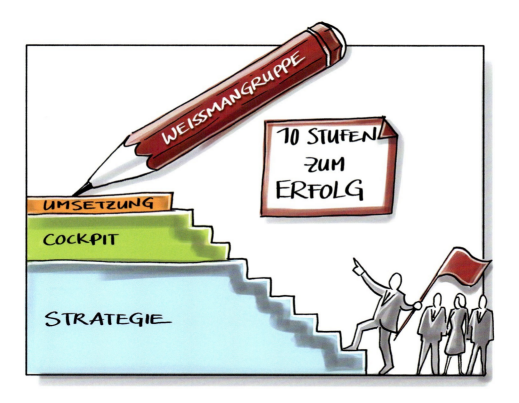

Inhaltsverzeichnis

Vorwort

Das Haus der Strategie bauen

„Ihr nehmt mein Haus, wenn ihr die Stütze nehmt,
Worauf mein Haus beruht; ihr nehmt mein Leben,
Wenn ihr die Mittel nehmt, wodurch ich lebe."

aus „Der Kaufmann von Venedig", William Shakespeare

Dieses Zitat aus dem „Kaufmann von Venedig" fällt mir ein, wenn ich darüber nachdenke, was die erfolgreiche Strategie von Familienunternehmen ausmacht. Das Haus muss solide gebaut sein, darf seines Fundaments nicht beraubt werden und muss ein stabiles Dach haben. Der Eigentümer muss stets ausreichende Mittel haben, um das Haus so instand zu halten, dass es an kommende Generationen weitergegeben werden kann — ganz so wie bei einem Familienunternehmen.

Abb. 1: Das Haus zur strategischen Entwicklung von Familienunternehmen

Vorwort

In unserem strategischen Haus der Familienunternehmen haben wir diesen Überlegungen eine Struktur gegeben, die wir in „Erfolgreich im Familienunternehmen — Strategie und praktische Umsetzung in 10 Stufen" präzisieren und konkretisieren. Es kann Ihnen sozusagen als Bauanleitung dienen. Mit diesem strategischen Haus setzen wir den Maßstab, nach dem Familienunternehmen erfolgreich geführt werden können. Die Basis eines erfolgreichen Unternehmens ist immer seine wertebasierte Führung. Strategie, Organisation, Führung und die Unternehmerfamilie sorgen dafür, dass das Dach, bestehend aus dem Leitbild mit Mission und Vision, auf einem tragfähigen Unterbau ruht. Heute ist es wichtiger denn je, dafür zu sorgen, dass das ganze Haus stets gut in Schuss ist.

Früher interessierte es niemand, wenn in China ein Sack Reis umfiel, heute könnte das eine internationale Wirtschaftskrise auslösen. Krisen und Katastrophen sind an der Tagesordnung und wirken sich global aus. Viele Unternehmen vernachlässigen angesichts wachsender Unsicherheit und stetigen Wandels die langfristig orientierte Strategiearbeit — der falsche Weg. Gerade wenn Märkte unsicher und volatil sind, sollte für den Unternehmer die Auseinandersetzung mit seinem Unternehmen an erster Stelle stehen. Er muss sein Haus bestellen, damit sein Unternehmen optimal für die Zukunft aufgestellt ist. Dazu gehören zwei Aufgaben: die Überprüfung des Unternehmensleitbilds und die strategische Entwicklung des Unternehmens und seiner Strukturen. Bei beiden Aufgaben handelt es sich um anspruchsvolle Unterfangen, die sich aber langfristig auszahlen. Unternehmen, die der Veränderung nur hinterherlaufen, werden keinen nachhaltigen Erfolg haben. Unternehmen mit einer zukunftsweisenden Strategie schon, denn sie setzen die Maßstäbe.

Das Mehr-Generationenhaus

Fürst Carl Philipp zu Salm-Salm sagte bei einem Treffen der Burgen- und Schlossbesitzer, historische Gebäude müssten im Familienbesitz bleiben, um ihr Fortbestehen über Generationen hinaus zu sichern. In seiner Eröffnungsrede betonte er: „Es ist das Schicksal jedes Schlossbesitzers, dass Sanierungen nie aufhören."

Wenn Sie ein Familienunternehmen über Generationen hinweg erhalten möchten, stehen Sie vor einer ähnlichen Herausforderung. Nur durch laufende und aufeinander abgestimmte Investitionen in das familieneigene Unternehmenshaus können Risiken und Gefahren abgewendet werden, die den Einsturz des gesamten Gebäudes verursachen könnten. Die kontinuierliche, von der Familie gemeinsam koordinierte Prüfung von Gebäudesubstanz und Statik ist Voraussetzung für jede zielgerichtete Erhaltungs- und Erneuerungsmaßnahme. Das Minimalziel ist hier, das Mehr-Generationenhaus so in Schuss zu halten, dass es jederzeit verkauft werden kann. Das Maximalziel ist es aber, die Attraktivität des Hauses so zu steigern, dass es als Zuhause und Lebensmittelpunkt auch für die nächste und die übernächste Generation interessant ist.

„Wir wollen das geerbte Unternehmen in gemeinsamer Verantwortung stärken und in die nächste Generation weitergeben."

Dr. Jürgen Heraeus, Aufsichtsratsvorsitzender der Heraeus Holding GmbH

Werte: Das Fundament langlebiger Familienunternehmen

Die Werte eines Unternehmens geben ihm Sinn und bilden die Basis für Identität und Stolz. Sie sind die Grundlage starker Marken. Mitarbeiter und Kunden können sich nicht mit Unternehmen identifizieren, die keine Werte und keinen Sinn haben.

Das Wort Werte kommt von dem lateinischen Wort „valere", was so viel heißt wie „stark sein", „kräftig sein". Werte machen also stark. Doch alle Werte wie Kundenzufriedenheit, Teamwork, Spitzenleistung, Leidenschaft, Integrität, Innovation, Nachhaltigkeit und Spaß entfalten ihre positive Wirkung nur dann, wenn sie mit der Strategie übereinstimmen, sich in der Organisation widerspiegeln, von der Führung (vor)gelebt und eingefordert und von der Unternehmerfamilie getragen werden.

Familienunternehmen als solche werden heute bereits als Marke wahrgenommen — eine Marke, an die explizite Markenerwartungen gerichtet sind. Eine 2011 vom Wittener Institut für Familienunternehmen durchgeführte Studie zeigt, dass soziale Verantwortung, Nachhaltigkeit, Innovationsfähigkeit und Wirtschaftlichkeit die zentralen, positiven Werte sind, die Familienunternehmen zugeschrieben werden. Den Gegenpol bilden Begriffe wie Stagnation und Ausbeutung, die sich durch unmoralisches Verhalten, eine Hire-and-Fire-Mentalität, schlechte Produktqualität und Raubbau an der Natur äußern. Diese negativen Werte werden eher mit anonymen Publikumsgesellschaften verbunden. Familienunternehmen erhalten hier einen Vertrauensvorschuss, den Sie sich jedoch ständig neu verdienen müssen. Wenn sich die positiven Markenerwartungen nicht mit den gelebten Werten des Familienunternehmens decken, leiden zuerst Image und Reputation des Unternehmens. Wie schnell dadurch die Substanz des gesamten Unternehmens ins Bodenlose abstürzen kann, hat die Insolvenz der Drogeriemarktkette Schlecker eindrucksvoll vorgeführt.

Vorwort

Familienunternehmen führen häufig den Familiennamen im Unternehmensnamen und die Mitglieder der Familie sind deshalb in äußerstem Maße selbst von Reputationsschäden betroffen. Klaus Hipp, der 2010 in der Kategorie Industrie mit dem renommierten Wirtschaftspreis „Entrepreneur des Jahres" ausgezeichnet wurde, weiß das und führt sein Unternehmen entsprechend. „Seit über 50 Jahren widmen wir uns aus Überzeugung und mit größter Sorgfalt dem organisch-biologischen Landbau. Aus Verantwortung für die natürliche und gesunde Entwicklung Ihres Babys ist dies für mich eine Aufgabe fürs Leben. Dafür stehe ich mit meinem Namen", sagt er in einem TV-Spot.

Das mit der „Marke" Familienunternehmen assoziierte Werteversprechen wirklich zu leben oder sogar noch zu festigen, bietet insbesondere in Zeiten, in denen das Vertrauen von Kunden und Mitarbeitern in große Publikumsgesellschaften massiv gestört ist, eine große Chance: Familienunternehmen können sich dadurch vom Wettbewerb abheben und ihre Überlebensfähigkeit dauerhaft erhöhen. Das Wertefundament und die dazu gehörige Unternehmenskultur werden durch die Gründerpersönlichkeit gelegt. Über Geschichten, Rituale und Verhaltensregeln wird dieses Wertegerüst von Generation zu Generation weitergegeben und fortlaufend weiterentwickelt. Der höchste Wert in langlebigen, Generationen überdauernden Familienunternehmen, und somit deren oberstes Kriterium für Erfolg, ist das Überleben des Unternehmens. Unternehmer wissen das.

„Wir verstehen uns als Treuhänder zwischen zwei Generationen."

Geschäftsführung der Pfeiffen & Langen Gruppe

„Ich bin nicht angetreten, um mit dem Unternehmen Monopoly zu spielen."

Stefan Dräger, Vorstandsvorsitzender Drägerwerk AG & Co. KGaA

„Mein Vater hat mir das Vermögen übergeben, um es zu pflegen, zu entwickeln, noch größer, stabiler, schöner und ertragreicher zu machen und es weiterzugeben. Es ist nicht zu meinem Vergnügen da."

Ferdinand Erbgraf zu Castell-Castell, Mitinhaber Castell Unternehmensgruppe

Werte sichern Zukunft

Der Erhalt und die Weiterentwicklung des tragenden Wertefundaments in diesem generationenübergreifenden Sinne verlangt von den handelnden Personen Antworten auf folgende Fragen:

- Welche Werte steigern die Überlebensfähigkeit des Unternehmens?
- Wie vermitteln wir diese Werte an die nächste Generation?
- Welche positiven Auswirkungen hat Langlebigkeit auf das Unternehmen?

Langlebige Familienunternehmen basieren auf Werten, die den Zusammenhalt der Familie stärken, die Überlebensfähigkeit des Unternehmens erhöhen und die Weitergabe des Hauses mit einem soliden Fundament an die nächste Generation ermöglichen. Ein Wertegerüst, das auf Respekt, Loyalität, Ehrlichkeit und Reputation basiert und von Generation zu Generation weitergegeben wird, stärkt den Zusammenhalt der Unternehmerfamilie und macht sie resistenter gegen Neid, Eifersucht und Missgunst, die jedes noch so gesunde Unternehmen zu Fall bringen können. Wie Dr. Peter Zinkann, geschäftsführender Gesellschafter der Miele & Cie. KG sagt:

„Familienunternehmen haben einen ganz großen Vorteil und einen ganz großen Nachteil, nämlich die Familie. Eine Familie in Frieden ist das Beste, was es für ein Unternehmen geben kann, eine Familie in Unfrieden dagegen das Schlimmste."

Langlebige Familienunternehmen verbinden unternehmerisches Feuer mit Tradition. Werte, die die Balance zwischen Bewahren und Erneuerung aufrechterhalten und dadurch die Überlebensfähigkeit des Unternehmens erhöhen, sind Unternehmertum, Exzellenz, Leistung, Weitsicht und Profitabilität. Gewinne zu erwirtschaften ist die „conditio sine qua non" — eine unerlässliche Bedingung — für Familienunternehmen und insofern eigentlich kein Wert an sich, sondern die Voraussetzung für die Sicherung der Überlebensfähigkeit des Unternehmens und damit der Bewahrung der unternehmerischen Familientradition. Anders ausgedrückt:

„Ein Unternehmen, das nachhaltig Erfolg haben und seinen Wert steigern will, muss in zukunftsstarke Ideen investieren. Freie Mittel gehen stets in innovative Technik und neue Märkte."

H. Baumann und M. Peters, geschäftsführende Gesellschafter, J. Eberspächer GmbH & Co. KG

Soziale Verantwortung, persönliche Verantwortlichkeit, Transparenz und Treuhandschaft sind Werte, die im Zusammenleben der Familie, in der Erziehung und Bildung des Nachwuchses sowie in den Bindungen und Beziehung der Familienmitglieder untereinander leben. Dazu ist es notwendig, dass die Familie im generationsübergreifenden Dialog bleibt. In der über 100 Personen umfassenden Familie Henkel findet ein solcher Dialog auf mehreren Ebenen statt: im Gesellschafterausschuss, in der Familienbesprechung und bei weiteren familiären Treffen wie dem „Informationskreis" oder dem „Löwen-Club".

Vorwort

„Man muss auch etwas für das Herz der Familie tun. Dass man zusammenwächst.
Denn ohne den emotionalen Zusammenhalt geht es nicht. Nicht Geld verbindet –
das trennt eher. Es ist die gewachsene Freundschaft, die uns zusammenhält."

Albrecht Woeste, Aufsichtsratsvorsitzender und Vorsitzender des
Gesellschafterausschusses der Henkel AG & Co. KGaA von 1990 bis 2009

Worthülsen und Allgemeinplätze klingen gut und werden meist schnell akzeptiert, weil ihnen die Verbindlichkeit für das eigene Führungshandeln fehlt. Ihre Auswirkungen auf strategische und organisatorische Entscheidungen sind nicht eindeutig und können nicht verbindlich eingefordert werden. Unverbindlichkeit schadet dem Unternehmen, weil sie weder Führungskräften noch Mitarbeitern Sinn und Orientierung bietet. Der Wertekodex der Familie Merck zum Beispiel gibt klar vor, dass ihr Unternehmen dem Wohle der Menschheit dienen soll. Für die unternehmerische Praxis und die strategische Unternehmensführung bedeutet das konkret, dass Geschäfte mit und Beteiligungen an Unternehmen verbindlich ausgeschlossen sind, wenn deren Geschäftszweck dem Kodex von Merck entgegensteht. Das trifft zum Beispiel auf die Rüstungsindustrie zu.

Im Unternehmen finden sich die Werte in der Unternehmenskultur wieder. Sie ist die Summe der gelebten Selbstverständlichkeiten und „das, was normal ist". Mitarbeiter, aber vor allem Führungskräfte, die die Werte des Unternehmens und der Eigentümerfamilie nicht leben beziehungsweise anderen Werten folgen, sind eine Belastung für das Unternehmen. Das kann durch keine noch so hohe Fachkompetenz kompensiert werden. Für Mitarbeiter wird man eventuell eine Lösung finden. Von Führungskräften, die die Werte im Unternehmen nicht mittragen können, muss man sich trennen.

Leitbild: Ein Dach für den Erfolg

Zu einem Unternehmensleitbild gehören Mission, Vision und Werte. Die Werte legen das Fundament des Unternehmenshauses. Vision und Mission bilden das Dach, das die Unternehmenssubstanz vor Wind und Wetter schützt. Nur wenn Mission und Vision ineinandergreifen, sind sie tragfähig und belastbar wie die beiden Seiten eines Giebeldachs und brechen nicht ein, wenn einmal zwei Meter Schnee fallen.

Die Mission der WeissmanGruppe ist es „Familienunternehmen in ihrer Zukunftsfähigkeit sowie in ihrer Unternehmensentwicklung zu stärken und sie somit exzellent auszurichten". Unsere Vision lautet, „der qualitativ führende Experte im

Bereich der strategischen Unternehmensentwicklung für Familienunternehmen in Deutschland, Österreich, der Schweiz und in Italien zu sein". Unsere Werte sind Vertrauen, Verantwortung und Verbindlichkeit.

> *„Wir Gesellschafter haben eine Vision, die uns antreibt: der Menschheit durch Erforschung von Krankheiten und Entwicklung neuer Arzneimittel und Therapien zu dienen."*
>
> *Christian Boehringer, Vorsitzender des Gesellschafterausschusses der C.H. Boehringer und Sohn AG & Co. KG*

Was für eine wunderbare Vorstellung! Wer könnte sich ihrer Faszination entziehen? Es ist die Aufgabe einer unternehmerischen Vision, das Bild einer attraktiven Zukunft zu schaffen; die Aufgabe einer Mission ist es, auszudrücken, welchen Beitrag ein Unternehmen für die Gesellschaft, für die Menschen leistet. Die Mission jedes Unternehmens sollte die Schaffung zufriedener Kunden sein. Kunden möchten eine qualitativ gute Ware, zu einem angemessenen Preis, zum richtigen Zeitpunkt und am richtigen Ort haben. Genau darauf, diesen Wunsch zu erfüllen, sollte die ganze Organisation ausgerichtet sein. Wenn sie darüber nachdenken, bedenken Sie, dass niemand ein Produkt oder eine Leistung kauft, sondern immer den Nutzen daraus. Niemand kauft ein Arzneimittel, weil es ein so tolles Produkt ist, die Tablette eine ansprechende Farbe hat. Er kauft es, weil er sich Heilung verspricht.

Ex-Bundeskanzler Helmut Schmidt hat einmal gesagt, wer Visionen habe, brauche einen Arzt. Er sah in einer Vision wohl eher eine Wahnvorstellung oder ein Zerrbild der Wirklichkeit. Doch nur wenn wir eine Vision vor Augen haben, ein Ziel, das unserem Tun einen Sinn gibt, strengen wir uns an und können Großes erreichen. Die Trainingslehre für Spitzensportler macht sich die Vorstellungskraft der Athleten zunutze, um deren Leistungsfähigkeit zu steigern. Warum sollten Unternehmer nicht dasselbe tun? Ihre Vision sollte ein klares Ziel formulieren, zeigen, wohin sich das Unternehmen entwickeln möchte. Eine Vision ist ein Entwurf im Kopf. Was man sich nicht vorstellen kann, kann man nicht erreichen. Ein Bildhauer, der aus einem Steinblock einen Löwen erschaffen möchte, muss ein klares Bild im Kopf haben, sonst kann er seine Absicht nicht umsetzen. Visionen ermöglichen es Unternehmen, zu Schöpfern ihrer Zukunft zu werden. Mit einer Vision reagieren sie nicht, sondern agieren. Es lohnt sich, eine einfache, klare und herausfordernde Zielvorstellung für alle zu schaffen, eine Vision der Zukunft, die die Mitarbeiter mit Stolz erfüllt, die Antriebsmoment ist, um in diesem Unternehmen die Erfüllung der beruflichen Wünsche zu suchen. Viele unserer psychischen Krankheitsbilder wie Burn-Out rühren aus der Sinnlosigkeit und Erfolglosigkeit, aus dem fehlenden Sinn der Arbeit.

Vorwort

Die Stimmigkeit der Vision mit dem gelebten Wertefundament, in dessen Zentrum die Überlebensfähigkeit des Unternehmens steht, verdeutlicht die Festschrift der Benteler International AG zum 125-jährigen Jubiläum:

„Nur ein Unternehmen, das ständig vorwärts strebt, Neuerungen nicht abwartet, sondern die Initiative ergreift und Visionen Raum gibt, meistert alle kommenden Herausforderungen mit Erfolg."

Die vier tragenden Säulen des Unternehmenshauses

Kein Haus kann nur aus Fundament und Dach bestehen. Dazwischen muss sich ein Gerüst befinden, von dem das Dach sicher getragen wird. In unserem Unternehmenshaus sind das vier Säulen: Strategie, Organisation, Mitarbeiter/Führung und die Unternehmerfamilie. Wie sicher diese Säulen auf dem Fundament stehen, hängt von den Werten ab und vor allem davon, wie sie von den Bewohnern des Hauses gelebt werden.

Strategie — langfristige Unternehmensentwicklung

Die Betrachtung des Unternehmens als reine „Gewinnerzielungsmaschine", die Shareholder über den Zuwachs finanzieller Ressourcen befriedigt, tritt bei Familienunternehmen hinter ein anderes Motiv zurück. In den Vordergrund rücken hier Erhalt und Wachstum des Unternehmens, in das ein Großteil des Gewinns fließt. Gewissermaßen „bauen" die Unternehmerfamilien über Generationen am Unternehmen und erfreuen sich an dessen Gedeihen. Die übliche Betrachtung wird so umgekehrt. Es gilt also: Wir benötigen Gewinn, um das Unternehmen zu erhalten — und nicht: Wir benötigen das Unternehmen, um Gewinn zu erwirtschaften.

Folgt die Unternehmensstrategie dem Wertefundament und dem Leitbild, unterliegen alle strategischen Überlegungen dem Ziel, die Überlebensfähigkeit des Unternehmens zu stärken. Die Strategie muss deshalb für die nächsten fünf bis sieben Jahre einen verbindlichen Korridor aufzeigen, in dem Rendite, Wachstum, Risiko und Liquidität des Unternehmens ausbalanciert sind. Diesem langfristigen Grundverständnis der Unternehmensentwicklung steht entgegen, dass in der unternehmerischen Praxis nie genau das Ergebnis herauskommt, das geplant wurde. Dafür gibt es, nicht nur in generationenübergreifenden Zeiträumen, sondern bereits kurz- und mittelfristig, zu viele Unwägbarkeiten. Wie muss also Strategiearbeit aussehen, die keine scheingenauen Zahlenfriedhöfe und ungelesene Prosa produziert, sondern einen messbaren Beitrag zur Steigerung der Überlebensfähigkeit des Unternehmens leistet?

Strategiearbeit muss konkrete Schritte und Etappen auf dem Weg zu den Wettbewerbsvorteilen von morgen liefern. Wettbewerbsvorteile sind die Ursache für erfolgreiche Differenzierung von der Konkurrenz im Markt. Austauschbare Produkte und Leistungen zerstören das Gleichgewicht zwischen Rendite, Wachstum, Risiko und Liquidität und gefährden so die Überlebensfähigkeit des Unternehmens. Die existenzielle Bedeutung dieses Zusammenhangs zwischen Wettbewerbsvorteilen, Differenzierung und Überlebensfähigkeit des Familienunternehmens verdeutlicht folgendes Zitat:

> *„Eine Privatbank, die das gleiche Geschäft betreibt wie eine Großbank oder eine Sparkasse, hat im Grunde keine Daseinsberechtigung."*
>
> *Friedrich von Metzler, persönlich haftender Gesellschafter,*
> *B. Metzler seel. Sohn & Co. KGaA*

Weil sich Produkt- und Marktumfeld branchenübergreifend immer schneller ändern, schaffen einmal etablierte Wettbewerbsvorteile keine dauerhafte, geschweige denn generationenübergreifend wirksame Differenzierung vom Wettbewerb. Eine praktisch und langfristig wirksame Strategie geht tiefer und setzt an den Kernkompetenzen des Unternehmens, auf denen die Wettbewerbsvorteile basieren, an. Ein wesentliches Merkmal dieser Kernkompetenzen ist deren Dauerhaftigkeit. Entsprechend sollten die Kernkompetenzen nicht verkauft werden. Die am Überleben des Familienunternehmens ausgerichtete Strategiearbeit ist immer eine Investition in die Entwicklung dieser Kernkompetenzen. Damit sie im Markt zu den erwünschten Wettbewerbsvorteilen führen, muss das Geschäftsmodell des Familienunternehmens entsprechend angepasst werden. Erfolgreiche, am Überleben des Unternehmens ausgerichtete Strategiearbeit verbindet seine Kernkompetenzen mit dem Geschäftsmodell und leitet daraus Wettbewerbsvorteile ab, die eine klare Differenzierung gegenüber dem Angebot des Wettbewerbs ermöglichen, und zwar nicht nur heute, sondern auch morgen und übermorgen. Wenn dies gelingt, ist die Überlebensfähigkeit des Familienunternehmens — die Balance aus Wachstum, Rendite, Risiko und Liquidität — gesichert.

Aus einem Werteverständnis, das auf unternehmerischer Unabhängigkeit und familiärer Kontinuität basiert, ergeben sich unter dem strategischen Blickwinkel spezielle Anforderungen an die Faktoren Rendite, Wachstum, Risiko und Liquidität. Wenn das Unternehmen Vorrang vor der Familie hat, dann bedeutet dies für die Gesellschafter, sich bei der Gewinnausschüttung zurückzuhalten, um dadurch die Liquiditäts- und Eigenkapitalversorgung des Unternehmens sicherzustellen. Dr. Reinhard Freudenberg, Vorsitzender des Gesellschafterausschusses der Freudenberg GmbH & Co. KG hat das treffend zusammengefasst:

„Wir wollen eine Familiengesellschaft bleiben, das haben wir in den Geschäfts-grundsätzen." Und weiter: „Wir wollen unsere Unabhängigkeit erhalten. Wir haben wenig Schulden, wir nehmen kein riesiges Geld auf, wir tätigen keine unerschwing-lichen Firmenkäufe, wir gehen nicht an die Börse, wir nutzen keine spekulativen Finanzinstrumente."

Vor diesem Hintergrund ist es verständlich, dass Familienunternehmen meistens organisch wachsen. Welche substanziellen Risiken aggressive Wachstumsstrate-gien, die auf Unternehmensübernahmen basieren, mit sich bringen können, hat die Übernahme der börsennotierten Continental AG durch das Familienunterneh-men Schaeffler gezeigt. Viele langlebige Familienunternehmen folgen daher als sogenannte Hidden Champions unter anderem der Wachstumsstrategie, sich aus innerer Kraft heraus über ihr Spezialwissen zu entwickeln. Folgendes Zitat veran-schaulicht diesen strategischen Fokus:

> *„Wir nehmen für uns in Anspruch, ein langfristig denkendes und handelndes Unternehmen zu sein. Wir wollen in Nischenmärkten eine marktführende Position besetzen und diese kontinuierlich ausbauen."*
>
> *Burkhard Schuchmann, Vorstandsvorsitzender der Vossloh AG von 1994 bis 2005*

Andere Unternehmen verfolgen weniger aus Wachstums- als aus Risikogesichts-punkten heraus eine Strategie der Diversifikation. Doch unabhängig von ihrem strategischen Fokus teilen Familienunternehmen den Anspruch, unternehmerisch eine Spitzenposition in ihrem Markt zu erreichen. Noch einmal Dr. Reinhard Freu-denberg:

„Wir haben den Grundsatz aufgestellt, dass wir nur in Geschäften tätig sein wol-len, in denen wir Marktführer sind oder eine sehr plausible Chance haben, das zu werden. Und dann kann man auch sehr unterschiedliche Geschäfte haben."

Organisation — Rahmen zur Umsetzung der Strategie

Die Struktur muss der Strategie folgen, sonst wedelt der Schwanz mit dem Hund. Teil jeder Strategieentwicklung ist daher zu prüfen, ob Strategie und Struktur zu-sammenpassen, ob die Organisation die Erfordernisse der Strategie abbildet. In gleichem Maße wie sich die Strategie den sich verändernden Marktverhältnissen anpassen muss, gilt das auch für die Organisation. Die Organisation ist das Vehikel, um die während des Prozesses der Strategieentwicklung identifizierten Wettbe-werbsvorteile und die zugrunde liegenden Kernkompetenzen erfolgreich am Markt umzusetzen. Eine zentrale Herausforderung dabei ist es, die Differenzierung im

Markt mit einem möglichst hohen Grad an Standardisierung der Organisation nach innen zu erreichen — keep it strictly simple, wie die Amerikaner sagen. Das spiegelt sich sowohl in der Hierarchie des Unternehmens als auch in der Gestaltung seiner Arbeitsabläufe wider.

Die Schwerpunkte der Strategie mit den zugrunde liegenden Kernkompetenzen und Wettbewerbsvorteilen müssen in der Organisation abgebildet werden. Die Strategie legt fest, welche Kompetenzen Sie in drei, fünf und sieben Jahren brauchen. Die Organisation muss so angelegt sein, dass sie diese Kompetenzen abbilden kann. Wenn Sie sich vom Wettbewerb zum Beispiel durch eine starke Marke absetzen möchten, ist es zwingend, dass die Organisation auf dieses Ziel hin ausgerichtet ist. Das bedeutet, dass Sie in der Geschäftsführung einen Markenexperten brauchen. Die Organisationsform, die Sie letztlich für Ihr Unternehmen wählen, muss zum Unternehmen passen und ihm die Umsetzung seiner Strategie erlauben. Je komplexer und dynamischer der Markt ist, in dem Sie sich bewegen, je komplexer und neuartiger Ihre Produkte sind, desto weniger eignet sich eine hierarchische Organisation. Vernetzte und virtuelle Organisationen sind die Organisationen der Zukunft.

In den 1950er-Jahren gab es einen Verkäufermarkt. Es herrschte Mangel. Im Mittelpunkt der Strategie stand die Kostenführerschaft. Entsprechend waren die Organisationen auf das Produkt ausgerichtet. Arbeitsteilung und Arbeitshierarchie waren die gängigen Strukturen. Auch wenn sich die Ausrichtung der Strategie im Laufe der Jahrzehnte veränderte, blieb doch die Fokussierung der Organisation auf das Produkt bestehen. Heute haben wir es jedoch weitgehend mit gesättigten Märkten zu tun. Wir besitzen alles im Überfluss. In den Mittelpunkt strategischer Überlegungen rückt jetzt die individuelle Massenfertigung, das „Customizing". Produkte sind weitgehend austauschbar. Den Unterschied machen Marken, Emotionen und Menschen, die individuelle Wünsche des Käufers befriedigen oder ihm Lösungen für seine Probleme bieten, die ihm andere nicht bieten können. Für die Organisation heißt das, sich von der Produktfokussierung zu lösen und sich auf den Kunden zu konzentrieren, sich dem Markt zu öffnen. Hierarchisch-patriarchalisch geführte Organisationen, in denen einer an der Spitze steht und den Mitarbeitern sagt, was sie wann wie zu tun haben, können die neuen Marktanforderungen nicht mehr erfüllen. Sie schöpfen die Potenziale ihrer Mitarbeiter, deren Wissen und Erfahrung nur zu einem Bruchteil aus.

Unternehmen müssen sich davon verabschieden, ein Produkt zu verkaufen. Sie müssen zentrale Probleme Ihrer Kunden sichtbar, also auf eine für Ihre Kunden wahrnehmbare Weise, besser lösen als andere. Um aber die Probleme der Kunden zu erkennen, müssen Unternehmen mit ihren Kunden und innerhalb des Unternehmens, zum Beispiel zwischen den Abteilungen, kommunizieren. Mitarbeiter brauchen die nötigen Kompetenzen, um die Probleme der Kunden zu erkennen und sie dann auch besser als der Wettbewerb zu lösen. Und selbst wenn das gelingt, muss das Unternehmen noch am Markt sichtbar werden. Das geschieht durch Kommunikation nach innen und außen — und Kommunikation funktioniert nicht ohne Menschen. Dem muss sich die Organisation anpassen. Führungskräfte haben in modernen Organisationen die Aufgabe, dem Unternehmen einen Sinn zu geben, die Mitarbeiter dabei anzuleiten, sich zu entwickeln und herausfordernde Aufgaben selbstständig zu lösen. Der große Macher an der Spitze, der allen zeigt, wo es langgeht, reicht nicht mehr. Heute brauchen Mitarbeiter einen Plan, den sie verstehen und mitgestalten, damit sie ihre Aufgaben erfüllen können.

Führung mit Werten

Die Besetzung von Führungspositionen ist in Familienunternehmen eine der wichtigsten, wenn nicht die wichtigste Entscheidung überhaupt. Hier kann und darf es keine Kompromisse geben, denn der Fisch stinkt immer vom Kopf. Ein negativer Energieträger demotiviert, enttäuscht und kann letztlich den Unternehmenserfolg verhindern. Wissen kann man lernen, Können kann man erwerben, Einstellung hat man oder eben nicht. Egal ob die Führungskraft aus der Unternehmerfamilie kommt oder von außen: Egoistische Starmanager sind an der Spitze langlebiger Familienunternehmen fehl am Platz.

„Für ein Unternehmen Verantwortung zu tragen, ist ein Lebensstil."

Dr. Heinrich Weiss, Vorsitzender der Geschäftsführung, SMS Group

Der Mensch ist heute der wichtigste Aktivposten in Unternehmen und gleichzeitig der entscheidende Engpassfaktor. Insofern kommt der Führung wachsende Bedeutung zu. Das Ziel von Führung ist heute, Unterstützung und Inspiration zu geben. Sie muss Vorbild sein, Ziele zeigen und Orientierung geben. Führungskräfte sind keine Animateure, die den Clown geben, um ihre Mitarbeiter zu motivieren. Das können sie sowieso nicht, denn Motivation ist intrinsisch, kommt von innen. Führung muss Sinn vermitteln. Führende sind nur Führende, wenn sie Folgende haben. Wenn ihnen in der Krise keiner folgt, waren sie nie Führende, sondern höchstens Diktatoren, denen man aus Angst folgte. Die Mitarbeiter — und nur sie allein — entscheiden, ob jemand eine (gute) Führungskraft ist.

Und bedenken Sie: Motivation lässt sich nicht kaufen. Man kann Motivation nur behindern oder, im günstigen Fall, Umgebungsbedingungen schaffen, unter denen Motivation gedeihen kann. Der direkte Vorgesetzte ist der häufigste Kündigungsgrund von Mitarbeitern. Führung sollte auf Vertrauen fußen. Dabei spielt es keine Rolle, ob die Organisation hierarchisch oder vernetzt aufgebaut ist. Hierarchiefreie Unternehmen wird es nicht geben, ebenso wenig wie es in der Natur ohne Hierarchien geht. Jedes Wolfsrudel hat einen Leitwolf. Führung lässt sich mit Kindererziehung vergleichen. Im Mittelpunkt stehen das Kind und seine Entwicklung. Mitarbeiterentwicklung bedeutet nicht Hierarchieentwicklung, sondern Kompetenzentwicklung. Erziehung und Führung bedeuten, anderen alle Möglichkeiten zu bieten, damit sie sich optimal entwickeln können. Führen heißt, andere emporheben.

Auch in Familienunternehmen gibt es die inkompetenten Führungskräfte, die dem Unternehmen Liquidität entziehen, sich mit Ja-Sagern umgeben, sich mit fremden Federn schmücken, nicht zu ihren Fehlern stehen und Mitarbeiter als Leibsklaven betrachten. Doch Unternehmen, in denen sich diese Form von Führung breit macht, gelangen in der Regel nicht mehr in die Hände der nächsten Generation.

Langlebige und damit erfolgreiche Familienunternehmen entwickeln ihre Führungskultur mit jeder Generation weiter. Am Anfang steht der charismatische Gründungspionier mit patriarchalischem Führungsverständnis. Die Nachfolger beschrieb Jim Collins in seiner Untersuchung „Good to Great" als persönlich sehr bescheidene, aber sachlich extrem fordernde Führungspersönlichkeiten. Sie arbeiten in der Sache sorgfältig und fachlich kompetent, besitzen die Fähigkeit, Leistungen und Verdienste anderer wahrzunehmen und hervorzuheben, übernehmen im Gegenzug aber selbst Verantwortung für Fehler anstatt diese zu delegieren. Dr. Richard Freudenberg beschreibt dieses Führungsverständnis aus dem Blickwinkel der Praxis und stellt den Zusammenhang mit dem Wertefundament von Familienunternehmen her:

„…, dass wir mit dem weitaus größten Teil unseres Umsatzes wichtige, aber eher unauffällige technische Materialien oder Teile an … Industrien liefern, die von uns Zuverlässigkeit, Qualität, Innovation und Internationalität erwarten, nicht ein glanzvolles öffentliches Auftreten. Unsere Führungskräfte sollen nicht das Bedürfnis haben, Ihr Ego in den Vordergrund zu stellen. … Aber es muss ihnen gefallen, in einer vertrauensvollen und offenen Atmosphäre zu arbeiten. … Die Entscheidungsspielräume sind bei uns groß. … Wir haben eine lange Tradition der Geduld als Voraussetzung für das angestrebte Innovationsklima. (Die Führungskraft) … darf keinen Zweifel an ihrer Loyalität aufkommen lassen oder die Führungsgrundsätze gravierend verletzen. … Wir suchen keinen gleichförmigen Managertyp, sondern freuen uns über die Pluralität der Charaktere — im Rahmen der Führungsgrundsätze."

Offenheit, Vertrauen, Loyalität, Zuverlässigkeit und Zurückhaltung sind zentrale Bausteine einer klaren Werteorientierung von Familienunternehmen — und damit auch von ihren Führungskräften. Um die Überlebensfähigkeit von Familienunternehmen zu steigern, müssen die Führungskräfte darüber hinaus über die Fähigkeit verfügen, langfristig mit anderen Mitgliedern des eigenen Leitungsteams sowie mit anderen Leitungsgremien, wie dem Aufsichtsrat, dem Beirat, dem Familienrat oder dem Gesellschafterkreis zusammenzuarbeiten. Untermauert wird dies von den neuesten empirischen Erkenntnissen, die das Institut für Mittelstandsforschung und die Universität Mannheim gewonnen haben: Eine von der Stiftung Familienunternehmen in Auftrag gegebene Studie führte zu dem Ergebnis, dass die Verweildauer der Topmanager und der Führungskräfte mit Prokura in Familienunternehmen erheblich länger ist als in anonymen Publikumsgesellschaften.

Oberste Zielsetzung jeder Führungskraft und jedes Führungsteams im Familienunternehmen muss immer das Überleben des Unternehmens sein. Dieses Ziel muss klar vor der Erfüllung persönlicher Interessen stehen.

> *„Ein Geschäftsführer, dessen persönliche Wünsche sich mit den unternehmerischen Zielen decken, ist noch ein Stück mehr motiviert und glaubwürdig."*
>
> *Reinhard Schneider, Vorsitzender der Geschäftsführung*
> *der Werner & Mertz GmbH*

Nur mit einer gelebten Wertebasis kann es der Führung gelingen, Gesellschaftern und Mitarbeitern das Unternehmen als sinnstiftend zu vermitteln. Erst wenn alle Mitwirkenden davon überzeugt sind, einen substanziellen Beitrag zu etwas für sie persönlich Wichtigem zu leisten, werden die Führungsanstrengungen in Form von gesteigerter Überlebensfähigkeit des Unternehmens belohnt. Die Führungsqualität gegenüber den Gesellschaftern zu beweisen, ist lediglich die eine Seite der Medaille. Nur wenn auch die Mitarbeiter die Führungskraft akzeptieren und ihr folgen wollen, wird das Unternehmen dauerhaft prosperieren.

Die Kraft der Familie

„Über der Familie steht die Firma."

Diese Aussage von Dr. Hugo Henkel, der von 1908 bis 1938 die Unternehmensleitung der Henkel AG & Co. KG innehatte, gilt auch heute noch. Auch der Leitspruch der Familie Oetker weist in dieselbe Richtung: „Die Interessen des Unternehmens stehen vor den Interessen der Familie."

Die Geschichte der fast 500 Jahre alten Prym GmbH & Co. KG zeigt, was passieren kann, wenn sich die Familie uneins ist und auch, welche Kraft eine Familie entwickeln kann, wenn sie sich ihrer Verantwortung stellt. Auf einer Veranstaltung schlug Andrea Prym-Bruck die Zuhörer mit einer Geschichte über Erfolg, Intrigen, ungewöhnliche Bündnisse, über Aufstieg und Fall, über Kriege und Militäraufträge in ihren Bann. Offen berichtete sie von Senioren, die nicht loslassen konnten, von Familienzwist und von Preisabsprachen, die das Unternehmen fast ruinierten. Aber sie sprach auch vom Willen einer Familie, zu kämpfen. „Wir sind grandios gescheitert, trieben wie Schiffbrüchige auf dem Meer und klammerten uns an ein paar Planken. Aber es ist uns gelungen, daraus ein Floß für die ganze Familie zu bauen", illustrierte sie die Entwicklung der letzten Jahre. Jetzt gehe es darum, der nachfolgenden Generation ein unbelastetes Unternehmen zu übergeben. „Das, was wir vermasselt haben, räumen wir wieder auf", sagte Andrea Prym-Bruck zum Abschluss ihres Vortrags.

Unternehmerfamilien müssen sich immer bewusst sein, dass das Überleben des Unternehmens Voraussetzung für die Existenzsicherung der Familie ist. Dafür müssen alle Familienmitglieder bereit sein, die eigenen Belange hintenan zu stellen. Es ist ein Grundgesetz von über Generationen erfolgreichen Familienunternehmen, dass das Unternehmen der Familie als Sicherung ihrer Existenz dient, die Familie als Gegenleistung ihre Ressourcen und Fähigkeiten zur Verfügung stellt.

In dieser Schicksalsgemeinschaft hat die Familie die Aufgabe, ihre Verbundenheit zum Unternehmen zu gewährleisten und darüber hinaus ihre unternehmerische Handlungs- und Entscheidungskompetenz sicherzustellen und die nächste Generation entsprechend auszubilden und vorzubereiten. Die Sicherung der Überlebensfähigkeit des Unternehmens verlangt, die Ressourcen und Fähigkeiten der Familie, die dazu einen positiven Beitrag leisten können, zu erhalten, auszubauen und optimal einzusetzen. Familiäre Konflikte müssen außerhalb des Unternehmens und ohne Beeinträchtigung des Unternehmens gelöst werden. Familienstrategien haben die Verbindung zwischen Unternehmen und Familie geregelt, lange bevor sie so bezeichnet wurden. Im Zentrum dieser Strategien stehen Identifikation, Umsetzung und Anpassung von Regelungen, durch die auch die Nachfolgegenerationen eine emotional tragfähige und sachlich fundierte Beziehung zum Unternehmen entwickeln können.

Zur Sicherung der Überlebensfähigkeit des Unternehmens gehört auch die Vorsorge für den Fall des Todes, eines Unfalls oder einer schweren Krankheit. Niemand denkt gerne an die eigene Vergänglichkeit, doch ein Unternehmen, das plötzliche ohne Führung da steht, tut sich schwer. Besonders wichtig sind diese Vorkehrungen natürlich für Unternehmer, die das Unternehmen alleine führen. Gerade sie versäumen es oft, sich ernsthaft Gedanken über ihre Nachfolge zu machen und gefährden damit ihr Lebenswerk. Es reicht nicht, ein Testament zu verfassen. Im Unternehmen und in der Familie muss geklärt werden, wer die Nachfolge antritt oder das Unternehmen interimsweise führt. Ebenso sollten sich Unternehmer frühzeitig mit dem Aufbau eines geeigneten Nachfolgers befassen.

Zahlreiche Beispiele zeigen, dass sich Unternehmer schwer damit tun loszulassen. Das ist verständlich, denn sie haben das Unternehmen oft jahrzehntelang geprägt und nach ihren Vorstellungen geformt. Der Nachfolger muss erst zum Unternehmer werden. Dafür muss er jedoch die Möglichkeit haben, nach seinen eigenen Vorstellungen zu gestalten, also das Unternehmen zu verändern, doch das lässt der Senior nicht immer zu. Er ist davon überzeugt, dass sein Weg der richtige ist und merkt möglicherweise nicht einmal, dass sich die Zeiten geändert haben oder er sich selbst überfordert. Zwist zwischen Senioren und Nachfolgern ist deshalb nicht selten. In manchen Fällen führt es sogar dazu, dass sich die Generationen entzweien und der potenzielle Nachfolger das Unternehmen wieder verlässt beziehungsweise vom Senior dazu gezwungen wird. In möglicherweise hohem Alter steht der Senior dann plötzlich wieder ohne Nachfolger da. Im Herbst 2008 zum Beispiel setzte Darboven-Chef Albert Darboven seinen Sohn und Nachfolger Arthur wieder vor die Tür. Es habe Verständigungsschwierigkeiten gegeben, sein Sohn nehme eine Auszeit, ließ der damals 72-Jährige wissen. Heute, 77 Jahre alt, führt er das Unternehmen noch immer. Auch bei der Unternehmensgruppe Fischer im Schwarzwald funktionierte der Generationswechsel nicht. Unternehmenschef Klaus Fischer hatte 2011 die operative Führung der Firma bereits an seinen Sohn Jörg Klaus abgegeben. Im Frühjahr 2012 übernahm der 61-Jährige die Geschäftsführung wieder selbst. Der Sohn habe die Gruppe auf eigenen Wunsch wieder verlassen, hieß es. Klaus Fischer sagte: „Wir haben in den vergangenen Wochen feststellen müssen, dass unsere Vorstellungen im Hinblick auf Ausrichtung und Führung des Unternehmens gravierend unterschiedlich sind."

Das sind nur zwei der bekanntesten Beispiele, doch man kann davon ausgehen, dass es in vielen Familienunternehmen ähnlich aussieht. Die gelungene Nachfolge ist für Familienunternehmer die Krönung ihres Lebenswerks und sichert den Fortbestand des Unternehmens. Wer das Thema Nachfolge nicht rechtzeitig und geplant angeht, steht am Ende vielleicht ohne Nachfolger da. In großen Unternehmerfamilien werden die Abläufe für die Nachfolge deshalb in der Familienverfassung geregelt. Einzelunternehmen lassen das Thema gerne schleifen — zum Nachteil des Unternehmens.

Weitere Gefahren drohen, wenn sich die Unternehmerfamilie im Laufe der Zeit zu einer Dynastie mit mehreren Stämmen entwickelt und das Unternehmen komplexer wird. Jetzt steigt die Gefahr, dass die Beziehung zwischen Unternehmen und Familie brüchig wird und scheitert. Eine Gesellschafterverfassung kann dazu beitragen, dieses Risiko zu begrenzen. Die Familie muss eine klare Vorstellung davon entwickeln, in welcher Form sie das Unternehmen erhalten will. Dazu ist ein gemeinsames Verständnis davon nötig, was die Zugehörigkeit zur Familie definiert und was nicht. Das ist ohne gemeinsame Werte, Ziele und Regeln nicht möglich. In der Verfassung werden die Rollen und Funktionen von Familienmitgliedern im Unternehmen beschrieben, eine wesentliche Voraussetzung dafür, die Führungsnachfolge und die Übergabe von Unternehmensanteilen an die nächsten Generationen zu regeln. Die Sicherung der unternehmerischen Handlungs- und Entscheidungsfähigkeit innerhalb der Familie erfordert, den Nachwuchs auszubilden. Familienmitglieder, die eine Funktion innerhalb des Unternehmens wahrnehmen und sei es als Gesellschafter, müssen über die notwendigen Gesellschafter-, Führungs- und Managementqualifikationen verfügen. Sachliche und fachliche Kompetenzentwicklung bildet zusammen mit emotionalen, friedenssichernden Aktivitäten die zentralen Elemente des Familienmanagements.

Nach diesem kurzen Rundgang durch unser System zur Strategieentwicklung und -umsetzung für Familienunternehmen möchte ich Sie dazu einladen, Stufe für Stufe die Strategie für Ihr Unternehmen zu überprüfen, zu erneuern, zu entwickeln. Ich wünsche Ihnen, dass Sie mit Ihrem Unternehmen zu denen gehören, deren Haus so sicher gebaut ist, dass es allen Stürmen, Erdbeben und sonstigen Gewalten trotzt. Mögen Sie immer genug Geld für Reparaturen, Renovierungen und Anbauten haben, damit Sie das Haus in einem ausgezeichneten Zustand an die nächste Generation übergeben können.

Ihr

Arnold Weissman

Einführung – vom Wollen zum Können

Den Erfolg wünscht sich jeder Unternehmer, doch nicht alle haben ihn und viele Unternehmen überleben mehr schlecht als recht. Sie leben von der Hand in den Mund und werden niemals den Erfolg erreichen, den sie sich erträumen. Jede Krise bringt sie zwangsläufig in existenzielle Bedrängnis. Was unterscheidet die Erfolglosen von den Erfolgreichen? Und warum können selbst die Erfolgreichen stürzen? Was unterscheidet Anton Schlecker von seinem Mitbewerber Dirk Rossmann? Wenn ein Unternehmen scheitert, liegt es in der Regel nicht am Markt oder an der Konkurrenz, sondern letztlich an der Führung. Es wurde versäumt, das Unternehmen mit einer langfristigen Strategie vorausschauend zu führen. Eine Liquiditätskrise kommt niemals aus dem Nichts. Sie ist Folge einer Ertragskrise, die wiederum Folge einer Strategiekrise ist. Existenzbedrohende Krisen bauen sich mit einigen operativ verlustreichen Jahren immer weiter auf, bis es keine Handlungsspielräume mehr gibt. Externe Faktoren wie Wirtschaftskrisen können den Absturz lediglich beschleunigen.

Wir haben ein Strategiesystem entwickelt, das in zehn Stufen systematisch zum Erfolg führt. Dahinter stehen viele Jahre Beratungsarbeit mit Familienunternehmen. Das System wurde immer wieder in der Praxis getestet und hat sich vielfach bewährt. Jeder Unternehmer kann damit arbeiten. Es basiert auf der Erkenntnis von Charles Darwin, der für die Evolutionstheorie den Terminus „Survival of the Fittest" geprägt hat. Häufig ist dies verstanden worden als „das Überleben der Stärksten". Doch das hat Darwin nicht gemeint. „The Fittest" sind nicht die Stärksten, sondern diejenigen, die sich den jeweiligen Gegebenheiten am besten anpassen. Übersetzt in den unternehmerischen Kontext: Selbst Marktführer können scheitern, wenn sie sich auf ihrem Erfolg ausruhen, Entwicklungen der Märkte verpassen und neue Bedürfnisse ihrer Kunden nicht rechtzeitig erkennen.

Unser Umfeld ist heute gekennzeichnet durch einen rasanten Wandel. Unternehmen wie Schlecker, Quelle, Horten, Holzmann, Nokia und viele andere lehren uns: „Weiter wie bisher" ist selten ein guter Ratgeber. Entwicklungen der Globalisierung, Digitalisierung, Vernetzung, Integration und Individualisierung sind, ebenso wie der demografische Wandel, Faktoren, die dafür sorgen, dass sich die Rahmenbedingungen in den Märkten fundamental und mit hoher Geschwindigkeit verändern. Laufend entstehen neue Regeln und Prinzipien. Der fundamentale Wandel des Marktumfelds hat direkte Konsequenzen für jedes Unternehmen. Abgesehen davon, dass es den Wandel erkennen und verstehen muss, sollte es sich über die Konsequenzen für seine Unternehmensführung und die daraus resultierenden veränderten Anforderungen an seine Führungskräfte klar werden. Eine Anpassung der Strategie ist zwingend. Dabei genügt es nicht, die momentane Marktsituation zu kennen und sich an aktuelle Umfeld- und Wettbewerbsbedingungen anzupassen. Es gilt, die bedeutsamsten Entwicklungen der Zukunft zu antizipieren. Strategisches Management ist also mehr als ein aktives Anpassen des Unternehmens an aktuelle Umfeldbedingungen. Wirtschaftliche Turbulenzen führen zu einem Wertewandel, dem veränderte Ansprüche folgen. Veränderungen in Natur, Ökonomie und Gesellschaft spiegeln sich insbesondere in den technologischen Trends wider. Konsumententrends übersetzen diese Veränderungen auf die Warenebene. Sie werden vom Lebensgefühl der sich im sozialen Wandel befindenden Menschen geprägt und schlagen sich in den Produkt- und Konsumwelten nieder.

Mit dem hier vorgestellten Strategiesystem sind Unternehmen nicht nur in der Lage, eine Strategie zu entwickeln und umzusetzen, sondern es erlaubt ihnen, Turbulenzen vorauszusehen, ihre Strategie immer wieder auf den Prüfstand zu stellen und künftigen Erfordernissen anzupassen. Das Umsetzen der Strategie mit Hilfe des Unternehmenscockpits versetzt Unternehmer in die Lage, ihr Unternehmen sicher durch unsichere Zeiten zu steuern.

Wir haben damit ein Instrument geschaffen, das Unternehmen dabei unterstützt, sich nachhaltig zukunftsfähig und krisenresistent aufzustellen. Es vereinigt in sich die aus den drei wichtigsten Managementmodellen der Welt gewonnenen Erkenntnisse: C. K. Prahalad und Gary Hamel stellten erstmals die Konzentration auf die Kernkompetenzen in den Mittelpunkt der Unternehmensstrategie. Michael E. Porter setzt in seinem Fünf-Kräfte-Modell (Porter's Five Forces) auf die Competitive Strategy. Er erkannte, dass sich eine erfolgreiche Unternehmensstrategie am Umfeld orientieren muss. Alfred Rappaport begründete den Shareholder Value. Unsere Vorgehensweise integriert alle drei Modelle und basiert auf dem Bewusstsein, dass eine robuste Strategie, die auf einer Vision und auf stabilen Werten aufsetzt, die Grundlage nachhaltigen Erfolgs ist.

Zunächst möchten wir Ihnen die zehn Stufen unseres Strategiesystems in einem kurzen Überblick vorstellen:

Stufe 1:

Grundlage des zehnstufigen Systems sind die Universalprinzipien des Erfolgs.

Stufe 2:

Den Rahmen bildet das Leitbild Ihres Unternehmens mit einer klaren Mission, einer kraftvollen Vision und den Werten als Fundament der Unternehmensidentität. An diesen Leitplanken orientieren sich alle Entscheidungen und Handlungen von Führungskräften und Mitarbeitern. Sie sind die Voraussetzung für Motivation und Energie im Unternehmen.

Stufe 3:

Bevor ein Kapitän den Kurs festlegt, muss er erst wissen, wo er sich befindet. In der Umfeldanalyse prüfen Sie deshalb zunächst einmal, wo Ihr Unternehmen im Markt steht, wie attraktiv Ihr Angebot ist, über welche kaufentscheidenden Faktoren Sie verfügen und wie Sie im Vergleich zum Wettbewerb positioniert sind. Dazu gehört eine Trendanalyse für Ihren Markt ebenso wie eine Analyse Ihrer Mitbewerber.

Stufe 4:

Die Eigensituationsanalyse zeigt Ihnen, welche Stärken und Schwächen Ihr Unternehmen hat und welche Chancen und Risiken sich daraus ergeben. Dafür nutzen wir verschiedene Methoden wie die SWOT-Analyse und die Werttreiber-Matrix.

Stufe 5:

In dieser Stufe identifizieren Sie Ihre Kernkompetenzen und entwickeln das für Ihr Unternehmen passende Geschäftsmodell.

Stufe 6:

Danach geht es an den Kern der Strategieentwicklung und den Aufbau der strategischen Optionen, die Sie für Ihr Unternehmen sehen.

Stufe 7:

Entscheidend ist die Umsetzung der Strategie. Sie definieren Schlüsselelemente in den vier Perspektiven Markt/Kunde, Prozesse, Mitarbeiter/Lernen, Finanzen und identifizieren die Treiber künftigen Erfolgs.

Stufe 8:

Der Aufbau eines Kausalnetzes auf Grundlage der Schlüsselelemente zeigt Ihnen die Zusammenhänge im Unternehmen, es zeigt Ihnen also, welche Ergebnisse in Ihrem Unternehmen welche Ursachen haben. Sie können auf diese Weise Maßnahmen ergreifen, um andere Ergebnisse zu erzielen. Sie packen dadurch Fehlentwicklungen an der Wurzel und betreiben keine oberflächliche Kosmetik.

Damit befinden Sie sich mitten in den Vorarbeiten zum Aufbau des Unternehmenscockpits, das auf die Strategie aufgesetzt wird und für ihre konsequente Verankerung und Umsetzung im Unternehmen sorgt.

Stufe 9:

In der nächsten Stufe geht es um die Organisationsentwicklung. Ziele und Maßnahmen zur Erreichung der strategischen Oberziele werden definiert. Die Organisation muss in die Lage versetzt werden, die Strategie zu verfolgen, Ziele zu erreichen und den Grad der Zielerreichung zu überprüfen und zu messen.

Stufe 10:

Diese Stufe steht für die nachhaltige Implementierung und Verankerung der Strategie und für die Unternehmenssteuerung mithilfe des Cockpits.

Ich bin mir bewusst, dass Strategiearbeit viel Zeit und Ausdauer erfordert und mitunter kompliziert erscheint. Doch mit unserer „Bauanleitung" geht es Schritt für Schritt voran. Für jede Stufe stehen ganz konkrete Aufgaben an, die in diesem Buch ausführlich beschrieben und mit Beispielen unterlegt werden. Der Lohn am Ende der Mühen ist ein unabhängiges, erfolgreiches Unternehmen mit ideenreichen, motivierten, fröhlichen Mitarbeitern und zufriedenen Kunden. Und auch Sie selbst schlafen ruhiger, weil Sie Ihr Unternehmen nicht im Finstern ohne Karte durch den Wald zu einem unbekannten Ziel steuern müssen, sondern über gut beleuchtete Straßen mit Navigationssystem zu einem gut sichtbaren Ziel.

1 Universalprinzipien des Erfolgs

„Erfolg" und „erfolgreich" sind häufig ge- und missbrauchte Wörter. Für den einen ist Erfolg sportlich definiert, für den anderen besteht er in einer glücklichen Familie, für den nächsten in beruflichem Aufstieg oder viel Geld. Auch der Unternehmenserfolg wird unterschiedlich definiert. Die einen verstehen darunter einen möglichst hohen Gewinn oder einen beeindruckenden Aktienkurs. Familienunternehmer möchten zwar Gewinne machen, aber zum Erfolg gehört für sie mehr. Ihr Erfolg soll nachhaltig sein, denn ein Familienunternehmen ist auf Generationen hin angelegt. Für Familienunternehmen geht es darum, gute wie schlechte Zeiten zu überleben, Boomphasen ebenso durchzustehen wie Kriege, Wirtschaftskrisen und Rezessionen. Das Unternehmen muss überleben. Das definieren Unternehmer häufig als „Sicherung und Erhaltung der Unabhängigkeit des Unternehmens."

Auch in der Natur geht es ums Überleben, um die Erhaltung der Art. Insofern gibt es eine Gemeinsamkeit zwischen der Natur mit ihrem Generalziel „überleben" und Unternehmen: Auch für Unternehmen geht es um das Generalziel „gesteigerte Überlebensfähigkeit". Wenn man daraus eine Definition für Unternehmenserfolg ableitet, lautet sie: Unternehmenserfolg bedeutet, das Ziel „gesteigerte Überlebensfähigkeit" zu erreichen.

Die folgenden Universalprinzipien, die wir uns von der Natur abgeschaut haben, bilden die Basis des Credos der WeissmanGruppe. Auf ihnen bauen alle weiteren Stufen unseres Systems auf. Deshalb werden Sie diesen Prinzipien im vorliegenden Buch immer wieder begegnen. Universalprinzipien haben die Eigenschaft, allgemein gültig zu sein. Wenn Sie einem der nachfolgenden Prinzipien zustimmen, können Sie dies nicht nur für einen Teilbereich tun. Dieses Prinzip gilt dann für alle Bereiche. Wer systemisch denkt, also in ganzheitlichen, vernetzten Zusammenhängen, hat den großen Vorteil, in der Regel mit einer Lösung gleich mehrere Probleme auf einmal angehen zu können. Vernetztes Denken und Handeln in der Wirtschaft ist sowohl für das einzelne Unternehmen als auch für die gesamte Gesellschaft von Nutzen.

1.1 Die sieben Grundlagen

Wir haben bereits bei der Definition des zentralen Ziels „Überlebensfähigkeit" eine Parallele zwischen natürlichen Systemen und Familienunternehmen festgestellt. Warum also sollten sich nicht auch die Erfolgsprinzipien der Natur auf Unternehmen übertragen lassen und als „Vorlagen" für die Unternehmensführung von Nutzen sein? Sie werden im weiteren Verlauf dieses Buchs sehen, dass ein solcher Ansatz hervorragend funktioniert.

Die Evolution zeigt uns seit Milliarden Jahren, wie Überleben funktioniert. Es wäre geradezu vermessen, die Prinzipien und Systeme, die uns die Natur liefert, nicht auch für das Führen von sozialen Organisationen zu verwenden. Betrachten wir Unternehmen also — um im Bild zu bleiben — als einen lebenden Organismus, der sich bei richtiger „Bewässerung und Düngung" und mit ausreichend „Licht und Wärme" zu einem kräftigen Baum entwickelt. Für Unternehmen bedeutet das: Die Führung hat dafür Sorge zu tragen, dass sich die Fähigkeiten der Mitarbeiter unter optimalen Bedingungen zum Wohle des Unternehmens frei entfalten können.

1.1.1 Schlag nach bei Darwin

Die Erkenntnis, dass in der Natur nur das System überlebt, das sich am besten an veränderte Rahmenbedingungen anpassen kann, haben wir dem großen englischen Naturwissenschaftler und Begründer der Evolutionstheorie, Charles Robert Darwin, zu verdanken. In der fünften englischsprachigen Auflage seines Werkes „Die Entstehung der Arten" führte der Wissenschaftler den Terminus „Survival of the Fittest" ein, den eigentlich der Sozialphilosoph Herbert Spencer in der Diskussion um Darwins Buch geprägt hatte. Beide bezeichneten damit das Überleben der am besten an ihre Umwelt angepassten Lebewesen. Später wurde dies oft mit „die Stärksten überleben" übersetzt, aber das war keineswegs im Sinne Darwins, sondern schlicht eine falsche Übersetzung. Mit „fit" beschrieb Darwin eindeutig den Grad der Anpassung an die Umwelt und nicht die körperliche Stärke und Durchsetzungsfähigkeit im Sinne einer direkten Konkurrenzverdrängung.

Auch wenn wir sie nicht mögen: Ratten und Kakerlaken können in fast jeder Umgebung überleben, und sei sie noch so unwirtlich und lebensfeindlich. Kakerlaken gibt es seit 300 Millionen Jahren. Biologen der Universität Queensland in Australien haben festgestellt, dass Kakerlaken 40 Minuten lang den Atem anhalten können. Da der Körper über den Atem zwangsläufig Flüssigkeit verliert, können sie auf diese Weise sogar bei extremer Trockenheit überleben. Wissenschaftler haben auch herausgefunden, dass die unbeliebten Schaben eine 150-mal höhere radioaktive Strahlendosis vertragen als der Mensch. Ratten sind ebenfalls „Überlebenskünstler": Sie können überall existieren, in der Ebene, im Gebirge und in den Städten der Menschen. Im Notfall ernähren sie sich von Holzwolle, Schaumstoffresten und Schuhsohlen.

Die Auster ist zwar nicht ganz so anpassungsfähig wie Ratten oder Kakerlaken, aber bei ihr konnte man besonders viele Gene nachweisen, die für die Anpassung an verschiedene Umweltbedingungen „zuständig sind": Chinesische Wissenschaftler von der Akademie der Wissenschaften in Quingdao haben herausgefunden, dass die Pazifische Auster (Crassostrea gigas) 83 Gene für Hitzeschutzproteine besitzt und viele Erbanlagen, die dem Zelltod entgegenwirken. Diese Gene schützen die Muscheln nach Erkenntnissen der Forscher gegen wechselnde Umweltfaktoren wie höhere Temperaturen oder steigenden Salzgehalt. Eine sinnvolle Anpassung für ein Tier, das im Gezeitenbereich festsitzt. Das darwinsche Evolutionsprinzip lässt sich perfekt auf Unternehmen übertragen — heute mehr denn je. Nicht die größten Unternehmen überleben, sondern diejenigen, die sich am besten an ihre Rahmenbedingungen anpassen. Je stärker und schneller sich die Rahmenbedingungen verändern, umso stärker und schneller müssen sich Unternehmen verändern. Wer sich auf alten Erfolgen ausruht, wird auf der Strecke bleiben. Jüngste Beispiel dafür sind Nokia und Schlecker. Das Sterben der großen deutschen Motorradmarken Herkules, Kreidler, Maico und Zündapp zu Beginn der 1980er Jahre zeigt aber, dass es solche Beispiele bereits früher gab. Die deutschen Hersteller hatten sich allzu lange auf ihren Erfolgen ausgeruht und die japanische Konkurrenz nicht ernst genommen. Sie verpassten die Wandlung des Motorrads vom Gebrauchsfahrzeug zum Freizeitgerät und Statussymbol. Statt ihre Fahrzeuge mit mehr PS, Hubraum und einem schnittigen Design zu versehen, setzten sie weiterhin auf wenig Hubraum, Zwei-Takt-Motoren und änderten nur zögerlich etwas am Design. Überlebt hat schließlich nur BMW, denn den Bayern gelang es, ein konkurrenzfähiges Motorrad zu bauen, das sich aufgrund seiner Anpassung an die Trendwende trotz seines höheren Preises behaupten konnte.

Nur wer sich anpasst, wird überleben.

Wie gut man angepasst ist beziehungsweise war, kann man jedoch leider erst im Nachhinein erkennen. Unternehmen, denen es heute gut geht, wissen, dass sie in der Vergangenheit die richtigen Entscheidungen getroffen haben. Damit sie weiterhin erfolgreich sind, müssen sie sich immer wieder die Frage stellen, ob sie für die Zukunft richtig gerüstet und gut angepasst sind und die notwendigen Maßnahmen ergreifen. Aus den Anforderungen der Zukunft müssen für heute die richtigen Weichenstellungen abgeleitet werden — nicht aus einer Verlängerung der in der Vergangenheit gemachten Erfahrungen.

Think future — act now.

1.1.2 Kybernetik – Schwungrad oder Teufelskreis?

Die Kybernetik ist die Lehre von sich selbst steuernden Regelkreisen und eine der tragenden Säulen der Evolution. Jede Pflanze, jedes Baby, die DNS — alles funktioniert nach diesem Muster. Die Metapher dafür ist die Spirale, die je nach Verlauf Schwungrad oder Teufelskreis ist. Unternehmen als soziale Systeme reagieren und agieren ebenso wie Pflanzen kybernetisch. Betrachtet man unter dieser Voraussetzung den Erfolg eines Unternehmens, so ergibt sich eine Erfolgsspirale, die auf folgenden Erkenntnissen beruht:

- Jeder Mangel ist eine Chance.
- In der Konzentration ist der durchschnittlich Begabte dem unkonzentrierten Genie überlegen.
- In stagnierenden Märkten führen austauschbare Leistungen zwingend zu einer negativen Rendite.
- Anders als alle anderen.

Jedem Mangel wohnt eine Chance inne, man muss sie nur erkennen. Das fällt uns mitunter schwer, denn wir lernen normalerweise, die problembelastete Ist-Situation zu bekämpfen anstatt das Positive in der Situation für uns zu sehen und zu nutzen. Wenn jedoch jeder Mangel bzw. jedes Problem systemimmanent eine Chance ist, sollte es die zwingende Aufgabe für jedes Unternehmen sein, sich auf die konzentrierte Suche nach wichtigen Mängeln und Problemen im (zukünftigen) Markt zu machen.

Indem wir uns auf das Wesentliche konzentrieren, nämlich auf die Lösung der Kundenprobleme, konzentrieren wir uns auf die Dinge, die das Unternehmen tatsächlich weiterbringen. Durch unsere Problemlösungskompetenz unterscheiden wir uns von anderen Wettbewerbern. Und das sind vor allem die Dinge, die uns von anderen Wettbewerbern unterscheiden.

Je unterschiedlicher die Leistungen, umso größer die Harmonie und der Wohlstand. Je ähnlicher die Leistungen, desto brutaler der Verdrängungswettbewerb. Denken Sie nur an die Rabattschlachten, die sich die Discounter regelmäßig liefern. Dabei gewinnt keiner.

Wenn Sie die Lösung zentraler Kundenprobleme, die Konzentration und die sichtbare Kompetenz verbinden, erhalten Sie die Erfolgsspirale. Fehlt nur einer dieser drei Faktoren, wird aus dem kybernetischen Schwungrad der Teufelskreis, eine Abwärtsspirale, die sich kaum aufhalten lässt. Austauschbare Leistung — wenige Kunden — geringer Preis — sinkende Rendite.

Wer zentrale Marktprobleme sichtbar besser löst als andere, der setzt einen kybernetischen Kreislauf in Gang und kann seinen Erfolg nicht verhindern.

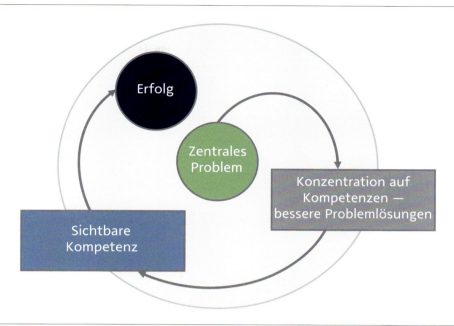

Abb. 2: Die Erfolgsspirale nach Wolfgang Mewes

1.1.3 Das Prinzip des Minimumfaktors

Kennen Sie das Liebigsche Prinzip des Minimumfaktors, benannt nach dem Naturwissenschaftler, Nobelpreisträger und Begründer der organischen Chemie, Justus
von Liebig? Es besagt, dass Pflanzen für ein gesundes Wachstum ein optimales
Maß an verschiedenen Wirkstoffen brauchen. Fehlt ein Wirkstoff oder ist zu wenig
davon vorhanden, wird das Wachstum gestört. Dasselbe gilt, wenn zu viel eines
Wirkstoffs vorhanden ist. Gärtner kennen es: Bekommt eine Pflanze nicht genügend Wasser oder zu viel, wird sie zu viel oder zu wenig gedüngt, ist das Ergebnis
dasselbe: Im schlimmsten Fall geht sie ein. Zu viel ist ebenso schädlich wie zu wenig.
Es geht darum, die richtige Balance zu finden. Stehen der Pflanze alle Wirkstoffe
zur Verfügung, wird sie ihr Wachstum selbst optimal organisieren. Dieses Prinzip
kennen wir auch aus der Medizin: Tollkirsche ist giftig. In homöopathischen Dosen
kann sie jedoch auch heilen. Schmerz- und Schlafmittel helfen in vernünftiger Do-
sierung. In großen Mengen machen sie süchtig oder können im Fall einer Überdosis
zum Tod führen. Die Dosis bestimmt, ob etwas ein Heilmittel oder ein Gift ist.

Unternehmer und Führungskräfte sind die Gärtner, die für Rahmenbedingungen
sorgen müssen, unter denen sich das Unternehmen optimal entwickeln kann.
Dafür müssen sie immer wieder neu definieren, was extern (zentrale ungelöste

Kundenprobleme) und intern die Minimumfaktoren sind. Muss mehr in Controlling und Marketing investiert werden oder eher in Mitarbeiterentwicklung und Produktionsprozesse? Die internen Minimumfaktoren beeinflussen das Wachstum Ihres Unternehmens entscheidend.

1.1.4 Keine Wirkung ohne Ursache

Menschen tendieren dazu, die Dinge oberflächlich anzugehen. Auch in Unternehmen geht es oft eher um das schnelle Ergebnis als um den nachhaltigen Erfolg. Viele Krisen eskalieren, weil lediglich an Symptomen kuriert wird, anstatt das Übel an der Wurzel zu packen. Man kann noch so viele Mitarbeiter entlassen oder Gehälter kürzen — es wird nichts nützen, solange das Produkt keinen Markt findet. So geht es im Moment z. B. dem einst stolzen Autobauer Opel. Der Mutterkonzern General Motors schützt seine US-Marken, was zur Folge hat, dass die Opelmodelle nur in stagnierenden Märkten verkauft werden können. Zudem gelingt es Opel trotz sehr guter Technik nicht, sich zu differenzieren. Fahrfreude reklamiert BMW für sich, Audi steht für Technik, Porsche für Sportlichkeit und Luxus und Mercedes für Komfort. Opel steht in der zweiten Reihe zusammen mit zahllosen anderen farblosen Konkurrenten.

Es gibt zahllose weitere Beispiele dafür, dass es nicht zielführend ist, Probleme lediglich an ihrer Oberfläche zu bekämpfen: Wenn sich Jugendliche dem Komasaufen hingeben oder mit dem Rauchen beginnen, kann man vielleicht einige durch Strafen einschüchtern, doch eine erfolgreiche Gegenstrategie kann man nur entwickeln, wenn die Ursachen für dieses Verhalten aufgedeckt werden. Bei regelmäßigen Kopfschmerzen bringt es auf Dauer nichts, lediglich an Symptomen zu kurieren. Die Kopfschmerzen werden wieder kommen, weil Schmerzmittel die Ursache nicht beseitigen.

Tatsache ist: Es kann keine Wirkung ohne Ursache geben. Die Zusammenhänge mögen oft nicht so einfach zu erkennen sein, doch das bedeutet nicht, dass es keine gibt. Isaac Newton hat bewiesen: keine Wirkung ohne Ursache. Oft muss man tief graben, um die Ursache für etwas zu erkennen. Dabei hilft es, wie die Kinder zu fragen: Warum, warum, warum...? Ein Warum mag zum nächsten führen, aber irgendwann gelangt man zum Grund der Sache und kann wirksame Gegenmittel ansetzen.

Wenn Sie Erfolg haben wollen, müssen sie auf jeder Ebene nach den Ursachen der Wirkungen suchen.

1.1.5 Loslassen lernen

Die Dinge sind wie sie sind. Lassen Sie nicht zu, dass die Vergangenheit die Zukunft bestimmt. Dazu gehört es, loszulassen, Probleme anzunehmen und auf den Tisch zu legen. Viele Immobilienkäufer erliegen dem Charme eines Hauses und machen keine Bestandsaufnahme, bevor sie den Kaufvertrag unterschreiben. Wenn sich das romantische Häuschen dann als marode Ruine erweist und immer neue Mängel auftauchen, die beseitigt werden müssen, ist das Elend groß. Eine verlässliche Planung ist nicht möglich und die Kosten übersteigen das Budget bei Weitem.

Ähnlich geht es auch manchen Unternehmen. Dabei ist die Fähigkeit, loszulassen, für jede Form von lernender Organisation von zentraler Bedeutung. Verabschieden Sie sich von der Vorstellung, dass Sie etwas verändern könnten, ohne die Probleme auf den Tisch zu legen. Erst wenn Sie das getan haben, können Sie mit der Lösung beginnen und eine Lösung gibt es immer, egal wie groß die Schwierigkeiten sind. Probleme, die Sie ignorieren und verdrängen, werden nicht kleiner, sondern immer größer und komplexer. Sie verbauen dem Unternehmen seine Zukunft.

Gehen Sie Probleme mutig an und akzeptieren Sie die Dinge wie sie sind. Machen Sie sich nichts vor.

1.1.6 EKKAN – einfach, konzentriert, konsequent, ausdauernd, nützlich

Eine weitere wichtige Grundlage, um das Überleben eines Familienunternehmens zu sichern, kann auf folgende Formel gebracht werden: EKKAN.

Einfach: In jedem Unternehmen gibt es Aktivitäten, die keine Rendite bringen, die also streng genommen Wert vernichten. Suchen Sie nach solchen wenig wertschöpfenden Aktivitäten und überlassen Sie diese anderen, die sie besser beherrschen. Getreu dem Motto „Weniger ist mehr" sollten Unternehmen deswegen Komplexität nach innen so weit wie möglich reduzieren.

Konzentriert: Fragen Sie sich, was Ihr Unternehmen besser kann als alle anderen. Konzentrieren Sie sich darauf, da dies der größte Hebel ist für jede Differenzierung und die Grundlage für alle relativen Wettbewerbsvorteile, die Sie brauchen, um Ihr Unternehmen erfolgreich in die Zukunft zu führen.

Konsequent: Die besten Führungskräfte zeichnen sich unter anderem dadurch aus, dass sie die Dinge, die sie sich vorgenommen haben, mit einer unerschütterlichen Konsequenz umsetzen. Sie entlassen nicht viele Leute, sondern die richtigen. Sie trennen sich von falschen Produkten, reduzieren Aktivitäten in den falschen Märkten und tun das, was sie tun, in jeder Hinsicht konsequent: Sie richten ihre Energien auf einen Punkt aus und tun damit etwas, was uns die Natur vorgibt — sie sparen Energie. Konsequenz bedeutet nichts anderes, als die Dinge, die man tut, auch zu Ende zu bringen.

Ausdauernd: Die meisten Menschen sind nicht erfolgreich, weil sie zu früh aufgeben, keinen langen Atem haben. Audi hat über ein Jahrzehnt gebraucht, um aus einer „Blechbüchsenfabrik" einen Weltklassekonzern zu machen. Hennes & Mauritz wurde 1947 gegründet. Der Erfolg stellte sich erst nach fast einem halben Jahrhundert ein. Machen Sie nicht den Fehler, das, was langfristig möglich ist, zu unterschätzen. Kurzfristige Unternehmenskuren durch Managementmodelle haben ebenso wenig nachhaltigen Erfolg wie Diäten. Erfolg hat, wer mit Ausdauer und einer langfristigen Perspektive an die Dinge herangeht. Dinge, für die sie heute die Weichen stellen, zahlen sich vielleicht erst in der nächsten Krise aus.

Nützlich: Nichts macht uns erfolgreicher, als andere erfolgreich zu machen. Dr. Gustav Großmann, Begründer der Arbeitsmethodik, hat stets betont, dass nur der, der Nutzen bietet, auch Nutzen ernten kann. Unternehmen müssen also mit ihrem Handeln einen echten Beitrag für andere leisten. Das können sie nur, wenn sie die Probleme ihrer Kunden kennen. Die „Engpasskonzentrierte Strategie", kurz EKS, entwickelt von Wolfgang Mewes und 1970 als Marke geschützt, zielt auf die am brennendsten empfundenen Probleme der Umwelt. Im Falle von Unternehmen sind das die Kunden. Hinter Mewes' Strategie steckt vereinfacht betrachtet das Win-Win-Prinzip. Danach soll ein Unternehmen seine und verbündete Kräfte optimal zum Nutzen seiner Zielgruppe einsetzen. Über den Zielgruppennutzen wird der eigene Gewinn vergrößert.

Das Win-Win-Prinzip gilt auch für weitere Gruppen, die am Unternehmenserfolg beteiligt sind. Den Mitarbeitern muss man Sinn bieten, um Leistung fordern zu können. Ihnen sowie Kunden und Lieferanten muss deutlich werden, was der Welt und ihnen selbst fehlen würde, wenn es das Unternehmen nicht gäbe. Nur Unternehmen, die anderen nützlich sind, erzielen nachhaltigen, dauerhaften Erfolg.

1.1.7   Be different or die

Die Natur erschafft alle Wesen als Unikate. Doch unsere Unternehmen gleichen sich oft wie ein Ei dem anderen. Die Mehrzahl aller Brauereien, Spediteure, Automobilzulieferer etc. zeichnet sich heute vor allem dadurch aus, dass ihre Produkte und

Leistungen weitgehend austauschbar sind. Dadurch werden sie anfällig für Misserfolge. Um Erfolg zu haben, müssen sich Unternehmen von ihren Wettbewerbern unterscheiden. Auch hier können wir die Natur bemühen: Das Überleben wird von der Fähigkeit zur Nahrungsaufnahme bestimmt. Die gleiche Art teilt nicht mit anderen, sondern beginnt zu kämpfen. So ist es auch in den Märkten: Unternehmen, die dieselben Produkte oder Leistungen anbieten, können sich nur noch über den Preis unterscheiden und das ist die schwierigste aller Differenzierungen. Ein Verdrängungswettbewerb setzt ein.

Viel besser als sich auf einen solchen Verdrängungswettbewerb einzulassen ist es, Kompetenzen zu erhalten oder aufzubauen, durch die sich Ihr Unternehmen von anderen unterscheidet, oder Produkte zu entwickeln, die dem Kunden einen spezifischen Mehrwert bieten. Das ist heute nicht selten ein emotionaler Wert. Denn letztlich leben wir in einer Überflussgesellschaft. Modernste Technik ist kein Unterscheidungsmerkmal mehr, sondern wird als Standard erwartet. Unternehmen haben also die größten Chancen am Markt, wenn es ihnen gelingt, herauszuarbeiten, weshalb sie einzigartig und anders als ihre Wettbewerber sind; wenn sie sichtbar machen können, was sie von den anderen Marktteilnehmern unterscheidet. Die Basis für Wettbewerbsvorteile und damit für nachhaltige Differenzierung bilden die Kernkompetenzen. Jegliche Differenzierung kann nur verwirklicht werden, wenn dafür die erforderlichen Kernkompetenzen zur Verfügung stehen. Sie sind die Grundlage für die Einzigartigkeit eines Unternehmens.

> In stagnierenden Märkten führen austauschbare Leistungen zwingend zu einer negativen Rendite.

1.2 Cash is King

Das deutsche Pendant zu diesem englischen Satz ist: „Nur Bares ist Wahres." Dahinter steckt die Anschauung, dass im Zweifelsfall nur Geld, das man auf der Hand — flüssig — hat, etwas nützt. Diese Volksweisheit gilt auch für Unternehmen: Wenn Sie Ihre Rechnungen und die Gehälter nicht mehr bezahlen können, nützt es Ihnen nichts, wenn sich im Unternehmensbesitz teure Immobilien und Maschinen oder viele Waren befinden. Wenn die Liquidität fehlt, kann das Schlimmste eintreten, was einem Unternehmen passieren kann: das erzwungene Ausscheiden aus dem Markt, die Insolvenz. Damit das nicht passiert, muss, wie bereits festgestellt, die „Sicherung und Erhaltung der Unabhängigkeit des Unternehmens" im Mittelpunkt der Anstrengungen stehen. Seine Überlebensfähigkeit zu steigern, muss strategisches Oberziel sein. Solange das Unternehmen immer liquide ist, und die Vermögenswerte größer sind als die Verbindlichkeiten, sind es allein die Gesellschafter, die entscheiden, wie lange das Unternehmen existiert, also unabhängig ist. Daraus ergibt sich, dass Unternehmer geradezu verpflichtet sind, stets auf eine gesunde Finanzierung beziehungsweise genug Eigenkapital und ausreichende Liquidität zu achten. Das Unternehmen muss auf einer gesunden finanziellen Basis stehen, das heißt, es muss Gewinne machen.

Betrachten wir ein Unternehmen als Kapital- und Vermögensanlage, so gelten dieselben Regeln wie bei anderen Kapitalanlagen: Rendite und Risiko sind Geschwister, die niemals allein anzutreffen sind. Wer kein Risiko eingeht, erzielt auch keine Rendite — no risk, no fun. Allerdings: Wer ein zu hohes Risiko eingeht, verliert unter Umständen alles. Es geht also darum, eine vernünftige Balance zwischen Rendite und Risiko zu finden, die ein gesundes Wachstum ermöglicht. Aus dieser Erkenntnis lässt sich ableiten: Ein gesundes Unternehmen soll nachhaltig profitabel wirtschaften und mit vertretbarem Risiko gesund wachsen. Das optimale Gleichgewicht aus den drei Größen Rendite, Risiko und Wachstum — in Verbindung mit der Liquidität — schafft Sicherheit und Unabhängigkeit und steigert die Überlebensfähigkeit.

1.3 Wachstum ohne Rendite ist tödlich

Wenn wir voraussetzen, dass Unternehmenserfolg die nachhaltige Steigerung des Unternehmenswerts bedeutet, ergibt sich daraus folgende Konsequenz: Alles, was im Unternehmen geschieht, sollte den Wert des Unternehmens nachhaltig steigern. Dafür stehen drei maßgebliche Hebel zur Verfügung: Umsatzwachstum, Steigerung der Rentabilität oder Reduzierung des Risikos. Wachstumsstrategien sind zum Beispiel Wachstum über einen Verdrängungswettbewerb durch neue Produkte oder einen besseren Service, Wachstum über Innovation, Kooperation oder Zukauf. Rentabilitätsstrategien setzen auf eine Reduzierung der Kosten, auf Produktivitätssteigerung oder auf eine Optimierung der Kapitalbindung im Anlage- und Umlaufvermögen. Risikoorientierte Strategien reduzieren die Risiken und erhöhen die Eigenkapitalausstattung sowie die Liquiditätsreserven. Rentabilitätsstrategien zeigen zwar kurzfristig die höchste Wirkung, den größten Werthebel aber stellen Wachstumsstrategien dar. Für deren Umsetzung bedarf es aber eines relativ langen Vorlaufs. Jedes Unternehmen muss individuell abwägen und entscheiden, welche Strategie zu welchem Zeitpunkt richtig ist. Aber jede Entscheidung sollte unter der Prämisse getroffen werden, dass Rendite ohne Wachstum ebenso tödlich ist wie Wachstum ohne Rendite.

Wie sind die Zusammenhänge zwischen den Werttreibern? Grundsätzlich schafft Wachstum Wert, aber nur bei gleichzeitig positiver Ausprägung der Werttreiber Rendite und Risiko. Die Kapitalrendite muss also höher sein als die Kapitalkosten. Wer Wert schafft, verfügt über größere finanzielle Spielräume und kann externes Kapital anziehen. Das Unternehmen kann entsprechend investieren und wer investiert, wächst. Klar ist aber auch: Ist der Verdienst des Unternehmens niedriger als seine Kapitalkosten, vernichtet es bereits Anteile seines Werts. Wertvernichtung beginnt also lange bevor Verluste auftreten. Auch Wachstum um jeden Preis schadet dem Unternehmen, wie ich im Kapitel 8 noch detailliert erläutern werde.

Gesunde Unternehmen müssen wachsen können, aber nicht wachsen müssen.

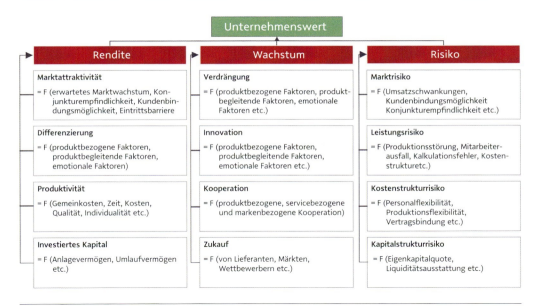

Abb. 3: Erfolg ist, wenn der Unternehmenswert nachhaltig gesteigert werden kann

Ich habe es schon gesagt: Krisen treten nicht plötzlich auf, sondern schleichend, und sie sind in der Regel die Folge von Managementfehlern. Um Krisen rechtzeitig zu erkennen, sind zwei Dinge unabdingbar: Im Unternehmen muss erstens Transparenz hinsichtlich der Zahlen herrschen und zweitens müssen sich anbahnende Krisen als Problem anerkannt werden. Letzteres klingt banal, ist aber entscheidend. Erinnern Sie sich an das Universalprinzip „Probleme annehmen". Unternehmen, die in einer ernsthaften Krise stecken, haben es meistens versäumt, ersten Anzeichen, wie leicht zurückgehenden Umsätzen oder sich verändernden Markt- und Wettbewerbsbedingungen, ausreichend Aufmerksamkeit zu schenken.

In diesem Zusammenhang ist die Kapitalmarktfähigkeit von Familienunternehmen ein zunehmend wichtiger Faktor. Sie ist — neben der Möglichkeit, von Bankkrediten unabhängiger zu werden und ein besseres Rating zu erzielen — die entscheidende Basis für eine ausgeprägte unternehmerische Transparenz. Kapitalmarktfähige Unternehmen verfügen über strukturierte kaufmännische Prozesse, aussagekräftige Zahlen für strategische Entscheidungen der Geschäftsführung und wissen aufgrund des ausreichenden Analysematerials und entsprechender analytischer Kompetenz stets, wo das Unternehmen steht, wo es Chancen zu ergreifen und wo es Risiken zu beachten gilt.

Kapitalmarktfähigkeit bedeutet, auf Knopfdruck an den Kapitalmarkt gehen zu können, aber nicht zu müssen.

1.4 Das Prinzip der Anziehung

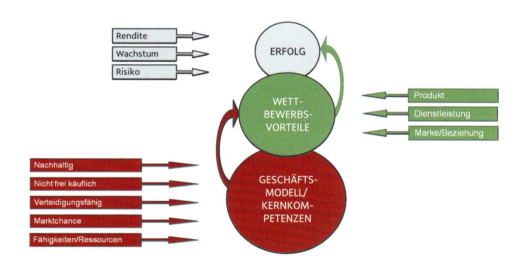

Abb. 4: Der Schneemann des Erfolgs © Weissman & Cie

Die Abbildung zeigt den „Schneemann des Erfolgs" der WeissmanGruppe. In seinem Kopf, Rumpf und Bauch sind die in diesem Kapitel dargestellten Universalprinzipien vereint:

Sein Kopf steht für den Unternehmenserfolg im Sinne einer gesteigerten Überlebensfähigkeit und Unabhängigkeit. Er wird maßgeblich durch die Balance aus den drei Faktoren Wachstum, Rendite und Risiko geprägt.

Im Bauch des Schneemanns sind die Hebel für den Erfolg verortet: Eine gute Strategie muss Aussagen zu den attraktiven Märkten von morgen, zu Wettbewerbsvorteilen und zu nachhaltigen Differenzierungsansätzen treffen. Dahinter steht die Grundlogik unseres Ansatzes: In stagnierenden Märkten führen austauschbare Leistungen zwingend zu einer negativen Renditeentwicklung.

Im Rumpf des Schneemanns finden sich die verteidigungsfähigen Wettbewerbsvorteile: die Kernkompetenzen. Die richtige Kombination richtiger Kernkompetenzen schafft die Grundlage für die Einzigartigkeit eines Unternehmens. Sie ist die DNA, der genetische Code des Unternehmens. Daher steht die Arbeit an den Kernkompetenzen und ihre Verknüpfung im Geschäftsmodell im Zentrum unserer strategischen Beratungsleistung für unsere Kunden. Kernkompetenzen schaffen Wettbewerbsvorteile und diese wiederum finanziellen Erfolg.

Hinter dem Schneemann und letztlich hinter dem gesamten in diesem Buch vorgestellten Strategiesystem stecken die bereits erwähnten drei Managementmodelle, die sich in den vergangenen 30 Jahren nach meiner Einschätzung als die dominanten, die Strategie von Unternehmen wirklich prägenden, herauskristallisiert haben: In der Basis des Schneemanns finden wir das Kernkompetenz-Modell von Prahalat und Hamel wieder, im Rumpf das Porter'sche Modell und im Kopf den Shareholder-Value-Ansatz von Rappaport.

Die Idee der wertorientierten Unternehmensführung

Als Begründer dieser Idee (Value Based Management) kann wahrscheinlich Alfred Rappaport gelten. In seinem Buch „Evaluation" beschreibt er, warum es klug und sinnvoll ist, dass sich Unternehmen an der Wertsteigerung, dem „total return to shareholder", ausrichten. Aus seinen Überlegungen wurde später die Bewegung des „Shareholder Value", die aber völlig in die falsche Richtung zielte und auch keine Basis hatte, auf der ein vernünftiges Managementkonzept hätte aufgebaut werden können. Doch die Grundidee der Wertsteigerung ist sinnvoll: Um ein Unternehmen vor dem Ausscheiden aus dem Markt zu bewahren, bedarf es zweier ökonomischer Größen, nämlich der Liquidität und des Vermögenswerts. Die eine Größe sichert die Zahlungsfähigkeit, die andere bewahrt das Unternehmen vor Überschuldung. Solange ein Unternehmen zahlungsfähig ist und der Vermögenswert die Verbindlichkeiten übersteigt, bestimmen die Gesellschafter, wie sich die

Zukunft des Unternehmens darstellen soll. Um den Wert einer Anlage oder einer Investition zu erhöhen, bedarf es zweier Aspekte, die näher beleuchtet werden müssen: Rendite und Risiko.

Das Risiko ist relativ. Verfügt das Unternehmen über genug Liquidität und Vermögen, kann es höhere Risiken eingehen, zum Beispiel mehr investieren. Unternehmen, deren Liquidität schlecht und deren Vermögen niedrig ist, haben kaum Handlungsspielräume, zumal sie auch von den Banken kein Entgegenkommen erwarten dürfen. Sie haben also keine Möglichkeit, in die Zukunft des Unternehmens zu investieren.

Doch auch Unternehmen, die höhere Risiken eingehen können, müssen darauf achten, dass sie die Balance zwischen Risiko, Rendite und Wachstum wahren. Eine Investition, aus der weder Wachstum noch Rendite erzielt werden, erhöht das Risiko überproportional, da sie Wert vernichtet. Ist das Wachstum zu schnell oder zu hoch, befindet sich das Unternehmen ebenfalls in der Falle. Deshalb ist die Balance so wichtig, denn nur sie, in Verbindung mit der Liquidität des Unternehmens, schafft Sicherheit, Unabhängigkeit und erhöht den Unternehmenswert. Betrachtet man Unternehmen, die über einen längeren Zeitraum besondere Vermögenszuwächse erzielt haben, fällt auf, dass diese Unternehmen in der Regel auch überdurchschnittlich gewachsen sind.

Kernkompetenzen machen den Unterschied

Aus den Naturwissenschaften wissen wir spätestens seit den Forschungsergebnissen von Sir Isaac Newton, dass es keine Wirkung ohne Ursache geben kann. Wenn nun die Wertsteigerung, ausgedrückt in Rendite, Wachstum, Risiko und Liquidität, die Folge erfolgreicher Bemühungen und Handlungen im Unternehmen ist, so stellt sich sofort und zwingend die Frage nach der Ursache.

In stagnierenden Märkten führen austauschbare Leistungen zwingend zu einer negativen Rendite.

Wenn wir dieser These folgen, ist die Undifferenziertheit, die Austauschbarkeit von Leistung das eigentliche Problem von Unternehmen. Daraus ergibt sich eine klare Aufgabenstellung für alle Unternehmen: Differenzierung, Alleinstellung, Profil. Nur differenzierte, nutzenbietende Leistungen nach dem Motto „anders und besser als alle anderen" haben das Format, Unternehmen dauerhaft am Markt zu halten. Diese Erkenntnis hat der Wirtschaftswissenschaftler und führende Managementtheoretiker Michael E. Porter bereits in den 80er-Jahren in seinem Buch „Competitive Advantage" (Wettbewerbsvorteile) dargelegt.

So schön Wettbewerbsvorteile für ein Unternehmen sind — sie haben wie alles Schöne einen Nachteil: Sie sind leider vergänglich. Kaum hat man einen Wettbewerbsvorteil aufgebaut, erscheint ein Wettbewerber und versucht, durch Kopie, Weiterentwicklung, neue Vertriebswege oder andere Maßnahmen unseren Vorteil wieder zunichte zu machen, um selbst einen Vorteil aufzubauen. Dieses Streben nach Vorteilen ist die Grundlogik des marktwirtschaftlichen Systems und auch gut und richtig. Wenn wir uns dessen bewusst sind, dass Wettbewerbsvorteile zwar die Grundlage für ein gegenwärtig erfolgreiches Agieren im Markt sind, gleichzeitig aber einer logischen Erosion unterliegen, müssen wir uns die Frage stellen: „Was befähigt ein Unternehmen, immer neue Wettbewerbsvorteile zu entwickeln?"

Die Antwort darauf haben uns die Ökonomen und Unternehmensberater Gary Hamel und C. K. Prahalad gegeben. In ihren Arbeiten zum Thema „The Core Competence of the Corporation" haben sie deutlich gemacht, dass letztlich die Kombination von Kernkompetenzen, die wie die DNA eines Unternehmens das Geschäftsmodell prägt, als Grundlage für dauerhafte, verteidigungsfähige Wettbewerbsvorteile angesehen werden kann. Der Anspruch an Kernkompetenzen ist hoch. Sie müssen Wettbewerbsvorteile schaffen, sollten dauerhaft sein, dürfen am besten nicht frei käuflich sein und sollten im Idealfall multiplizierbar sein. Angesichts dieser hohen Anforderungen ist es nicht verwunderlich, dass es viele Unternehmen gibt, die sich sehr schwer tun, auch nur eine einzige Kernkompetenz zu definieren. Doch sie sind die Kronjuwelen des Unternehmens und daher entsprechend zu erarbeiten, zu hüten und zu pflegen.

Mehr über den Schneemann des Erfolgs der WeissmanGruppe erfahren Sie in Kapitel 6.

1.4.1 Nutzen bieten, Nutzen ernten

Um nachhaltig gesund zu wachsen und eine angemessene Rendite zu erzielen, müssen die Produkte oder Dienstleistungen der Unternehmen so attraktiv sein, dass sie Kunden anziehen. Der Generalauftrag des Unternehmens besteht entsprechend darin, zufriedene Kunden zu schaffen. Was trivial klingt, ist in Wirklichkeit fundamental. In vielen Unternehmen ist der Kunde nur Mittel zum Zweck, nämlich das Mittel zum Erreichen finanzieller Ziele. Von dieser Denkweise sollten sich Unternehmer ganz schnell verabschieden. Allein dadurch, dass es Kunden zufrieden stellt, generiert ein Unternehmen Kundenbindung und damit eine vernünftige Wertschöpfung pro Kunde. Und allein auf diese Weise gewinnt es seine eigene Zukunftsfähigkeit.

Erfolgreiche Unternehmen lösen zentrale Probleme ihrer Kunden sichtbar besser als andere.

In manchen Publikationen und von manchen Beratern heißt es, dass Unternehmen „begeisterte" Kunden haben sollten. Das halte ich für ein großes Missverständnis. Kunden sind begeistert, wenn sie die beste Leistung zum günstigsten Preis erhalten. Nach unserem Verständnis verbieten es die Gesetze der Ökonomie, so ein Verhältnis anzubieten. Schlecht wäre es natürlich, wenn der Kunde einmal enttäuscht, also nicht zufrieden, ist. Dann besteht das Risiko, dass er das Unternehmen nicht wieder aufsucht, also als Kunde verloren geht, oder möglicherweise sogar anderen von seiner Enttäuschung berichtet. Das Bestreben eines Unternehmens sollte also vielmehr darin liegen, mit dem Kunden auf Augenhöhe respektvoll zusammenzuarbeiten, d. h. in dienender, aber gleichwertiger Form zu agieren. Unter dieser Voraussetzung ist es viel sinnvoller, die Zufriedenheit des Kunden in den Mittelpunkt aller Aktivitäten zu stellen.

Zu dieser Überzeugung hat uns Dr. Gustav Großmann den Weg gewiesen. Sein Lebensmotto lässt sich am besten folgendermaßen ausdrücken: „Nur der, der Nutzen bietet, sollte auch Nutzen ernten." Das Prinzip lässt sich am besten als egoistischer Altruismus bezeichnen: Indem ich anderen Nutzen biete und sie erfolgreich mache, schaffe ich die Basis für meinen eigenen nachhaltigen Erfolg. Biblisch formuliert: „Gib' und dir wird gegeben." Unternehmen und Unternehmer, die diesen Sinn verstehen, konzentrieren sich in ihrer Firmenphilosophie darauf, das ganze Unternehmen in ein gesamtnutzenbietendes System zu verwandeln. Idealerweise bietet aber nicht nur das Unternehmen diesen „GNV" (Gesamt-Nutzen-Vorteil), sondern jedes einzelne Projekt, jedes einzelne Geschäft schafft dem Kunden einen positiven Nutzen-Preis-Vorteil. Dieses „NPV" (Nutzen-Preis-Verhältnis) sollte immer positiv sein, denn dann kann man dem Kunden mit Fug und Recht und voller Überzeugung sagen: „Sie werden in diesem Geschäft auf jeden Fall profitieren. Sie werden einen Nutzen erzielen, der signifikant höher ist, als der Preis, den sie dafür zu bezahlen haben." Dass dies das bestmögliche Geschäft im entsprechenden Markt ist, können wir dem Kunden nicht versprechen, denn dafür müssten wir ja das gesamte Angebot des Marktes kennen. In jedem Einzelfall allerdings sind wir in der Lage, dem Kunden den eben beschriebenen Zusammenhang zu erklären und ihn idealerweise auch sauber zu begründen. Dies schafft die Basis für wirklich nachhaltige, dauerhafte und positive Kundenbeziehungen.

Auf Dauer zahlen Kunden nur für nutzenstiftende, sinnvolle Leistungen. Nur wenn es gelingt, den Kunden davon zu überzeugen, dass Sie ein positives Nutzen-Preis-Verhältnis bieten und Ihr Unternehmen einen attraktiven Gesamt-Nutzen-Vorteil liefert, nur dann wird sich nachhaltiger Erfolg einstellen. Doch Vorsicht: Dauerhafte Beziehungen basieren auf dem Prinzip der Gegenseitigkeit. Auch Ihr Unternehmen muss für seine Leistungen im Verhältnis zu seinen Kunden einen angemessenen

Preis erzielen. Und dabei gilt auch für Ihre Kunden: Keine Leistung ohne Gegenleistung. Ist Ihr Kunde nicht bereit, den für den gebotenen Nutzen angemessenen Preis zu bezahlen, so gilt: Auch ein Kunde hat ein Recht auf ein konsequentes Nein.

Nichts macht erfolgreicher als andere erfolgreich zu machen.

1.4.2   Wer die Regeln bricht, gewinnt

Untersuchungen zahlreicher, besonders erfolgreicher Unternehmen demonstrieren uns: Gewinner brechen die Regeln ihres Marktes. Als kreative Zerstörer, als Category Killer, setzen sie Standards immer wieder neu. Das von uns favorisierte Strategiesystem baut im Grundsatz auf Kernkompetenzen auf — das Strategiemodell ist entsprechend ein Kompetenzmodell. Auf der Kompetenzskala unterscheiden wir vier Kategorien: Einsteiger, Anwender, Könner und Experten. **Einsteiger**, die wir alle einmal waren, wissen oft viel und können vergleichsweise wenig. Das ist nicht ungewöhnlich. **Anwender** haben schon etwas mehr Erfahrung und praktisches Können. Beides ist am Markt jedoch in großer Breite vorhanden. Wertvoll wird eine Leistung erst dann, wenn sie knapp ist, also nur von wenigen erbracht werden kann. **Könner** erfüllen in ihren Aufgabenbereichen bereits höchste Anforderungen. Sie akquirieren die anspruchsvollsten Aufgaben und verdienen entsprechend mehr. Sie erfüllen höchste Standards. **Experten** setzen die Standards, und zwar immer wieder neu. Sie bewegen sich außerhalb bestehender Strukturen. Sie schaffen Lösungen, die vor ihnen keiner geschaffen hat. Sie bekommen, was ihnen zusteht: die höchste Aufmerksamkeit, die höchste Anerkennung. Und ganz nebenbei erzielen sie die höchsten Gewinne — völlig zu Recht.

Experten brechen die Regeln ihres Marktes und setzen neue Maßstäbe. Regelbrüche können auf verschiedenen Ebenen erfolgen: über eine Unternehmensneuheit, eine Branchenneuheit oder eine Weltneuheit. Solche Regelbrüche entstehen aus dem Mut zu Reduktion, Kreation, Erweiterung und Elimination. Beispiele dafür gibt es viele: die ersten Online-Banken, die ohne Filialen arbeiteten; die ersten Billigflieger, die auf Service verzichteten; die ersten Discounter, die ein reduziertes Sortiment anboten, oder Torsten Toeller von Fressnapf, der genau mit dieser goldenen „Aldi-Regel" wieder brach. Regelbrüche können ständig stattfinden. Man muss sie wollen und zulassen.

Regelbrüche gedeihen am besten in einer Atmosphäre von Freiheit, Vertrauen und Leidenschaft.

Kurz & knapp: Universalprinzipien des Erfolgs

- Die Natur kennt nur ein Ziel: überleben. Für Unternehmen heißt das Ziel demnach Steigerung der Überlebensfähigkeit.

- Unternehmen sind lebende Organismen und folgen als solche den Gesetzen und Prinzipien der Natur. Als Universalprinzipien finden sie Anwendung in allen Bereichen. Die Fähigkeit zu Anpassung und Differenzierung bildet als grundlegende Eigenschaft zum Überleben jedes Organismus' auch die Grundlage für den Unternehmenserfolg.

- Probleme dürfen nicht vermieden werden, sondern müssen konzentriert gesucht und angegangen werden. In jedem Mangel liegt eine Chance. Statt Symptome zu bekämpfen, müssen die Ursachen von Problemen gesucht und mit entsprechenden Maßnahmen beseitigt werden.

- Das Vermeiden von Komplexität und die Konzentration auf Kernkompetenzen erlaubt es, Ziele konzentriert, konsequent und langfristig zu verfolgen.

- Die Balance von Wachstum, Rendite und Risiko sorgt dafür, dass Unternehmen gesund und nachhaltig wachsen können. Besonderes Augenmerk sollte dabei auf Liquidität und Transparenz in den kaufmännischen Prozessen gelegt werden.

- Nur wer die Probleme seiner Kunden auf eine sichtbare Weise besser löst als andere und ihnen einen echten Nutzen bietet, wird langfristig Erfolg erzielen und den Unternehmenswert steigern. Den größten Erfolg erzielen Unternehmen, die nicht nur höchste Standards erfüllen, sondern sie setzen.

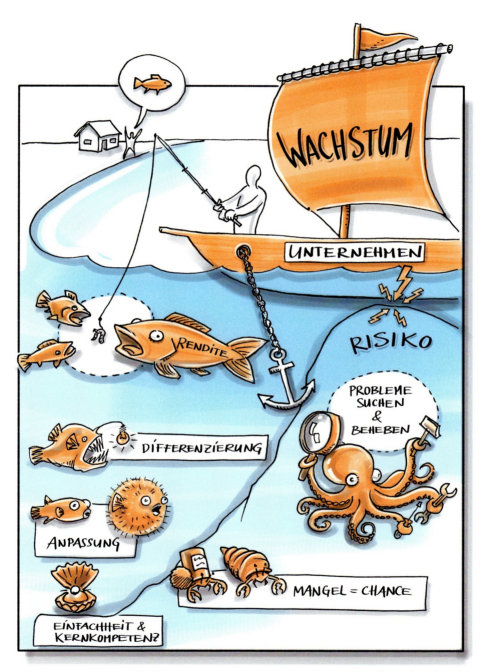

Dem Unternehmen Sinn geben

Wovon ist es abhängig, ob ein Unternehmen erfolgreich ist oder nicht?

Letztlich von Menschen und nur von Menschen, von Führungskräften und Mitarbeitern gleichermaßen. Menschen haben Ideen und setzen sie um. Menschen haben Kontakt zu Lieferanten, Kunden und anderen Stakeholdern des Unternehmens. Menschen können sich einsetzen oder nicht. Doch Menschen müssen einen Sinn in ihrem Tun erkennen. Das glauben Sie nicht? Unser Alltag bietet dafür unzählige Beispiele. Warum geraten Frauen, die nicht arbeiten, oft in eine schwere Lebenskrise, wenn die Kinder das Haus verlassen? Warum bleiben alte Menschen, die einer ehrenamtlichen Beschäftigung nachgehen, länger fit als Menschen, die nichts tun? Wie ist es zu erklären, dass Führungskräfte in den ersten beiden Jahren nach ihrer Pensionierung gegen jede Wahrscheinlichkeit frühzeitig sterben? Die Antwort ist: Der Sinn ihres Lebens ist ihnen abhandengekommen. Die Energie fällt in sich zusammen. Sie können sich nicht mehr zu Leistung in welcher Form auch immer motivieren.

> *„Im Mittelpunkt des Unternehmenserfolgs stehen für mich die Mitarbeiter und deren persönliche Wertschätzung. Nur Mitarbeiter mit einer positiven Einstellung zum Unternehmen können es nach außen, gegenüber Kunden, Lieferanten und anderen Gruppen auch so darstellen und vertreten."*
>
> *Dr. H. Werner Utz, Vorstandsvorsitzender der Uzin Utz AG*

Menschen, also auch Ihre Mitarbeiter, wollen einen Sinn in ihrem Tun erkennen. Wer einen Sinn in seiner Arbeit sieht, tut sie gern und mit Begeisterung. Jeder Mensch hat das dringende Bedürfnis, wichtig genommen und beachtet zu werden sowie nach Sinnhaftigkeit seines Tuns. Menschen, die keinen Sinn in ihrer Arbeit sehen, schaden dem Unternehmen. Sie sind initiativ- und energielos, ohne Motivation, leisten Dienst nach Vorschrift oder gehen sogar in die innere Kündigung — nicht, weil sie faul sind, sondern eben weil sie keinen Sinn in ihrem Tun sehen. Ihr Bedürfnis nach Wichtigkeit, Beachtung und Sinn wird nicht erfüllt. Laut dem Beratungsunternehmen Gallup hat jeder vierte Arbeitnehmer in Deutschland innerlich gekündigt. Marco Nink, Verhaltensökonom bei Gallup, sagt: „Viele Führungskräfte ignorieren die Bedürfnisse und Erwartungen ihrer Mitarbeiter." Das Unternehmen ermittelt jedes Jahr den sogenannten Engagement-Index, der den Grad der emotionalen Bindung von Mitarbeitern an ihr Unternehmen darstellt. Laut Nink geht diese Bindung seit Jahren zurück. Die Folgen für die Leistungsfähigkeit der Unternehmen und für die Volkswirtschaft seien erheblich. Das lässt sich in Zahlen ausdrücken: Mitarbeiter, die keine emotionale Bindung ans Unternehmen haben und sich nicht mit der Firma identifizieren, haben sich 2011 3,5 Tage mehr krankgemeldet als ihre Kollegen. Das allein kostete die deutsche Wirtschaft nach Berechnungen von Gallup schon 10,5 Milliarden Euro. Der aufgrund innerer Kündigung entstandene gesamtvolkswirtschaftliche Schaden ist noch höher. Er beläuft sich jährlich auf 122,3 bis 124 Milliarden Euro.

In Unternehmen, in denen die Mitarbeiter die innere Kündigung vollziehen, existieren häufig Misstrauenskulturen, die vor allem durch Kontrolle und wenig Entscheidungskompetenz der Mitarbeiter geprägt sind. Je geringer der Gestaltungsspielraum, desto höher die Unzufriedenheit. Solche Unternehmen haben meistens auch weder Vision noch Werte. In diesem Zusammenhang ist es interessant, dass sich laut einer repräsentativen Umfrage der Hay Group nur 23 Prozent der Befragten durch eine Gehaltserhöhung anspornen lassen. Thomas Haussmann, Manager der Hay Group, folgert: „Man kann Mitarbeiter mit Geld zwar locken, dauerhaft zufrieden machen oder motivieren kann man sie mit Gehaltssteigerungen und Boni aber nicht." Gerald Hüther, einer der führenden deutschen Hirnforscher, sagt: „Belohnen und bestrafen ist gleichermaßen Dressur, und damit motivationstechnisch Schnee von gestern." Ein gutes Betriebsklima, Entscheidungsbefugnisse und kompetente Vorgesetzte würden weit mehr zur Motivation der Mitarbeiter beitragen. Der Hirnforscher empfiehlt Führungskräften, auf zwei menschliche Grundbedürfnisse zu setzen: die Sehnsucht nach Verbundenheit, also den Wunsch dazuzugehören, und den Wunsch nach Wachstum, also nach neuen Aufgaben und Herausforderungen.

Interessant ist in diesem Zusammenhang eine weitere Erkenntnis der Gallup-Umfrage: Äußere Faktoren, wie eine Verschlechterung oder Verbesserung der Konjunktur, führen danach nicht zu nennenswerten Verschiebungen. „Vielmehr sind die Ursachen für den relativ geringen Anteil emotional hoch gebundener Arbeitnehmer in Deutschland hausgemacht und gehen auf Defizite in der Personalführung zurück", so Marco Nink. In Deutschland gibt es zu wenig Lob und zu viel Kritik. Der Aussage „Ich habe in den letzten sieben Tagen für gute Arbeit Anerkennung und Lob bekommen" stimmten nur vier Prozent der Mitarbeiter, die keine emotionale Bindung haben, uneingeschränkt zu, aber 79 Prozent der emotional hoch gebundenen Arbeitnehmer. Nur ein Prozent der Mitarbeiter, die emotional nicht gebunden sind, erklärten, es gebe im Unternehmen jemanden, der die persönliche Entwicklung fördere. Bei den emotional hoch Gebundenen waren es 87 Prozent.

„Die Motivation der Menschen wächst mit der Verantwortung, die man ihnen überträgt."

Thomas Burger, geschäftsführender Gesellschafter der Burger-Gruppe

Überträgt man diese Erkenntnisse auf das Unternehmensleitbild, dann hat ein solches Leitbild die Strahlkraft, dem Unternehmen und dem Tun der Mitarbeiter Sinn zu geben, ihr Grundbedürfnis nach Zugehörigkeit und Wachstum zu befriedigen und im Rahmen eines Wertesystems und der Unternehmenskultur Emotion und Motivation zu schaffen.

2.1 Das Leitbild – Orientierung für das Unternehmen

Während für die Strategie die Frage im Raum steht: „Gehen wir den richtigen Weg?", gibt das Leitbild Antwort auf die Frage: „Gehen wir den Weg richtig?" Ein Leitbild umschreibt Unternehmenszweck und -ziele sowie Verhaltensgrundsätze nach innen und außen. Diese müssen fest im Unternehmen verankert sein, von allen akzeptiert und gelebt werden, vor allem von den Führungskräften. Das Leitbild zeigt zudem, wie Zukunftsziele erreicht werden sollen. Als Grundlage spiegelt es die Unternehmenskultur und das Wertesystem des Unternehmens wider. Leitbilder bieten die Chance, sich vom Wettbewerb zu differenzieren.

Ein richtiges Leitbild unterstützt Sie in der Unternehmensführung. Strategische Entscheidungen und daraus resultierende notwendige Veränderungsprozesse werden in einen positiven Sog umgewandelt, wenn es Ihnen gelingt, durch das Unternehmensleitbild eine Richtung vorzugeben, die bei den Mitarbeitern Begeisterung und Lust auf Wandel auslöst. Wichtig ist, dass alle Mitarbeiter oder die Stellvertreter der einzelnen Interessengruppen in die Entwicklung des Leitbilds einbezogen werden, denn nur so werden „Betroffene zu Beteiligten". In einer gut geführten Firma wird Mitarbeitern Vertrauen entgegengebracht und Verantwortung übertragen, sie haben nicht ein bloßes Mitspracherecht, sondern eine Mitsprachepflicht. Wie sollen sie einem Leitbild folgen, an dessen Entwicklung sie keinen Anteil hatten? Wie sollen sie Visionen verwirklichen, die nicht die ihren sind? Nur gemeinsam kann ein realitätsnahes Leitbild entwickelt werden, mit dem sich die Mitarbeiter identifizieren und das sie leben können. Bei der Umsetzung des Leitbilds und der Verankerung im Unternehmen sind dann besonders die Führungskräfte gefragt.

Peter Walter betont mit der folgenden Aussage, wie wichtig es ist, dass die Führungskräfte mit gutem Beispiel vorangehen.

„Eine lebendige Unternehmensphilosophie kann nur über die Chefetage entstehen."

Peter Walter, Betapharm

Dem Unternehmen Sinn geben

In Unternehmen müssen alle überzeugt davon sein, dass ihre Handlungen sinnvoll und auf ein bestimmtes Ziel hin ausgerichtet sind. Deshalb müssen die Menschen auf allen Ebenen der Organisation wissen, wohin sie gehen. Sie sollten zumindest eine Ahnung davon haben. Das Unternehmensleitbild bietet dafür die Antwort. Deshalb darf es auch nichts Aufgesetztes oder Abstraktes sein, sondern muss gemeinsam entwickelt und im Unternehmen verankert werden. An ihm müssen sich Ziele und Entscheidungen orientieren. Jeder Mitarbeiter muss sich in ihm wiederfinden und letztendlich seinen Beitrag zum Unternehmenserfolg erkennen.

Ein gemeinsames Leitbild ist die Richtschnur, die Orientierung, der rote Faden, an dem sich ein Unternehmen ausrichtet, auf dem es eine robuste Strategie aufsetzen kann. Es ist der Leuchtturm, der dem Unternehmen Zukunft und Richtung, Sinn und Identität gibt. Ein gutes Leitbild besteht aus drei Elementen: Mission, Vision und Werte. Das Leitbild ist ein Pfeiler der Strategiearbeit, denn ohne Leitbild weiß das Unternehmen weder weshalb es existiert, noch wohin es will oder wer es ist.

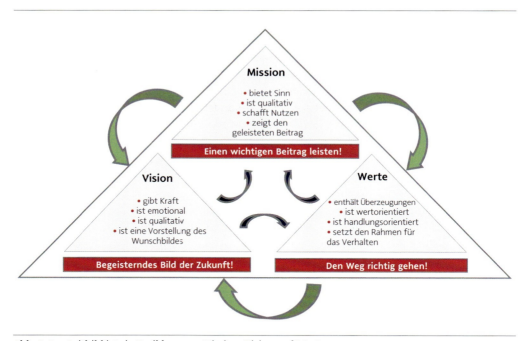

Abb. 5: Das Leitbild ist ein Dreiklang aus Mission, Vision und Werten

In den folgenden Abschnitten werden die einzelnen Aspekte dieses „Dreiklangs" genauer betrachtet.

2.1.1   Mission und Vision: Energie fürs Unternehmen

Die Mission eines Unternehmens beantwortet die Frage: Welchen Beitrag wird das Unternehmen in Zukunft für Kunden und Markt leisten? Bahnbrechende Beiträge könnten sein:

- Ein Computer, der problemlos über Spracherkennung funktioniert,
- ein Medikament, das Aidskranke heilt,
- Autos ohne Abgase.

Die Mission lässt sich als ein qualitativer Beitrag definieren, der Nutzen schafft und Sinn bietet, nicht nur für das Unternehmen und seine Kunden, sondern auch für die Gesellschaft. Die Mission beeinflusst die Vision und die Werte eines Unternehmens und wird von diesen beeinflusst. Die Mission kann als der eigentliche Kernauftrag des Unternehmens bezeichnet werden. Sie drückt letztlich aus, weshalb es das Unternehmen gibt.

Wenn es um Mission und Vision geht, herrscht oft Begriffsverwirrung. Im Unterschied zur Mission ist es der Kern der Vision, darzustellen, in welchem Gebiet das Unternehmen eine führende, herausragende Stellung einnehmen möchte. Doch damit die Träume wahr werden können, ist eine Basis nötig, die solche geistigen Höhenflüge überhaupt ermöglicht. Eine Vision ist eine klare Vorstellung von der Zukunft. Sie sollte immer auf einem besonderen Beitrag — am besten für das Gemeinwohl — aufbauen, also mit einer Mission verbunden sein. Der Unternehmer Hans Grohe sagte 1926: „Unsere Waren werden von der Menschheit gebraucht." Wacker Chemie stellt seine Aktivitäten unter das Motto „Creating tomorrow's solutions" und die Drägerwerk AG & Co. KGaA, Hersteller von Medizin- und Sicherheitstechnik verspricht „Dräger. Technik für das Leben".

Am Beispiel der Firma Uvex wird der Unterschied zwischen Mission und Vision besonders deutlich. Der Hersteller von Schutzkleidung für Beruf und Sport, hat als Mission für sich definiert „Protecting People. — Wir schützen Menschen." Das ist eine Mission, mit der sich wohl jeder identifizieren kann. Die Vision von Uvex lautet: „In der Uvex-Welt wollen wir Innovationsführer sein, damit weltweit wertorientiertes Wachstum schaffen und in allen unseren Aktivitätsbereichen und Märkten aufs Siegerpodest! Value follows Innovation!" Die Mission des Schweizer Hörgeräteherstellers Phonak lautet: „Life is on." Präziser: „Mühelose Interaktion. Grenzenlose Kommunikation. Leben ohne Kompromisse. Life is on." Auf dieser Mission fußen Vision und Werte des Unternehmens.

Dem Unternehmen Sinn geben

Obwohl der Begriff Unternehmensvisionen bereits seit geraumer Zeit im Unternehmensalltag und in der Literatur verwendet wird, besteht nach wie vor Unklarheit darüber, was eine Unternehmensvision leistet.

- Sie ist ein „attraktives Bild einer möglichen Zukunft".
- Sie ist Voraussetzung für jede erfolgreiche Unternehmensstrategie.
- Sie ist ein geistiges Bild von dem, was Sie erreichen wollen.
- Sie gibt dem Unternehmen Zukunft und Richtung.
- Sie gibt den Dingen einen Sinn, der weit über das Materielle hinausgeht.
- Sie hat die Kraft, zu Höchstleistungen zu motivieren.
- Sie ist eine Leitlinie, an der alle Maßnahmen ausgerichtet werden können.

„Wir wollen das führende Autohaus am Ort werden", ist keine Vision. Solche „Visionen" sind das Ergebnis von Diskussionen am grünen Tisch. Es wird diskutiert, Formulierungen werden erfunden, wieder verworfen, neue erfunden und doch kommt in den meisten Fällen nichts anderes heraus als Plattitüden, die vergeblich versuchen, Mitarbeiter mitzureißen und zu begeistern. Natürlich ist es der Kern einer Vision, darzustellen, in welchem Gebiet das Unternehmen eine führende, herausragende Stellung einnehmen möchte. Doch damit die Vision wahr werden kann, bedarf es einer Basis, die „geistige Höhenflüge" überhaupt ermöglicht: die Mission. Aufbauend auf der Mission „Life is on", kann Phonak deshalb formulieren: „Das Ziel von Phonak ist es, die Lebensqualität von Menschen mit Hörminderung zu verbessern. Phonak ist die innovative Kraft der Hörakustik. Mit Kreativität setzen wir uns dafür ein, technologische Grenzen zu überwinden — damit alle Menschen die reichhaltigen Klanglandschaften des Lebens besser hören, verstehen und intensiver erleben." Die Münchner Hoffmann Group hat im Rahmen der europäischen Markterschließung die Vision formuliert: „Der Himmel über Europa wird orange." Orange ist die Firmenfarbe der Gruppe. Einfach, aber auf das Wesentliche reduziert und sehr eingängig, ist die Unternehmensvision des Fitness-Studio-Discounters McFit: „Einfach gut aussehen." Die Vision von Weissman & Cie. lautet: „Wir sind der qualitativ führende Experte für Unternehmensentwicklung in D-A-CH-S-I. Für Familienunternehmen."

Walt Disney sagte: „If you can dream it, you can do it." Damit hatte er sicherlich Recht, denn jede Vision darf **bisher** Unvorstellbares formulieren. Aber sie darf kein wilder Traum sein. Träume haben die Eigenschaft, mit dem Morgen zu verblassen. Für das Management von Unternehmenspotenzialen sind sie deshalb nicht tauglich. Der Sinn einer Vision ist es, Ihre Mitarbeiter zu außerordentlichen Leistungen zu beflügeln. Sie soll eine Vorstellung von der Zukunft vermitteln, die Ihre Mitarbeiter mit Stolz erfüllt, die Antriebsmoment dafür ist, in einem Unternehmen die

Erfüllung der beruflichen Wünsche zu suchen. Idealerweise stehen Unternehmensvisionen mit den persönlichen Visionen der Mitarbeiter im Einklang.

Die vier Voraussetzungen für echte Visionen lauten:

- Die Mitarbeiter müssen sich mit der Vision identifizieren können, damit sie danach streben, sie zu erfüllen.
- Die Vision muss praktikabel sein und sich in Einzelziele des Tagesgeschäfts zerlegen lassen.
- Ihre Formulierung muss eine schrittweise Anpassung an die Realität zulassen.
- Sie muss durch die Potenziale und Ressourcen des Unternehmens gedeckt sein.

Sind diese Bedingungen erfüllt, sorgt die Vision für Motivation und Energie im Unternehmen. Peter M. Senge, Direktor des Center for Organizational Learning an der MIT Sloan School of Management in Cambridge/Massachusetts, formuliert treffend: „Eine gemeinsame Vision ist nur dann eine Vision, wenn sich viele Menschen ihr wahrhaft verschrieben haben, weil sie ihre eigene, ganz persönliche Zielstellung widerspiegelt."

Visionen ermöglichen es Unternehmen, zu Schöpfern ihrer Zukunft zu werden. Unternehmen mit einer Vision reagieren nicht, sondern agieren. Sie gestalten aktiv ihre Zukunft. Ikea, H & M, Zara, Fressnapf und viele andere nehmen künftige Entwicklungen nicht nur geistig vorweg, sondern gestalten sie proaktiv mit, nach dem Motto: „Ich bin der Schöpfer meiner Welt." Bill Gates, Gründer von Microsoft, wäre heute niemals einer der reichsten Männer der Welt, hätte er sich nur in den Spuren seiner Vorgänger bewegt. Erst durch die Umsetzung seiner Vision „information at one's fingertip" wurde sein Erfolg möglich. Wer sich nur in vertrauten Gewässern bewegt, wird niemals neue Ufer entdecken. Wer Marktfaktoren und Gegebenheiten für unverrückbar hält, nimmt sich die Chance zur bewussten Einwirkung und Gestaltung.

Visionen sind die Grundlage für Energie, Energie ist die Grundlage für Bewegung und Bewegung ist die Voraussetzung für Materie. Ohne Visionen gibt es keine Sinngemeinschaften und damit keine Veränderung. Das ist der Grundgedanke von „Sinnergie" — ein Wortspiel, das Titelgeber für ein von mir und Joachim Feige geschriebenes Buch ist, und das System der Gewinner beschreibt. Das Fatale ist: Wer in seinem Unternehmen keine Visionen entwickelt, hemmt somit jede Art von Veränderung, ja entzieht jeder möglichen Veränderung die Basis, und damit können sich Unternehmen, die keine Visionen haben, nicht anpassen. Damit entziehen sie dem Naturgesetz Darwins — „Survival of the Fittest" — die Grundlage.

● **TIPP**

Formulieren Sie Ihre Vision möglichst einfach und leicht verständlich, damit tatsächlich jeder sie verstehen kann. Verzichten Sie auf Fremdwörter und Begriffe, die außer Ihnen niemand versteht. Konzentrieren Sie sich auf den Kern.

2.1.2 Werte schaffen Wert

Der Begriff Wert(e) leitet sich vom lateinischen Wort „valere" ab, und zwar in der Bedeutung von stark sein, kräftig sein. Werte sind das eigentliche Fundament von Organisationen, die auf Dauer angelegt sind. Bei aller Bedeutung, die wir einer guten Strategie zuweisen, lautet unser Appell: Schreiben Sie Ihre Strategie mit Bleistift und Ihre Werte mit Tinte. Wenn sich der Rahmen für Ihr Unternehmen ändert, müssen Sie bereit und fähig sein, Ihre Strategie entsprechend anzupassen. Wenn Sie in einer Krise Ihre Werte aufgeben, machen Sie Ihr Unternehmen wertlos.

Werte sind die Grundlage für Identität, für Stolz. Und sie sind oft die Basis starker Marken. Menschen können sich nicht mit einem Unternehmen identifizieren, das keine Werte hat — weder Mitarbeiter noch Kunden. Starke Unternehmen schaffen Wertegemeinschaften und Resonanzfelder. Oder, wie der britische Biologe Rupert Sheldrake es formuliert hat, morphogenetische Felder, die Menschen zusammenführen und eine Energie der besonderen Art freisetzen. Wem diese Zusammenhänge bewusst sind, der versteht, welche Bedeutung einer starken, wertebasierten Führung zukommt. In den Werten eines Unternehmens findet die Unternehmenskultur ihren Ausdruck. Werte bilden das Fundament jeder Unternehmensidentität. Das schriftlich formulierte Leitbild mit Mission und Vision schafft die Verbindung zum operativen Tagesgeschäft. Es gibt konkrete Handlungsanweisungen vor, skizziert ein gemeinsames Wertesystem auf der Basis gelebter Grundwerte, profiliert den Sinn der täglichen Arbeit, demonstriert ein einheitliches Selbstverständnis, konkretisiert die gemeinsame Grundlage, auf die sich jeder beziehen kann, und stellt einen Wegweiser für den Unternehmenserfolg dar.

Es gibt keine für alle Unternehmen „richtigen" Werte. Sie sind ebenso unterschiedlich wie die Menschen, die sich auf sie verpflichten. Dass sie nicht gegen allgemeine gesellschaftliche Werte verstoßen sollten, versteht sich von selbst. Was in der einen Organisation als gut gilt, kann in der anderen aber durchaus als negativ bewertet werden. Die Werte speisen sich aus der Unternehmenskultur, der unsichtbaren Kraft im Unternehmen. Unter Unternehmenskultur versteht man, wie Jill Schmelcher sagt, „die Summe aller Selbstverständlichkeiten im Unternehmen". Die Unternehmenskultur zeigt sich zum einen in sichtbaren Dingen, wie der Gestaltung der Büros oder der Kleidung der Mitarbeiter. Doch auch der Umgang miteinander, die Art und Weise, wie kommuniziert wird, der Führungsstil und viele andere Dinge sind Ausdruck der Unternehmenskultur. Sie ist der Schlüssel für die künftige Innovations- und Wettbewerbsfähigkeit. Je ausgeprägter die Kultur eines Unternehmens ist, desto stärker steuert sie das Verhalten und wird zum Erfolgsfaktor für Strategie, Struktur und Prozesse. Allerdings: eine negative Kultur schlägt sich ebenfalls in der Entwicklung des Unternehmens nieder. Erfolg und Misserfolg sind auf das herrschende Wertesystem zurückzuführen.

> *„Ein Unternehmer und ein Unternehmen brauchen Werte, an denen man sich orientiert. Bei uns in der Firma gibt es dafür das Leitbild mit den Werten innovativ, eigenverantwortlich, seriös. Jeder Mitarbeiter hat eine Wertekarte, auf der er für sich vermerkt, was er tun kann, um die Werte an seinem Arbeitsplatz umzusetzen und zugleich zur Wertschöpfung des Unternehmens beizutragen."*

> *Klaus Fischer, geschäftsführender Gesellschafter der Fischerwerke*

Die richtigen Werte sind die Basis für Wertsteigerung und damit für den nachhaltigen Unternehmenserfolg. Befindet sich die Unternehmensstrategie mit den geltenden Werten im Einklang, steht ihrer Umsetzung praktisch nichts im Wege. Die Praxis hat gezeigt, dass die Pflege von kulturellen Werten wie Menschlichkeit, Vertrauen und Wertschätzung den Unternehmenswert nachhaltig steigert. Deshalb sollte das bestehende Wertesystem unter den Mitarbeitern bekannt sein. Für neue Strategien sollten die wichtigsten Werte gemeinsam erarbeitet werden. Je enger die Abstimmung zwischen Unternehmensstrategie und dem Wertesystem des Unternehmens ist, desto eher lassen sich Widerstände abbauen und Synergien erarbeiten.

Beispiel: Einfach. Konzentriert. Nützlich

Die Hoffman Group ist einer der führenden Werkzeughersteller und -händler in Europa. Das Unternehmen wird von Bert Bleicher nach einem einfach erscheinenden Motto geführt: „Einfach. Konzentriert. Nützlich." Dieses Wertedreieck ist Ausdruck der Unternehmenskultur. „Wir folgen einem intelligenten ‚einfach-konzentriert-nützlich'. Werte, die einem Unternehmen Klarheit und Orientierung geben und damit Vertrauen schaffen", sagt Bert Bleicher. Auf der Website des Unternehmens kann jeder lesen, was dahinter steckt:

- Einfach in der Kommunikation, der Organisation und in sämtlichen Prozessen, die das Unternehmen betreffen und die es beeinflusst.

- Konzentriert auf Lösungen und Leistungen, auf die Kernkompetenzen und auf das Wesentliche.
- Nützlich für Kunden, Partner, Lieferanten, für die Unternehmensentwicklung, für Mitarbeiter, Umwelt und die nächste Generation.

Beispiel: Werte festhalten

Petra Beck führt seit 25 Jahren mit ihrem Mann Siegfried die Bäckerei „Der Beck" in Erlangen/Tennenlohe. Sie ist überzeugt, dass es für den Zusammenhalt im Unternehmen wichtig ist, dass Unternehmen und Mitarbeiter dieselben Werte haben. Neuen Mitarbeitern werden die Werte des Unternehmens im Rahmen eines Workshops, den die Chefin selbst hält, vorgestellt. „Das gibt ihnen die Gelegenheit, ihre persönlichen Werte mit den Unternehmenswerten zu vergleichen und sich selbst eine Meinung darüber zu bilden, ob sie zu uns passen."

Im Rahmen verschiedener Workshops von Führung und zweiter Führungsebene wurden sieben Werte erarbeitet: Menschlichkeit, Miteinander, Konsequenz, Leistung, Konstanz, Innovation und Freude. Dafür wurden die für die Mitarbeiter bedeutsamen Werte erfasst und aufgeschrieben. „Letztlich haben wir aus diesen und den für uns als Inhaber zentralen Werten die sieben Begriffe als Firmenwerte definiert", sagt Petra Beck. „Sie wurden den Mitarbeitern kommuniziert und sind heute fest im Bewusstsein aller verankert." Besonders wenn ein Unternehmen wachse, müsse man die Werte festhalten, aufschreiben und immer wieder visualisieren, meint die Unternehmerin. „Man darf sie nicht nur im Kopf haben, sondern muss entsprechend handeln. Und man muss sofort ansprechen, wenn die Dinge nicht so funktionieren, wie man es gemeinsam beschlossen hat."

Ein Wertesystem wird nur dann zum Erfolg beitragen, wenn Führung und Mitarbeiter denselben Werten folgen.

2.2   Wirksame Führung

Ein Zitat von Antoine de Saint-Exupéry spiegelt das Führungsverständnis der WeissmanGruppe wider:

> „...Wenn du ein Schiff bauen willst,
> so trommle nicht Männer zusammen, um Holz zu beschaffen,
> Werkzeuge vorzubereiten,

Aufgaben zu regeln und die Arbeit zu verteilen,
sondern lehre die Menschen die Sehnsucht
nach dem weiten, endlosen Meer!"

Antoine de Saint-Exupéry

Die gelebte Führungskultur ist bestimmend für die Unternehmenskultur. Wenn wir davon ausgehen, dass die Unternehmenskultur der Schlüssel für die künftige Innovations- und Wettbewerbsfähigkeit ist, müssen wir uns auch mit der „richtigen" Führung befassen. Von ihr hängen Motivation, Leistung und Erfolg der Mitarbeiter stark ab. Gute Führungskräfte und Unternehmer schaffen es immer wieder, ihre Mitarbeiter zu Höchstleistungen zu motivieren. Sie zeigen, was eine echte Führungskraft von einem schlicht hierarchischen Vorgesetzten unterscheidet: Einer echten Führungskraft wollen die Mitarbeiter folgen.

2.2.1   Manager und Leader sein

Wenn wir Führen als die Fähigkeit definieren, sowohl Manager als auch Leader zu sein, dann unterscheidet sich die sehr gute Führungskraft von der guten dadurch, dass sie über beide Fähigkeiten gleichermaßen verfügt und sie situativ anwenden kann. Es geht im Bereich Führung auf der emotionalen Ebene darum, durch Charakter und Persönlichkeit, Auftreten und Ausstrahlung wirksame „Führungs-Kraft" zu entwickeln. Dieses individuelle Charisma hat Auswirkungen auf das menschliche Umfeld, auf Motivation und Stimmung der Mitarbeiter, auf die Unternehmenskultur sowie die im Unternehmen herrschende Geisteshaltung und die Fähigkeit zur Teambildung. Während Leadership bedeutet, sein gelebtes Wertesystem mit sozialer Kompetenz und Selbstkompetenz zu verbinden, steht die Management-Fähigkeit für fachliche und methodische Kompetenz.

Paul Watzlawick machte den entscheidenden Unterschied zwischen Managen und Führen deutlich.

Managen bedeutet für ihn das Verhalten auf der Sachebene: Organisieren von Aufgaben und Abläufen. Managen ist danach die Technik von Delegation und Kontrolle. Führen hingegen ist das Verhalten auf der Beziehungsebene. Es bedeutet, Menschen zu motivieren ist die Kunst, Menschen zu bewegen.

Abb. 6: Der Unterschied zwischen Führung und Management

Führung entfaltet sich schließlich dann, wenn zu einer ganzheitlichen Führungs-persönlichkeit zwei weitere Faktoren dazu kommen: ein konsistentes Führungs-modell und eine tragfähige Vertrauenskultur.

2.2.2 Sich selbst führen

Führen heißt auch, sich selbst führen zu können — die selbstkritische Reflexion der eigenen Verhaltensmuster integrieren zu können. Erfolgreiche Führungskräfte ha-ben den Mut, sich regelmäßig den Spiegel vorzuhalten, und verstecken sich nicht hinter Masken der Selbstbeweihräucherung oder Selbstüberschätzung. Führungs-kräfte, die authentisch sind und einem Wertesystem folgen, schaffen die Vertrau-ensbasis, die Führung erst möglich macht. Vertrauen, Offenheit und Kommunika-tion sind die Säulen, auf denen eine gute Führung ruht. Eine gute Führungskraft ist für die Mitarbeiter in allen Belangen ein Vorbild. Erfüllt sie diese Rolle nicht, indem sie zum Beispiel Vertrauensbrüche begeht oder Mitarbeiter gering schätzt, wird das nur schwer verziehen.

Entscheidend ist in solchen Fällen, wie die Führungskraft mit dem Fehler umgeht, ob sie dazu steht und aktiv, auf eine für den Mitarbeiter wahrnehmbare Weise, an einer Verbesserung arbeitet. Sachliche und fachliche Fehler werden viel eher verziehen als Fehler, die auf der emotionalen Ebene gemacht werden. Die Mitar-beiter einer echten Führungskraft werden nicht nur gefördert, sondern sind auch gefordert: Die Pflicht zur Mitsprache ist in einem gesunden Unternehmen, dessen

Unternehmenskultur auf Vertrauen, Verantwortung und Verbindlichkeit aufbaut, eine Selbstverständlichkeit. Wer Ja-Sager um sich versammelt, Eigenverantwortung unterdrückt und Widerspruch als persönlichen Angriff auffasst, wird feststellen, dass das Unternehmen Schaden nimmt.

Führen heißt, andere emporheben.

Eine erfolgreiche Führungskraft muss über folgende Eigenschaften verfügen:

- Glaubwürdigkeit, basierend auf einem stabilen Wertesystem
- Bereitschaft zur Selbstreflexion
- Begeisterungsfähigkeit in Verbindung mit einer positiven Lebenseinstellung
- Belastbarkeit und daraus resultierende Gelassenheit
- Talententdecker und Entwickler sein, damit die Mitarbeiter wachsen
- Mut und Zielklarheit
- Durchsetzungskraft verbunden mit nachvollziehbaren Entscheidungen
- Wertschätzender, respektvoller Umgang auch unter Druck
- Kommunikations- und Feedbackfähigkeit
- Kreative Problemlösungsfähigkeit

Wir stellen uns ein Unternehmen gerne als einen Garten vor — einen Garten mit vielen unterschiedlichen Pflanzen. In diesem Garten wäre es Aufgabe der Führungskräfte, jede Pflanze zum jeweils richtigen Zeitpunkt mit den jeweils richtigen Mengen an Wasser, Wärme, Licht und Nährstoffen zu versorgen. Nur dann werden die Pflanzen reiche Früchte tragen. Man bezeichnet dieses Versorgungsprinzip als Minimumfaktor (Kapitel 1). Hat die Pflanze alle Wirkstoffe, so wird sie ihr Wachstum selbst optimal organisieren. Entsprechend sollte ein Unternehmer seine Mitarbeiter in ihrer Entwicklung fördern, ihnen beste Rahmenbedingungen für erfolgreiches Arbeiten bieten, sie am richtigen Platz und im richtigen Team einsetzen. Wer einzeln arbeitet, addiert. Wer zusammenarbeitet, multipliziert.

2.2.3 Auf die Life-Balance achten

Der allseits gebräuchliche Begriff Work-Life-Balance suggeriert, dass Arbeit und Leben zwei konkurrierende Bereiche seien. Wir hingegen fragen: Ist nicht die Arbeit Teil des Lebens — für Mitarbeiter ebenso wie für Führungskräfte? Deshalb halten wir den Ausdruck Life-Balance für den besseren Begriff, denn nach unserer Auffassung fühlen sich Menschen dann am wohlsten, wenn ihr Leben im Gleichgewicht/ in Balance ist. Das ist der Fall, wenn sie zufrieden und gesund sind, viele positive Erlebnisse haben und motivierende Anreize erhalten. Ein Unternehmen, das seine

Mitarbeiter wertschätzt, sorgt dafür, dass sie ihr Leben in der Balance halten können, dass sie ihre Arbeit als sinnvoll und befriedigend betrachten, sich ausreichend erholen und um Familie und Freunde kümmern können. Auch der Unternehmer und seine Führungskräfte sollten für Gleichgewicht in ihrem Leben Sorge tragen. Ein ständig gestresster und überforderter Mensch kann keine gute Führungskraft sein. Seine Lebensfreude geht verloren. Kreativität und Innovation brauchen „freien Raum". Man weiß inzwischen, dass Menschen genau dann besonders kreativ, produktiv und motiviert sind, wenn sie weder unter- noch überfordert sind.

„Eine achtsame, unterstützende und wertschätzende Unternehmenskultur hilft Leistungsträgern, die potenziell gesundheitsgefährdenden Effekte hoher Arbeitsbelastung abzupuffern."

Dr. med Walter Kromm, Initiator der SHAPE-Studie, Studie an beruflich hoch ambitionierten Persönlichkeiten

In Deutschland sinkt die Zahl an qualifizierten Arbeitskräften stetig. Im Kampf um Arbeitskräfte müssen Unternehmen etwas Zusätzliches schaffen, das wir „gesteigerte Lebensqualität am Arbeitsplatz" nennen. Möglichkeiten der Selbstentwicklung und der Weiterbildung zählen dazu ebenso wie eine vertrauensvolle Unternehmenskultur, eine authentische Führung, und ein hohes Maß an Selbstbestimmung.

In der Generation Facebook lassen sich Mitarbeiter nicht mehr wie früher kontrollieren. Diese Generation, die man auch Digital Natives nennt, stellt die bisherige Führungskultur in Frage. Mit strengen Hierarchien haben sie Probleme. Sie möchten Verantwortung übernehmen und Handlungsspielräume haben. Feste Arbeitszeiten und -orte spielen für sie nur eine untergeordnete Rolle. Netzwerke prägen ihr Leben. Sie teilen ihr Wissen gerne. Sie wählen bewusst die Gemeinschaft, kommunizieren offen und wollen unbeschränkten Zugang zu Informationen.

Für Führungskräfte bedeutet das, sich von ihrem „Herrschaftswissen", das häufig der Absicherung ihres Führungsanspruchs diente, zu verabschieden. Vernetzte Teams werden an die Stelle von hierarchischen Organisationsstrukturen treten. Führungskräfte müssen Zugang zu Informationen gewähren, die sie früher unter Verschluss hielten, und sie müssen viel mehr in verschiedenen Medien kommunizieren. Mehr Information bedeutet mehr Verantwortung für den Einzelnen. Führungskräfte werden sich daran gewöhnen müssen, nach Ergebnissen zu fragen und nicht danach, auf welche Weise der Mitarbeiter sie erarbeitet. Eigenständiges und verantwortliches Arbeiten der Mitarbeiter wird eine wachsende Rolle spielen. Das entspricht ihrem Wunsch nach Mitgestaltung, Mitwirkung und Mitverantwortung. Führungskräfte werden ihren Mitarbeitern künftig näher sein müssen, um ihre Steuerungsaufgaben in diesem Sinn erfüllen zu können. Sie führen über Vertrauen und Vorbild. Geld ist in diesem Szenario ein Hygienefaktor. Was zählt ist, die Lebensbalance leben zu können und Wahlfreiheit in den Aufgaben zu haben.

2.3   Führungsaufgabe Kommunikation

Vielleicht wundern Sie sich, dass wir der Kommunikation hier einen solch breiten Raum geben. Ganz einfach: Sie ist eine der wichtigsten Führungsaufgaben. Ihre Wichtigkeit wird noch verstärkt durch die veränderten Erwartungen heutiger Generationen an die Kommunikation. Die Frage, ob ein Unternehmen einer offenen Kommunikation folgen möchte oder einer streng reglementierten, stellt sich heute nicht mehr. Die veränderten Erwartungen nachrückender Generationen und die Globalisierung der Arbeitswelt verlangen nach mehr Transparenz, Offenheit und Kooperation seitens der Unternehmensführung. Ein kooperativer Führungsstil und eine offene Kommunikation werden zu Kriterien für die Beurteilung der Attraktivität eines Arbeitgebers.

Wer heute seine Arbeitskraft anbietet, möchte den Sinn seiner Arbeit kennen und wissen, wie über das Wohl und Wehe des Unternehmens entschieden wird. Kommunikation wird damit als Bestandteil der Unternehmenskultur zu einem der wichtigsten Themen für Unternehmer und Führungskräfte. Die interne Kommunikation muss deshalb einer durchgängigen, langfristig angelegten Strategie folgen, die in allen Bereichen angewendet wird: in Feedback- und Zielerreichungsgesprächen ebenso wie in der Kommunikation am Arbeitsplatz, in Meetings, im Intranet, in Mitarbeiterzeitschriften oder im Hinblick auf Informationen aus der Chefetage. Welche Mittel dafür eingesetzt werden, ist letztlich zweitrangig. Sie müssen „nur" zum Unternehmen und seiner Kultur passen. Sie müssen sich für die Themen eignen, die kommuniziert werden sollen, und dafür, dass die Empfänger erreicht werden. Doch jede Kommunikationsstrategie ist nur dann erfolgreich, wenn die Führungskräfte im Alltag umsetzen, was die Strategie verspricht.

Beispiel: Hier bloggt der Chef

Mitarbeiter des Reinigungsgeräteherstellers Kärcher können mit ihrem Chef per Blog direkt kommunizieren. Seit 2011 gibt es den „Hartmut Jenner Blog" — auf Wunsch des Geschäftsführers, wie ein Mitarbeiter aus der Presse- und Öffentlichkeitsarbeit betont. Die Inhalte seines Blog bestimmt Jenner selbst. Er sieht die Plattform als eine gute Möglichkeit, strategische Themen ins Unternehmen zu tragen. Der Blog des Geschäftsführers ist sehr persönlich. Er schaut sich alle Fragen und Kommentare der Mitarbeiter an und steht persönlich hinter den Antworten. Spannend ist die Veränderung klassischer Abläufe. „Die meisten Mitarbeiter schreiben den Vorsitzenden der Geschäftsführung normalerweise nicht direkt an. Genau dazu fordert der Blog jetzt auf: Jeder kann Fragen an Hartmut Jenner stellen, ihm Rückmeldung geben oder seine Sicht der Dinge darlegen. An diese neue Form der Kommunikation müssen sich viele Mitarbeiter erst gewöhnen."

„Wer will, dass ihm die anderen sagen, was sie wissen, der muss ihnen sagen, was er selbst weiß. Das beste Mittel, Informationen zu erhalten, ist, Informationen zu geben."

Niccolò Machiavelli, italienischer Staatsmann und Schriftsteller

Eine offene vertrauensvolle Kommunikation macht das Leben für alle leichter und verhindert im Voraus viele Schwierigkeiten, die letztlich dem Erfolg im Weg stehen. In einer Kultur des Misstrauens und der übermäßigen Kontrolle gedeihen weder Kreativität noch Motivation. Eine Kultur des Miteinanders, aber auch des Widerspruchs, die die eigene Meinung der Mitarbeiter fördert und sie dazu ermuntert, sie einzubringen, trägt dagegen zum Unternehmenserfolg bei. Für den Umgang mit Widerspruch und Kritik kann man Regeln vorgeben, die dafür sorgen, dass Kritik konstruktiv ist und Widerspruch bereichernd. Kein Team kommt ohne Mitglieder aus, die Dinge in Frage stellen und querdenken. Wer versucht, sie mundtot zu machen, weil es unbequem ist, sich mit ihnen auseinanderzusetzen, tut weder sich selbst, noch dem Team und schon gar nicht dem Unternehmen einen Gefallen.

EXKURS: Wie Kommunikation funktioniert

Darüber denken wir nur selten nach, weil wir ständig kommunizieren. Dabei ist Kommunikation nicht so einfach, wie wir es uns vielleicht vorstellen. Das zeigt sich schon daran, dass es die Redewendung „zwischen den Zeilen lesen" gibt. Oft verstehen wir auch etwas, das der andere zwar gesagt, aber nicht so gemeint hat. Kommunikation ist bedeutend vielschichtiger, als wir uns das vorstellen. Der Hamburger Psychologe und Kommunikationstrainer Prof. Dr. Friedemann Schulz von Thun hat zum besseren Verständnis, wie Kommunikation abläuft, das Vier-Ohren-Modell oder Kommunikationsquadrat entwickelt. Gemäß des Modells wird davon ausgegangen, dass jede Nachricht vier Botschaften enthält. „Wir reden immer zugleich mit vier Zungen und hören mit vier Ohren", schreibt Schulz von Thun. „Dies macht zwischenmenschliche Kontakte spannend, aber auch spannungsreich und störanfällig." Wenn der Empfänger die von Schulz von Thun beschriebenen vier Seiten einer Botschaft richtig decodiert, klappt die Kommunikation, obwohl auch hier noch Raum für Interpretationen bleibt. Man sollte bedenken, dass nur ein kleiner Teil der Kommunikation über Sprache erfolgt, etwa 20 Prozent. Der Rest läuft über Gestik und Mimik.

Die vier Botschaften nach Schulz von Thun:

- Die Sachaussage wie Daten und Fakten.
- In der Selbstoffenbarung drückt der Sprecher etwas über sein Selbstverständnis, seine Motive, Werte und Emotionen aus.
- Auf der Beziehungsebene wird deutlich, wie der Sender zum Empfänger steht und was er von ihm hält.
- Der Appell schließlich ist ein Wunsch oder eine Handlungsaufforderung an den Empfänger der Nachricht.

Da der Empfänger einer Botschaft immer mit allen vier Ohren hört, kann jede Botschaft missverstanden beziehungsweise falsch interpretiert werden. Darüber hinaus können die vier Ebenen noch unterschiedlich gewichtet werden und zwar von Sender und Empfänger. Vielleicht legt der Sender der Botschaft das Gewicht auf den Appell, während der Empfänger in erster Linie den Beziehungsaspekt wahrnimmt. Kommunikation kann uns also in Teufels Küche bringen. Für jeden, der Menschen führt, ist es deshalb ein Muss, zu verstehen, wie Kommunikation funktioniert.

Stellen Sie sich vor, Sie sagen zu Ihrem Vertriebsleiter: „Wir haben im letzten Quartal das Umsatzziel nicht erreicht. Wir müssen überlegen, was wir noch tun können." Sie wollen ihm damit eine Information geben und Handlungsbedarf signalisieren. Sie schätzen den Mann und wissen, dass er sein Bestes tut, aber Sie machen sich Sorgen und hoffen, dass er noch eine Idee hat, wie man den Umsatz steigern könnte. Bei ihm kommt Ihre Aussage aber als ein Vorwurf an. Er denkt, Sie machen ihn verantwortlich, ohne zu sehen, dass er sein Bestes getan hat. Er fühlt sich zu Unrecht gemaßregelt. Eventuell hat er sogar Angst um seinen Arbeitsplatz. Wenn er sich so fühlt, kann er ihnen nur wenig nützen. Deshalb ist es besser, etwas genauer zu formulieren, zum Beispiel: „Wir haben im letzten Quartal das Umsatzziel nicht erreicht. Ich weiß, dass Sie Ihr Bestes getan haben. Wir sollten gemeinsam überlegen, was wir noch tun können. Wann haben Sie Zeit?"

Auf Augenhöhe im Geiste einer gegenseitigen Wertschätzung — so sollte die Kommunikation sein, wenn die Beziehung zwischen Empfänger und Sender gut ist. Führungskräfte sollten sich stets Gedanken darüber machen, wie das, was sie sagen, ankommt. In vielen Fällen helfen genauere Formulierungen, um Missverständnisse zu vermeiden. Ein weiteres probates Mittel ist die Nachfrage oder Präzisierung, wenn man merkt, dass eine Botschaft falsch angekommen ist. Sätze wie „Ich habe Sie so verstanden, dass es um das Thema X geht und Sie möchten, dass ich dies oder jenes tue" sind in jedem Fall hilfreich, um Klarheit zu schaffen und Missverständnisse zu vermeiden.

Als Empfänger sollten Sie „aktiv" zuhören, verstehen, was der andere sagt, und nicht interpretieren. Dafür gibt es vier Techniken:

- Statements — die Gefühle des Gesprächspartners ansprechen und zeigen, dass man sie wahrgenommen hat (Zwischentöne erkennen)
- Spiegeln — das in Worte fassen, was der Gesprächspartner gesagt hat, um sicherzustellen, dass die Botschaft richtig angekommen ist.
- Signale des Zuhörens — verbal können Sie das durch zustimmende Worte äußern, non-verbal durch Gestik und Mimik. Signalisieren Sie Empfangsbereitschaft ohne zu bewerten.
- Vertiefende Fragen — nachfragen statt interpretieren (W-Fragen)

„Manche Chefs hören nicht zu, sondern reden lieber selbst. Dabei ist das Zuhören eine der wichtigsten Aufgaben einer Führungskraft. Nur so erfährt sie konstruktive Kritik, die, sofern sie gehört wird, einhergeht mit Verbesserungen des Bestehenden."

Abtprimas Notker Wolf

2.3.1 Feedbackkultur etablieren

Regelmäßige Rückmeldungen zu geben, ist für die Beziehung zwischen Führungskräften und Mitarbeitern unverzichtbarer Bestandteil der Kommunikation. Um eine Feedbackkultur wachsen zu lassen, bedarf es einer Methode, mit deren Hilfe Menschen solche Rückmeldungen auf konstruktive und annehmbare Weise gegeben werden können: die Feebacktechnik. Wir haben alle einen bestimmten Eindruck von anderen Menschen. Er wird laut jüngster Hirnforschung hauptsächlich von unseren bisherigen Erfahrungen bestimmt und kann völlig falsch sein. Er wird nur selten an den anderen weitergegeben, vor allem dann nicht, wenn uns etwas am Verhalten des anderen stört (Konfliktpotenzial). Mittels Feedback können Lern- und Entwicklungsmöglichkeiten aufgezeigt werden, die sich aus der unterschiedlichen Betrachtung von Selbst- und Fremdbild ergeben.

Um ein richtiges, zielführendes Feedback geben zu können, das weder verletzend noch oberflächlich ist, sollte man bei der Formulierung folgende Fragen berücksichtigen:

- Was habe ich selbst gehört oder gesehen?
- Was deute ich daraus?
- Wie wirkt das auf mich?
- Was wünsche ich mir stattdessen?

Die Ich-Formulierung macht klar, dass es sich um eine subjektive Einschätzung handelt. Es geht nicht um ein allgemeingültiges Urteil.

Der Feedbackempfänger entscheidet selbst darüber, ob er das Feedback annehmen, sein Verhalten beibehalten oder verändern möchte. Deshalb

- hört er zu,
- fragt gegebenenfalls nach,
- rechtfertigt sich nicht und
- entscheidet selbst, ob er sich verändern möchte.

Ein Feedback ist nicht grundsätzlich richtig oder falsch. Es spiegelt die subjektive Wahrnehmung eines anderen Menschen wider.

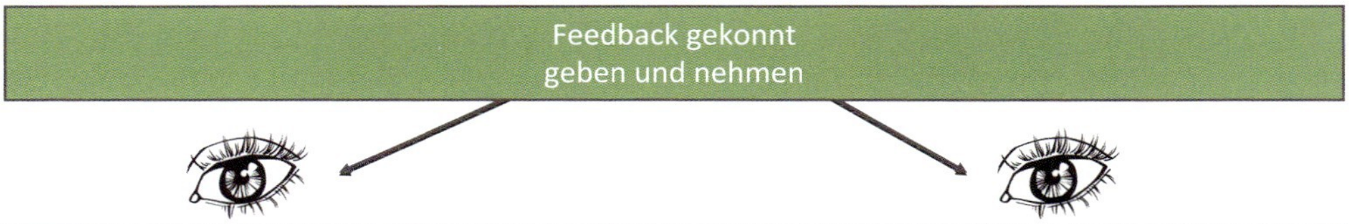

	Feedback gekonnt geben und nehmen	
1.	Um Erlaubnis bitten	Ja
2.	„Bitte nur zuhören!"	Hört zu
3.	Sachverhalt konkret beschreiben (keine Interpretationen)	Hört zu
4.	Ich-Botschaften	Hört zu
5.	Ehrliches Gefühl nennen	Hört zu
6.	Wertschätzen	Hört zu
7.	Wunsch äußern für anderes Verhalten	Hört zu
8.	„Danke fürs Zuhören!"	Danke für Ihre Ehrlichkeit!

Abb. 7: Feedback gekonnt geben und nehmen

2.3.2 Externe Kommunikation

Nach innen beeinflusst die Kommunikation also nachhaltig das Betriebsklima und die Motivation der Mitarbeiter. Nach außen beeinflusst sie, wie das Unternehmen von der Öffentlichkeit wahrgenommen wird. Kommunikation ist letztlich für das Image des Unternehmens verantwortlich. Deshalb ist es wichtig, ein einheitliches, positives und ehrliches Bild zu vermitteln. Doch bei vielen Unternehmen ist Kommunikation weder strategisch noch Chefsache. Das rächt sich. Besonders in Krisensituationen reagieren Mitarbeiter und Öffentlichkeit sehr sensibel. Sie registrieren genau, wie das Unternehmen mit der Situation umgeht.

Möglichst auf allem den Deckel zu halten, ist selten die richtige Strategie, denn das wird von den Mitarbeitern als Vertrauensbruch gewertet — schließlich hängt am Unternehmen ihre Existenz — und von der Öffentlichkeit als Vertuschung. Viele Unternehmen halten sogar in guten Zeiten wenig davon, Informationen an die Öffentlichkeit zu geben, doch damit verbauen sie sich einen Marketingweg. Hinzu kommt, dass es sich angesichts der sozialen Netzwerke wie Facebook oder Twitter sowieso nicht verhindern lässt, dass über Unternehmen gesprochen wird — im positiven wie im negativen Sinn. Im Gegenteil: Verließ früher ein Fehlverhalten kaum jemals den Standort, kann es sich heute in wenigen Sekunden weltweit verbreiten. Dafür gibt es mittlerweile zahlreiche Beispiele. Unternehmen sind also gut beraten, wenn sie ein gutes Verhältnis zur Öffentlichkeit aufbauen.

Manche Unternehmen sind auch der Meinung, sie hätten nichts zu berichten. Das ist ein Irrtum. Besonders Familienunternehmen, die oft eine lange Geschichte haben, haben zahllose Geschichten zu erzählen und Menschen lieben Geschichten — Journalisten machen da keine Ausnahme. Jubiläen, Nachfolgeregelungen oder eine Auszeichnung sind gute Anlässe, um eine Geschichte zu erzählen. Denken Sie nur an die Zuschauerzahlen, die die Ausstrahlung der „Buddenbrooks" im Fernsehen erzielte oder welche Auflage die Biographie des Apple-Gründers Steve Jobs erreichte. Natürlich sind nur die wenigsten ein Steve Jobs, aber Familienunternehmen sind Teil der Geschichte einer Region. Sie schreiben Wirtschaftsgeschichte. Die Menschen haben ein natürliches Interesse daran, etwas über die Unternehmen vor ihrer Haustür zu erfahren. Ergreifen Sie positive Anlässe, um ein positives Image aufzubauen.

Öffentlichkeit heißt unter anderem Presse. Unternehmer vermuten in der Regel, dass ihnen die Presse Böses will. Tatsächlich gibt es immer wieder unwahre beziehungsweise falsche oder oberflächliche Berichterstattung. Doch es liegt an den Unternehmen, die Voraussetzungen dafür zu schaffen, dass das möglichst nicht passiert. Journalisten, die gut und ausführlich informiert werden, wissen, worüber sie schreiben. Die Berichterstattung gewinnt an Qualität. Gute Beziehungen zwischen Unternehmen und Journalisten schaffen Vertrauen und die Bereitschaft nachzufragen. In Krisenzeiten ist das ein großer Vorteil. Bauen Sie ein gutes Verhältnis zu Journalisten vor Ort auf. Setzen Sie auf regelmäßige Information der Öffentlichkeit in guten Zeiten.

Machen Sie nicht den Fehler, Journalisten als Hofberichterstatter zu behandeln oder als zu vernachlässigende Zielgruppe zu betrachten. Sie sind es, die ihre Anliegen an die Fachwelt und in die allgemeine Öffentlichkeit transportieren. Die Kernaufgaben von Öffentlichkeitsarbeit und PR sind vielfältig. Als erstes muss analysiert und anschließend eine Strategie entwickelt werden. Es müssen Stärken- und Schwächenprofile festgelegt werden, Ziele der Arbeit definiert und Konzepte zur Zielerreichung und Kontrolle erstellt werden. Innerhalb des Unternehmens muss klar sein, wer verantwortlich ist und welche Kompetenzen er hat. Wird das nicht geklärt, bleibt die Pressearbeit zufällig und folgt keiner konsistenten Linie. Der PR-Verantwortliche muss direkten Zugang zu Interviewpartnern und Informationen im Unternehmen haben. Die Umsetzung der externen Kommunikation ist vielfältig: Von Broschüren und Internetseiten über Veranstaltungen und Pressegespräche bis hin zu Unternehmensführungen und Mailings ist alles möglich, nicht zu vergessen die Aktivitäten in sozialen Netzwerken. Es empfiehlt sich übrigens, für alle Mitarbeiter Leitlinien für den Umgang mit der Presse und mit sozialen Netzwerken auszuarbeiten.

Halten Sie für Krisen einen Aktionsplan bereit, in dem festgehalten wird, wer wen in welchem Umfang informiert. Dazu gehören Mustertexte für Presse-, Kunden-, Behörden- und Mitarbeiterinformationen, Frage-Antwort-Kataloge für Journalistenanfragen, Kernbotschaften für Interviews. Griffbereit müssen Kontaktdaten von Journalisten und Marktpartnern sein, Hintergrundinformationen über das Unternehmen und seine Standorte, Verhaltensanweisungen für Interviews und Pressekonferenzen. Am wichtigsten ist: Die Öffentlichkeit muss sehen, dass das Unternehmen den Ernst der Lage erkannt hat und angemessene Maßnahmen einleitet.

● TIPP

Erarbeiten Sie ein Konzept für die interne und externe Kommunikation, das Ihnen hilft, das Erscheinungsbild Ihres Unternehmens in Ihrem Sinne zu steuern und zu gestalten. Der Aufwand lohnt sich, denn eine in sich stimmige Kommunikationsstrategie hat enorme Wirkungen.

Erhöhte Mitarbeitermotivation: Viele Unternehmer klagen darüber, dass Ihre Mitarbeiter zu wenig motiviert sind. Mitarbeiter suchen nach Sinn und Identifikation. Ein positives Image des Unternehmens und vor allem eine Kommunikation, die den Werten und dem Leitbild des Unternehmens tatsächlich entspricht, können das bieten. Es ist ein Unterschied, ob man Autos oder einen Porsche baut. Es ist ein Unterschied, ob der Chef von Vertrauen und Offenheit spricht oder ob er auch dafür sorgt, dass solche Werte gelebt werden, indem er es selbst tut.

Anziehungskraft: Durch ein positives Image werden alle angezogen. Es zieht potenzielle Mitarbeiter ebenso an wie Kunden, Lieferanten und Pressevertreter. Angesichts der demografischen Entwicklung und des Fachkräftemangels wird die Attraktivität eines Unternehmens künftig eine noch größere Rolle spielen. Eine gute Kommunikation bietet Familienunternehmen die Chance, Vorurteile zu entkräften und sich als erstrebenswerter Arbeitgeber zu positionieren. Nutzen Sie dafür alle Kommunikationskanäle, die diejenigen nutzen, die Sie ansprechen möchten. Und reden Sie darüber, wenn Sie Gutes tun. Egal, ob Sie den örtlichen Sportverein unterstützen, mit Schulen kooperieren oder soziale Projekte unterstützen — solange niemand davon weiß, haben Sie vielleicht ein gutes Gewissen, aber es trägt nichts zum Erfolg Ihres Unternehmens bei.

Abwehr von Angriffen: Ein gutes Image schützt vor fremden An- und Übergriffen. Es verschafft Ihnen einen Vorsprung vor anderen. Es sorgt dafür, dass Sie in den Köpfen der Menschen präsent sind als ein Unternehmen, das Positives zu bieten hat. Der Audi-Slogan „Vorsprung durch Technik" wird nicht infrage gestellt, obwohl niemand wirklich beweisen kann, dass es so ist. Umgekehrt: Hat ein Produkt oder ein Unternehmen erst einmal ein schlechtes Image, dauert es sehr lange, bis ihm die Öffentlichkeit verzeiht. Denken Sie nur an die Drogeriemarktkette Schlecker. Die Berichte über schlechte Bezahlung und Behandlung der Mitarbeiter hatten einen erheblichen Anteil am Niedergang des Unternehmens. Das Image ist andererseits aber auch verantwortlich dafür, dass Kunden von Porsche Lieferzeiten von über einem Jahr akzeptieren. Sie kaufen nicht nur ein Auto, sondern ein positives Image, das besagt: Diese Autos sind gut, auch wenn sie noch gar nicht existieren.

Eine gute Unternehmenskommunikation trägt dazu bei, nach außen und innen ein positives Firmenimage zu schaffen. Die Wirkungen dieses Instruments sind enorm und tragen nachhaltig zum Unternehmenserfolg bei.

2.3.3   Kommunikation im Veränderungsprozess

Wenn Unternehmen im Markt bestehen möchten, müssen sie sich anpassen, das heißt, sie müssen sich verändern. Das betrifft immer den einzelnen Mitarbeiter. Er muss mitziehen. Abgesehen davon, dass Mitarbeiter vielleicht die eine oder andere Veränderung anfangs nicht nachvollziehen können, hat man bei Veränderungen auch stets mit dem „inneren Schweinehund" beziehungsweise mit der Abneigung des Menschen gegen Veränderungen zu kämpfen, denn sie erfordert, dass wir unsere Wohlfühlzone verlassen. Und das tun die meisten Menschen nicht gern. Den Status Quo kennt man. Auch wenn die Situation nicht optimal ist, hat man sich doch damit arrangiert. Veränderungen bringen möglicherweise zwar eine Verbesserung der Situation, aber sicher ist es nicht. Deshalb beharren viele Menschen lieber auf dem Status Quo.

Wenn es um Veränderung geht, ist Kommunikationsfähigkeit deshalb eine der wichtigsten Eigenschaften von Führungskräften, denn es gilt, Widerstände und Veränderungen abzubauen und eine positive Aufbruchstimmung zu erzeugen — und dabei geht es nicht so sehr um Argumentation, sondern um Emotionen. Bedenken Sie, man kann nicht nicht kommunizieren. Auch wenn Sie nichts sagen, senden Sie eine Botschaft aus — mit dem Nachteil, dass diese Botschaft Spielraum für Fehlinterpretationen lässt. Spekulationen und Gerüchte sind die Folge.

Ein solches Verhalten kann man in vielen Unternehmen beobachten. Sobald größere Veränderungen geplant werden, findet eine Politik der verschlossenen Türen statt. Berater werden hinzugezogen, das Management-Team zieht sich zu unzähligen Meetings zurück und niemand informiert die Mitarbeiter. Sie wissen weder was geplant ist noch wie sich die Veränderungen auf ihre Abteilung, ihre Arbeit oder sie selbst auswirken werden. Begründet wird ein solches Verhalten damit, dass man warten wolle, bis vorzeigbare Ergebnisse vorliegen würden. Bei den Mitarbeitern löst dieses Vorgehen jedoch Unsicherheit und Angst aus. Sie konzentrieren sich nicht mehr auf ihre Arbeit.

Wir empfehlen deshalb, geplante Veränderungen so früh wie möglich anzusprechen und darzulegen, welche Dinge schon feststehen und welche noch nicht. Beantworten Sie die Fragen nach dem Grund für die Veränderung, nach den Erwartungen und Zielen, den Strategien und nach der Bedeutung für die Organisation. Erläutern Sie, welche grundlegenden Veränderungen sich ergeben und mit welchen Maßnahmen und in welchem Zeitraum sie umgesetzt werden sollen. Am wichtigsten für die meisten Mitarbeiter ist jedoch zu erfahren, welche Auswirkungen die Veränderungen auf sie selbst, ihren Arbeitsplatz und ihre Entwicklungsmöglichkeiten haben werden.

Information alleine reicht jedoch in Veränderungsprozessen nicht aus, denn die Mitarbeiter müssen auch dazu motiviert werden, die Veränderungen mitzutragen. Veränderungsprozesse erfordern in der Regel eine dauerhafte Einstellungs- und Verhaltensänderung im gesamten Unternehmen. Die Mitarbeiter müssen den Sinn der Veränderung verstehen und annehmen. Die Verbindung von Information mit Dialog und Feedback sind dafür essenziell. Wenn Sie noch einmal darüber nachdenken, wie Kommunikation funktioniert, werden Sie sich daran erinnern, dass in der Kommunikation der Empfänger einer Nachricht deren Inhalt bestimmt. Er wird aus dem Kontext seiner Vorerfahrung, Erwartung und Einschätzung der Situation heraus die Botschaft, die Sie ihm vermitteln, entschlüsseln. Und dabei kann es zu völlig unterschiedlichen Wahrnehmungen kommen. Fragen Sie zum Beispiel einen Mitarbeiter, was er davon hält, neue Aufgaben zu übernehmen, kann er die Frage auf mehrere Arten wahrnehmen:

- Ich habe eine neue Chance.
- Ich bin zu schlecht für das, was ich mache.
- Ich soll ersetzt werden.
- ...

Entscheidend ist also, wie Sie Ihre Botschaft vermitteln, damit es nicht zu Missverständnissen kommt. Dabei geht es in erster Linie darum, Ihre Botschaft zum richtigen Zeitpunkt mit der richtigen Kommunikationsmethodik wirksam zu transportieren. Ausschlaggebend sind in diesem Zusammenhang sechs Faktoren:

1. In welchem Stadium befinden Sie sich im Hinblick auf die Strategieumsetzung?
2. Welches Ziel verfolgen Sie mit der Kommunikation: Information oder Dialog?
3. Wie groß ist der Personenkreis, den Sie erreichen möchten?
4. Wie ist das momentane Klima im Unternehmen?
5. Wie ist die wirtschaftliche Situation des Unternehmens?
6. Wie lösen Sie am besten positive Reaktionen aus und transportieren die besten Gefühle?

Bevor die Veränderung umgesetzt wird, bietet sich zum Beispiel eine Betriebsversammlung mit der gesamten Belegschaft an. Die Ziele dabei sind, die Information aus erster Hand zu geben und die Möglichkeit zum Dialog anzubieten. Zum Start eines Umsetzungsprozesses schafft ein Kick-Off-Meeting in Form eines gemeinschaftlichen Gruppengesprächs mit allen Beteiligten des Veränderungsprozesses eine positive Aufbruchstimmung.

Das wichtigste Instrument zur Steuerung von Veränderungsprozessen ist jedoch das Mitarbeitergespräch. Der Mitarbeiter ist von jeder Strategieumsetzung unmittelbar betroffen. Von seinem Engagement hängen Erfolg oder Misserfolg des Veränderungsprozesses ab. Es ist daher sinnvoll, dem Mitarbeiter — begleitend zum Veränderungsprozess — adäquate Entwicklungsmaßnahmen anzubieten.

Seine Entwicklung in regelmäßigen Abständen zu kontrollieren und zu diskutieren, ist ein Aspekt des Mitarbeitergesprächs. Der Mitarbeiter erhält dadurch eine umfassende und konkrete Einschätzung des Vorgesetzten über den Stand seiner Kompetenzen und es werden ihm langfristige Einsatz- und Entwicklungsmöglichkeiten in Aussicht gestellt. Der Vorgesetzte wiederum hat eine ständige Erfolgskontrolle über den Projektfortgang und die Entwicklungsschritte. Darüber hinaus erhält er auch ein direktes Feedback über die Stimmung und Emotionen des Mitarbeiters. Richtig geführt stärken Mitarbeitergespräche das Vertrauen und die Beziehung zwischen Mitarbeiter und Führungskraft und wirken sich positiv auf die Motivation des Mitarbeiters aus. Damit legen Sie den Grundstein für einen erfolgreichen Veränderungsprozess. Während des gesamten Umsetzungsprozesses ist es wichtig, niemals den Bezug zur Basis, zu denjenigen, die den Prozess umsetzen und zur gesamten Belegschaft zu verlieren.

Konfliktgespräche während des Veränderungsprozesses führen Sie am besten mit den Betroffenen in einem Gruppen- oder sogar Vier-Augen-Gespräch, damit Sie Ihre Ziele — Vermeidung von Eskalation und gemeinsame Konsensfindung — erreichen. Veränderungen im persönlichen Arbeitsbereich einzelner Mitarbeiter müssen selbstverständlich unter vier Augen besprochen werden. Dabei sollten Sie die Veränderungen und deren Auswirkungen erläutern und Zukunftsperspektiven aufzeigen.

Im Verlauf von Veränderungsprozessen gibt es immer wieder Konflikte. Die meisten werden auf unspektakuläre Art und Weise beigelegt. Manchmal jedoch eskalieren Konflikte und gefährden den gesamten Projektfortgang. In solchen Fällen muss die Führungskraft schlichtend eingreifen. Ein Konfliktgespräch mit den streitenden Parteien ist angebracht. Es sollte durch einen unparteiischen Dritten moderiert werden, der als erstes versuchen sollte, die Sachfragen zu klären. Das ist meistens gar nicht so schwierig, denn der tatsächliche Konflikt findet auf der emotionalen Ebene statt. Lassen Sie die beiden Parteien „in die Schuhe des anderen schlüpfen", damit sie die gegenseitigen Standpunkte nachvollziehen können. Sie müssen verstehen, was die jeweils anderen frustriert, kränkt oder enttäuscht hat. Haben beide Parteien verstanden, welche Handlung ihrerseits die Reaktion der anderen ausgelöst hat, muss ein gemeinsamer Konsens gefunden und eine tragfähige Lösung ausgehandelt werden. Dabei darf es keine Verlierer geben und die Interessen beider Seiten müssen berücksichtigt werden.

Neben der formellen Kommunikation, sollten Sie auch informelle Kommunikationsmöglichkeiten berücksichtigen. Informelle Kommunikation setzt dort an, wo formelle Kommunikation an ihre Grenzen stößt. Sie nimmt das Bedürfnis der Mitarbeiter nach gegenseitigem Austausch auf. Leider sind die Chefs oder das oberste Management am schlechtesten über die Stimmung im Unternehmen informiert, da sie am weitesten von der Basis entfernt sind. Dadurch kann es zu einer Entfremdung kommen. Die Führungsriege wird von den Mitarbeitern als unnahbar wahrgenommen. Verständlicherweise wird man sich den Führungskräften dann auch nicht öffnen oder ihnen seine Sorgen anvertrauen. Aber gerade das ist in Veränderungsprozessen wichtig. Das „Wandering around" schafft hier Abhilfe. Es heißt nichts anderes, als dass der Chef die Mitarbeiter regelmäßig an ihrem Arbeitsplatz besucht, ihnen also einen Heimvorteil verschafft. Das gibt ihnen die erforderliche

Sicherheit, um über ihre Situation und über das, was sie beschäftigt oder ängstigt zu sprechen. Die Führungskraft kann sich ein realistisches Bild von der Situation und der Stimmung im Unternehmen machen. Das funktioniert nicht von heute auf morgen. Stellen Sie sich darauf ein, dass dieses Verhalten, wenn es heute noch nicht von der Führungsriege gelebt wird, zunächst mit Skepsis aufgenommen werden wird. Sobald die Mitarbeiter jedoch merken, dass Sie tatsächlich ein ehrliches Interesse haben, wird auch das Vertrauen zunehmen.

Mit wenig Aufwand und viel Effekt verbunden sind Begegnungs-Oasen im Arbeitsumfeld wie Kaffeeküchen, Sitzecken oder auch nur ein Stehtisch. Über solche Einrichtungen können Sie den Mitarbeitern das Gefühl geben, dass Kommunikation erlaubt, ja sogar gewünscht ist. Sie haben darüber hinaus auch die Möglichkeit, selbst immer wieder an diesen informellen Meetings teilzunehmen. Sie vermitteln Ihren Mitarbeitern so ein Gefühl von Wertschätzung und bauen Vertrauen auf. Sie lernen die Meinungsmacher und Multiplikatoren kennen und können diese nach einem eingehenden Briefing für den Veränderungsprozess einsetzen. Zudem weiß man inzwischen, dass nur die wenigsten guten Ideen am Schreibtisch beziehungsweise am Arbeitsplatz entstehen.

Kurz & knapp: Dem Unternehmen Sinn geben

- Ein Leitbild beschreibt Unternehmenszweck und -ziele sowie Verhaltensgrundsätze nach innen und außen.
- Das Unternehmensleitbild ist der Leuchtturm, der dem Unternehmen Zukunft und Richtung gibt. Ein gutes Leitbild besteht aus drei Elementen: Mission, Vision und Werte.
- Werte geben einem Unternehmen Identität, auf die man stolz sein kann. Und sie sind oft die Basis starker Marken. Menschen können sich nicht mit einem Unternehmen identifizieren, das keine Werte hat — weder Mitarbeiter noch Kunden.
- Die richtigen Werte sind die Basis für Wertsteigerung, und damit für den nachhaltigen Unternehmenserfolg.
- Die Führungskultur bestimmt die Unternehmenskultur.
- Vorgesetzten muss man folgen, Führungskräften will man folgen.
- Führungskräfte müssen Vorbild, Anführer und Förderer ihrer Mitarbeiter sein.
- Führen heißt, andere emporheben.
- Nicht zu kommunizieren ist nicht möglich.
- Ein konsistentes Kommunikationskonzept, Transparenz und Offenheit tragen wesentlich zum Unternehmenserfolg bei.
- Interne und externe Kommunikation vermitteln ein positives Bild des Unternehmens.
- Eine offene Kommunikation fördert die Kreativität und Selbstständigkeit der Mitarbeiter.
- Gute, vertrauensvolle Kontakte zur Presse sind besonders in Krisenzeiten von Vorteil und erhöhen die Qualität der Berichterstattung.
- In Veränderungsprozessen entscheidet die Kommunikation zwischen Führung und Mitarbeitern über die erfolgreiche Umsetzung der Veränderung.
- Lassen Sie das Gespräch mit Ihren Mitarbeitern nicht abreißen. Entwickeln Sie eine Kritik-, Widerspruchs- und Feedback-Kultur. Mitarbeiter, die sich nicht trauen, ihre Meinung zu sagen, bringen das Unternehmen nicht weiter, sondern bremsen.

3 Umfeldanalyse: Pantha rhei – alles fließt

Der römische Kaiser Marc Aurel hat gesagt: „Beachte immer, dass nichts bleibt, wie es ist und denke daran, dass die Natur immer wieder ihre Formen wechselt." Hermann Bühlbecker, Chef der Aachener Printen- und Schokoladenfabrik Henry Lambertz GmbH & Co. KG, hat es folgendermaßen ausgedrückt: „Es muss sich alles ändern, damit es so bleibt, wie es ist." Das Unternehmen macht übrigens heute 50 Prozent seines Umsatzes mit Artikeln, die 1993 noch nicht im Sortiment waren.

Tatsächlich ist nichts so beständig wie der Wandel. Die Erde betrachteten Menschen einmal als Scheibe. Vor 250 Millionen Jahren war Florida ein Teil Afrikas. Deutschland war einmal ein geteiltes Land. Handys wie wir sie heute kennen, gibt es erst seit Ende der 80er-/Anfang der 90er-Jahre. Vermutlich werden sie bald völlig den Smartphones weichen müssen. CDs und DVDs sind bereits auf dem absteigenden Ast. Das Internet für alle, so wie wir es heute kennen, wird 2013 gerade einmal 20 Jahre alt. Röhrenradios, Schreibmaschinen, Schallplatten, Kassetten, tragbare CD-Player — Produkte von vorgestern. E-Books machen gedruckten Büchern Konkurrenz. In den USA haben sie schon einen erheblichen Marktanteil gewonnen.

Die Welt um uns herum verändert sich in einem rasanten Tempo. Gerade die Unternehmen sind von diesem Wandel betroffen. Produkte, die heute noch das Nonplus-Ultra sind, können schon morgen Geschichte sein. Die Zunahme der Wettbewerbsintensität, technologischer Fortschritt, die Globalisierung, eine erhöhte Informationsflut, verkürzte Lebenszyklen und der demografische Wandel sorgen dafür, dass sich die Rahmenbedingungen in den Märkten fundamental und nachhaltig verändern. Diese Veränderungen haben weitreichende Konsequenzen. Neue Regeln und Prinzipien entstehen. Überlebensfähig ist nur, wer es schafft, sich beständig und immer wieder neu an veränderte Rahmenbedingungen anzupassen. Doch das ist schwieriger als es klingt. Change Management, der Umgang mit Veränderung, gewinnt deshalb zunehmend an Bedeutung für Unternehmen.

Glaubt man den Statistiken und Studien zum Thema „Change", scheitern die meisten Veränderungsprozesse beziehungsweise werden in den Augen der Beteiligten nicht zufriedenstellend durchgeführt.

Das größte Hindernis für Veränderung und damit Anpassung an neue Gegebenheiten ist der Mensch. Veränderungen greifen in bestehende Prozesse und Vorgänge ein. Für die betroffenen Personen bedeutet das, dass bestehende Verhaltensmuster zugunsten neuer Verhaltensmuster aufgegeben werden müssen. Dementsprechend werden altbewährte Komfortzonen verlassen und neue Felder betreten. Daraus entstehen Ängste, Widerstände und Konflikte, das heißt, Emotionen, die eine Neuausrichtung und damit den Erfolg behindern können. Deshalb ist es so wichtig, dass Unternehmen über eine kraftvolle Vision und eine Unternehmenskultur verfügen, die Veränderung fördert. Die Unternehmenskultur stellt das ungeschriebene Gesetz im Unternehmen dar. Über sie werden Maßstäbe dahin gehend gesetzt, was in der Organisation „gut" beziehungsweise „nicht so gut" ist, was „erlaubt" oder auch „nicht erlaubt" ist, was „belohnt" und was „sanktioniert" wird.

Um den Erfordernissen des ständigen Wandels gerecht zu werden, sollte in der Unternehmenskultur eine Mentalität verankert sein, die darauf ausgerichtet ist, auf allen Ebenen Kundenprobleme zu erkennen und dafür Ideen zu entwickeln. Wir nennen dies auch „Trüffelschweinmentalität", das heißt, der permanente Prozess, sich selbst und damit das Unternehmen weiterzuentwickeln. Kreative Unruhe bedeutet nicht Chaos, sondern Freiraum zu haben, um Ideen zu generieren. Dafür benötigt man Mitarbeiter mit einer ausgeprägten Mentalität, Kundenprobleme nicht als Probleme, sondern als Chancen wahrzunehmen, die eine permanente Weiterentwicklung des Unternehmens zulassen. Zu einem solchen Klima gehören auch Konfliktfähigkeit, ein Gefühl der Zusammengehörigkeit, die Übernahme von Verantwortung durch jeden Einzelnen und Kommunikationsfähigkeit.

Wenn Sie also Ihr Unternehmen zukunftsfähig machen wollen, müssen Sie dafür sorgen, dass Ihre Organisation in der Lage ist, sich Veränderungen in Ihrem Umfeld möglichst schnell anzupassen. Das gelingt am besten über eine Unternehmenskultur, die Veränderungen unterstützt. Sie entsteht, wenn alle Beteiligten gezielt daran arbeiten. Als Führungskraft kommt ihnen dabei eine Vorbildfunktion zu. Sie müssen diese Kultur vorleben und darauf achten, dass diese Kultur auf allen Ebenen die notwendigen Rahmenbedingungen hat. Der Suchmaschinenbetreiber Google zum Beispiel, stellt seinen Entwicklern 20 Prozent der Arbeitszeit als „Kreativzeit" zur Verfügung. Die Mitarbeiter können während dieser Zeit an Projekten arbeiten, die nicht mit ihren tagesaktuellen Aufgaben verbunden sind. Jedem Entwickler steht es frei, ob er sich ein paar Stunden am Tag oder an einem bestimmten Tag in der Woche seine kreative Auszeit nimmt. Die Gummibärchen-Dynastie Haribo wird unter anderem durch den Wert „Vertrauen" geprägt. Vorgelebt durch den Gründer Hans Riegel, zieht sich dieser Wert durch alle Ebenen im Unternehmen. Kontrollmechanismen werden, soweit es geht, vermieden, und es besteht ein hohes Vertrauen in die Fähigkeiten der Mitarbeiter.

Leider erkennen wir erst im Nachhinein, wie gut unser Unternehmen angepasst war. Es heißt also nicht „Wer sich anpasst, überlebt", sondern „Wer überlebt, war angepasst". Wenn es Ihnen heute gut geht, bedeutet das nichts anderes, als dass Sie in der Vergangenheit richtige Entscheidungen getroffen haben. Damit Sie weiterhin zu den Überlebenden zählen, müssen Sie sich weiterentwickeln — und zwar am besten so, dass Sie nicht auf einen fahrenden Zug aufspringen, sondern den Triebwagen starten und die Richtung bestimmen. Das heißt, Sie müssen sich fragen: Sind wir für die Anforderungen der Zukunft richtig gerüstet?

> *„Der Wandel ist unvermeidbar, aber es liegt an uns, seinen Inhalt und seine Richtung zu bestimmen."*

> *Christoph Häusler, Sahco Hesslein GmbH & Co. KG*

Aus den Anforderungen der Zukunft müssen wir für heute die richtige Weichenstellung ableiten — nicht aus einer Verlängerung der in der Vergangenheit gemachten Erfahrungen. Abgesehen davon, dass Unternehmen den Wandel erkennen und verstehen müssen, sollten sie sich über die Konsequenzen für die Unternehmensführung und die daraus resultierenden veränderten Anforderungen an die Führungskräfte klar werden. Eine Anpassung der Strategie ist zwingend. Dabei reicht es nicht aus, sich auf die aktuelle Marktsituation zu konzentrieren. Die bedeutsamsten Entwicklungen der Zukunft müssen sozusagen vorhergesehen werden und in das strategische Konzept einfließen. Wirtschaftliche Turbulenzen führen zu einem Wertewandel, dem veränderte Ansprüche folgen. Veränderungen in Natur, Ökonomie und Gesellschaft spiegeln sich insbesondere in den technologischen Trends wider. Konsumententrends übersetzen diese Veränderungen auf die Warenebene. Sie werden vom Lebensgefühl der Menschen im sozialen Wandel geprägt und schlagen sich in Produkt- und Konsumwelten nieder.

Die Finanz- und Wirtschaftskrise 2008/2009 hat zum Beispiel dazu geführt, dass die Menschen zunehmend das Vertrauen in Politik und Banken verloren haben. Das findet seinen Ausdruck zum einen in den „Wutbürgern" und dem Wunsch der Menschen nach Mitsprache. Zum anderen haben die Menschen gesehen, dass die Jagd nach dem schnellen Geld leicht in den Abgrund führen kann. Das Ergebnis ist eine Gegenbewegung zu der „Geiz-ist-geil-Mentalität" hin zu „vertrauenswürdigen" Produkten. Der Preis spielt oft nicht mehr die entscheidende Rolle.

3.1 Marktsegmente und ihre Attraktivität

Unternehmen sollten sich prinzipiell auf Erfolg versprechende Tätigkeitsfelder konzentrieren. Auf einem ungeeigneten Terrain ist auch mit größtem Engagement manchmal kein ausreichender Erfolg möglich. Eine Analyse der Marktsegmente zielt darauf ab, ihre Attraktivität für ein Unternehmen, das hier bereits tätig ist oder tätig werden könnte, zu beurteilen. Dabei werden sowohl die momentane wirtschaftliche Situation als auch die langfristigen Wachstumspotenziale einer Branche beurteilt. Dafür werden die fünf im Folgenden erläuterten Wettbewerbskräfte analysiert und die Marktattraktivität bewertet.

Laut dem „Five-Forces-Modell" des amerikanischen Wissenschaftlers Michael E. Porter hängt der Unternehmenserfolg entscheidend von fünf Wettbewerbskräften ab:

- den Kunden,
- den Lieferanten,
- den Substitutionsprodukten,
- potenziellen neuen Wettbewerbern sowie
- dem Wettbewerb zwischen den bereits etablierten Unternehmen.

Diese fünf Faktoren sind von außen vorgegeben und damit durch das Unternehmen nicht beeinflussbar. Die Analyse der Wettbewerbskräfte ermöglicht es jedoch, Aussagen über die zu erwartende Rentabilität in einem Marktsegment zu treffen.

So deuten geringes Nachfragewachstum, fehlende Produktdifferenzierungsmöglichkeiten, hohe Marktaustrittsbarrieren und ein hoher Fixkostenanteil auf einen scharfen Wettbewerb zwischen den bestehenden Anbietern hin und damit auf eine niedrige Ertragserwartung. Je eher Lieferanten untereinander austauschbar sind, desto besser für Sie. Gibt es dagegen nur wenige Lieferanten, verfügen diese über eine hohe Marktmacht und können Konditionen und Preise diktieren, schlecht für Sie. Gleiches gilt für die Kundenseite. Sind Sie in hohem Maße von einer kleinen Anzahl Kunden abhängig, wirkt sich das negativ auf die Ertragserwartungen aus. Nicht mehr Sie, sondern der Kunde bestimmt dann die Regeln. Sind Produkte leicht substituierbar, findet der Wettbewerb ausschließlich über den Preis statt. In diesem Fall benötigen Sie eine Kostenstruktur, die es Ihnen ermöglicht, die Kostenführerschaft zu übernehmen. Hohe Markteintrittshemmnisse, zum Beispiel aufgrund einer hohen Käuferloyalität, wirken sich positiv auf die Rendite aus. Ist es für neue Anbieter hingegen leicht, sich auf dem Markt zu etablieren, ist der Markt wenig attraktiv. Die Intensität des Wettbewerbs resultiert aus dem Zusammenspiel der genannten fünf Wettbewerbskräfte. Aufgabe des Unternehmens ist es, aus der Analyse dieser Faktoren eine Strategie abzuleiten, die seinen langfristigen Erfolg sichert.

Für die Beurteilung der Marktattraktivität können Sie folgende Kriterien heranziehen:

Einflussfaktoren auf die Marktattraktivität	Renditewirkung
Erweitertes Marktwachstum	+
Hohe Wettbewerbsintensität	-
Risiken durch Kalkulationsfehler, unerwartet niedrige Arbeitsproduktivität etc.	-
Möglichkeiten zur Produkt- bzw. Leistungsdifferenzierung	+
Konjunkturempfindlichkeit	-
Hohe Kapitalbindung, hohe Fixkostenbelastung	-
Gute Möglichkeiten der Kundenbindung	+
Große Verhandlungsmacht der Kunden	-
Große Verhandlungsmacht der Lieferanten	-
Substitutionsprodukte und -leistungen leicht möglich	-
Markteintrittsbarrieren hoch für neue Wettbewerber	+
Abwehrreaktionen etablierter Unternehmen	+

Auf die Marktattraktivität selbst haben Sie kaum Einfluss. Sie können jedoch frei entscheiden, in welchen Geschäftsfeldern Sie tätig werden wollen. Untersuchungen haben gezeigt, dass der Erfolg eines Unternehmens in hohem Maße von der Qualität des Marktes abhängig ist. Es lohnt sich, sich über einen Markt ausführlich zu informieren. Wenn Sie sich zum Beispiel in einen ausländischen Markt begeben, nehmen Sie diesen zuvor (hoffentlich) genau unter die Lupe. Das sollten Sie für jeden Markt bzw. jedes Marktsegment tun, selbst wenn es vor Ihrer Haustür liegt. Unternehmen sind langfristig nur dann erfolgreich, wenn sie sich auf attraktive Geschäftsfelder konzentrieren. Dabei spielen auch mögliche Synergien mit anderen Geschäftsbereichen eine Rolle.

Indizien für unattraktive Tätigkeitsfelder sind:

- schrumpfendes Marktvolumen,
- niedrige Markteintritts- und hohe Marktaustrittsbarrieren,
- starke Abhängigkeiten von wenigen Kunden und Lieferanten,
- hohe Fixkostenbelastung verbunden mit starken konjunkturellen Nachfrageschwankungen,
- der Preis als einzige Differenzierungsmöglichkeit.

Gerade ein besonders attraktives Marktsegment zieht jedoch auch neue Wettbewerber an. Da sich das negativ auf Ihre Rendite auswirkt, müssen Sie möglichst schnell wirksame Markteintrittsbarrieren aufbauen. Besetzen Sie die besten Standorte, schließen Sie langfristige Verträge mit Ihren Kunden ab und bauen Sie eine außergewöhnliche Marke auf. Stellen Sie sicher, dass Sie über eine verteidigungsfähige Position verfügen und damit Ihr nachhaltiger Erfolg garantiert ist.

3.2   Trends setzen statt Trends folgen

„Wer in diesen stürmischen Zeiten anders sein will als die anderen, muss sich systematisch auf etwas vorbereiten, auf das man sich nicht vorbereiten kann."

Klaus Burmeister, Zukunftsforscher

Im Markt von morgen ist das Können und Wissen von heute veraltet. Die Komplexität unserer Welt erfordert Vorausschau und Planung. Es gilt, die bedeutsamen künftigen Entwicklungen herauszufinden. Dabei unterstützen uns Trendforschung und Trendanalysen. Relevante Trends und deren Wirkung auf das Unternehmen müssen identifiziert, erfasst und beobachtet werden, um Trendentwicklungen prognostizieren zu können. Strategisches Management ist mehr als ein aktives sich Anpassen des Unternehmens an aktuelle Umfeldbedingungen. Hinter dem Ansatz eines wertorientierten Managements steckt die Aussage, dass ein Unternehmen zukunftsorientiert ausgerichtet werden soll. Deshalb müssen Sie sich die Frage stellen: Was braucht mein Unternehmen, damit es auch in Zukunft gut angepasst ist?

Beispiele, wie Trends die Geschäftsgrundlage von Unternehmen verändern, gibt es genug. Der gesellschaftliche Trend zum Single-Leben zum Beispiel hat einen Konsumententrend zur Convenience geschaffen, der sich in ganz unterschiedlichen Märkten abzeichnet. Die wachsende Zahl berufstätiger Singles möchte gesunde Produkte haben, die schnell und problemlos zuzubereiten sind. Obst und Gemüse sollen in den Supermärkten auch in Ein-Personen-Größen verfügbar sein. Dafür sind neue Züchtungen und Verpackungen notwendig. Bestellen möchte man nicht mehr nur Pizza, sondern chinesisch, indisch und in vielen individuellen Variationen. Noch vor 20 Jahren war es völlig unvorstellbar, dass Supermärkte Öffnungszeiten von 8 bis 24 Uhr hatten. Heute ist es in den Städten schon Standard. Gleichzeitig erobert der E-Commerce immer größere Marktanteile. Shoppen, wann immer man will, ohne einen Fuß vor die Tür zu setzen, liegt im Trend.

Auch die zunehmende Berufstätigkeit von Frauen fördert diesen Trend. Nicht anders ist es zu verstehen, dass selbst der traditionsbewusste Staubsaugerhersteller Vorwerk seinen ersten Flagshipstore eröffnet hat. Bisher hat das Unternehmen seine Produkte nur über Vertreter an der Haustür verkauft, doch diese treffen zunehmend weniger Käufer(innen) zu Hause an und auch neue Gesetze über Haustürgeschäfte haben das Unternehmen gezwungen, seine Vertriebsstruktur zu überdenken. Unternehmen, die die Möglichkeiten mit Blick auf solche Trends nicht rechtzeitig ausloten, riskieren massive Wettbewerbsnachteile.

Vergleichbar verändern sich auch die Anforderungen an die Modebranche. Nicht nur Fashiontrends wollen beachtet werden, sondern auch der demografische Wandel und mit ihm das veränderte Lebensgefühl der über 50-jährigen Konsumenten, die eine wachsende Gruppe darstellen. Mode, die diese Altersgruppe vor zehn Jahren noch gekauft hat, liegt heute wie Blei in den Regalen, denn Mütter tragen heute fast selbstverständlich dieselben Jeans und Shirts wie ihre Teenager-Töchter. Auch der Trend zur Individualisierung über alle Altersgruppen hinweg schlägt sich im Modebereich nieder. Das herkömmliche Kaufhaus hat längst ausgedient. Heute sind Kaufhäuser ein Ort, in dem sich Markenshops versammeln. Kaufhausketten pflegen darüber hinaus eigene Marken. Auch auf dem Zeitschriftenmarkt wurde die neue Zielgruppe der Frauen ab 50 wahrgenommen. Frauenzeitschriften wie „Myway", „Brigitte Woman" oder „Freundin Donna" sind Beispiele dafür. Unternehmen, die sich nur auf die Zielgruppe der 14- bis 49-Jährigen konzentrieren, könnten sich künftig wertvolle Absatzchancen entgehen lassen.

Nur wer Trends setzt, kann nachhaltig Gewinne erzielen. Deshalb sollten Unternehmen Trends nicht nur erkennen, sondern auch bewerten. Die Fragen, die sie dabei stellen sollten, lauten:

- Wie wird sich der Trend entwickeln?
- Welche Bedeutung wird der Trend für die Entwicklung des Unternehmens haben?
- Welche Chancen und Risiken ergeben sich daraus?
- Haben die Mitarbeiter künftig noch die richtigen Fähigkeiten?
- Welche Fähigkeiten sollten weiterentwickelt werden?
- Welche Art von Unternehmen wird von dem Trend profitieren?

Die Unternehmensstrategie muss den Antworten entsprechend überdacht und angepasst werden.

„Ein Unternehmen, das nachhaltig Erfolg haben und seinen Wert steigern will, muss in zukunftsstarke Ideen investieren. Freie Mittel gehen stets in innovative Technik und neue Märkte."

Heinrich Baumann und Martin Peters, geschäftsführende Gesellschafter der
J. Eberspächer GmbH & Co. KG

3.2.1 Trendtypen

Wenn Trends von sehr vielen Menschen verfolgt werden und zudem längerfristig vorhanden sind, spricht man von „Megatrends". Sie gelten unabhängig von der jeweiligen Branche für das gesamte Umfeld und stellen den Rahmen jeder Umfeldanalyse dar. Megatrends unterscheiden sich von anderen Trends in Bezug auf den Zeithorizont, die Reichweite und die Wirkungsstärke. Megatrends können mit hoher Wahrscheinlichkeit noch über mindestens 15 Jahre in die Zukunft wirken. Sie sind umfassend und erstrecken sich auf alle Weltregionen. Sie bewirken politische, soziale und wirtschaftliche Umwälzungen, wobei ihre Ausprägungen von Region zu Region unterschiedlich sein können. Sie betreffen Regierungen, Individuen und ihr Konsumverhalten, Unternehmen und ihre Strategien gleichermaßen.

Die wichtigsten Megatrends

- Demografischer Wandel
- Zunehmende Individualisierung
- Boomendes Gesundheitsbewusstsein
- Frauen auf dem Vormarsch
- Neue Mobilitätsmuster
- Fortschreitende Digitalisierung des Lebens
- Konvergenz von Technologien (Beispiele sind Informations- und Nanotechnologie)
- Wissensbasierte Ökonomie
- Offene Systeme und Netzwerke nehmen zu
- Wandel der Arbeitswelt
- Instabilität und Widersprüche im Konsumentenverhalten
- Gnadenloser und komplexer Hyper-Wettbewerb
- Veränderte Denkweisen hinsichtlich Energie und Ressourcen
- Urbanisierung

Die Megatrends prägen nachhaltig gesellschaftliche Trends. Durch einen Wertewandel bildet sich eine neue Gesellschaft mit veränderten Ansprüchen und einem veränderten Auftreten heraus. Veränderungen in Gesellschaft, Natur und Ökonomie spiegeln sich in den technologischen Trends wider. Ein verändertes Nachfrageverhalten, wirtschaftliche Stagnation, Globalisierung etc. führen zu einem erhöhten Bedarf an technologischen Entwicklungen, die sehr viel kurzlebiger sind als gesellschaftliche. Konsumententrends übersetzen diese Veränderungen in Modetrends und auf die Warenebene. Mit einer Halbwertszeit von fünf bis sieben Jahren werden sie vom Lebensgefühl der Menschen im sozialen Wandel geprägt und schlagen sich stark in Konsum- und Produktwelten nieder. Konsumententrends können nebeneinander bestehen. Als Beispiel mag der Porschefahrer gelten, der bei Aldi einkauft oder der ökologisch orientierte Familienvater, der einen SUV fährt.

Megatrends zwingen Unternehmen dazu, sich zu fragen:

- Sind unsere heutigen Märkte Zukunftsmärkte?
- Welche sind die kommenden Zukunftsmärkte?
- Was sind Zukunftsmärkte, die uns aus der Bahn werfen könnten?

Gerade die letzte Frage ist von Bedeutung. Zukunftsmärkte, die Ihr Unternehmen bedrohen könnten, entstehen oft außerhalb Ihres Geschäftsfelds, haben aber möglicherweise existenzbedrohende Auswirkungen. Machen Sie sich ein Bild von solchen Märkten. Nur dann können Sie sich auf die Herausforderung entsprechend vorbereiten.

Beispiele: Wie sich Megatrends auswirken

Der Klimawandel zwingt dazu, neue Technologien zu entwickeln. Daraus können technologische Innovationen im Bereich der regenerativen Energien entstehen, wie neuartige Kernreaktoren, Hybridantriebe, hocheffiziente Kohlekraftwerke mit sehr geringem CO_2, neuartige Dämmstoffe, Glas mit Zusatzfunktionen für Fenster usw.

Die Globalisierung hat einerseits eine Reihe von gravierenden Auswirkungen. Dazu gehören z. B. die Verwerfungen im Weltwirtschaftssystem oder die sich verschiebende politische Bedeutung der Erdregionen. Andererseits gibt es aber auch viel einfachere Aspekte. Nehmen wir die Sprache. Die Globalisierung erfordert eine einheitliche Verkehrs- und Geschäftssprache. Englisch wird sich aufgrund seiner aktuellen wirtschaftlichen Bedeutung als Weltsprache durchsetzen. Immerhin entstehen 42 Prozent des weltweiten Bruttoinlandsprodukts (BIP) in Ländern mit Englisch als Erst- beziehungsweise Handelssprache. In Ländern mit Deutsch als Handelssprache entstehen gerade einmal 7,9 Prozent des BIP. Das heißt, der Arbeitnehmer von morgen muss über Englischkenntnisse verfügen.

Umfeldanalyse: Pantha rhei – alles fließt

Der Megatrend zur Urbanisierung (2050 werden vermutlich zwei Drittel der Erdbe-völkerung in Städten leben) wird dazu führen, dass sich die wirtschaftliche Wert-schöpfung auf Städte konzentriert. Das heißt, die daraus entstehenden Probleme eröffnen für Unternehmen gleichzeitig Chancen in unterschiedlichen Bereichen: Verkehrsinfrastruktur, Gesundheitsversorgung, Wasser-, Energie- und Lebensmit-telversorgung, Müllbeseitigung und Lösung von Smog-Problemen.

Der Megatrend Frauen wird sich in einer Bildungsumverteilung von Männern hin zu Frauen bemerkbar machen. Schon heute wächst der Anteil der Hochschulab-solventinnen stetig. Die Arbeitswelt wird sich weg von durch Männer geprägten Industrieberufen hin zu serviceorientierten beziehungsweise wissensgeprägten Jobs verändern. Qualifikationen wie Team-, Dialogfähigkeit und emotionale Intel-ligenz werden immer wichtiger werden. Gleichzeitig nimmt die Konsummacht von Frauen zu. Sie bestimmen künftig den Erfolg oder Misserfolg von Produkten.

Gravierende Auswirkungen auf die Unternehmen wird das veränderte Konsumen-tenverhalten haben. Der Durchschnittskunde früherer Jahre ist verloren. Wir kön-nen ihn getrost als „tote Mitte" bezeichnen. Unternehmen, die diese tote Mitte verlassen möchten — und das sollten eigentlich alle tun —, haben vier Fluchtach-sen: Zeit (Convenience), Preis, Erlebnis (Emotion) und Luxus (Status). Das heißt in der Konsequenz, dass sich der Konsumentenmarkt in vier Märkte aufteilen wird — wir nennen sie die „Trans-Konsum-Märkte:

- Discount- und Trashmärkte (Aldi)
- Zeit- und Dienstleistungsmärkte (Amazon, Zalando)
- Erlebnis- und Entertainmentmärkte (Starbucks, Zara)
- Luxus- und Statusmärkte (Prada, Wempe)

War früher der Kunde in erster Linie Konsument, wird er in Zukunft immer stärker darauf Einfluss nehmen, dass Produkte an seine Präferenzen angepasst werden — insofern wird er indirekt auch zum Produzenten: Der KONsument wandelt sich zum PROsument:

Alter Konsument	Neuer Konsument
markentreu	Marken ja, aber nicht immer dieselben
geldknapp	zeitknapp
rationales Kaufverhalten	lustgesteuertes Kaufverhalten
zielgruppentreu	individualistisch

Alter Konsument	Neuer Konsument
Friendly Shopper	Smart Shopper
produktorientiert	nutzenorientiert
neugierig	genervt
Sammler	Shredder

Auf die Bedeutung der Veränderung des Kunden und seines Verhaltens müssen wir nicht ausdrücklich hinweisen. Bedenken sollten Sie jedoch, dass ein Trend nicht statisch ist, sondern sich ebenfalls mit der Veränderung der Rahmenbedingungen wandelt, und dass jeder Trend einen Gegentrend provoziert. Der Trend zur Beschleunigung kreiert einen Trend zur Entschleunigung, der Trend zum Nomadic Life ruft unweigerlich das Cocooning auf den Plan. Zunehmende Virtualisierung wird dazu führen, dass sich die Menschen nach Authentizität sehnen.

● TIPP

Es gibt einige Websites, auf denen Sie sich über Megatrends informieren können. Beispiele dafür sind www.shapingtomorrow.com [http://www.shapingtomorrow.com/], www.futuremanagementgroup.com [http://www.futuremanagementgroup.com/], www.z-punkt.de [http://www.z-punkt.de/]. Zudem finden sich im Internet zahlreiche Studien, die sich mit Zukunftstrends für einzelne Branchen befassen. Einige von ihnen können Sie kostenlos downloaden.

Beispiele für Konsumententrends

- Convenience — Zeitersparnis und Stressvermeidung bei Einkauf und Konsum.
- E-Commerce nimmt weiter zu.
- Schneller Konsum ohne mühsame Vorbereitung oder langfristige Verpflichtungen.
- Die Bedeutung der Teens und Twens beim Konsum nimmt ab zugunsten der 40- bis 65-Jährigen.
- „Mass Customization" ist die Produktionsform der Zukunft.
- Die Informationsflut führt zu sinkender Bereitschaft, sich mit umfangreichen Informationspaketen auseinanderzusetzen.
- Geldanlage im Zusammenhang mit dem Zwang zu privater Altersvorsorge wird zu einem zentralen Thema für Jedermann.
- Entwicklung zur Feedback-Gesellschaft
- Trend zur Sharing-Economy (teilen statt besitzen)

3.2.2 Trends erkennen mit der S-T-E-P-Analyse

Der große Leonardo da Vinci brauchte keine Trendanalyse. Das Genie war seiner Zeit weit voraus. Er erfand unter anderem das erste U-Boot und zeichnete Flugmaschinen bereits 350 Jahre bevor die ersten Flugpioniere abhoben. Unternehmen müssen alle verfügbaren Mittel und Netzwerke nutzen, um die Trends der Zukunft aufzuspüren und sie dann im richtigen Moment aufzugreifen. Die S-T-E-P-Analyse ist ein geeignetes Instrument, um mindestens einmal jährlich Ihr Umfeld nach den relevanten Trends abzuklopfen. Dabei lautet die zentrale Frage: Welche Veränderungen in der Zukunft wirken sich wie auf Ihre künftige Wettbewerbssituation aus?

Die einzelnen Buchstaben von S-T-E-P bedeuten:

S   =   **S**ocial Environment (soziales/gesellschaftliches Umfeld)

T   =   **T**echnological Environment (technologisches Umfeld)

E   =   **E**conomical Environment (ökonomisches Umfeld)

P   =   **P**olitical Environment (politisches Umfeld)

Die Globalisierung führt zu einem Export von Arbeitsplätzen in Billiglohnländer, in denen eine Arbeitskraft weit weniger kostet als bei uns. Unsere Gesellschaft überaltert, die Geburtenrate sinkt immer weiter. Familienstrukturen verschwinden zugunsten von Single-Haushalten. Technologisch gesehen entwickeln wir uns zu einer Multimedia-Gesellschaft, in der das Internet in jedem Haushalt Standard ist, digitalisierte Prozesse immer mehr an Bedeutung gewinnen und die Anforderungen an Schnelligkeit und Sicherheit immer weiter steigen. Die Politik ist geprägt von weiteren Sparmaßnahmen, internationaler Verantwortung etc. Kein Unternehmen kann es sich leisten, angesichts dieser Entwicklungen stehenzubleiben.

Der Trend als solcher ist nicht interessant. Unternehmen müssen die Megatrends in den spezifischen Unternehmenskontext übersetzen und auf künftige Innovationsfelder, Märkte und Produkte übertragen. Identifizieren Sie die für Ihr Unternehmen relevanten Trends und projizieren Sie sie auf die vier Perspektiven Markt/Kunde, Prozesse, Mitarbeiter/Lernen und Finanzen/Risiko in Ihrem Unternehmen. Dadurch können Sie abschätzen, wie sich die Entwicklungen auf Ihr Unternehmen auswirken werden.

Matrix S-T-E-P-Analyse			
	Markt/Kunde	Prozesse	Finanzen/Risiko	Mitarbeiter/ Lernen
Social Environment			
Technological Environment			
Economical Environment			
Political Environment			

Tragen Sie in jedes der 16 Felder Ihrer Matrix die Trends ein, die Sie erkannt haben, sowie die möglichen Auswirkungen, die sie auf Ihr Unternehmen haben werden. Zu einigen Feldern wird Ihnen wahrscheinlich mehr einfallen, zu anderen weniger. Am Ende der Analyse kennen Sie jedoch mit Sicherheit die für Ihr Unternehmen geltenden Rahmenbedingungen und die damit verbundenen Strukturveränderungen.

Verpasst ein Unternehmen strategische Entwicklungen, verschlechtern sich seine Erfolgspotenziale und damit auch seine Wettbewerbssituation. Das kann sogar großen Marken passieren. Denken Sie nur an KarstadtQuelle oder Lego. Bei Märklin, dem traditionsreichen Hersteller von elektrischen Eisenbahnen, hatte man, abgesehen von anderen Managementfehlern, nicht rechtzeitig erkannt, dass die digitale Welt Einzug ins Kinderzimmer hielt. Anders bei der Firma Geutebrück, spezialisiert auf die Planung, Entwicklung und Fertigung von Video-Überwachungssystemen. Dort erkannte man frühzeitig den Trend von analoger zu digitaler Technik, entwickelte entsprechende Geräte und schaffte sich damit einen überlegenen Wettbewerbsvorteil.

Überprüfen Sie die für Ihr Unternehmen geltenden Rahmenbedingungen regelmäßig. Nur so können Sie sicherstellen, dass Sie auch in Zukunft richtig positioniert sind.

Das reine Erkennen von Trends ist jedoch bei Weitem nicht ausreichend. Erst durch deren Bewertung erhalten Sie die Möglichkeit, rechtzeitig auf Entwicklungen zu reagieren. Wir empfehlen folgende Vorgehensweise:

Umfeldanalyse: Pantha rhei – alles fließt

1. Beschreiben Sie den erkannten Trend und beantworten Sie die Frage, welche Veränderung er nach sich ziehen wird.
2. Prognostizieren Sie die voraussichtliche Entwicklung des Trends und geben Sie an, welche Messgrößen Sie dieser Erwartung zugrunde legen.
3. Priorisieren Sie die Trends im Hinblick auf die Entwicklung Ihres Unternehmens. Extrem wichtige Trends, die starke Auswirkungen auf die Rahmenbedingungen Ihrer Organisation haben, sind von oberster Priorität. Auf solche Entwicklungen müssen Sie umgehend reagieren. Weniger wichtige Veränderungen können Sie zunächst hintenanstellen. Überprüfen Sie jedoch regelmäßig, ob der Trend aufgrund neuer Bedingungen nicht an Bedeutung gewinnt.
4. Halten Sie fest, welche Trends sich günstig beziehungsweise ungünstig auf Ihr Unternehmen auswirken, also eine Chance oder ein Risiko darstellen.
5. Veränderungen der Rahmenbedingungen haben Konsequenzen. Stellen Sie fest, welche Fähigkeiten in Ihrem Unternehmen in Zukunft nicht mehr oder nicht mehr im selben Ausmaß gebraucht werden und welche an Bedeutung gewinnen oder neu aufgebaut werden müssen.

Überlegen Sie, welche Art von Unternehmen von den geänderten Rahmenbedingungen besonders profitieren beziehungsweise besonders geschädigt werden. Betrifft es mehr die Großen oder die Kleinen, die Schnellen oder die Langsamen, die Service- oder die Produktorientierten? Wie ist der künftige Gewinner aufgestellt? Leiten Sie aus den gewonnenen Erkenntnissen für sich und Ihr Unternehmen ab, wie Sie sich organisieren müssen, damit Sie vom Wandel profitieren.

Eine Auswahl an aktuellen Trends in Mitteleuropa und ihre Erscheinungsformen

Ökonomische Trends:

Auflösung der Wohlstandsstrukturen der Wachstumsökonomie

- Jobless Growth, das heißt, Export von Arbeitsplätzen
- Polarisierung in Top-Leistungsträger, Zeitpioniere und Jobs im Niedriglohnbereich

Wertschöpfung findet mittels Know-how, Design und Marketing statt

- Kundendialog und Kundenbindung sind entscheidend
- Der Mitarbeiter ist der wichtigste Wettbewerbsvorteil
- Know-how und Vernetzung sind unerlässlich

Globalisierung

- Internationale Allianzen machen groß und flexibel
- Global Sourcing und lokales Marketing sind zwingend
- Dezentrale Strukturen und selbstständige Einheiten machen flexibler

Stagnation der Märkte

- Verlust der Mitte (den Durchschnittskonsumenten gibt es nicht mehr)
- Verlagerung der Wachstumsmärkte nach Asien und Afrika

Politische Trends:

Politisierung der Ökonomie

- Das Unternehmen als Wertegeber
- Integration der Ökologie in die Wirtschaft

Förderung des Unternehmertums

- Venture-Capital statt Immobilien

Technologische Trends:

Verschmelzung von Foto, Video, PC und Telekommunikation

- Smartphones verdrängen Computer

Zukunftstechnologien erobern Branchen

- Neue Materialien mit neuen Eigenschaften (z. B. Nanotechnologie)
- Maschinen verstehen Sprache
- Drucker fertigen Produkte
- Roboter ziehen in den Haushalt ein

Sozio-kulturelle Trends:

Individualisierung und Erosion der verbindlichen Normen

- Der „Lebensunternehmer" — flexibel und veränderungsbereit
- Integration von Lust, Emotion und Leistung in den Beruf
- Vernetzung von Privat- und Berufsleben bei gleichzeitiger Verbesserung der Life-Balance

Know-How- und Informationsexplosion

- Intelligente Analysesoftware erleichtert Informationssuche
- Weltweiter, drahtloser und mobiler Internetzugang
- Wissen als Wettbewerbsvorteil
- Lebenslanges „Lernen" und Aufgeschlossenheit gegenüber neuen Konzepten entwickeln („Entlernen")

3.2.3   Mehr Sicherheit mit Szenarien

Mehr Sicherheit im Einschätzen der Auswirkungen von Trends auf Ihr Unternehmen gewinnen Sie mit der Szenariotechnik. Sie können damit den Best Case und den Worst Case abbilden. Was würde passieren, wenn es Ihnen gelänge, den Trend aufzunehmen und zum Trendsetter zu werden? Was wäre die Folge, wenn Sie den Trend ignorieren würden? Ziel der Technik ist es, die Spannweite aller möglichen Entwicklungen aufzuzeigen. Sie erhalten dadurch die Möglichkeit, optimal auf Trendwechsel zu reagieren und entsprechende Gegenmaßnahmen einzuleiten. Sie können nicht alle möglichen Szenarien zwischen Worst und Best Case beschreiben, beschränken Sie sich auf diejenigen, die aussagekräftig, möglichst unterschiedlich und stabil sind. Vergessen Sie nicht, mithilfe von Störgrößen die Stabilität von Trends zu überprüfen.

Grundgedanke der Szenariotechnik ist es, für Objekte mit hoher Planungsunsicherheit mehrere Zukunftsbilder zu entwerfen und Handlungsalternativen aufzuzeigen, um negative Auswirkungen zu verhindern. Mithilfe des sogenannten Szenariotrichters lassen sich Idee und Funktionsweise der Szenariotechnik grafisch veranschaulichen. Ausgangspunkt unserer Betrachtungen ist die engste Stelle des Trichters. Von hier aus werden verschiedene Szenarien geplant, die aufgrund der jeweiligen Einflussfaktoren und ihrer Entwicklung eintreten könnten. Mit zunehmender Zeitdauer öffnet sich der Trichter immer weiter, weil heutige Ereignisse immer mehr an Bedeutung verlieren und das Möglichkeitsspektrum immer größer wird. Ausgehend von der gegenwärtigen Situation werden zunächst der Best und der Worst Case gebildet. Diese spannen den Szenariotrichter auf. Dem Management werden dadurch zwei gegensätzliche Entwicklungen aufgezeigt, die dazu zwingen, in Alternativen anstatt in Kompromissen zu denken. Verfolgt man eine trendmäßige Entwicklung, erreicht man aufgrund der Einflussfaktoren ein bestimmtes Zukunftsbild. Störereignisse können zu Verschiebungen in der trendmäßigen Entwicklung führen. Solche Störgrößen können die Infektionskrankheit SARS, der Irak-Krieg, Fukushima, die Abschaltung der Atomkraftwerke und ähnliches sein. Sie lassen ein völlig neues Zukunftsbild entstehen. In diesem Fall muss überlegt werden, welche Gegenmaßnahmen das Unternehmen ergreifen kann, um negative Auswirkungen zu verhindern.

Bei der Erstellung von Szenarien sollten Sie auf drei Phasen aufbauen:

1. Analyse-Phase. In dieser Phase wird die aktuelle Situation genauestens analysiert. Sämtliche Basisinformationen werden zusammengestellt und alle wichtigen Einflussbereiche werden erarbeitet.
2. Prognose-Phase. Diese Phase dient dazu, sinnvolle Annahmen über unsichere Zukunftsentwicklungen der Einflussgrößen zu treffen. Unter Einbeziehung von potenziellen Störereignissen wird die Stabilität von Trends überprüft.
3. Synthese-Phase. Als Ergebnis von Phase 1 und 2 werden hier mehrere alternative Zukunftsbilder entwickelt, die logisch und widerspruchsfrei aufgebaut sein müssen.

Beispiel: Szenariotechnik

Eine Brauerei musste für die nächsten Jahre mit starken Verlusten rechnen. Eine strategische Option lag in der Fokussierung auf das Kernabsatzgebiet und damit in der Aufgabe der restlichen Gebiete. Als Folge dieser Entwicklung musste man von einem Rückgang der Absatzmenge ausgehen. Allerdings ging man aufgrund der starken Marke im Kerngebiet davon aus, dass eine Preiserhöhung möglich sei. Man entwickelte mehrere Szenarien für verschiedene Preis-, Mengen- und Kostenentwicklungen. Als Störgrößen wurden unter anderem die Veränderung der Promillegrenze und weitere staatliche Eingriffe berücksichtigt. Aufgrund der Ergebnisse dieser Szenarien entschied sich das Unternehmen für eine Fokussierung auf das Kerngebiet und legte damit den Grundstein für seinen Erfolg.

Szenarien helfen Ihnen bei der Entwicklung von Alternativen. Sie bieten dem Führungsteam die Möglichkeit, Trends und Diskontinuitäten, die heute noch schlecht strukturiert und schwach wirken, zu erkennen. Darüber hinaus fördert die Szenarienarbeit ein einheitliches Verständnis von relevanten Umfeldentwicklungen. Sie bildet eine Plattform, auf der verschiedene Strategiealternativen formuliert und getestet werden können.

3.3   Den Kunden kennenlernen

Wussten Sie, dass nach dem Italiener Vilfredo Pareto, Professor für politische Öko-nomie an der Universität von Lausanne im 19. Jahrhundert, in der Regel 80 Prozent des Umsatzes mit nur 20 Prozent der Kunden gemacht werden? Diese 80/20- oder auch Pareto-Regel lässt sich überall anwenden. Das heißt in der Konsequenz, dass Sie auch 80 Prozent Ihres Umsatzes mit nur 20 Prozent des Aufwands erreichen können.

Auf Ihre Kunden bezogen, heißt das, Sie sollten sich auf die 20 Prozent der Kun-den konzentrieren, die 80 Prozent der Wertschöpfung verursachen. Doch dafür müssen Sie sie erst einmal identifizieren. Genau das tun viele Unternehmen nicht. Kunden werden häufig ziemlich pauschal gleich behandelt. Während ein Teil der Unternehmen den Kunden am liebsten aus seinem Alltag vertreiben würde, über-treiben andere ihre Kundenorientierung. Sie wollen es allen Recht machen, doch wenn man eine Sache gut machen will, kann man sie nicht für jeden tun. Aussagen wie „Wir tun alles für den Kunden", hören sich zwar gut an, dienen jedoch nicht dem Unternehmenszweck. In einem wertorientierten System muss sich ein Unter-nehmen auf die Kunden mit dem höchsten Kundenwert konzentrieren.

3.3.1   Den Kundenwert bestimmen

Ist Ihnen schon einmal aufgefallen, dass es keine Kundenmanager gibt, obwohl alle Unternehmen für sich die Kundenorientierung reklamieren? Es gibt Produkt-manager und Marketingmanager. Und der Kunde steht keineswegs immer im Mit-telpunkt des Interesses. Oft genug sind Unternehmen so mit sich selbst beschäf-tigt, dass der Kunde nur eine unangenehme Randerscheinung ist. Doch der Kunde sollte im Mittelpunkt stehen, denn letztlich ist der Unternehmenswert, als Maß für die Zukunftsfähigkeit eines Unternehmens, nichts anderes als die Summe der „Cashflows", die vom Kunden kommen. Unternehmenswert und Kundenwert ge-hören daher zwingend zusammen, wobei man niemals vergessen sollte, dass der Kundenwert die Ursache und der Unternehmenswert die Folge ist. Die Steigerung des Kundenwerts ist also eine der Voraussetzungen für die Steigerung des Unter-nehmenswerts.

> *„Ihr Gehalt zahlt nicht der Chef. Denken Sie daran: Ihre Kunden entscheiden über Ihr Einkommen."*

> *Volkmar Wywiol, Stern-Wywiol-Gruppe, zu seinen Mitarbeitern*

Der Kundenwert spiegelt den gesamten Ertragswert einer Kundenbeziehung wider. Den monetären Wert einer Kundenbeziehung erhält man, indem man bereits erwirtschaftete und zukünftig erwartete Cashflows einer Kundenbeziehung auf den heutigen Zeitpunkt abdiskontiert. Je höher der Wert ist, desto höher ist auch der Geldwert der Kundenbeziehung. Zum Kundenwert gehören neben den Ein- und Auszahlungen auch qualitative Größen wie Referenzwert, Informationswert und Sicherheitswert einer Kundenbeziehung. Unterschätzen Sie die qualitativen Größen nicht und beziehen Sie sie in die Identifizierung Ihrer wichtigen Kunden mit ein.

Beim Kunden-Informationswert werden Kontakthäufigkeit, Kontaktart, Anregungen, Reklamationen etc. bewertet. Nicht jeder Kunde liefert wertvolle Informationen. Es ist Ihre Aufgabe, herauszufinden, welche Ihrer Kunden einen hohen Informationswert besitzen. Sie müssen diese Kunden zu einem kontinuierlichen Austausch mit dem Unternehmen bringen.

Mit dem Referenzwert erfassen Sie, in welchem Maß aus einer Kundenbeziehung Weiterempfehlungen resultieren. Wichtig ist dabei der Grad der Einflussnahme des betrachteten Kunden. Ein Kunde mit tendenziell niedrigem Umsatzwert erhält durch einen hohen Referenzwert natürlich einen höheren Kundenwert als er ihn bei einer rein monetären Betrachtung bekommen würde. Kundenempfehlungen stellen eine der wirksamsten Kommunikationsformen dar, deshalb sollten sie nicht unterschätzt werden. Der Referenzwert kann sich für das Unternehmen jedoch ebenso negativ auswirken, wenn Kunden mit hohem sozialen Einfluss ihre negativen Erfahrungen weitergeben. Deshalb sollten Sie Ihre Referenzkunden genau kennen und privilegiert behandeln.

Unter dem Sicherheitswert versteht man Faktoren, die für die Sicherheit des Unternehmens sorgen. Dazu zählen die Treue des Kunden und die Ausfallsicherheit der Forderungen, also alles, was sich auf die Sicherheit der Kunden-Cashflows auswirkt.

Über die Messung des Kundenwerts können Sie Ihre wertsteigernden Kunden identifizieren und damit eine gezielte Steuerung der Ressourcen Zeit und Geld vornehmen. „Spitz statt breit" lautet das Erfolgsrezept. Eine Verzettelung in der Kundenstruktur führt zu Misserfolgen.

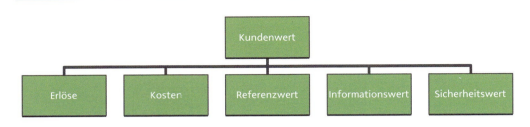

Abb. 8: Der Kundenwert

Erfolgreiche Unternehmen betreiben konsequentes Kundenwertmanagement und richten den größten Teil ihrer Aufmerksamkeit, ihrer Zuwendung und natürlich auch ihrer Investitionen von Zeit und Geld auf ihre wertsteigernden Kunden. Ziel der Kundenwertanalyse ist es, mit wenigen Kunden durch individuelle Ansprache eine langfristige und intensive Bindung aufzubauen.

3.3.2 Kundenanalyse und Kundenportfolio

Das Ergebnis der Kundenanalyse sollte sein, dass Sie wissen, auf welche Kunden Sie sich konzentrieren, um die höchste Wertschöpfung zu erreichen. Dafür gibt es verschiedene Ansätze, von denen wir Ihnen bewährte Verfahren vorstellen.

Die ABC-Analyse. Damit können Sie feststellen, welchen Wertbeitrag Ihre Kunden leisten. Dementsprechend nehmen Sie eine Unterscheidung in A-, B- und C-Kunden vor. Mit A-Kunden erzielen Sie den höchsten Wert. Diese 15 Prozent Ihrer Kunden sorgen für etwa 65 Prozent Ihrer Umsätze. Ihnen sollten Sie einen Großteil Ihrer Aufmerksamkeit widmen. B-Kunden wirken zwar noch wertsteigernd, aber bei weitem nicht so stark wie die A-Kunden. B-Kunden sollten Sie kontinuierlich, aber bewusst bedienen. Der Fokus aber bleibt auf der Gruppe der A-Kunden. 70 Prozent ihrer Kunden sind C- und D-Kunden, mit denen Sie keinen Wert erzielen. D-Kunden besitzen sogar einen negativen Kundenwert. Auf C- und D-Kunden sollten Sie langfristig verzichten. Nur so können Sie Wertsteigerung erzielen.

Scoring-Verfahren beziehen auch nicht-monetäre Faktoren in die Analyse ein. Alle Kriterien des Kundenwerts, also neben Erlösen und Kosten auch Referenz-, Informations- und Sicherheitswert, werden auf einer Skala bewertet und je nach Bedeutung gewichtet. Die Ergebnisse der Einzelkriterien werden summiert. Je höher der Wert einer Kundenbeziehung, desto attraktiver der Kunde. Durch die Einbeziehung der qualitativen Werte ist das Verfahren für eine wertorientierte Kundensegmentierung besser geeignet als die ABC-Analyse.

Beide Verfahren stellen die Grundlage für die Einteilung der Kunden in Kundenportfolios dar. Das Kundenportfolio verfolgt primär zwei Ziele:

- eine ausgewogene Kundenstruktur aufzubauen und
- die Normstrategien für Kundengruppen abzuleiten.

Über eine Matrix mit den Achsen „Kundenattraktivität" und „relative Wettbewerbsposition" kann visuell dargestellt werden, wie die Kundengruppen strukturiert und wie sie untereinander ausgewogen sind (siehe Abbildung).

		Relative Wettbewerbsposition (Kauf- bzw. Zufriedenheitskriterien) bei den Abnehmern		
		Gering Abnehmer bevorzugen Konkurrenz → Interessenten	**Mittel** Abnehmer bevorzugen keinen Lieferanten → Sowohl-als-auch-Kunde	**Hoch** Abnehmer bevorzugen eigenes Unternehmen → Stammkunden
Attraktivität (Kundenwert) der Kunden	**Hoch** Erfolgreiche Abnehmer mit guten Wachstums-und Zukunfts-potenzialen → Interessenten	**Offensivkunde** → aggressiv bearbeiten Zeitlich begrenzt investieren	**Potenzialkunde** → gezielt bearbeiten und Kundenbindung intensivieren	**Topkunde** → auf höchstem Niveau betreuen
	Mittel Abnehmer mit mittleren Erfolgsaussichten und durchschnittlichem Wachstum → Mitläufer	**Aktivierungskunde** → gezielt betreuen und investieren	**Standardkunde** → bewusst und kontinuierlich bedienen	**Vorzugskunde** → bevorzugt auf hohem Niveau betreuen und fördern
	Gering Abnehmer mit geringen Erfolgsaussichten und unterdurchschnittlichem Wachstum → Verlierer	**Passivkunde** → keine eigenen Aktivitäten	**Gelegenheitskunde** → kostenminimiert bearbeiten	**Abschöpfungskunde** → kostenkontrollierte Betreuung

Abb. 9: Die Erfolgsperspektive Markt/Kunde innerhalb des wertorientierten Kundenportfolios

In welchem der neun Matrixfelder Sie Ihre Kunden positionieren, hängt im Hinblick auf die Kundenattraktivität von Kriterien wie Kundenpotenzial, Serviceansprüche, Meinungsführerschaft etc. ab. Die Wettbewerbsposition wird durch Faktoren, wie die geografische Nähe, der eigene Lieferantenanteil (in Relation zu allen Lieferanten des Kunden), das Produktimage beim Kunden etc. bestimmt. Diese Komponenten werden im Rahmen einer Nutzwertanalyse gewichtet und zu einem Gesamturteil addiert. Dadurch erhalten Sie die genaue Position des betrachteten Kunden in der Matrix.

Der „**Topkunde**" ist derjenige, den Sie auf höchstem Niveau betreuen sollten. Er bevorzugt Ihr Unternehmen in jeder Hinsicht und verfügt über hohes Wachstums- und Zukunftspotenzial.

Auf den „**Passivkunden**" sollten Sie verzichten. Merkmale sind niedrige Erfolgsaussichten, unterdurchschnittliches Wachstum zusammen mit einer geringen relativen Wettbewerbsposition.

Der „**Offensivkunde**" ist zwar von höchster Attraktivität, bevorzugt jedoch gegenwärtig die Konkurrenz. Einen solchen Kunden sollten Sie zeitlich begrenzt aggressiv bearbeiten. Vielleicht gelingt es, ihn als Kunde für Ihr Unternehmen zu gewinnen.

„**Potenzialkunden**" lassen sich möglicherweise in Topkunden umwandeln. Intensivieren Sie die Kundenbeziehung, stellen Sie aber alle Aktivitäten ein, sobald Sie merken, dass Ihre Strategie keinen Erfolg verspricht.

Der „**Aktivierungskunde**" ist ein Mitläufer, der eher bei der Konkurrenz einkauft. Betreuen Sie ihn gezielt und investieren Sie in ihn. Vielleicht können Sie seine Position zu Ihren Gunsten verändern.

Der „**Standardkunde**" sollte bewusst und kontinuierlich bedient werden. Dieser Sowohl-als-auch-Kunde trägt zwar zur Kostendeckung bei, aber die Aussichten, seinen Beitrag dauerhaft zu erhöhen, sind eher gering. Selektive Investitionen verbessern eventuell seine Position in einzelnen Bereichen.

Beim „**Vorzugskunden**" verfügen Sie über eine hohe relative Wettbewerbsposition. Mittlere Erfolgsaussichten, dass er in eine bessere Portfolioposition aufsteigt, und durchschnittliches Wachstum zeichnen ihn derzeit aus. Durch Förderung und Betreuung auf höchstem Niveau könnte er sich jedoch durchaus zum Topkunden entwickeln.

Der „**Gelegenheitskunde**" sollte kostenminimiert bearbeitet werden. Ohne Präferenzen für einen bestimmten Lieferanten und mit geringem Kundenwert ist dieser Kunde relativ uninteressant.

Der „**Abschöpfungskunde**" sollte kostenkontrolliert bearbeitet werden. Als bevorzugter Lieferant brauchen Sie in diese Kundenbeziehung nicht mehr viel zu investieren. Das Erfolgspotenzial für die Zukunft verspricht nur wenig Gewinn.

Anhand der Position in der Matrix können Sie feststellen, wo Ihre Kunden im Portfolio angesiedelt sind und welche Strategie Erfolg verspricht. Das Portfolio ist ein stark vereinfachtes Konzept und eher als Normstrategie, denn als Patentrezept zu verstehen.

3.3.3   Nur zufriedene Kunden sind gute Kunden

Weshalb sollte jemand bei Ihrem Unternehmen kaufen und nicht beim Wettbewerb? Sie wissen es schon: Erfolg stellt sich ein, wenn Sie sich auf den Engpassfaktor im Markt konzentrieren und zentrale Kundenbedürfnisse besser befriedigen als der Wettbewerb. Kaufentscheidend können produktspezifische Faktoren wie Preis, Qualität, Design etc. oder unternehmensspezifische Faktoren wie Beratung, Termintreue, Vertriebsnetz, Image, Kundendienst etc. sein. Allerdings lässt sich immer wieder beobachten, dass die Wünsche der Kunden nicht den Vorstellungen entsprechen, die im Unternehmen darüber vorherrschen. Deshalb ist es unerlässlich, mit den Kunden im Gespräch zu bleiben, um die wirklich kaufentscheidenden Faktoren zu identifizieren. Ein Weg dazu sind Kundenbefragungen. Durch sie lassen sich Unternehmensimage, Prestigefaktoren, aktuelle Mode- und Kauftrends erfassen. Kundenbefragungen sind auch eine gute und unaufdringliche Werbemaßnahme. Sie demonstrieren damit, dass Ihnen die Wünsche Ihrer Kunden wichtig sind — damit gewinnt man Kunden.

> Die tatsächlichen Kundenwünsche weichen oft von den Vorstellungen, die es darüber im Unternehmen gibt, ab. Der Wechsel der Perspektiven schafft neue Sichtweisen.

Ihre Kunden werden erst dann zufrieden sein, wenn die erwartete mit der tatsächlich wahrgenommenen Leistung übereinstimmt. Ein zufriedener Kunde wird wieder bei Ihnen einkaufen und Ihr Unternehmen darüber hinaus weiterempfehlen. Zufriedene Kunden achten ganz automatisch weniger auf Produkte, Marken und Werbung der Konkurrenz und werden auch andere Produkte und Dienstleistungen Ihres Unternehmens in Anspruch nehmen. Ein unzufriedener Kunde dagegen wird nicht mehr bei Ihnen kaufen und — weit schlimmer — seine schlechten Erfahrungen weitererzählen. Es ist deshalb wichtig für jedes Unternehmen, sich ein Bild von der Kundenzufriedenheit zu machen. Objektive Verfahren sollten mit subjektiven kombiniert werden, damit nicht nur Größen wie Umsatz, Marktanteil, Gewährleistungsansprüche und Produktmängel einfließen, sondern auch die vom Kunden wahrgenommenen Leistungsdefizite oder der Erfüllungsgrad seiner Erwartungen.

3.4   Wettbewerb im Auge behalten

Für jedes Unternehmen gibt es Wettbewerber beziehungsweise Mitbewerber. Das sind Unternehmen, die sich in mindestens einem Geschäftsfeld auf denselben Marktzweck wie das eigene Unternehmen ausgerichtet haben. Sie sollten ihnen ebenso viel Aufmerksamkeit schenken wie Ihren Kunden. Die Mitbewerberanalyse liefert Ihnen die entscheidenden Information für die zukunftsweisende Ausrichtung des eigenen Unternehmens und ist damit für jedes Unternehmen ein Muss. Nur wenn Sie Ihre Mitbewerber kennen, sind Sie in der Lage, sich ihnen gegenüber dauerhafte Wettbewerbsvorteile zu verschaffen. Bei der Beurteilung der Wettbewerber sollten die Stärken und Kompetenzen der einzelnen Unternehmen im Vordergrund stehen. Das heißt auch, dass Sie sich nicht nur auf die aktuellen Wettbewerber beschränken, sondern ebenso nach Marktteilnehmern Ausschau halten sollten, die das Potenzial haben, künftig zu einer Bedrohung zu werden.

„Das Geheimnis des Erfolgs ist es, den Standpunkt des anderen zu verstehen."

Henry Ford

Die Mitbewerberanalyse hat demnach die Aufgabe, vorhandene Ressourcen des Konkurrenten, seine Marktstellung sowie seine verfolgten Ziele und Strategien zu analysieren.

- Welche Ziele haben sich Ihre Mitbewerber für die Zukunft gesetzt?

  Die Kenntnis der Ziele erlaubt es, Aussagen darüber zu machen, ob das Unternehmen in Zukunft einen Strategiewechsel plant.

- Welche Strategien verfolgen Ihre Mitbewerber gegenwärtig?

  Die gegenwärtige Strategie lässt Rückschlüsse auf die künftige Marktbearbeitung, Positionierung, die künftigen Geschäftsfelder etc. zu.

- Auf welchen Annahmen basieren die Entscheidungen Ihrer Mitbewerber?

  Hier wird analysiert, wie der Mitbewerber seine Branche und sich selbst einschätzt.

- Welche Stärken und Schwächen haben Ihre Mitbewerber?

  Die Stärken und Schwächen zeigen, an welchen Punkten der Mitbewerber verwundbar ist, aber auch, worin er besonders gut ist.
  Die Mitbewerberanalyse versetzt Sie in die Lage, die Position des eigenen Unternehmens abzusichern und auszubauen:

- Erfolge Ihres eigenen Unternehmens lassen sich sicherer beurteilen, wenn die Erfolge der Mitbewerber, zum Beispiel hinsichtlich ihrer Marktanteile, bekannt sind.
- Aktivitäten und Maßnahmen der Mitbewerber sind eher absehbar. Dadurch können eigene Entscheidungen und Strategien besser geplant werden.
- Prioritäten können leichter bestimmt werden.
- Die Reaktionszeit auf Maßnahmen der Mitbewerber wird verkürzt.
- Die Motivation der eigenen Mitarbeiter wird erhöht, wenn bekannt ist, welche Anstrengungen der Mitbewerber unternimmt. Das wiederum steigert die Effizienz und die Wettbewerbsfähigkeit Ihres Unternehmens.
- Verkaufsstrategien können optimiert werden, weil die Stärken und Schwächen der anderen bekannt sind.
- Die Position des eigenen Unternehmens kann abgesichert und ausgebaut werden.

3.4.1   Das Differenz-Eignungs-Profil

Ein geeignetes Instrument, um Unterschiede zwischen Ihnen und Ihren Hauptwettbewerbern herauszuarbeiten, stellt das Differenz-Eignungs-Profil dar. Dafür müssen Sie

- Ihre wichtigsten Wettbewerber definieren;
- die zentralen, das heißt kaufentscheidenden Erfolgsfaktoren aus Kundensicht abbilden;
- die eigene Position relativ zu Ihren Mitbewerbern bewerten.

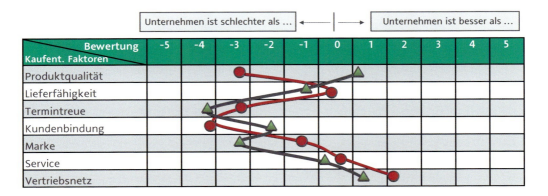

Abb. 10: Beispiel eines Differenz-Eignungs-Profils

Der Mitbewerber wird immer auf der 0-Linie positioniert. Erfüllt Ihr Unternehmen den kaufentscheidenden Faktor besser als der Wettbewerber, positionieren Sie sich im positiven Bereich, ansonsten entsprechend im negativen Bereich. Je größer der Abstand zur 0-Linie ist, desto höher ist der Differenzierungsgrad. Wenn Sie ebenfalls auf der 0-Linie liegen, sind Sie austauschbar. Eine -5 zeigt Ihnen an, dass Sie der Leistung des Mitbewerbers stark unterlegen sind.

Vermutlich werden Sie sich fragen, wie Sie an die Daten kommen, aufgrund derer Sie sich und Ihre Mitbewerber einordnen können. Am kostengünstigsten ist es sicher, wenn Sie persönlich oder gemeinsam mit Ihren Mitarbeitern eine Einschätzung treffen. Dabei laufen Sie allerdings Gefahr, zu subjektiv zu urteilen. Kosten- und zeitintensiver sind qualitative Interviews oder/und Gruppendiskussionen mit Kunden. Der große Vorteil dabei ist, dass die alles entscheidende Bewertung aus Kundensicht mit einfließt. Wenn Sie etwas mehr Geld investieren, können Sie die quantitative Marktforschung nutzen. Damit ergänzen Sie die qualitative Vorstudie und reduzieren die Gefahr von Fehleinschätzungen und damit von Fehlentscheidungen erheblich.

TIPP

Das Differenz-Eignungs-Profil ist ein hervorragendes Instrument, um mehrere Mitbewerber in einer Matrix darzustellen. So lässt sich sehr übersichtlich ein Bild von der gegenwärtigen und zukünftigen Konkurrenzsituation und der eigenen Position erarbeiten.

3.4.2 Competitive Intelligence – machen Sie sich schlau

Competitive Intelligence (CI) lässt sich mit Wettbewerbserkundung oder -beobachtung übersetzen. Dahinter steckt die systematische, permanente und legale Sammlung und Auswertung von Informationen über Konkurrenzunternehmen, Wettbewerbsprodukte, Marktentwicklungen, Branchen, neue Patente, neue Technologien und Kundenerwartungen. Unternehmen können auf diese Weise ihre Strategie rechtzeitig an sich verändernde Wettbewerbsbedingungen anpassen und sich so Wettbewerbsvorteile sichern. 1980 veröffentlichte Michael E. Porter eine Studie mit dem Titel „Competitive-Strategy: Techniques for Analyzing Industries and Competitors". Dies war sozusagen der Startschuss für die Competitive Intelligence. In Deutschland dauerte es etwas länger, bis dieses Instrument der legalen Informationsbeschaffung genutzt wurde. Das Problem bei dieser Form des Datensammelns ist die Strukturierung. Gerade aufgrund der zahlreichen Informationen, die im Internet zur Verfügung stehen, muss bei CI dafür gesorgt werden, dass die Daten evaluiert, strukturiert und interpretiert werden. Das ist recht aufwendig. Typische CI-Themen sind zumeist zukunftsorientierte Aussagen zu Wettbewerbsposition erungen, -intention und -strategien.

CI akquiriert die benötigten Informationen auf verschiedene Art und Weise. Zu Beginn steht in der Regel die Open Source Intelligence (OSINT). Hier werden alle Informationen gesammelt und verarbeitet, die frei zugänglich sind, also Informationen aus Medien, Datenbanken, wie das Handelsregister, Patentamt, sozialen Netzwerken, Blogs, Foren oder Webauftritten. So lassen sich 80 Prozent aller notwendigen Daten auftreiben. Allerdings ist das Verfahren zeitaufwendig und oft fehlen trotz der Fülle an Informationen wichtige Daten.

Human Intelligence nutzt den Menschen als Quelle. Auf Messen und Konferenzen werden Mitarbeiter des Wettbewerbs angesprochen. Zulieferer und Händler kommen ebenfalls als Gesprächspartner infrage. Möglicherweise erhält man auf diese Weise Informationen, die künftige Ereignisse betreffen, bereits im Voraus. Allerdings wird sich nicht jeder Geheimnisse entlocken lassen und zudem sind Menschen Fehlerquellen. Manchmal werden auch Werke beobachtet. Dadurch kann man eventuell in Erfahrung bringen, wie hoch der Umschlag ist, wie viele Mitarbeiter beschäftigt werden, ob expandiert/gebaut wird. Manche Unternehmen setzen Mystery Shopper ein, also Leute, die sich als Kunden tarnen, um etwas über neue Produkte zu erfahren. Das ist zwar nicht strafbar, aber nach einem Urteil des Oberlandesgerichts Hamburg durchaus ethisch verwerflich.

Der deutsche Mittelstand steht CI nach wie vor misstrauisch gegenüber, obwohl die internationale Konkurrenz durchaus auf Intelligence, also Spionage, setzt. Man muss sicherlich nicht alle Verfahren des CI übernehmen, aber sie geben einen Eindruck dessen, was man tun kann, um den Wettbewerb kennenzulernen. Zum Beispiel könnte eine spezielle CI-Software nützlich sein, die automatisch Hunderte Quellen und Datenbanken nach einem benutzerdefinierten Prinzip scannt.

> *„Jeder sollte nur Aktionen initiieren, die er auch vertreten kann, wenn sie morgen in der Zeitung stünden."*
>
> *Rainer Michaeli, Geschäftsführer Institute for Competitive Intelligence*

Drei Dinge sollte man im Auge behalten:

1. CI sollte auf der Führungsebene angesiedelt sein und das Team muss geschult werden.
2. Menschen sind unverzichtbar. Wer seinen Wettbewerb kennenlernen möchte, sollte unbedingt auf persönliche Beziehungen setzen.
3. Die gewonnenen Daten müssen strukturiert und aufgearbeitet werden, sonst verschwinden sie auf dem Datenfriedhof.

Laut des Institute for Competitive Intelligence sind die Hauptanwendungen für CI derzeit:

- Wettbewerberprofilierung
- Strategische Frühwarnung/-aufklärung
- Benchmarking
- Technologiebewertungen
- Chancen-/Risikoanalyse für neue Produkte/Dienstleistungen/Absatzregionen
- Due Dilligence bei Unternehmenskauf
- Umfeld-Scanning
- Themen-Monitoring
- Überprüfung der eigenen Positionierung im Markt

TIPP

Rainer Michaeli hat ein Buch zum Thema Competitive Intelligence veröffentlicht, das praxisnahe Tipps für die Implementierung und Nutzung von Competitive Intelligence für strategische Entscheidungen gibt. Ebenfalls empfehlenswert ist das Buch „Strategische Wettbewerbsbeobachtung" von Johannes Deltl.

Kurz & knapp: Umfeldanalyse

- Die Welt ist einem ständigen Wandel unterworfen. Das Umfeld von Unternehmen ändert sich permanent. Nur Unternehmen, die sich anpassen können, werden überleben. Um den Erfordernissen des ständigen Wandels gerecht zu werden, sollte in der Unternehmenskultur eine Mentalität verankert sein, die darauf ausgerichtet ist, auf allen Ebenen Kundenprobleme zu erkennen und dafür Ideen zu entwickeln.
- Es reicht nicht aus, sich auf die aktuelle Marktsituation zu konzentrieren. Die bedeutsamsten Entwicklungen der Zukunft müssen vorhergesehen werden und in das strategische Konzept einfließen.
- Untersuchungen haben gezeigt, dass der Erfolg eines Unternehmens in hohem Maße von der Qualität des Marktes abhängig ist. Es ist lohnenswert, sich über einen Markt ausführlich zu informieren.
- Hinter dem Ansatz eines wertorientierten Managements steckt die Aussage, dass ein Unternehmen zukunftsorientiert ausgerichtet werden soll.
- Vorausschauende Unternehmen analysieren und bewerten die für ihr Unternehmen relevanten Trends und entwickeln Trendszenarien. Auf diese Weise können Veränderungen als Chance und nicht als Bedrohung erlebt werden.
- Unternehmen müssen die Megatrends in den spezifischen Unternehmenskontext übersetzen und auf künftige Innovationsfelder, Märkte und Produkte übertragen.
- Kunde ist nicht gleich Kunde. Nur 20 Prozent Ihrer Kunden sind für 80 Prozent der Wertschöpfung verantwortlich. Identifizieren Sie die Kunden, die tatsächlich wertvoll für Ihr Unternehmen sind. Ziel ist es, den richtigen Kunden zu finden, zu gewinnen und langfristig an das Unternehmen zu binden.
- Ein wertorientiertes Kundenmanagement misst den Kundenwert nicht nur anhand von Deckungsbeiträgen, sondern betrachtet zudem Referenzwert, Informationswert und Sicherheitswert einer Kundenbeziehung.
- Erfolgreiche Unternehmen unterscheiden sich durch relative Wettbewerbsvorteile von ihren Mitbewerbern. Eine genaue Analyse der Mitbewerber im Hinblick auf Ziele, Strategien, Prämissen und Fähigkeiten ist dabei unerlässlich. Die Analyseergebnisse sind mit ausschlaggebend für die Ausrichtung des eigenen Unternehmens.

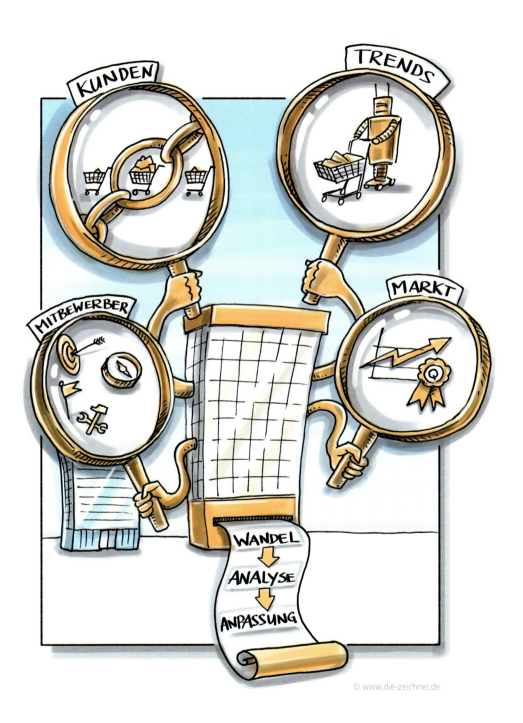

4 Eigensituationsanalyse – Fitnesscheck für das Unternehmen

Nach der Umfeldanalyse folgt die Eigensituationsanalyse. Sie ist eine der schwierigsten Aufgaben. Sich selbst zu erkennen — sei es persönlich oder als Unternehmen — ist aber eine entscheidende Voraussetzung für den Erfolg.

Wer nicht weiß, wo er steht, wird kaum einen Weg zum Ziel finden.

Dass viele Unternehmen genau an diesem Punkt scheitern, zeigt die hohe Zahl an Insolvenzen jedes Jahr. Für die Beurteilung der eigenen Situation sind diverse interne und externe Faktoren ausschlaggebend. Eine Analyse, die nur auf den Zahlen der Jahresabschlussbilanz basiert, ist bei Weitem nicht ausreichend. Die Eigensituationsanalyse bietet die Basisinformationen für die Zukunftsgestaltung von Unternehmen. Sie ist der Ausgangspunkt jeder strategischen Unternehmensplanung.

Die meisten Unternehmer, Führungskräfte und sogar Unternehmensberater gehen symptomorientiert vor. Sie versuchen, ein Problem da zu lösen, wo es auftritt — und scheitern. Sie behandeln Symptome und verstärken dadurch das Problem. Wenn Sie Kopfschmerzen haben, können Sie eine Schmerztablette schlucken. Die Kopfschmerzen werden unterdrückt, werden aber bei nächster Gelegenheit wieder kommen. Um Ihre Kopfschmerzen dauerhaft loszuwerden, müssen Sie nach der Ursache suchen. So ist es auch im Unternehmen: Sie werden nur Lösungen für Probleme finden, wenn Sie nach deren Ursachen suchen. Unternehmensanalysen sind mehr als ein Instrument zur akuten Krisenbekämpfung. Sie dienen primär der Aufdeckung strategischer Krisen und damit der Vermeidung akuter Ertrags- und Liquiditätskrisen. Die Kernfrage lautet also: Was hält Sie am stärksten davon ab, Ihr Ziel zu erreichen?

4.1 Unternehmensanalyse mit der SWOT-Matrix

Das Herzstück jedes strategischen Konzepts ist eine saubere Stärken-Schwächen-Chancen-Risiken-Analyse — kurz SWOT-Analyse genannt. Der Begriff SWOT setzt sich aus den Initialen folgender Worte zusammen: Strengths (Stärken), Weaknesses (Schwächen), Opportunities (Chancen), Threats (Gefahren).

Eigensituationsanalyse – Fitnesscheck für das Unternehmen

Strengths:

Identifizieren Sie die Stärken Ihres Unternehmens. Das können Alleinstellungsmerkmale Ihres Produkts sein, die Dominanz Ihres Unternehmens in bestimmten Märkten oder ein besonderer Zugang, den Sie zum Kunden haben.

Weaknesses:

Suchen Sie nach den Schwächen Ihres Unternehmens. Dazu gehören z. B. Lücken im Produktportfolio, Schwächen in der Zusammensetzung der Umsatzstruktur, Technologieschwächen, Produktions- und Qualitätsschwächen usw.

Opportunities:

Erfassen Sie Wachstums-, Umsatz- oder Profitabilitätschancen, die sich aus der Markt- und der Wettbewerbsanalyse sowie der Stärken-Schwächen-Analyse für das Unternehmen ergeben.

Threats:

Hier geht es um die Wachstums-, Umsatz- und Profitabilitätsrisiken, die sich aus der Markt- und Wettbewerbsanalyse sowie der Stärken-Schwächen-Analyse ergeben.

Im Prinzip ist die SWOT-Analyse eine tabellarische Darstellung der genannten Kategorien in einem Schaubild. Mithilfe der SWOT-Analyse lassen sich Wechselwirkungen von Stärken und Schwächen des Unternehmens einerseits und Chancen und Gefahren des Marktumfelds andererseits leichter erkennen. Sie können die Potenziale und Einschränkungen Ihres Unternehmens im Vergleich zu den Mitbewerbern beurteilen und betrachten dabei insbesondere zukünftige Erfolgsfaktoren. Diese Form der Eigensituationsanalyse hat das Ziel, herauszufinden, inwieweit die Unternehmensstrategie sowie Ihre unternehmerischen Stärken und Schwächen die Möglichkeit eröffnen, auf Chancen und Risiken des Marktumfelds zu reagieren und damit strategische Fehlentwicklungen zu vermeiden. Stärken und Chancen sollen maximiert, Schwächen und Risiken minimiert, wenn möglich sogar eliminiert, werden.

Die SWOT-Analyse beantwortet Ihnen folgende Fragen im Hinblick auf die Strategieentwicklung:

1. Auf welchen wichtigen Stärken des Unternehmens kann eine Strategie aufgebaut werden?
2. Welche Schwächen müssen für die neue Strategie beseitigt werden?

3. Welche Chancen bieten sich dem Unternehmen?
4. Gegen welche Risiken muss sich das Unternehmen wappnen?

Allen Unternehmen, egal aus welcher Branche sie sind oder welche Größe sie haben, ist gemeinsam, dass ihre Mitarbeiter Produkte erstellen oder Dienstleistungen erbringen, die bei Kunden beziehungsweise auf Märkten abgesetzt werden. Diese Handlungen führen zu Ausgaben und Einnahmen, die sich im Finanzergebnis widerspiegeln. Aus dieser Grundlogik heraus sind vier Perspektiven entstanden: Markt/Kunde, Finanzen, Prozesse und Mitarbeiter/Führen. Jede der oben genannten vier Fragen muss für jede einzelne dieser Perspektiven beantwortet werden. Ziel ist es, auf nachvollziehbare Weise beurteilen zu können, wie jede einzelne Perspektive in Ihrem Unternehmen konkret ausgeprägt ist, das heißt, welche Stärken, Schwächen, Chancen und Risiken sie bietet. Sie kennen dieses System unter dem Namen „Balanced Scorecard". Seine Erfinder Robert S. Kaplan und David P. Norton haben es entwickelt, um mit den Unzulänglichkeiten klassischer Finanzkennzahlensysteme aufzuräumen.

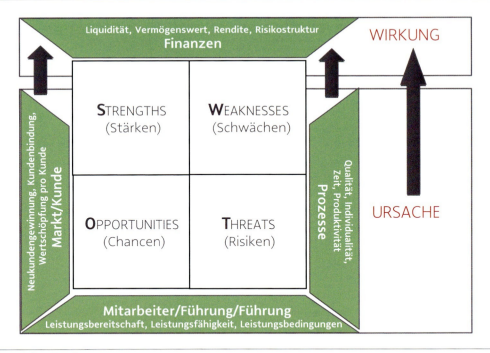

Abb. 11: Die SWOT-Analyse

Folgende Fragen können Ihnen beim Ausfüllen der Matrix helfen:

Markt/Kunde	Prozesse	Mitarbeiter/Führen	Finanzen
Kennen Sie Ihre potenziellen Kunden?	Wie sind Sie hinsichtlich Ihrer Prozesse aufgestellt?	Sind Ihre Mitarbeiter fähig und willens die Anforderungen umzusetzen?	Wie ist es um Ihre Liquidität bestellt?
Können Sie ihnen eine Leistung anbieten, die ihren Wünschen entspricht?	Können Sie die erforderliche Qualität bieten und optimieren?	Stimmen die Leistungsbedingungen, die Sie Ihren Mitarbeitern bieten?	Verfügen Sie über ausreichend Eigenkapital?
Können Sie mit dieser Leistung Gewinne erwirtschaften?	Können Sie das Produkt zu vernünftigen Kosten herstellen bzw. die Produktivität erhöhen?	In welchem Umfang sind Investitionen in Weiterbildung nötig?	Können Sie Wachstum und Innovationen finanzieren?
Können Sie Ihre Kunden adäquat ansprechen?	Können Sie flexibel auf besondere oder neue Anforderungen reagieren?	Müssen Sie Ihre Führungsstrukturen anpassen?	Wie sieht Ihr Rating aus? Lässt es eine Fremdfinanzierung zu?

Die SWOT-Matrix lässt sich für das gesamte Unternehmen und für einzelne strategische Geschäftseinheiten erstellen, in etwas vereinfachter Form übrigens auch für jeden Mitbewerber.

Um aussagekräftige Informationen zu erhalten, stehen Ihnen verschiedene Hilfsmittel zur Verfügung wie Bilanzen, Ratings, Kunden- und Mitarbeiterbefragungen und die Selbsteinschätzung. Bei letzterer ist, wie bereits gesagt, Vorsicht geboten. Sie ist immer subjektiv. Je mehr unterschiedliche Sichtweisen Sie in Ihr Profil einbringen, desto besser können Sie die Situation beurteilen. Decken sich die Aussagen der verschiedenen Informationsgruppen, haben Sie eine solide Basis für die Unternehmensanalyse.

4.2 Wertorientierte Unternehmensführung

Wenn wir voraussetzen, dass Unternehmenserfolg die nachhaltige Steigerung des Unternehmenswerts bedeutet, ist eine umfassende Wertorientierung in jedem Bereich nötig. Das gesamte Unternehmen muss wertorientiert ausgerichtet werden. Es muss wertorientiert gerechnet, gehandelt und geführt werden.

Concept Value	Show Value	Create Value	Manage Value
Wertorientiert ausrichten	Wertorientiert rechnen	Wertorientiert handeln	Wertorientiert führen
Feststellung des Status quo im Strategie-Check	Unternehmenswert-rechenkonzeptauswählen	Beteiligungsportfolio wertorientiert gestalten	Planungs-und Kontrollsystem anpassen
Erarbeitung der strategischen Optionen	Marktorientierte Kapitalkosten bestimmen	Bereichsziele auf Wertsteigerung ausrichten	Informationssystem anpassen
Bewertung und Auswahl der strategischen Optionen	Werttreiberbäume aufbauen	Operative Wertsteigerungs-hebelerkennen und nutzen	Zielvereinbarung und Anreizmodelle definieren
Formulierung der wertorientierten Unternehmensstrategie	Aktuelle Wertbeiträge berechnen	Maßnahmenpaket für wertorientiertes Handeln festlegen	Schulungen durchführen und Konzepte anwenden

Abb. 12: Wertorientierung in jedem Bereich

Der amerikanische Wirtschaftswissenschaftler und Harvard-Professor Alfred Rappaport definierte das folgendermaßen: „Wertorientierte Unternehmenssteuerung umfasst alle Strategien und Maßnahmen, die darauf abzielen, den Unternehmenswert zu steigern." Rappaport und sein Kollege Joel Stern gelten als Väter des Shareholder Value, der entgegen der Absicht seiner Väter inzwischen allgemein eher als Synonym für kurzfristige Profitgier gilt. Zu Unrecht. In einem Interview mit dem „manager magazin" im Februar 2009 sagte Rappaport dazu: „Wir sollten uns daran erinnern, worum es beim Shareholder-Value-Konzept wirklich geht: Ja, es geht um steigenden Cashflow, aber es geht auch um Langfristigkeit und Risikoabschätzung. Wären diese Prinzipien universell praktiziert worden, dann hätten wir jetzt keine Finanzkrise."

Trotz aller Vorbehalte setzt sich auch in Deutschland mittlerweile die Praxis durch, denjenigen Wert eines Unternehmens, der die gesamten Zukunftsperspektiven mit einbezieht, als Indikator für den Unternehmenserfolg zu betrachten, anstatt bloß den aktuellen Periodengewinn. Deshalb sollten Sie diesen Faktor in die Eigenanalyse einbeziehen. Er ist ein Maßstab für Erfolg. Um Ihr Oberziel zu erreichen, nämlich die langfristige Erhaltung des Unternehmens, müssen Sie über zwei wesentliche Faktoren verfügen:

1. eine immer ausreichende Liquidität (cash is king) und
2. ausreichend hohe Vermögenswerte.

Unternehmen, die keine adäquate Wertsteigerung generieren, werden für Investoren unattraktiv. Ihre Kreditwürdigkeit aus Sicht der Banken ist als schlechter einzustufen, weil Banken zunehmend dazu übergehen, das Verhältnis von Fremdkapital zum Marktwert des Eigenkapitals (= Unternehmenswert) als Beurteilungskriterium

der Bonität heranzuziehen. Damit werden die Chancen eines nicht wertsteigernden Unternehmens, zu investieren und zu wachsen, stark eingeschränkt. Neben
der Kapitalrendite berücksichtigt der Unternehmenswert auch die Wachstumsrate
und die Risiken.

**Der Unternehmenswert ist die quantitative Bewertung des Unternehmenser-
folgs, also der künftig zu erwartenden Zahlungsüberschüsse unter Berücksichtigung der damit verbundenen Risiken.**

Der Wert eines Unternehmens hängt demzufolge von zwei unternehmensspezifi-
schen Faktoren ab: Ertrag und Risiko. Kapitalgeber sind grundsätzlich risikofeind-
lich. Sie werden also ein risikoreicheres Unternehmen nur dann positiv bewerten,
wenn die Erträge höher sind. Höheres Risiko muss bezahlt werden. Damit wird das
Risikomanagement zum wichtigen Baustein einer jeden wertorientierten Unternehmensführung. Das gilt insbesondere für Unternehmen mit niedriger Eigenkapitalausstattung. Eigenkapital ist Risikodeckungskapital, und wenn bei geringem
Eigenkapital Risiken eintreten, die Verluste auslösen (Forderungsausfälle, Materi-
alpreisschwankungen, Kundenverluste etc.), ist der Bestand des Unternehmens
automatisch gefährdet. Da sich der Wert eines Unternehmens — unter Berücksichtigung möglicher Synergieeffekte — aus den Werten der einzelnen Geschäftsfelder ergibt, ist es auch nicht akzeptabel, wenn ein Geschäftsfeld dauerhaft Wert
vernichtet. Damit ein Geschäftsfeld oder eine Investition einen positiven Beitrag
zum Unternehmenswert leistet, muss die Kapitalrendite höher sein als die risikoabhängigen Kapitalkosten.

**Die Rendite auf das eingesetzte Kapital muss größer sein als die Kosten des
eingesetzten Kapitals.**

Zur Steigerung des Unternehmenswerts stehen drei maßgebliche Hebel zur Verfügung, die so genannten Werttreiber: Umsatzwachstum, Steigerung der Rentabilität
oder Reduzierung des Risikos. Wachstumsstrategien sind zum Beispiel Wachstum
über Verdrängung mittels neuer Produkte oder besseren Service über Innovation,
Kooperation oder Zukauf zu generieren. Rentabilitätsstrategien setzen auf eine
Reduzierung der Kosten, auf Produktivitätssteigerung oder auf eine Optimierung
der Kapitalbindung im Anlage- und Umlaufvermögen. Risikoorientierte Strategien
reduzieren die Risiken und erhöhen die Eigenkapitalausstattung sowie die Liquiditätsreserven.

Abb. 13: Werttreiber

Rentabilitätsstrategien zeigen zwar kurzfristig die höchste Wirkung, den größten Werthebel stellen jedoch Wachstumsstrategien dar; für deren Umsetzung bedarf es aber eines relativ langen Vorlaufs. Jedes Unternehmen muss individuell entscheiden, welche Strategie zu welchem Zeitpunkt richtig ist. Aber jede Entscheidung sollte unter der Prämisse getroffen werden, dass Rendite ohne Wachstum ebenso tödlich ist wie Wachstum ohne Rendite (siehe Kapitel 1).

Zwischen den Werttreibern bestehen folgende Zusammenhänge:

1. Wachstum schafft Wert bei positiver Ausprägung der Werttreiber Rendite und Risiko. Das heißt, dass die Kapitalrendite größer ist als die Kapitalkosten.
2. Wer Wert schafft, verfügt über interne Finanzierungsspielräume und kann externes Kapital anziehen.
3. Wer Kapital anzieht, kann investieren.
4. Wer investiert, kann wachsen.

Verdient das Unternehmen weniger als seine Kapitalkosten, vernichtet es bereits Anteile seines Werts. Wertvernichtung beginnt also lange bevor Verluste auftreten. Auch Wachstum um jeden Preis schadet dem Unternehmen.

Gesunde Unternehmen müssen wachsen können, aber nicht wachsen müssen.

Kennzahlen zur wertorientierten Unternehmensführung sollen sicherstellen, dass in allen Unternehmensbereichen eine Mindestrendite erzielt wird, die dem Risiko des jeweiligen Geschäftsfelds entspricht. Vorhandene Mittel sind dauerhaft nur den operativen Einheiten zur Verfügung zu stellen, die diesen Ansprüchen gerecht werden. Geschäftsfelder, die diesen Ansprüchen auf längere Sicht nicht genügen, sind umzustrukturieren, und wenn das nicht möglich ist, zu eliminieren. Oberste Zielsetzung muss stets die nachhaltige und langfristige Steigerung des Unternehmenswerts sein. Damit ist der Unternehmenswert kein reiner Shareholder Value, sondern ein Stakeholder Value, denn von einem langfristigen Wertzuwachs profitieren alle Beteiligten:

- Die Mitarbeiter haben einen sicheren, zukunftsfähigen Arbeitsplatz.
- Die Kunden haben einen starken, verlässlichen Partner.
- Die Lieferanten erhalten Aufträge ohne Ausfallrisiko.
- Die Banken können Kredite ausgeben, ohne Wertberichtigungen befürchten zu müssen.
- Die öffentliche Hand partizipiert unter anderem durch Steuerzahlungen.
- Die Gesellschafter verdienen angemessen und haben Lust auf Zukunftsinvestitionen.

Im Folgenden stellen wir Ihnen einige Kennzahlen vor, die in jedem erfolgreichen Unternehmen erhoben werden. Dabei handelt es sich vorwiegend um Kennzahlen aus dem Finanzbereich. Sie bilden die Ergebnisse ab, die das Unternehmen durch seine Aktivitäten erreicht hat.

Wachstum

Der Unterschied unseres Ansatzes im Vergleich zu einem reinen Shareholder Value liegt auf der Hand. Die (Umsatz-)Wachstumsrate (w) beschreibt den Werttreiber „Wachstum". Sie zeigt, inwieweit das Unternehmen in der Lage ist, an einem Nachfragewachstum zu partizipieren und den Marktanteil zu verbessern. Die folgende Formel beschreibt die relative Veränderung des Umsatzes im Zeitablauf:

$$Wachstum(w) = \frac{Umsatz_t}{Umsatz_{t-1}} - 1$$

Allerdings reicht es nicht aus, nur auf das Wachstum zu schielen, denn wie Sie bereits wissen, ist nicht jede Art von Wachstum wünschenswert. Es gibt drei Arten von Wachstum: qualitatives, quantitatives und preisbedingtes Wachstum. Häufig wird das inflationsbedingte Wachstum mit der Verbesserung der Marktanteile gleichgesetzt. Dabei wird nicht berücksichtigt, dass sich bei einem Wachstum über den Preis zwar der Umsatz, nicht aber die Marktstellung verbessert. Tatsächliches Wachstum findet also nicht statt. Deshalb sollten Sie sich genau anschauen, was hinter dem Wachstum steckt.

Rentabilität

Der Werttreiber Rentabilität zeigt die Effizienz des Kapitaleinsatzes im Unternehmen. Er lässt sich über verschiedene Kennzahlen operationalisieren. **Die Gesamtkapitalrendite** errechnet sich über folgende Formel. Als durchschnittliches Gesamtkapital wird dabei der Durchschnitt der Bilanzsumme am Anfang und am Ende des Untersuchungszeitraums angesetzt.

$$\text{Gesamtkapitalrendite} = \frac{\text{Jahresüberschuss} + \text{Fremdkapitalzinsen}}{\varnothing\,\text{Gesamtkapital}}$$

Häufig wird auch der „**Return On Capital Employed**" (**ROCE**) als Rentabilitätsmaßstab herangezogen. Er errechnet sich als Produkt aus EBIT-Marge und Kapitalumschlag. Der ROCE ist eine betriebswirtschaftliche Kennzahl, die misst, wie effektiv und profitabel ein Unternehmen mit seinem eingesetzten Kapital umgeht, und stellt quasi eine Weiterentwicklung der Gesamtkapitalrentabilität dar.

$$\text{ROCE} = \text{EBIT} - \text{Marge} \times \text{KU} = \frac{\text{EBIT}}{\text{Umsatz}} \times \frac{\text{Umsatz}}{\text{CE}} = \frac{\text{EBIT}}{\text{CE}}$$

EBIT = Ertrag vor Zinsen und Steuern
EBIT − Marge = EBIT/Umsatz
CE = gebundenes Kapital
KU = Kapitalumschlag = Imsatz / CE

Risiko

Ein Unternehmen muss wissen, welchen Kapitalbedarf es hat und es muss vor allem die Kapitalkosten kennen. Anstelle von Kapitalkosten spricht man auch von „Weigthed Average Cost of Capital" — kurz **WACC**. Mit den WACC können gleichzeitig die steuerlichen Vorteile des Fremdkapitals erfasst und mit den Kosten abgeglichen werden. In der Formel bezeichnen die Fremdkapitalkosten den Darlehenszinssatz, die Eigenkapitalkosten die Opportunitätskosten. Über den Steuersatz s werden die steuerlichen Vorteile erfasst. Die Anteile an Eigenkapital und Fremdkapital sind jeweils mit dem Marktwert, nicht mit dem Bilanzwert zu gewichten.

$$\text{WACC} = (1 - \text{Steuersatz}) \times \frac{\text{Fremdkapital}}{\text{Gesamtkapital}} \times \text{Fremdkapitalkosten} \times \frac{\text{Eigenkapital}}{\text{Gesamtkapital}} \times \text{Eigenkapitalkosten}$$

Die Fremdkapitalkosten bezeichnen den Darlehenszinssatz, die **Eigenkapitalkosten** die Opportunitätskosten. Über den Steuersatz s werden die steuerlichen Vorteile des Fremdkapitals erfasst. Die Anteile an Eigenkapital und Fremdkapital sind jeweils mit ihrem Marktwert zu gewichten, nicht mit dem Bilanzwert.

Eine Möglichkeit der Bestimmung der Eigenkapitalkosten bietet das „Capital-Asset-Pricing-Modell" (CAP-Modell) von William Sharpe:

$K_{EK} = r_0 + (r_m - r_0) \times \beta$
K_{EK} = Eigenkapitalkosten
r_0 = risikoloser Zinssatz
r_m = durchschnittlicher Marktzins für riskante Kapitalanlagen (zum Beispiel Aktien)
$(r_m - r_0)$ = allgemeiner Risikozuschlag für Eigenkapital
β = systematisches Risiko

„ß" ist Ausdruck für das „systematische Risiko", also die Wirkungen allgemeiner, nicht unternehmensspezifischer Einflüsse auf die Rentabilität wie Konjunktur- und Zinsentwicklung. Dabei bedeutet:

ß = 0: kein systematisches Risiko
ß = 3: durchschnittliches Risiko
ß = 5: sehr hohes Risiko

Welche Ausprägung das systematische Risiko in Ihrem Unternehmen hat, können Sie folgendermaßen bestimmen:

KRITERIEN	AUSPRÄGUNG						
	Geringes Risiko	1	2	3	4	5	Hohes Risiko
• Kontrolle	• Geringe externe Renditeeinflüsse						• Starke externe Renditeeinflüsse
• Markt	• Stabil, ohne Zyklen						• Dynamisch, viele Zyklen
• Wettbewerb	• Wenig konstante Marktanteile						• Viele variable Marktanteile
• Produkte/Konzept	• Langer Lebenszyklus, nicht substituierbar						• Kurzer Lebenszyklus, leicht substituierbar
• Markteintrittsbarrieren	• hoch						• niedrig

Abb. 14: Ausprägung des systematischen Risikos

Nach dem CAP-Modell ist nur diese Risikokomponente relevant, weil sie nicht durch Diversifikation, also die Zusammenfassung verschiedener Projekte beziehungsweise Anlagen in einem Pool, zu beseitigen ist.

4.2.1 Berechnung des Unternehmenswerts

Die verschiedenen Ansätze zur Berechnung des Unternehmenswerts orientieren sich an der praktischen Umsetzbarkeit. Zur Berechnung werden insbesondere betriebswirtschaftlich aussagekräftige Größen sowie unter Risikogesichtspunkten berechnete Kapitalkostenansätze herangezogen. Zur Ermittlung des Unternehmenswerts eignen sich — je nach Zielsetzung des Unternehmens — unterschiedliche methodische Ansätze.

Eine rechtlich verbindliche Bestimmung für den Unternehmenswert gibt es nicht. Für jedes in der Praxis handhabbare System muss man nur einen geeigneten Kompromiss zwischen der effizienten Anwendung einerseits und der methodischen Präzision andererseits finden. Jedes Unternehmen entscheidet selbst, welchen Ansatz es verwenden möchte.

Theoretisch ideal: Discounted Free Cashflow (DFCF)

Theoretisch ist der beste Ansatz zur Berechnung des Unternehmenswerts die „Discounted-Free-Cashflow-Methode", es ist sozusagen das theoretische Idealmodell, weil es vollkommene Flexibilität bietet. Unter DFCF versteht man die Summe der mit den erwarteten Kapitalkosten diskontierten freien Cashflows abzüglich des Werts des Fremdkapitals. Im Gegensatz zu anderen Maßstäben lässt der DFCF durch eine langfristige Betrachtung der erwarteten Zukunft des Unternehmens keine kurzfristigen Fehlsteuerungen zu. Grundlage der Bestimmung des Unternehmenswerts ist die geplante Unternehmensentwicklung der nächsten Jahre, das betrifft insbesondere die zukünftigen freien Cashflows. Damit erfüllt der Discounted Free Chasflow alle Anforderungen an einen harten Maßstab für die Beurteilung des Erfolgs eines Unternehmens. Er ist buchhalterisch nur schwer zu beeinflussen und zeigt die künftigen Wertpotenziale im Sinne der abgezinsten freien Liquidität auf. Die Nachteile dieses Modells sind zum einen die Überforderung des Planungssystems in der Praxis und zum anderen die extreme Abhängigkeit von der richtigen Einschätzung der durchschnittlichen Kapitalkosten (WACCs). Letztlich handelt es sich um eine Scheingenauigkeit.

$$UW = \sum_{t=1}^{\infty} \frac{fCF_t}{(1+WACC)} - FK_0$$

UW = Unternehmenswert

fCF_t = freie Cashflows in der Periode t

FK_0 = Fremdkapitalkosten zum gegenwärtigen Zeitpunkt

WACC = durchschnittliche Kapitalkosten

EVA — Economic Value Added

Wie Sie sehen, wird die Berechnung des Unternehmenswerts mit dieser theoretisch idealen Formel sehr aufwendig. Im Alltag arbeiten wir deshalb zur Bestimmung des Unternehmenswerts mit dem Economic Value Added (EVA) oder dem Geschäftswertbeitrag (GWB) nach Stern Stewart & Co. Der EVA ist eigentlich eine Messgröße aus der Finanzwirtschaft, um die Vorteilhaftigkeit einer Investition zu berechnen.

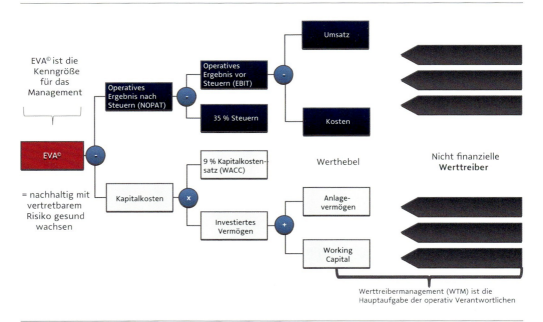

Abb. 15: Darstellung des Unternehmenswertes nach Stern Stewart & Co.

Kritiker bemängeln den EVA-Ansatz (Economic-Value-Added-Modell), da lediglich eine einperiodige Ex-post-Betrachtung des Gewinns stattfindet, also nur die Vergangenheit abgebildet wird. Eine Zukunftsprognose wird nicht angestellt. Der Zeitwert der Einnahmen ebenso wie der Restwert am Ende der Planungsperiode finden keinerlei Berücksichtigung. Außerdem ist das EBIT leicht manipulierbar, die Kapitalstruktur des Unternehmens und die damit verbundenen Risiken werden nicht berücksichtigt. Trotz all dieser Nachteile halten wir den EVA für eine sinnvolle Methode, um den Wertbeitrag einer Periode darzustellen, da er einfach zu errechnen ist und dadurch eine schnelle Orientierung ermöglicht.

EVA = EBIT — (CE × WACC)

EVA   = Economic Value Added

EBIT   = Betriebsergebnis

CE   = gebundenes Kapital

WACC = durchschnittliche Kapitalkosten

Wertbeitragsmodelle wie EVA stellen einen einfachen Maßstab zur Berechnung des Wertbeitrags einer Periode dar, der allen Ebenen im Unternehmen zugänglich und damit leichter kommunizierbar ist als der aufwendig berechnete Unternehmenswert. Darüber hinaus basieren diese Modelle nicht auf Prognosewerten, sondern primär auf unstrittigen Ist-Werten. Grundsätzlich sollten Sie jedoch nicht als Alternative, sondern lediglich als Ergänzung zur Berechnung des Unternehmenswerts verwendet werden.

Weitere Wertbeitragsmodelle

Wertbeitragsmodell: WB = CE x (ROCE — WACC)

Dieses Modell kommt dem EVA inhaltlich sehr nahe. Hier wird zur Berechnung des Erfolgs eines Unternehmens die Differenz zwischen der Eigenkapitalrendite und den Kapitalkosten verwendet (= Spread). Diese Differenz wird mit dem eingesetzten Kapital multipliziert. Daraus ergibt sich der Wertbeitrag. Erwirtschaftet ein Geschäftsfeld einen negativen Spread, vernichtet es Wert. Es ist zwar in der Lage, die Kapitalkosten zu decken, nicht jedoch einen Mehrwert zu generieren. Damit berücksichtigt der Ansatz explizit die Opportunitätskosten einer Investition. Wertbeitrag entsteht, wenn die Kapitalrendite (ROCE) größer ist als die risikoabhängigen Kapitalkosten. Das Modell ist einfach und transparent. Wie beim EVA wird jedoch auch hier nur der Erfolg während der betrachteten Periode ermittelt. Wachstumsaspekte bleiben außen vor.

CVA-Modell: CVA = FCF — (CE x WACC)

Das Cash-Value-Added-Modell ist eng verwandt mit dem EVA. Anstelle des EBIT wird hier der freie Cashflow der Periode verwendet. Der große Vorteil gegenüber dem EVA-Modell liegt darin, dass der Free Cashflow (FCF) buchhalterisch schwer manipulierbar ist und über ihn die Komponente Wachstum mit einfließt, wenn auch nur mit einer konstarten Wachstumsrate. Allerdings kann genau diese Komponente starke Zufallsschwankungen verursachen.

ERIC: Gewinn vor Zinsen, nach Steuern — risikofreier Zins x investiertes Kapital

Die Kennzahl ERIC (Earnings less Riskfree Interest Charge) wurde von der Wirtschaftsprüfungsgesellschaft KPMG zusammen mit der Universität Frankfurt entwickelt. Vom EVA unterscheidet sich der ERIC im Wesentlichen durch die Art und Weise, wie die Kapitalkosten berechnet werden beziehungsweise wie das Risiko berücksichtigt wird. Beim ERIC wird der risikofreie Zinssatz (zum Beispiel für Bundesschatzbriefe) angesetzt, während ansonsten allgemein risikoangepasste Zinssätze verwendet werden. Die Kennzahl gibt Auskunft darüber, inwieweit es einem Unternehmen mit dem von den Aktionären zur Verfügung gestellten Kapital gelungen ist, einen Gewinn zu erwirtschaften, der größer ist als das Ergebnis einer Anlage desselben Kapitals in festverzinslichen Wertpapieren. Beim EVA wird der erzielte Gewinn mit dem den Risiken des Unternehmens entsprechenden Kapitalkostensatz verglichen. Hier liegt die Messlatte natürlich sehr viel höher, weshalb es häufig passiert, dass Unternehmen nach EVA Wert vernichten, aber nach ERIC Wert schaffen.

4.2.2 Erfolg erkennen mit der Werttreiber-Matrix

Mit der Werttreiber-Matrix können Sie strategische Geschäftsfelder auf ihren wirtschaftlichen Erfolg hin untersuchen. Über eine Optimierung des Portfolios ist eine Steigerung des Unternehmenswerts möglich. Auf der Ebene der Portfoliostrategien geht es darum, zu entscheiden,

- welche strategischen Geschäftseinheiten gefördert oder ausgebaut werden sollten,
- bei welchen ein Abziehen von Finanzmittelüberschüssen (Free Cashflows) sinnvoll ist,
- welche durch Verkauf oder Schließung kurzfristig aus dem Portfolio entfernt werden sollen.

Ziel der Portfoliobetrachtung ist es, Sie bei der Beurteilung der grundsätzlichen Marktpotenziale bestehender oder künftiger Geschäftsfelder zu unterstützen.

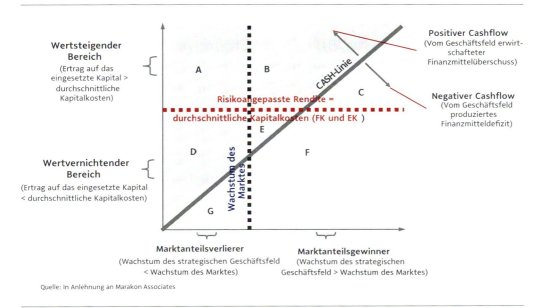

Abb. 16: Die Werttreiber-Matrix

Die Position der einzelnen Geschäftsfelder in der Matrix wird anhand der Werttreiber Kapitalrendite (ROCE), Kapitalkostensatz (WACC) und Umsatzwachstum bestimmt. Daraus lässt sich unmittelbar ableiten, ob ein Geschäftsfeld in der betrachteten Periode einen Wertbeitrag erwirtschaftet oder nicht. Ein Geschäftsfeld trägt dann zur Wertsteigerung bei, wenn die Kapitalrendite höher ist als die risikoabhängigen Kapitalkosten. Liegt die Rendite des Geschäftsfelds über der risikoangepassten Rendite, wird Wert geschaffen, liegt sie unterhalb der Linie, wird Wert vernichtet. Um aufzuzeigen, ob ein Bereich Marktanteile gewinnt oder nicht, ist ein Vergleich der Wachstumsrate des Geschäftsfelds mit der eingezeichneten Marktwachstumsrate sinnvoll. Ist das Geschäftsfeld links von der Marktwachstumsrate positioniert, wächst es langsamer als der Markt, rechts davon schneller. Die „Cash-Linie" gibt Aufschluss darüber, ob ein Geschäftsfeld einen positiven oder einen negativen Cashflow erwirtschaftet.

Die Bedeutung der Felder der Werttreiber-Matrix

Feld A: Wachstumsakzente setzen.

Das Geschäftsfeld generiert derzeit einen positiven Wertbeitrag, verliert aber Marktanteile, obwohl Finanzmittelüberschüsse (Cashflows) erwirtschaftet werden. Die relative Kostenposition könnte sich dadurch in Zukunft verschlechtern.

Feld B: Erhalten, sichern, weiterentwickeln.

Feld B repräsentiert die Idealposition. Ein positiver Wertbeitrag und Liquiditäts-überschüsse zusammen mit Wachstum zeigen eine hohe Wettbewerbsfähigkeit. Sie haben die Chance, weitere Kostenvorteile zu erlangen.

Feld C: Wachstum über Preissteigerung kontrollieren.

Dieses Segment bezeichnet man als Wachstumsfalle. Obwohl Wert geschaffen wird, sorgt das zu starke Wachstum für negative Cashflows. Die Erhaltung der Marktposition erfordert mehr Investitionen als das Geschäftsfeld freisetzt.

Feld D: Kostensenkungspotenziale suchen und Preise nicht erhöhen.

In diesem Segment wird Wert vernichtet, obwohl noch Liquiditätsüberschuss frei wird. Ein unterdurchschnittliches Wachstum deutet auf eine schwache Wettbe-werbsposition hin.

Feld E: Den Wertbeitrag über eine Senkung der Kapitalkosten verbessern.

Hier befinden Sie sich in der Gewinnfalle. Trotz positiver Cash Flows und Marktan-teilsgewinnen wird Wert vernichtet.

Feld F: Ausstieg überlegen.

Start-ups befinden sich hier auf einer klassischen Position. Hohes Wachstum geht einher mit einem negativen Wertbeitrag und negativen freien Cash Flows. Für eine dauerhafte Positionierung ist dieses Feld nicht geeignet.

Feld G: Sofortigen Ausstieg in Erwägung ziehen.

Zunehmende Marktanteilsverluste in Verbindung mit einer zu geringen Rendite sorgen dafür, dass negative Cash Flows erwirtschaftet werden. Bevor Sie sich für einen sofortigen Ausstieg aus diesem Geschäftsfeld entscheiden, sollten Sie al-lerdings mögliche Synergieeffekte mit anderen Geschäftsfeldern berücksichtigen.

Die Werttreiber-Matrix ist eine gute Bezugsbasis für eine wertorientierte Un-ternehmensführung.

4.3   Die Bedeutung des Risikomanagements

Risikomanagement lässt sich mit den Fahrerassistenz- und Sicherheitssystemen in modernen Autos vergleichen. Der Unternehmer als Fahrzeugführer hat mit dem Tacho und anderen Anzeigeinstrumenten stets alle relevanten Informationen im Blick. Über Lenkrad, Gaspedal und Bremse kann er seine Fahrweise den Gegebenheiten anpassen. Risiken sind nicht nur im Straßenverkehr latent vorhanden. Das größte Risiko für ein Unternehmen ist das zwangsweise Ausscheiden aus dem Markt. Das kann nur durch Überschuldung oder Zahlungsunfähigkeit geschehen. Deshalb muss dem Liquiditätsmanagement höchste Aufmerksamkeit gewidmet werden. Liquiditätskrisen sind immer die Folge von Ertragskrisen. Oft werden die ersten Anzeichen nicht erkannt oder ignoriert. Dabei ist rechtzeitiges Handeln die Voraussetzung dafür, dass sich der Unternehmer seine Handlungs- und Gestaltungsfähigkeit erhält. Je weiter die Ertrags- und Liquiditätskrise voranschreitet, desto geringer werden die Handlungsspielräume. Insofern ist Risikomanagement auch Krisenprävention. Risikomanagement beschränkt sich nicht auf den Finanzbereich. Es ruht auf sechs Säulen:

- Risikopotenzial Familie optimieren.
- Für eine robuste Unternehmensstrategie sorgen.
- Risikobewertung durchführen und Frühwarnsysteme installieren.
- Für ein gutes Bankenrating sorgen.
- Kostenmanagement und Variabilisierung der Kosten im Blick behalten.
- Liquidität sichern und planen.

Die Installation eines systematischen professionellen Risikomanagements im Unternehmen schützt nicht nur das Unternehmen, sondern trägt auch dazu bei, gesetzliche Anforderungen, die aus dem Bilanzrechtsmodernisierungsgesetz (BilMoG), der Produkthaftung oder aus Umweltrisiken etc. resultieren, zu erfüllen. Es beantwortet die Frage, inwieweit das Eigenkapital und die Liquidität des Unternehmens zum Tragen der Risikogesamtposition ausreichen und unterstützt eine wertorientierte Unternehmensführung, die sich aus einer ausgewogenen Balance zwischen Wachstum, Rendite, Risiko und Liquidität ergibt. Außerdem trägt es dazu bei, die Kommunikation mit Aktionären, Gesellschaftern und Finanzinvestoren zu verbessern und unterstützt die Kreditfinanzierung.

Die Liste der Risiken für Familienunternehmen ist lang. Die nach unserer Erfahrung wichtigsten Faktoren sind in der folgenden Tabelle dargestellt:

Markt- und Kundenrisiko (MR)	Leistungsrisiko (LR)	Kostenstrukturrisiko (KSK)	Finanzstrukturrisiko (FSR)
Künftige Branchenentwicklung	Unterbrechung der Wertschöpfungskette	Vertragsbindungen	Liquidität und/oder Eigenkapitalquote
Kundenentwicklung (Klumpenrisiken)	Produktionsstörungen	Öffentliche Regulierung	Umsatzrückgang, Vorratsaufbau, Aufbau von Forderungsbeständen
Marktattraktivität und Wettbewerbskräfte	IT-Ausfall	Rohstoffpreisschwankungen	Währungskursschwankungen
Bedrohung von Marktposition, Wettbewerbsvorteilen und Image	Mitarbeiter- oder Führungskräfteausfall	Anteil und Fristigkeit fixer Kosten	Haftungsfragen (Produkt, Umwelt etc.)

Aus diesen Aspekten können Sie eine Risikoformel ableiten, mit der Sie das zu tragende Gesamtrisiko Ihres Unternehmens ermitteln können:

Gesamtrisiko R = (MR + LR) x KSK x (1 + FK/EK)

Bei der Bewertung gehen Sie folgendermaßen vor:

Für MR und LR gilt eine Skala von 1 (sehr gering) bis 5 (sehr hoch).

Für KSK gilt eine Skala von 0,01 (sehr gering) bis 1 (sehr hoch).

Das Gesamtrisiko R wird wie folgt bewertet:

1 bis 6: überragende Risikotragfähigkeit

7 bis 12: gute Risikotragfähigkeit

13 bis 18: nicht kritisch, aber Risikopotenziale vorhanden

19 bis 24: deutliche Gefährdungspotenziale

25 bis 30: hohes Insolvenzrisiko bei Umfeldveränderungen

TIPP

Wenn Sie sich mit Risikomanagement befassen, sollten Sie bedenken, dass das Controlling in der Regel nur überwachen kann, ob die Regeln, die Sie für das Risikomanagement aufgestellt haben, eingehalten werden. Fehlentscheidungen kann es nicht verhindern.

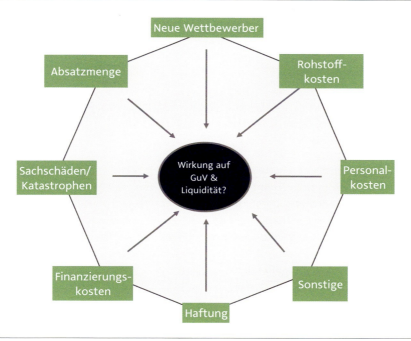

Abb. 17: Risikomixelemente

Alle Risiken wirken gemeinsam auf das Unternehmen ein. Es sind unendlich viele Risikokombinationen möglich.

4.3.1 Instrumente des Risikomanagements

Die Risikosteuerung wird gerade in kleineren Unternehmen oft vernachlässigt. Basisinstrumente der Risikosteuerung, wie eine Jahresplanung und die permanente Kontrolle von Gewinn und Verlust oder Liquidität, werden oft nicht verwendet. Bei vielen Betrieben werden nicht einmal monatliche, betriebswirtschaftliche Auswertungen oder die kurzfristige Erfolgsrechnung als Frühwarnsystem genutzt. Selbst wenn die Auswertungen ein negatives Ergebnis ausweisen oder auch erst bei der

Erstellung der Bilanz im Folgejahr ein Verlust sichtbar wird, sehen viele Unternehmer keinen Handlungsbedarf. Doch das „Management by Kontoauszug" sollte der Vergangenheit angehören. Es gibt preiswerte, handhabbare Businessplansysteme, die Transparenz ins Unternehmen bringen und dafür sorgen, dass rechtzeitig die Alarmglocken schrillen. Eine schlechte Ertragslage bessert sich nicht, wenn man den Kopf in den Sand steckt.

Neben der Größe und Leistungsfähigkeit des Unternehmens muss die Komplexität von Strukturen und Prozessen im Unternehmen berücksichtigt werden, damit das Risikosteuerungs- und Frühwarnsystem sinnvoll ausgestaltet werden kann. Folgende Maßnahmen und Instrumente können sinnvoll sein:

- Finanzplanung und monatliche Kontrolle (GuV/Bilanz/Liquidität)
- Liquiditätsstatus, rollierend
- Controlling-Handbuch/-Systeme
- Internes und externes Berichtswesen
- Cockpitsysteme/Balanced Scorecard
- Qualitätsmanagement-Handbuch/Audits
- Interne Revision
- Richtlinien/Geschäftsordnung/klare Verantwortlichkeiten
- Leistungs- und risikoorientierte Vergütungssysteme für Führungskräfte
- Definition eines Sets von Gegenmaßnahmen bei Unterschreitung vorab definierter Schwellenwerte
- Marktindikatoren-Analyse

Höchste Aufmerksamkeit sollte der Professionalisierung der Risikoperspektive im Finanzbereich gewidmet werden. Hier sollten zumindest grundlegende Kennzahlen erhoben und ausgewertet werden, die wesentliche Indikatoren der Finanzentwicklung abbilden. So ist zum Beispiel eine hohe Eigenkapitalquote ein Indikator dafür, dass das Unternehmen einen Verlust tragen kann, ohne dass sofort der Überschuldungstatbestand eintritt. Die Liquiditätsreichweite und die Cashflow-Marge andererseits sind Kennzahlen, die die Liquiditätssituation des Unternehmens beschreiben.

Typische Kennzahlen aus der Finanzsteuerung

Rendite	Risiko und Liquidität
(Netto-)Umsatz	Liquidität (1. und 2. Grades)
Betriebsleistung	Forderungsbestand

Rendite	Risiko und Liquidität
Rohertrag	Cashflow
Marktanteil	Lagerbestand
Umsatzstruktur (ABC-Analyse)	Eigenkapitalquote
Kostenstruktur	Verschuldungsgrad
Rendite (EBIT, EBITDA)	Bank-Rating
	Kapitalverzinsung

Es gibt weitere Kennzahlen und Kennzahlensysteme, die ebenfalls wertvolle Parameter für die erfolgreiche Risikosteuerung des Unternehmens sind. So kommen für die jeweiligen Perspektiven z. B. folgende Kennzahlen in Betracht:

Für die Perspektive Markt/Kunde

- Akquisitionserfolg
- Kundenbindung
- Innovationsquote

Für die Perspektive Prozesse

- Qualität
- Produktivität
- Auslastung

Für die Perspektive Mitarbeiter/Führung

- Verbesserungsvorschläge
- Fluktuation
- Mitarbeiterzufriedenheit

4.3.2 Der Risikomanagementprozess

Risikomanagement ist eine Aufgabe der Unternehmensführung. Voraussetzung für ein professionelles Risikomanagement ist es, eine ganzheitliche Risikokultur im Unternehmen zu schaffen, durch die alle Mitarbeiter für die erkannten, latenten Risiken sensibilisiert werden. Es empfiehlt sich, mit Anreizsystemen und Sanktionsregelungen das Einhalten der Vorgaben zum Risikomanagement zu unterstützen. Ein ganzheitlich strukturiertes Risikomanagementsystem — auch auf Datenverarbeitungsbasis — hilft nicht nur, Risiken effektiv und sicher zu bewerten, sondern bietet auch die Grundlage zur Entwicklung neuer Chancen.

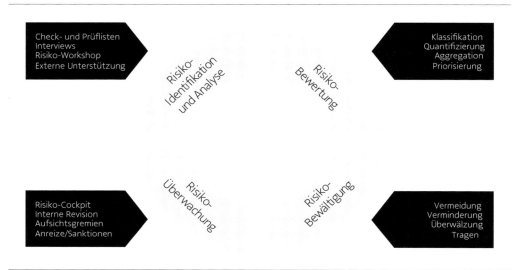

Abb. 18: Schematischer Risikomanagementprozess

Die Akzeptanz für ein Chancen- und Risikomanagement im Unternehmen aufzubauen und langfristig sicherzustellen, wird vor allem durch das Führungsverhalten unterstützt. Die Geschäftsleitung muss mit vollem Engagement dahinter stehen. Die Mitarbeiter sollten auf Basis eines unternehmensweit geltenden Risikohandbuchs informiert und geschult werden. Die Kommunikation über Risiken und Chancen sowie über eingeleitete Maßnahmen und deren Auswirkungen bindet alle Mitarbeiter in das Risikomanagement ein. Bei Bedarf sollte externes Expertenwissen bei der Erfassung und Bewertung der Risiken hinzugezogen werden. Das Risikomanagement wird auf diese Weise zum zentralen Bestandteil einer heute geforderten Corporate-Compliance-Kultur und sichert die Einhaltung aller unternehmensinternen und -externen Normen, Regelungen und Vorgaben unternehmensweit ab.

Sind die Risiken analysiert und bewertet, stellt sich die Frage, wie eine Risikominimierung erreicht werden kann. Prinzipiell bieten sich vier Möglichkeiten an:

- vermeiden,
- vermindern,
- selbst tragen und
- überwälzen bzw. auf andere übertragen, z. B. mittels einer Versicherung.

Das Hauptziel bei der Auswahl der Risikostrategie sollte immer die Steigerung des Unternehmenswerts und damit die nachhaltige Entwicklung des Betriebs sein. Die Ausgestaltung muss individuell unter Einbeziehung der Unternehmens- und Branchensituation erfolgen.

Die folgende Grafik zeigt, welche Maßnahmen Sie zur Risikominimierung ergreifen können:

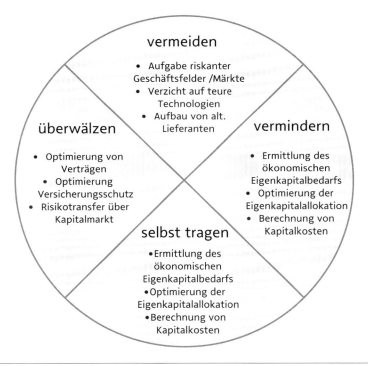

Abb. 19: Optionen der Risikobewältigung

4.3.3   Der kleine Risikocheck

Die WeissmanGruppe hat einen Risikocheck für Familienunternehmen entwickelt, der eine erste Übersicht über die Risikolage Ihres Unternehmens erlaubt. Damit Sie die Risiken Ihres Unternehmens bewerten können, empfehlen wir eine Analyse der folgenden 10 Kategorien:

- Familie,
- Strategie und Management,
- Mitarbeiter und Führung,
- Branche und Marktattraktivität,
- Marktposition,
- Klumpenrisiken,
- Risikosteuerung,
- Bankbeziehung,
- Risikosymptome,
- Finanzen.

Pro Bereich müssen Sie fünf bis sechs Aussagen zustimmen oder sie verneinen. Ihre Aussagen werden entsprechend der festgelegten Gewichtung bewertet. Daraus ergibt sich die Position des Unternehmens im jeweiligen Bereich. Dafür benötigen Sie keine umfangreichen Unterlagen. Die meisten Aussagen sollten Sie spontan treffen können. Wenn Sie am WeissmanGruppe-Risikocheck oder an einer detaillierten Analyse speziell für Ihr Unternehmen interessiert sind, können sie unter www.weissman.de [http://www.weissman.de/] weiterführendes Material anfordern.

4.4   Kluge Unternehmensfinanzierung

In der Vergangenheit war die typische Form der Fremdfinanzierung für Familienunternehmen zumeist der klassische Bankkredit. In den letzten Jahren begann sich das zu ändern. Familienunternehmen zeigen sich heute gegenüber dem Kapitalmarkt aufgeschlossener. Das zeigt sich schon an den speziellen Segmenten für Mittelstandsanleihen an den Börsen in Frankfurt, Hamburg/Hannover, München und Stuttgart. Als Hauptgrund für die Finanzierung über den Kapitalmarkt nennen die meisten Familienunternehmen Wachstum, das nur über Investitionen oder Akquisitionen erreicht werden kann. Zu den ersten Familienunternehmen, die sich für Anleihen entschieden haben, gehörten in Stuttgart zum Beispiel die Firma Dürr und die Windreich AG.

Die Finanzkrise und ihre anhaltenden Auswirkungen hat die Aufgeschlossenheit gegenüber neuen Finanzierungsformen zusätzlich erhöht. So besteht zum Beispiel angesichts der Regelungen zu Basel III nach wie vor die Befürchtung, Unternehmenskredite würden sich verteuern. Diese Befürchtung ist nicht von der Hand zu weisen. Fraglich ist nur noch, in welcher Höhe sich die Verteuerung der

Kredite nach Basel III bewegen wird. Auch von einer Kreditklemme wird seit langem gemunkelt. Doch das ist zumindest nach heutigem Stand (Sommer 2013) nicht zu befürchten. Der Mittelstand hat seine Hausaufgaben gemacht und die Krise dazu genutzt, sich besser aufzustellen. Viele Unternehmen haben ihre Eigenkapitalsituation verbessert. Von den Banken ist zu hören, dass die Unternehmen ihre Kreditlinien lediglich zu 40 bis 60 Prozent in Anspruch nehmen. Aber das kann sich schnell wieder ändern.

EXKURS: Basel III

Basel III ist ein internationales Regelwerk, das die Finanzwelt krisenfester machen soll. Grundlage der neuen Regelungen ist, dass die Banken ihr sogenanntes Kernkapital deutlich erhöhen müssen. Es soll im Fall einer Krise die Verluste abfangen, die es durch Kreditausfälle und Kursabstürze gibt. Die Kernkapitalquote beschreibt das Verhältnis vom Kapital einer Bank zu ihren risikobehafteten Geschäften, also zu Krediten und Geldanlagen.

Basel III schreibt künftig eine Kernkapitalquote von sechs statt bisher vier Prozent vor. Auch die Anforderungen an andere Stabilitätskennzahlen wurden erhöht. Die Net Stable Funding Ratio (NSFR) zum Beispiel verlangt von den Banken, dass sie in Abhängigkeit vom Fälligkeitsprofil ihrer Verbindlichkeiten über genügend langfristige Finanzierungsquellen verfügen. Damit soll verhindert werden, dass sich die Banken zu stark auf kurzfristige Finanzierungsquellen verlassen. Das könnte vor allem im Hinblick auf langfristige Unternehmenskredite Probleme bereiten.

4.4.1 Kapitalmarkt kein Tabu

Familienunternehmen sind selbstbewusster geworden. Sie halten heute auch abseits der Banken nach Finanzierungspartnern Ausschau. Dabei sind auch Private-Equity-Gesellschaften, vor einigen Jahren noch als Heuschrecken geschmäht, kein Tabu mehr. Hier spielt möglicherweise eine Rolle, dass in vielen Familienunternehmen die Nachfolge ansteht. Für viele Unternehmer ist dabei die Stärkung der Eigenkapitalbasis von großer Bedeutung. „Mir war es ein besonderes Anliegen, anlässlich meines 60. Geburtstags das Unternehmen für die Zukunft aufzustellen und den Mitarbeitern und Kunden Sicherheit zu bieten. In der heutigen globalisierten Wirtschaftswelt kann ein Familienunternehmer nicht mehr davon ausgehen, dass die eigenen Kinder die Nachfolge antreten", sagte Franz Ziener, in dritter Generation Geschäftsführer der „Franz Ziener GmbH & Co. Lederhandschuhfabrik", zu seiner Entscheidung, einen Minderheitsgesellschafter ins Boot zu holen. Gleichzeitig hat er die Chance ergriffen, den langjährigen Marketing- und Vertriebschef am Unternehmen zu beteiligen. Auch die Kooperation mit ausländischen Partnern, zum Beispiel aus China, wird als Chance betrachtet. Die Synergien dabei sind nicht zu unterschätzen. Die Partner können sich gegenseitig beim Markteintritt unterstützen und so mit vertretbarem Aufwand wachsen. Unternehmen sollten sich ihre Partner klug auswählen, denn der Zufluss von Kapital ist mit Veränderungen und vor allem mit einer Einschränkung der Unabhängigkeit verbunden.

Die Konsequenzen einer Kapitalmarktfinanzierung sind:

- Die Transparenz wird durch Veröffentlichungspflichten erheblich erhöht.
- Die unternehmerische Freiheit wird in unterschiedlichem Ausmaß eingeschränkt.
- Die Organisationsstrukturen müssen professionalisiert werden.
- Das Unternehmen steht stärker im Fokus der Öffentlichkeit.

Damit ist keinesfalls gesagt, dass diese Konsequenzen unbedingt negativ sind. Viele Unternehmer empfinden es zum Beispiel als bereichernd, dass die Vertreter einer Beteiligungsgesellschaft in ihrem Beirat sitzen, weil sie neue Sicht- und Denkweisen einbringen und der Geschäftsführung als Sparringspartner zur Verfügung stehen.

> *„Wir konnten zwei aufgeschlossene Partner gewinnen, die ein wirkliches Interesse daran haben, unser Fundament weiterzuentwickeln und mit unternehmerischem Know-How und exzellentem Netzwerk auch weiterhin erfolgreich Kurs zu halten."*
>
> *Andreas Gebauer und Sebastian Köhler, Geschäftsführer des Online-Händlers Media Concept über den Einstieg der Hannover Finanz Gruppe und der BayernLB Private Equity.*

Hüten sollten sich Unternehmen vor Investoren, die an einer hohen Wertsteigerung innerhalb kürzester Zeit interessiert sind und zudem die Kosten des Kaufs weitgehend dem Unternehmen aufbürden. Bei der Firma Märklin, Hersteller von Modelleisenbahnen, hat das auf direktem Weg in die Insolvenz geführt. Erschwerend kam hinzu, dass die von der Private-Equity-Gesellschaft eingesetzte Geschäftsführung über keinerlei Branchenkenntnisse verfügte. Nach dem Ausstieg des Private-Equity-Partners hat sich das Unternehmen aus eigener Kraft erholt und befindet sich heute unter neuer Geschäftsführung wieder auf Erfolgskurs. Mit der Unternehmensgruppe „Simba Dickie" wurde ein Investor gefunden, der nicht nur Verantwortung übernimmt, sondern auch etwas von der Branche versteht.

Unternehmen, die sich über eine Kapitalmarktfinanzierung Gedanken machen, sollten immer darauf achten, dass die Interessen des externen Partners mit denen des Unternehmens korrespondieren. Optimal ist, wenn der externe Partner auch über Branchenkenntnis verfügt. Zu prüfen ist in jedem Fall, ob der potenzielle Investor langfristiges Interesse hat, denn prinzipiell ist es die Idee eines Private-Equity- oder Venture-Capital-Anbieters, mit dem Einstieg auch den Ausstieg (Exit) zu fixieren. Modelle, wie das der Hannover Finanz Gruppe, die sich mit einer Minderheitsbeteiligung zufrieden geben und mit sogenannten Evergreen-Fonds auch an längeren Partnerschaften interessiert sind, sind nicht die Regel. Darüber hinaus müssen sich Unternehmer im Klaren sein, ob sie bereit sind, die Regeln des Kapitalmarktes zu akzeptieren, zum Beispiel im Hinblick auf Transparenz, Offenlegungspflichten und Investor Relations. Der absolut entscheidende Punkt ist allerdings: So, wie die Struktur im Normalfall der Strategie zu folgen hat, so sollte auch die Finanzierungsform der Strategie folgen. Mit anderen Worten: Gute Unternehmer und Führungskräfte sollten eine klare Strategie haben und dann entscheiden, welche Finanzierungsform für sie die richtige ist.

4.4.2 Kein Geld ohne Rating

Eines gilt jedoch für alle Finanzierungsformen, egal ob Bankkredit, Anleihe oder Beteiligung: Ohne solide Unternehmensfinanzen geht gar nichts. Keine Bank, kein Investor — nichts anderes sind die Käufer von Anleihen — und keine Beteiligungsgesellschaft wird ihr Geld einem Unternehmen anvertrauen, das nicht nachweisen kann, dass es in der Lage ist, das Geld zurückzuzahlen und Gewinne zu erwirtschaften. Auch die Hoffnung, dass öffentliche Fördergelder für Unternehmen, die in Schwierigkeiten sind, bereitgestellt werden, ist falsch. Die Vergabe von Fördergeldern wird nach denselben Kriterien geprüft wie ein Bankkredit. Das zeigt sich schon daran, dass Fördermittel stets über die Hausbank eines Unternehmens laufen. Fördergelder geben Unternehmen lediglich die Möglichkeit, sich Geld zu günstigeren Zinsen und/oder Rückzahlungskonditionen zu leihen. Und natürlich wird jeder Geldgeber prüfen wollen, ob die Angaben des Unternehmens zu seiner finanziellen Lage stimmen. Dafür ist Transparenz erforderlich.

Viele Unternehmen fürchten das Rating wie der Teufel das Weihwasser, doch das ist kurzsichtig gedacht, da das Rating nicht nur den Geldgebern bei der Bewertung hilft, sondern auch den Unternehmen bei der Selbsteinschätzung. Das Rating gibt Auskunft über die Bonität des Unternehmens und spielt deswegen eine entscheidende Rolle für die Entscheidung von Geldgebern. Weitere Entscheidungsfaktoren sind die wirtschaftliche Situation des Unternehmers/der Gesellschafter, die Qualität des Managements und der Unternehmensorganisation, die Marktchancen des Unternehmens, die Zukunft des Marktes und der Branche, die Entwicklung des Unternehmens und die Unternehmensplanung, die Beziehung zwischen dem Unternehmen und den Geldgebern/Investoren. Entscheidend für Investoren und Banken ist eine risikoadäquate Einschätzung des Unternehmens.

Die Banken haben ihre Analysemethoden und Frühwarnsysteme mittlerweile hoch entwickelt.

Die Frühwarnsysteme beziehen sich dabei in der Regel vorwiegend auf Ertrags-, Cashflow- und sonstige Bilanzkennzahlen, die mit sogenannten Convenant-Klauseln in den Kreditverträgen abgeglichen werden. Besonders interessant sind Kennzahlen, die durch bilanzpolitische Maßnahmen nicht zu stark beeinflusst werden. In diesem Zusammenhang besteht ein grundsätzliches Dilemma, denn der deutsche Mittelstand orientiert sich vorwiegend immer noch an Kennzahlen, die die Risikoeinschätzung der Kreditinstitute und anderer Geldgeber nicht eins zu eins widerspiegeln.

Während für die Unternehmen Umsatz, Ergebnis, Deckungsbeitrag und Cashflow wichtige Zahlen sind, setzen die Geldgeber eher auf Eigenkapital-, Gesamtkapital- und Umsatzrentabilität, Return of Investment, Cashflow-Marge, Entschuldungsdauer, Verschuldungsgrad, Eigenkapitalquote, Kapitalrückflussquote, Debitoren-/ Kreditorenziel, Anlagendeckungsgrad, Break-Even-Analyse, Materialaufwandsquote und Personalaufwandsquote.

Im Hinblick auf die Bank wirkt sich ein schlechtes Rating nicht nur auf die Bonitätseinstufung und somit auf die Geschäftsbeziehung mit der Bank aus, sondern kann eine höhere Kreditverzinsung, eine Reduzierung des Kreditrahmens, weitere Hinterlegung von Sicherheiten oder sogar Kündigung von Kreditverträgen zur Folge haben. An der Börse hat ein Unternehmen mit einem schlechten Rating überhaupt keine Chance. Beteiligungsgesellschaften werden auf jeden Fall eine gründliche Due Dilligence durchführen.

Unternehmen können jedoch mit einfachen Mitteln die Rating-Analyse anhand der wichtigsten Rating-Ratios unabhängig von unterschiedlichen Systematiken vorwegnehmen. Die folgenden Grafiken zeigen Ihnen dies anhand eines Beispiels.

Es geht um ein als schwach „geratetes" Unternehmen. In der ersten Grafik erkennen Sie die sieben Kennzahlen (Financial Ratios) eines deutschen Kreditinstituts, die für eine Bonitätseinstufung des Unternehmens herangezogen wurden. Für jede dieser Financial Ratios wird die Einzelbonität ermittelt. In unserem Beispiel ist das in Rot dargestellt. Schon hier ist erkennbar, dass sich das Unternehmen lediglich im Korridor eines BB- bis C-Ratings bewegt und kein besonders gutes Unternehmensrating zu erwarten hat. Nach Bildung des Medians aus den Einzelbonitäten ergibt sich bankseitig eine Gesamteinstufung des Unternehmens bei B.

Die zweite Grafik zeigt Ihnen, welche Ausfallwahrscheinlichkeit die Kreditinstitute welchem Rating zuordnen, sprich, wie hoch sie die Gefahr einschätzen, auf ihren Forderungen sitzen zu bleiben. In unserem Beispiel liegt die Kreditausfallwahrscheinlichkeit bereits bei 35-40 %. Die Kreditnachfrage des Unternehmens wurde quasi „selbstverständlich" abgelehnt. Dieses unterstreicht noch einmal die Bedeutung eines guten Ratings und wie schwer erreichbar und teuer eine Fremdfinanzierung ist. Schon mit einem B-Rating wird Ihnen die Bank keinen Kredit geben, es sei denn gegen hohe Sicherheiten. Damit einher gehen hohe Zinsen.

Financial Ratios & Rating								
Kennzahl	Zuordnung	AAA	A A	A	BBB	BB	B	C
1	Zinsdeckung (Ebit/Zinsaufwand)	26,2	16,4	11,2	5,8	3,4 (2,2)	1,4	0,4
2	Zinsdeckung II (EBITDA/Zinsaufwand)	32,0	19,5	13,8	7,8	4,8	(2,4) 2,3	1,1
3	Bankverschuldung/EBITDA	0,4	0,9	1,5	2,2	3,1 (3,4)	5,5	8,6
4	Bruttoverschuldung/Gesamtkapital in %	12,3	35,2	36,8	44,5	52,5	73,2 (83,1) 98,8	
5	Free cash flow/Verbindlichkeiten	40,5	21,6	17,4	6,3	1,0	0,4	0,1 (0,1)
6	Gesamtkapitalrendite (vor Steuer) (%)	30,6	25,1	19,6	15,4	12,6	9,2	8,8 (4,1)
7	EBITDA/Netto-Umsatz %	30,9	25,2	17,9	15,8	14,4	11,2 (9,6) 5,0	

Abb. 20: Financial Ratios & Rating

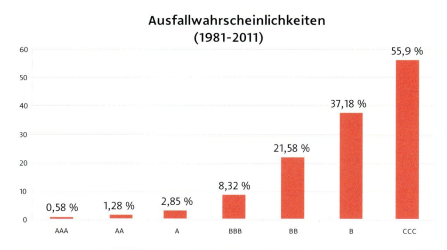

Abb. 21: Ausfallwahrscheinlichkeiten

Um das individuelle Rating zu optimieren, schlagen wir die Entwicklung einer Rating-Strategie und eines entsprechenden Kennzahleninstrumentariums vor, das aus vier Bausteinen besteht:

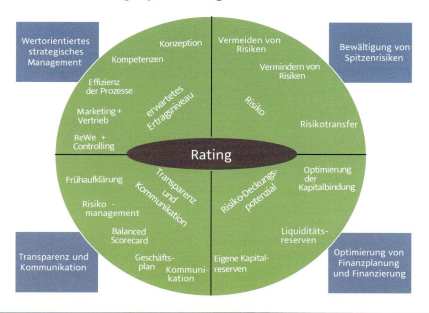

Abb. 22: Hebel zur Rating-Optimierung

Um ein besseres Rating zu erzielen, sollten Sie folgende Punkte berücksichtigen:

- Für ausreichende Liquidität sorgen.
- Die Ertragskraft bestimmt das Rating.
- Die Höhe der Verbindlichkeiten ist wichtiger als der Zinssatz.
- Die Eigenfinanzierungsquote ist entscheidend.
- Managementkompetenz, optimierte Finanzplanung, Fähigkeit zur Risikobewältigung und Transparenz sind wichtige Hebel zur Rating-Optimierung.
- Offene und regelmäßige Kommunikation mit der Bank/den Geldgebern.

Das Rating hilft guten Unternehmen, noch besser zu werden.

4.4.3 Bessere Chancen durch Finanzkommunikation

Unternehmen, die sich Geld am Aktienmarkt besorgen, unterliegen festgelegten Veröffentlichungspflichten. Sie werden sozusagen zur Finanzkommunikation gezwungen. Familienunternehmen sind traditionell sehr zurückhaltend mit der Veröffentlichung von Unternehmenszahlen. An die Öffentlichkeit gelangen maximal Umsatzzahlen und selbst die eigenen Mitarbeiter wissen oft nicht, wo das Unternehmen steht. Die Hausbank ist in der Regel über die finanzielle Lage des Unternehmens informiert, sofern das Unternehmen Kredite in Anspruch nimmt.

Für Ihre Kommunikation mit Banken oder anderen Investoren sollten Sie folgende Punkte beachten:

- Eine offene und regelmäßige Kommunikation auch in guten Zeiten schafft Vertrauen.
- Emotionale Vorbehalte sollten abgebaut und der Wert einer offenen Finanzkommunikation betrachtet werden.
- Unternehmensstrategie und das eigene Risikomanagement sollten verständlich dargestellt werden.
- Auf die Finanz- und Liquiditätsplanung sollte großes Gewicht gelegt werden.
- Die Finanzkommunikation muss sich an den Bedürfnissen der Investoren oder Kreditgeber orientieren und nicht an den Wünschen des Unternehmens (Zielgruppenorientierung).
- Regelmäßigen persönlichen Kontakt zum zuständigen Gesprächspartner halten.
- Besonderheiten im Jahresabschluss/Monatsbericht persönlich und mündlich erläutern.
- Frühzeitig über die künftige Umsatz- oder Ertragssituation berichten.

- Timing, Aktualität, Stetigkeit und Verlässlichkeit der Kommunikation sicherstellen und eventuell verbessern.
- Vollständig und wahrheitsgemäß berichten — falsche Informationen sind tödlich für Ihr Ansehen.
- Feedback zu den Informationen, die Sie Ihrem Gesprächspartner gegeben haben, einfordern.
- Die Wünsche zu Umfang, Qualität und Aktualität der Information erfragen.

TIPP

Offenheit und Transparenz sind keine Einbahnstraße. Sie können von Ihrer Bank ebenfalls erwarten, dass sie auf Augenhöhe mit Ihnen kommuniziert. Dabei kommt es vor allem darauf an, dass die Bank Fragen und Unsicherheiten rechtzeitig und offen anspricht — bevor sich Ihr Rating verschlechtert. Die Bank sollte Ihnen mitteilen, wie Ihr Unternehmen beurteilt wird, welche Konsequenzen die Beurteilung in Bezug auf Konditionen und Besicherung hat und was Sie tun können, um die Einschätzung der Bank weiter zu verbessern.

Kurz & knapp: Eigensituationsanalyse

- Die Eigensituationsanalyse dient dazu, zu erkennen, wo das Unternehmen steht, von welchem Punkt aus Sie starten. Nur wenn Sie das wissen, können Sie einen Weg zu Ihrem Ziel finden.
- Die Stärken-Schwächen-Chancen-Risiken-Analyse (SWOT) ermöglicht Ihnen einen objektiven Check Ihres Unternehmens. Die SWOT-Matrix zeigt Ihnen, inwieweit es Strategie, Stärken und Schwächen ermöglichen, auf Chancen und Risiken zu reagieren.
- Ein Unternehmen kann auf Dauer nur überleben, wenn es eine Gesamtverzinsung erzielt, die oberhalb der risikobezogenen Kapitalkosten liegt. Ziel der wertorientierten Unternehmensführung ist deshalb die Steigerung des Unternehmenswerts über die wesentlichen Werttreiber Rendite, Wachstum und Risiko.
- Mit der Werttreiber-Matrix können Sie strategische Geschäftsfelder auf ihren wirtschaftlichen Erfolg hin untersuchen. Über eine Optimierung des Portfolios ist eine Steigerung des Unternehmenswerts möglich.
- Grundvoraussetzung für das Überleben eines Unternehmens sind eine stets ausreichende Liquidität und genügend Eigenkapital.
- Liquiditätskrisen sind immer die Folge von Ertragskrisen. Oft werden die ersten Anzeichen nicht erkannt oder ignoriert. Das Risikomanagement hilft Ihnen, drohende Krisen rechtzeitig zu erkennen.
- Höchste Aufmerksamkeit sollte der Professionalisierung der Risikoperspektive im Finanzbereich gewidmet werden. Hier sollten zumindest grundlegende Kennzahlen, die die wesentlichen Indikatoren der Finanzentwicklung abbilden, erhoben und ausgewertet werden.
- Die Kreditfinanzierung ist nicht die einzige Unternehmensfinanzierung. Ziehen Sie andere Möglichkeiten in Betracht und schaffen Sie den für Ihr Unternehmen passenden Mix.
- Familienunternehmen, die kapitalmarktfähig sind, tun sich mit der Finanzierung von Wachstum leichter.
- Sorgen Sie für ein gutes Rating. Ohne Rating bekommen Sie weder bei der Bank, noch am Kapitalmarkt, noch von Private-Equity-Gesellschaften Geld. Passen Sie Ihre Kennzahlensysteme den Anforderungen des Bankenratings an.

5   Mit dem richtigen Geschäftsmodell die Zukunft gestalten

Gerade in Zeiten des Wandels und starker Veränderungen am Markt sollte jeder einmal überprüfen, ob er mit seinem existierenden Geschäftsmodell künftig erfolgreich sein kann beziehungsweise überhaupt überlebensfähig ist. Manche Unternehmer stellen angesichts des beständigen Wandels die Sinnhaftigkeit von langfristig ausgelegten Strategien infrage. Wie, so die Frage, soll man in Zeiten, in denen man kaum voraussagen kann, was im nächsten Monat passiert, Konzepte für fünf, sieben oder noch mehr Jahre entwickeln und umsetzen? Fakt ist, dass wir heute wie zu allen Zeiten Entscheidungen von hoher strategischer Dimension treffen. Wir übernehmen Firmen, bauen Häuser, die langfristig abgeschrieben werden, verändern unsere Produkt- und Marktkonzepte, verlagern Produktionsstandorte, entwickeln Marken sowie unsere Unternehmenskultur und vieles mehr. Alle diese Entscheidungen entfalten ihre Wirkung erst in der Zukunft. Die Frage muss also lauten: Wie treffen wir zu allen Zeiten Entscheidungen von langfristiger, weitreichender Bedeutung, wo doch die Unsicherheit dieser Entscheidungen beträchtlich ist? Führungskräfte werden lernen müssen, wie professionelle „Chaospiloten" ihr Unternehmen durch starke Turbulenzen zu steuern. Gerade weil die Ansprüche an die Kunst der Unternehmensführung so stark gestiegen sind, gerade weil wir immer mehr Entscheidungen in immer kürzerer Zeit treffen müssen, ist ein Korridor für die strategische Ausrichtung unabdingbar.

In demselben Maß, in dem sich der Wettbewerb auf internationalen Märkten verschärft, verschärft sich auch der Kampf um die strategischen Wettbewerbsvorteile eines Unternehmens. Ausgehend von dieser Situation müsste Ihnen als Unternehmer deutlich werden, dass Sie Frühwarnindikatoren schneller wahrnehmen und gut auf die Zukunft vorbereitet sein müssen. Kunden sowie Wettbewerber werden Sie in Zukunft vor deutlich größere Herausforderungen stellen als je zuvor. Eine wirkungsvolle Strategie — und die Entwicklung einer solchen ist wahrscheinlich einer der wichtigsten Bereiche für die Unternehmensentwicklung überhaupt — hat nicht die Aufgabe, mit mathematischer Sicherheit Punktlandungen in der Zukunft vorherzusagen. Gerade die jüngste Vergangenheit hat gezeigt, welche Abweichungen hier in kürzester Zeit möglich sind, wenn Märkte zusammenbrechen, Lieferketten völlig neu definiert werden müssen und die angeblich sichere Finanzierungszusage wieder zurückgenommen wird. Bei der Strategie eines Unternehmens geht es um die einfache und doch so schwer zu beantwortende Frage: Womit wird Ihr Unternehmen in sieben Jahren sein Geld verdienen? Und ist das heutige Geschäftsmodell dafür noch das Richtige?

Mit dem richtigen Geschäftsmodell die Zukunft gestalten

Wie schnell sich Geschäftsmodelle überleben, lässt sich sehr gut an den zahlreichen neuen Geschäftsmodellen sehen, die das Internet und die Digitalisierung hervorbringen. Neue Geschäftsmodelle im Internet haben dazu geführt, dass sich beispielsweise bisher erfolgreiche Einzelhandelskonzepte plötzlich einem völlig neuartigen Wettbewerb gegenübersehen. Wir haben es mit neuen Kundengruppen und -typen zu tun, mit neuen Verhaltensweisen und Kaufentscheidungsprozessen. Neue Wettbewerber sind die logische Konsequenz. Für den Kunden steht nicht mehr der Service vor Ort im Vordergrund, sondern eine möglichst große Auswahl, bequemes Einkaufen Tag und Nacht ohne Warteschlangen und Lieferung an die Haustür. Mit der Möglichkeit, Produkte problemlos zurückzugeben oder umzutauschen und mit Teilzahlungsmodellen bauen die Internethändler ihre Vorteile gegenüber den Einzelhändlern am Ort beträchtlich aus.

Außerdem machen Online-Bewertungsmöglichkeiten und unabhängige Bewertungsportale Beratung anscheinend überflüssig. Wer heute eine Kamera kaufen möchte, findet auf Blogs, in Bewertungsportalen und auf den Seiten von Online-Händlern und Fachzeitschriften häufig vielfältigere und transparentere Beschreibungen und Bewertungen seiner Favoriten, als er sie von einem Verkäufer im Fachgeschäft jemals erhalten könnte. Der Schuheinzelhändler musste einst den großen Filialisten wie Deichmann, Görtz oder Salamander weichen. Diese werden jetzt ihrerseits von Zalando & Co. bedrängt, die ein Angebot haben, das kein Filialist bieten kann. Clevere Werbung tut ein Übriges.

Doch ganz so einfach ist es nicht. Nach wie vor spielt der stationäre Handel gerade im Hinblick auf die Beratung eine wichtige Rolle. Es wird künftig noch stärker als bisher darum gehen, vertrauensvolle Kundenbeziehungen aufzubauen und den Kunden auf verschiedenen Kanälen anzusprechen und zu begleiten. Cross-Channel-Strategien vermarkten Produkte oder Dienstleistungen über verschiedene mediale Kanäle. Das Konzept vernetzt mindestens zwei dieser Kanäle zur Leistungserstellung und Vermarktung. Damit können verschiedene Kanäle genutzt werden, wodurch man nicht mehr an die Nachteile der singulären Kanalnutzung gebunden ist.

Der Schuhhändler Worthmann zum Beispiel nutzt für seine Marke „Tamaris" Fernseh-, Print- und Online-Werbung. Verkauft werden die Schuhe online und in eigenen Tamaris-Filialen. Der Werkzeughändler Hahn & Kolb bietet seinen Kunden nach wie vor einen gedruckten Katalog, zusätzlich eine Online-Plattform und sogar eine Mobile-Plattform an.

Cross-Channel-Strategien gelingen oft besser, wenn man einen Kooperationspartner einbindet, dessen Kompetenzen die eigenen ergänzen. Doch auch diese Strategie wird künftig nicht mehr ausreichen. Clevere Händler haben bereits damit begonnen, das virtuelle Kauferlebnis mit dem realen zu verbinden. Ein Beispiel dafür ist das Modelabel „Zara". Dort kann die Kundin online ihre Bestellung aufgeben, die Ware in einem Shop anprobieren und direkt mitnehmen — sie hat also keinen Aufwand für Rücksendungen und erhält das Feedback von geschulten Verkäufern vor Ort. Denkbar ist auch, dass der stationäre Verkauf Vorteile des Online-Handels in sein Konzept integriert, wie z. B. die Lieferung frei Haus. In Zukunft wird die Vernetzung der virtuellen mit der realen Einkaufswelt erfolgsentscheidend für das Überleben des stationären Handels sein. Der Kunde erwartet das Beste beider Welten.

Nach dem Walkman kam der Discman. Mit der Entdeckung des MP3-Formats und der Entwicklung des iPods wurde mit iTunes ein neuer Vertriebskanal für Musik eröffnet, der einen völlig neuen Markt geschaffen hat. Es bleibt zu vermuten, dass CDs bald der Vergangenheit angehören werden. Musik kann heute auf Portalen im Internet legal heruntergeladen werden. Und wem nicht die ganze CD eines Interpreten gefällt, der kauft einfach nur die Stücke, die er haben möchte. Das kann er mit seinen mobilen Geräten überall und immer tun.

Solche Beispiele zeigen, dass sich Unternehmen immer wieder fragen müssen, ob ihr Geschäftsmodell tragfähig ist, ob sie damit künftigen Herausforderungen standhalten können und wie sie den sich verändernden Marktbedingungen richtig begegnen. Alle ungewöhnlich erfolgreichen Unternehmen verfügen über ein einzigartiges Geschäftsmodell. Die wichtige und zentrale Frage lautet daher: Welches sind die Erfolgsfaktoren, die Ihr Unternehmen — heute und in Zukunft — einzigartig und unaustauschbar machen?

Ein Geschäftsmodell ist die visuelle bzw. beschreibende Darstellung der für den Unternehmenserfolg entscheidenden Schlüsselfaktoren mit dem dazugehörigen Ertragsmodell. Es ist der genetische Code des Erfolgs.

5.1   Das Geschäftsmodell im strategischen Management

Das Geschäftsmodell beschreibt unter anderem, wie Wertschöpfung erreicht wird. In einem Geschäftsmodell werden sehr komplexe Zusammenhänge eines Unternehmens dargestellt. Der Abstraktionsgrad sowie die konkrete Darstellung eines Geschäftsmodells in Form einer Beschreibung oder Visualisierung erschweren die Arbeit an ihm für viele Unternehmer sehr. Trotzdem gilt: Nur wer sein Geschäftsmodell beschreiben kann und daran angelehnt die Logik seines Geschäfts wiedergeben kann, ist auch in der Lage, an ihm zu arbeiten und mögliche neue Formen seines Geschäftsmodells zu konstruieren.

Mit dem richtigen Geschäftsmodell die Zukunft gestalten

Das Geschäftsmodell eines Unternehmens, das auf Wertsteigerung ausgerichtet ist, steht in sehr enger Verbindung mit der Unternehmensstrategie. Wenn Sie als Unternehmer eine Strategie für Ihr Unternehmen festlegen, erhoffen Sie sich dadurch Erfolg in Form von Wertsteigerung. Diese drückt sich logischerweise in Form von Gewinnen aus. Kurzum, das Geschäftsmodell eines Unternehmens bildet den Weg von der Umsetzung einer Strategie bis zu den operativen Gewinnen ab. In ihm bestimmen wir die Vorgehensweise, die von einer Geschäftsidee bis zu ihrer Umsetzung auf dem jeweiligen Markt führt. Ein Geschäftsmodell ist somit eine vereinfachte Abbildung einer auf Gewinn abzielenden Unternehmung, die aus den wesentlichen Elementen der Unternehmung und deren Verknüpfungen untereinander besteht. Das Geschäftsmodell kann neben den innerhalb des Unternehmens stattfindenden Aktivitäten auch Aspekte umfassen, die aus der äußeren Unternehmensumwelt stammen, wie z. B. die Verzahnung Kunde/Unternehmen im Rahmen der Kundenbeziehungen.

TIPP

Die Bearbeitung und Veränderung eines bestehenden Geschäftsmodells ist vor allem vor dem Hintergrund des strategischen Managements sinnvoll. Denn ein Strategieprozess impliziert oft übergeordnete Ziele, die das Geschäftsmodell direkt betreffen.

Die Fragen, die man sich bei der kritischen Bearbeitung des Geschäftsmodells stellen sollte, sind in nachfolgender Grafik dargestellt:

Welchen Kunden bieten wir sichtbar attraktive spezifische Mehrwerte?

Um welche Kompetenzen und Werte bereichern Partner unserer Wertschöpfung?

Welche Kombinationen von relevanten Fähigkeiten beherrschen wir dauerhaft besser als jeder andere?

Abb. 23: Die Kernelemente eines Geschäftsmodells

Das Geschäftsmodell ist innerhalb des zehnstufigen Strategiesystems der WeissmanGruppe einer der wichtigsten Systembausteine: Es ist das Bindeglied zwischen dem „Weg zum Ziel" und der Realisierung der Gewinne durch die alltäglichen Prozesse im Unternehmen. Es „übersetzt" gewissermaßen die Zielformulierung auf den realen Markt und auf bestehende Marktverhältnisse. Das Geschäftsmodell bildet also im Erfolgsfall ab, wie aus der Zielformulierung von Mission und Vision auf dem Markt Gewinne generiert werden. Bevor wir nun die Konstruktionsmöglichkeiten des Geschäftsmodells näher betrachten können, sollten wir ein vertieftes Verständnis über die Wertschöpfungsmöglichkeiten eines Unternehmens erlangen. Denn ein Geschäftsmodell soll ausgehend vom wertorientierten Managementansatz, wie im vorherigen Kapitel beschrieben, immer zu einer Wertschöpfung beitragen, die Gewinne für das Unternehmen generiert.

Im Rahmen unserer Unternehmung stellen wir dem Kunden ein Produkt oder eine Dienstleistung zur Verfügung. Dafür erhalten wir einen Preis. Die Leistung, die wir abgeben, und der Preis, den wir dafür erzielen, werden gemindert um die Vorleistung, die wir für die Erstellung des Produkts oder der Dienstleistung erbracht haben. Die Differenz, die daraus entsteht, bezeichnet man als Wertschöpfung. Zu einer Wertschöpfung zählen also die variablen Teile aus der Vorleistung, nicht aber fixe Kosten, wie Personal und Miete. Ist die beschriebene Wertdifferenz von der Erstellung eines Produkts oder einer Dienstleistung bis zur Abgabe des Produkts an den Kunden in der Unternehmung positiv, bezeichnen wir diesen Prozess als Wertschöpfung. Ist die Differenz negativ, sprechen wir von Wertvernichtung. Der Wertschöpfungs- beziehungsweise Wertvernichtungsprozess entsteht als Folge unseres konstruierten Geschäftsmodells. Wird nun die Wertschöpfung eines Unternehmens im Rahmen eines Geschäftsmodells optimal genutzt, erzielen wir Gewinn und erhalten genau deshalb gleichzeitig einen positiven Einfluss auf unseren Unternehmenswert. Die Wertschöpfung bildet also nicht das Geschäftsmodell ab, aber eine nachhaltige Änderung des Geschäftsmodells beeinflusst zwangsläufig die Wertschöpfungsstruktur im Unternehmen, die zur Wertsteigerung beitragen soll.

Neben zahlreichen Erfolgsfaktoren der Unternehmung, die in einem Geschäftsmodell abgebildet werden, sollte ein weiterer höchst wichtiger Aspekt bei der Betrachtung Ihres Geschäftsmodells nicht vernachlässigt werden: die Kenntnis der Branchenwertschöpfung sowie die benachbarter Branchen. Denn eines ist klar: Angenommen Sie verändern Ihr Geschäftsmodell und wachsen in Folge um drei Prozent, das Branchenwachstum beträgt jedoch fünf Prozent, so sind Sie letztlich geschrumpft, nicht gewachsen. Das Wissen über den Markt, in dem Sie sich bewegen, fließt also unmittelbar in die Ausrichtung Ihres Geschäftsmodells ein. Dabei ist zu dem Zeitpunkt, zu dem Sie Ihr Geschäftsmodell entwerfen, noch nicht sicher, ob jede Konstruktion und die damit einhergehende Wertschöpfung auch tatsächlich kapitalisiert werden kann. Möglicherweise sind Modelle so konstruiert, dass keine tatsächlichen Gewinne umgesetzt werden oder dass die Wettbewerbssituation und der Preisdruck die Erzielung von Gewinnen verhindern. In diesem Fall wird die Wertschöpfung anders strukturiert, sodass das Geschäftsmodell dazu führt, die Wertschöpfung besser in Gewinne umzuwandeln. Ein Mittel dafür sind die Benchbreaks.

5.2 Benchbreak statt Benchmark

Reinhold Messner bestieg als erster Mensch ohne Sauerstoffgerät die höchsten Berge des Himalayas im Alleingang. Er war ein typischer „Regelbrecher", indem er mit einer ehernen Regel brach: Kein Mensch, schon gar kein Europäer, könne in dieser Höhe unter der Anstrengung des Aufstiegs ohne zusätzlichen Sauerstoff überleben. Viele Unternehmen haben erfolgreich die Regeln ihres Marktes gebrochen, ohne damit auf den Titelseiten zu landen: Adidas hat gezeigt, dass ein Sportartikelhersteller nicht selbst produzieren muss, um erfolgreich zu sein. H & M wechselt seine Kollektionen zwölf- anstatt der sonst üblichen viermal im Jahr. Aldi ist es gelungen, den Branchengegensatz billig und Qualität miteinander zu vereinbaren. Fressnapf hat mit der goldenen Aldi-Regel des begrenzten Sortiments gebrochen und bietet möglichst viele Artikel an. Und das sind nur die bekanntesten Regelbrecher. Unzählige kleinere Unternehmen haben ebenfalls Erfolg, weil sie die Regeln ihrer Branche gebrochen haben.

Zunächst sollten Sie sich bewusst machen, worin eigentlich der Unterschied zwischen den beiden Begriffen Benchbreak und Benchmark liegt. Benchmarking bedeutet, sich am Marktbesten zu messen, die eigene Leistung kontinuierlich so zu verbessern, dass man ihm näher rückt. Benchbreaking will mehr: Unternehmen, die die Regeln brechen, setzen neue Standards und übertreffen den Besten. Es ist zwar gut, sich mit den Besten und nicht mit den Durchschnittlichen zu vergleichen, aber deshalb differenzieren wir uns noch lange nicht von unseren Konkurrenten — doch genau das müssen wir erreichen, wenn wir Erfolg haben wollen. Wird eine Leistung nicht als differenziert wahrgenommen, so gibt es nur noch die Möglichkeit, über Preise und Konditionszugeständnisse an Aufträge zu kommen und das wirkt sich in erster Linie und in aller Regel negativ auf die Rendite und damit auf den Unternehmenswert aus.

Mit Benchmarking gleichen sich Unternehmen mehr und mehr aneinander an. Mit Benchbreaking differenzieren Sie sich.

Es geht also darum, sich von seinen Wettbewerbern zu differenzieren. Je größer die Differenzierung, desto größer ist die Harmonie, je ähnlicher die Struktur, desto brutaler der Verdrängungswettbewerb. Diese Einsicht verdanken wir der Natur. 1932 veröffentlichte der russische Biologe Georgii Gause im „Journal of Experimentall Biology" (No. 9) seinen Aufsatz „Experimental Studies on the Struggle for Existence". Er beschrieb darin ein Experiment mit Einzellern, mit dem er dargelegt hat, dass in der Natur niemals zwei Arten, die sich auf die gleiche Weise ernähren, in demselben Lebensraum vorkommen. Sie würden so lange kämpfen, bis eine unterliegt. Die Strategie als Herzstück des Unternehmenserfolgs hat deshalb in erster Linie darauf abzuzielen, für eine nachhaltige Differenzierung zu sorgen. Nur so lässt sich ein Wettbewerbsvorteil erzielen. Unternehmen müssen Alleinstellungsmerkmale schaffen, die auf besonderen Fähigkeiten beruhen und die zu verteidigungsfähigen Vorteilen führen. Dabei muss immer der Kundennutzen im Fokus stehen. Unternehmen sollten mit ihren Lösungen einen wesentlichen Beitrag zum Nutzen, zur Problemlösung ihrer Kunden leisten. Nicht Gier und pures materielles Interesse schafft Unternehmenserfolg, sondern die Fähigkeit, einen herausragenden Beitrag zu leisten.

„Die Aufgabe eines Unternehmens ist es, das Gedeihen des Lebens zu fördern."

Gustav Großmann

In diesem Kontext bekommt die Entwicklung eines Geschäftsmodells eine völlig neue Einordnung in die Unternehmensphilosophie und -strategie. Sie hat die Aufgabe, Strukturen zu schaffen, die den Kunden neue, bessere Lösungen ermöglichen und damit einen wesentlichen Wertbeitrag leisten. Ihre Qualität wird in erster Linie daran gemessen, welchen „Wert" sie der Welt hinzufügen. Je größer der Wertbeitrag und die damit verbundene „Wert"schätzung ist, desto sicherer ist der nachfolgende, eigene ökonomische Erfolg. Wer den größten Nutzen bietet, erntet den größten Nutzen. Man könnte dieses Denkmodell auch egoistischen Altruismus nennen: Je mehr ich gebe, desto mehr bekomme ich.

5.2.1 Benchbreak durch Veränderung des Geschäftsmodells

Ihre erste Aufgabe ist es, sich von zwei Dingen freizumachen:

1. Orientieren Sie sich nicht an gegebenen Marktverhältnissen. Untersuchen Sie, ob es anders besser oder leichter wäre, Gewinne zu erzielen. Hinterfragen Sie die bestehenden Regeln.
2. Versuchen Sie nicht nur, an die Besten heranzukommen. Überholen Sie sie. Beim Benchmarking werden die Dinge, die beim erfolgreichsten Unternehmen einer Branche funktionieren, in das eigene Geschäftsmodell integriert. Dadurch werden sich alle immer ähnlicher, keiner ragt heraus.

Meistens sind es die Gründer, die sich gegen die geltenden Überzeugungen einer Branche stellen. Bei Familienunternehmen mit langer Tradition und großem Gesellschafterkreis kehrt mit zunehmendem Alter und Wachstum aber zu oft strategische Starre und bedrohlicher Starrsinn ein, eine Kombination, die gerade in Familienunternehmen besonders gefährdend ist. Das Beispiel Lego zeigt dies sehr deutlich: Relevante Trends des Marktes wie die Digitalisierung von Spielzeug wurden übersehen oder auch ignoriert und das Familienunternehmen geriet in Schieflage. Ein börsennotierter Konzern wie SAP verkraftet derartige Versäumnisse aufgrund seiner Finanzkraft sehr viel leichter. Trotz der späten Reaktion auf die zunehmende Bedeutung des Internets war die Zukunft der Walldorfer Softwareschmiede nie infrage gestellt. Verlorenes Terrain wurde kurzerhand mit gezielten Akquisitionen zurückerobert. Ein solcher finanzieller Spielraum steht den wenigsten Familienunternehmen zur Verfügung und unterstreicht die Wichtigkeit von Regelbrüchen. Für inhabergeführte Unternehmen ist ein frühzeitiger Regelbruch ein Muss.

Immer dann, wenn neue Wege gegangen werden, neues Denken in Unternehmen Einzug hält, entsteht Abstand zu den Mitbewerbern, der von den Leistungsnehmern auf dem Markt auch eindeutig identifiziert werden kann. Besonderer Erfolg winkt denjenigen, die mit mutigen „Regelbrüchen", Benchbreaks, ungewöhnliche, manchmal die Welt verändernde Leistungen hervorbringen. Doch woher wissen wir, wann der Zeitpunkt für eine Veränderung unseres Geschäftsmodells, für einen Benchbreak gekommen ist? Wie erwischen wir den richtigen „Point of Change"?

Die folgende Grafik zeigt Ihnen, an welchen Indikatoren Sie erkennen können, wann die Zeit reif für eine Veränderung Ihres Geschäftsmodells ist.

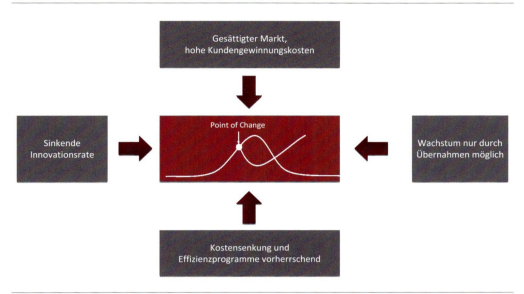

Abb. 24: Point of Change

Lassen Sie uns auf die wichtigsten Indikatoren eingehen, die Veränderungsbedarf signalisieren. Nachdem wir uns auf Märkten mit Angebot- und Nachfragefunktionen befinden, weisen sinkende Stückpreise für eine Leistung auf gesättigte Märkte oder eine gesunkene Attraktivität hin. Alarmierend ist es, wenn der Preisabstand zwischen den Produkten des Mitbewerbers und den eigenen in allzu großem Maß zunimmt. Denn das impliziert schlicht und ergreifend, dass der Mitbewerber seine Produkte verbessert und erfolgreicher vermarktet hat als Sie und über eine höhere Innovationsfähigkeit verfügt als Ihr Unternehmen. Sie erzielen deshalb nicht nur einen schlechteren Preis für Ihre Produkte, sondern haben auch mit sinkenden Umsätzen zu kämpfen, denn die erhöhte Nachfrage nach den Produkten der Mitbewerber lässt Ihre eigenen Umsätze sinken. Sinkende Preise sind immer ein Indiz dafür, dass der Zeitpunkt für Veränderung gekommen ist. Und denken Sie jetzt nicht zuerst an Kostensenkungen und Effizienzprogramme. Wenn das Unternehmen davon beherrscht wird, ist ebenfalls die Zeit für Veränderung gekommen.

Ein weiterer Faktor, der auf notwendige Veränderungen im Geschäftsmodell hinweist, ist gegeben, wenn die Differenz zwischen Gewinn und Umsatz unregelmäßig wächst. Das heißt, dass Sie zwar Umsatzwachstum verzeichnen, dieses sich aber nicht im gleichen Maß in den Gewinnzahlen niederschlägt. Der Preis für die Leistung sinkt damit automatisch. Veränderungszeitpunkte werden auch durch gesättigte Märkte und durch Wachstumschancen signalisiert, die ausschließlich durch Übernahmen realisiert werden können. Wenn der Veränderungsprozess so deutlich auf den Märkten sichtbar wird, sollten Sie jedoch bereits die notwendige Strategie für Ihr Unternehmen zur Hand haben. Wenn Sie erst jetzt mit Überlegungen beginnen, werden Sie von Ihren Mitbewerbern mit großer Wahrscheinlichkeit abgehängt.

> *„Nichts ist so stark wie eine Idee, deren Zeit gekommen ist."*

> *Victor Hugo*

Für Familienunternehmen gibt es grundsätzlich drei Kategorien von Regelbrüchen, die zu Geschäftsmodellen führen, die neuen Erfolg versprechen:

Regelbruch 1. Ordnung: Marktneuheit

Das bedeutet eine absolute Neuheit am Markt. Oft steht ein Patent hinter solchen großen Würfen. Sie sind jedoch so selten wie eine Blaue Mauritius und ohne Frage auch ein gewagtes Unterfangen.

Regelbruch 2. Ordnung: Branchenneuheit

Er wird durch die Adaption erfolgreicher Konzepte aus anderen Branchen in die eigene Branche ermöglicht.

Regelbruch 3. Ordnung: Unternehmensneuheit

Dazu wird ein Unternehmen durch die Branchenentwicklung gezwungen. Als Follower ist es notwendig, firmeninterne Überzeugungen und Faktoren zu hinterfragen und dem Markt anzupassen.

Aus analytischer Sicht führen prinzipiell mehrere Wege zu einem Regelbruch. Sie können etwas gänzlich Neues schaffen — Kreation. Sie können dem bestehenden Geschäftsmodell etwas hinzufügen — Verstärkung, es teilweise reduzieren — Reduktion — oder etwas eliminieren — Elimination. Auch hier gilt: die Kreation ist der Königsweg, der aber sehr selten ist. Oft beschreiten Unternehmen den Weg der Reduktion — Banken, die ihre Filialen auflösen, Discounter, die ein reduziertes Sortiment anbieten, Billigflieger, die auf Service verzichten und so weiter. Beispiele für Erweiterungen sind Automobilzulieferer, die sich vom Produkt- zum integrierten Modulanbieter entwickeln, oder Kinokomplexe, die ihre Filme zu jeder halben Stunde zeigen.

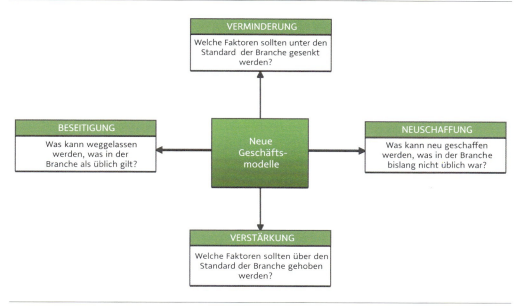

Abb. 25: Möglichkeiten der Anpassung eines Geschäftsmodells

5.2.2 Beispiele für Regelbrüche in Familienunternehmen

Eine **Verminderung** des Geschäftsmodells gelingt immer, wenn im Unternehmen Kernkompetenzen vorhanden sind, auf die Sie sich konzentrieren und alle weiteren Aktivitäten, die mit diesen Kompetenzen nichts zu tun haben, weitestgehend einstellen. Zwei Familienunternehmen, die einen solchen Regelbruch erfolgreich durchgeführt haben, sind die Firma „Truma" aus München und das Kölner Bauunternehmen „Bauwens".

Aus einer geschickten Nische heraus zeigt das Münchner Familienunternehmen, wie es sich über einen langen Zeitraum an der Spitze des europäischen Markts halten kann. Mit seiner Spezialität „Heizungssystem für Wohnwägen" ist Truma heute unangefochten Nummer eins. Gegen alle Überzeugungen der Branche hat das Unternehmen die Preise immer wieder gesenkt und auf vergleichsweise niedrigem Niveau gehalten. Mit dieser „strategischen Logik" in Verbindung mit immer neuen technologischen Entwicklungen und der konsequenten Nischenpolitik hat sich das Unternehmen eine für die Zukunft herausragende, fast unangreifbare Marktposition geschaffen, die selbst von international agierenden Konzernen nur schwer attackiert werden kann.

Mit der gleichen Strategie der Verminderung schaffte das Kölner Bauunternehmen den Durchbruch. Frühzeitig erkannten die Enkel Konrad Adenauers, dass die Erbringung von Bauleistungen in Deutschland ohne große Zukunft ist. Bis heute unvorstellbar, verzichtet Bauwens weitgehend auf diesen klassischen Kern der Bauerstellung und konzentriert sich auf hochspezialisierte Aufgaben innerhalb des Baugewerbes: Marketing, Entwicklung und Projektmanagement. Damit einher geht eine klar nach Kundengruppen geführte Marktausrichtung. Bauwens folgt durch sein Geschäftsmodell dem Beispiel von Puma und Adidas: weitestgehender Verzicht auf die eigene Fertigung und Ausrichtung auf das Organisieren der Marke. Heute ist das Unternehmen eines der wenigen erfolgreichen Bauunternehmen in Deutschland.

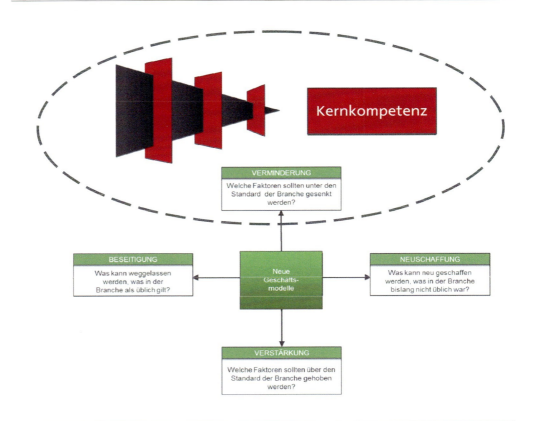

Abb. 26: Verminderung und Auswirkung auf die Wertschöpfung

Fressnapf, Spezialist für Heimtierbedarf, kreierte sein einzigartiges, revolutionäres Geschäftsmodell durch **Verstärkung**. Auf dem Prinzip des Discounters gegründet, vertreibt das Unternehmen aus Krefeld in seinen über 700 Franchise-Filialen in Deutschland über 10.000 Artikel. Gründer Torsten Toeller brach mit dieser Sortimentsbreite die goldene Aldi-Regel für Discounter, die eine Konzentration auf einen überschaubaren Warenkorb mit extrem hohen Umsätzen pro Produkt definiert. Fressnapf hat mit seiner Konzeption und Vision den deutschen Markt aufgerollt. Das Unternehmen entwickelt sich immer mehr zu einer europäischen Größe und gehört vermutlich bereits zu den drei größten Unternehmen seiner Art weltweit.

Eine Verstärkung Ihres Geschäftsmodells hat eine vergrößerte Wertschöpfung zur Folge. Anders können Sie den Mehraufwand nicht bewerkstelligen. Das bedeutet, dass Sie als Unternehmer durch die Verstärkung Ihres Geschäftsmodells neue Produkte und Leistungen auf dem Markt anbieten, die gleichzeitig mehr Vorleistung erfordern. Die Aufgabe lautet deshalb, die neuen Prozesse intelligent in das bestehende Unternehmen zu integrieren. Dabei haben Sie viele Möglichkeiten, wie die Vernetzung mit Lieferanten oder die Auslagerung von bestimmten Leistungen.

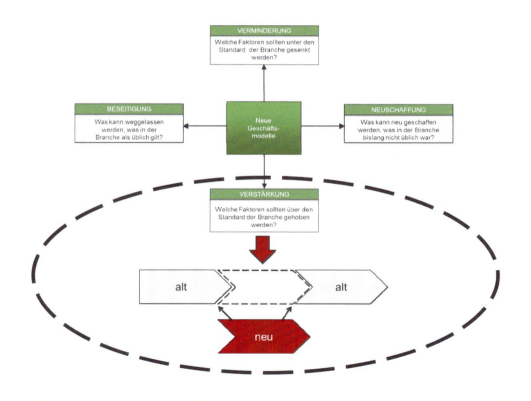

Abb. 27: Verstärkung und Auswirkung auf die Wertschöpfung

Das Unternehmen Avon gilt als Beispiel dafür, wie man mit **Beseitigung** Erfolg haben kann. Es hat den üblichen Vertriebsweg über den Handel einfach übersprungen und wählte den direkten Vertriebsweg zu den Kundinnen nach Hause. Somit wurden branchenübliche Wertschöpfungsstufen einfach weggelassen. Das Unternehmen ist mit diesem Konzept bis heute erfolgreich. Auch andere Unternehmen, die den allgemeinen Handel ausgeschaltet oder partiell verringert haben und direkt bei ihren Kunden anbieten, können hier als Beispiel gelten. Gerade in diesem Bereich ist jedoch sehr wichtig, wie sich die Markt- und Kundenbedürfnisse entwickeln. Der Staubsaugeranbieter Vorwerk aus Wuppertal hat jüngst seinen ersten Flagshipstore eröffnet, weil durch die zunehmende Berufstätigkeit von Frauen, das Internet und neue gesetzliche Regelungen das bisherige Vertriebskonzept in bestimmten Bereichen, zum Beispiel in großen Städten und Ballungsgebieten, nicht mehr 100-prozentig funktioniert.

Es ist schwer zu sagen, ob durch die Beseitigung von Aktivitäten aus Ihrem Geschäftsmodell die interne Wertschöpfung schrumpft oder gar wächst. Denn ausschlaggebender Grund für die Beseitigung von Aktivitäten im Geschäftsmodell ist meist der direkte Endkundenzugang. Um diesen zu erreichen, müssen oft an anderen Stellen neue Prozesse integriert werden. Bei Betrachtung der Definition von Wertschöpfung lässt sich sagen, dass es bei der Beseitigung immer eher darum geht, „nicht wertschöpfende Tätigkeiten" zu beseitigen als das wirkliche Weglassen von Aufwand im Unternehmen. Ausschlaggebend dafür, ob Sie durch die Beseitigung bisheriger Aktivitäten aus Ihrem Geschäftsmodell höhere Gewinne erzielen, ist die Art der Wertschöpfung, die Sie mit anschließenden, neuen Aktivitäten erzielen.

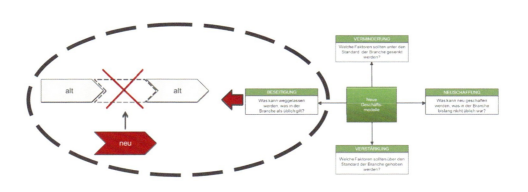

Abb. 28: Beseitigung und Auswirkung auf die Wertschöpfung

Kreation bedeutet im deutschen Mittelstand üblicherweise Technologieführerschaft. Die Rud. Baader GmbH & Co. KG, ein Unternehmen, das seit über 80 Jahren Maschinen zur Fischverarbeitung erstellt, kontrolliert 90 Prozent des Weltmarkts. Verantwortlich dafür sind technologische Durchbrüche, die am Markt umgesetzt werden konnten. Der Maschinenhersteller Polyclip ist weltweit führender Hersteller von Clipverschluss-Systemen. Mit seinen Entwicklungen hat das Unternehmen maßgeblich dazu beigetragen, der Fleisch verarbeitenden Industrie und dem Fleischerhandwerk neue Produkte und neue Märkte zu erschließen. Das Unternehmen verfügt in diesem Bereich über zahllose, den Markt verändernde Patente. Dadurch lässt sich seine herausragende und marktführende Stellung erklären.

Ein weiteres Beispiel für Erfolg durch Kreation ist die Firma Flexi aus Bargteheide von Manfred Bogdahn. Er stellte sich die Frage, weshalb Hundeleinen standardmäßig eine fixierte Länge haben müssten. Er brach diese Regel und erfand die Rollleine für Hunde. Heute ist die flexible Hundeleine ein fester Bestandteil im Leben der meisten Hundehalter und Manfred Bogdahn gehört mit seinem Unternehmen zu den über 1.500 deutschen Weltmarktführern.

Sollten Sie in Ihrem Unternehmen eine Neuschaffung konstruieren beziehungsweise kurz vor der Umsetzung eines völlig neuen Geschäftsmodell stehen, so werden Sie erst die Auswirkungen auf die interne Struktur, die Erfolgsfaktoren und damit eine Wertsteigerung erleben müssen, um eine Aussage darüber treffen zu können. Denn Sie „schaffen" damit Ihre interne Struktur neu.

5.2.3   Das eigene Geschäftsmodell überarbeiten

Liest man all die Beispiele erfolgreicher Unternehmer, die es geschafft haben, ihr Geschäftsmodell so zu verändern, dass sie nachhaltig und profitabel mit vertretbarem Risiko gesund wachsen, und das über das übliche Branchenwachstum hinaus, kommt die Frage auf, wie man diesen Erfolg wohl am besten auf das eigene Geschäftsmodell übertragen könnte. Die nachhaltige Veränderung eines Geschäftsmodells erfordert auch die Anpassung der Wertschöpfungsstruktur im Unternehmen. Um die damit verbundenen vielen Schritte gleichzeitig bewerkstelligen zu können und zu wollen, ist Kreativität im Top-Management gefragt. Oft stehen Unternehmer zu unmittelbar im Geschehen, um sich vorstellen zu können, dass Dinge auch ganz unkonventionell und anders als im eigenen Unternehmen funktionieren können. Man sieht sozusagen den Wald vor lauter Bäumen nicht mehr. Unsere Empfehlung lautet daher, wirkliche Veränderungen im Geschäftsmodell immer in Zusammenhang mit der Unternehmensstrategie zu sehen. Denn nur in Betrachtung des gesamten Unternehmens und unter Berücksichtigung der obersten strategischen Ziele können Sie sicherstellen, dass Sie mit einer Veränderung Ihres Geschäftsmodells die Auswirkungen und nötigen Maßnahmen abfangen können.

Alle Regelbrüche in der Wirtschaft lösen Nachahmer aus.

Oft sind Regelbrüche Einzelereignisse oder Geistesblitze, die einen Quantensprung beim Geschäftsmodell auslösen. Wir leben jedoch in einer schnelllebigen Zeit, in der sich solche Geistesblitze kaum dauerhaft verteidigen lassen. Wie soll ein Regelbrecher also reagieren, wenn plötzlich alle dem gerade noch einzigartigen Beispiel folgen und die Follower den Erfinder wie eine Meute hetzen? Für gute Geschäftsmodelle gibt es leider keinen Patentschutz. Auf McDonald folgte Burger King, auf Aldi folgte Lidl, Fressnapf stand Pate für Zoo & Co., H & M wurde von Zara und Mango begleitet. Die Erfahrung zeigt jedoch, dass langfristiger Erfolg fast immer auf der Schaffung, aber auch der Weiterentwicklung eines ungewöhnlichen, „die Regeln brechenden Geschäftsmodells" beruht. Regelbrüche und unternehmensinterne Innovationen können ständig und auf allen Ebenen des Unternehmens stattfinden. Man muss sie nur wollen und zulassen und manchmal das „Undenkbare denken". Und dies ist oft eine Frage der Unternehmenskultur.

Bevor Sie an die Überarbeitung Ihres Geschäftsmodells gehen, sollten Sie Folgendes bedenken: Das Geschäftsmodell eines Unternehmens wird von zahlreichen Erfolgsfaktoren bestimmt. So kommt es vor, dass im Rahmen eines Strategieprozesses Ziele formuliert werden und neue Erfolgsfaktoren in das Geschäftsmodell eingebunden werden. Diese Faktoren sollten auf dem Prinzip des wertorientierten Ansatzes basieren und nachhaltig dazu beitragen, die Unternehmenssituation und die Rentabilität zu verbessern. Dennoch verändert sich dabei nicht immer gleichzeitig das Geschäftsmodell des Unternehmens. Neue Ideen und Ziele lassen sich auch häufig im bestehenden Geschäftsmodell umsetzen. In diesem Fall handelt es sich nicht um die Veränderung des Geschäftsmodells, sondern um die Schaffung neuer Wettbewerbsvorteile. Auch dieser Weg ist denkbar und wünschenswert, vor allem, wenn Ihr Geschäftsmodell bereits einzigartig ist. Bei der WeissmanGruppe streben wir für unsere Kunden immer den Regelbruch an, aber auch wenn Sie nach Ihrem ersten Kreativitätsprozess lediglich dazu kommen, neue Wettbewerbsvorteile zu schaffen, ist das lohnenswert und zielführend.

Als Checkliste zum Hinterfragen Ihres Geschäftsmodells und als erster Schritt zu seiner nachhaltigen Veränderung soll Ihnen die nachfolgende Grafik dienen.

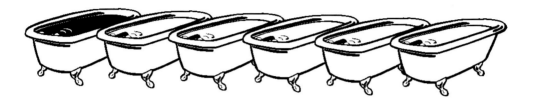

Ist das Geschäfts- system besonders?	Ist das Geschäfts- system durch- setzbar?	Lassen sich Selbstver- stärkungs- effekte erzielen?	Ist es ver- teidigungs- fähig?	Kann man damit Geld verdienen?	Wie flexibel ist das Geschäfts- system?

Abb. 29: Besteht das Geschäftssystem den Säuretest? (Quelle Ulrich Grothe)

5.3 Geschäftsmodelle und Internationalisierung

Die Internationalisierung in Familienunternehmen passiert oft eher aus einer Chance heraus und deshalb, weil Unternehmer bestimmte Beziehungen und Vernetzungen in einen ausländischen Markt haben, zum Beispiel durch Lieferanten oder befreundete Unternehmen. Gibt es eine solche Vernetzung, mit der man die nötigen Vorkenntnisse für einen Markteintritt sicherstellen kann, sollte diese Chance natürlich genutzt werden. Oft wird in mittelständischen Unternehmen in konzentrischen Kreisen vorgegangen. Unternehmen beginnen mit dem Vortasten in neue Länder in benachbarten Gebieten, in denen die physische Distanz zum Heimatland nicht allzu groß ist. Bei physischer Nähe geht man davon aus, dass der Informationsfluss zum Mutterunternehmen eher gegeben ist. Außerdem kennt man in benachbarten Ländern oft die Kundenstruktur und die logistische Versorgung kann teilweise vom Heimatland aus gesteuert werden. Verschiedene Länder implizieren zudem eine andere Sprache, Kultur, Ausbildung und ein anderes Managementverhalten. Das erschwert das Betreten neuer Märkte.

Dennoch gibt es zahlreiche Unternehmen, die sich von diesen Ausgangsbedingungen nicht abschrecken lassen und sich relativ früh in ihrer Firmengeschichte internationalisieren. Vorrangig ist bei diesen Internationalisierungen der Erfolgsfaktor Mut, gepaart mit fundiertem Wissen über die Kundenstrukturen des Ziellandes. Oft werden allzu frühe Internationalisierungen gebremst aus Angst, das Management könnte überfordert sein. Um Ihnen das Gegenteil zu beweisen, ist es an dieser Stelle an der Zeit, Ihnen einen weiteren Regelbruch vorzustellen. Nämlich den „Regelbruch der frühen Internationalisierung" des Unternehmens Würth, Weltmarktführer im Bereich Befestigungs- und Montagetechnik. Würth betrat relativ früh den internationalen Markt und ließ dabei die allgemein gültige strategische Regel, dass erst der Heimatmarkt ausgeschöpft werden sollte, außer Acht. das Unternehmen hat diese Regel gebrochen und herausragende Ergebnisse durch die Internationalisierung realisiert. Heute weiß man, dass die frühe Bearbeitung ausländischer Märkte einen hohen Lerneffekt hatte: Erfolge konnten schnell multipliziert werden, Fehler konnten dividiert werden.

Es gibt zwei Grundprinzipien, nach denen das Unternehmen mit seinem Geschäftsmodell vorgegangen ist:

Das Samenkorn-Prinzip

Es besagt, dass zuerst die Person gesucht und ausgebildet wird, die das jeweilige Auslandsgeschäft führen soll. Dieser Mitarbeiter handelt eigenverantwortlich, **sozusagen als Unternehmer.**

Die 100-Prozent-Regel

Sie besagt, dass das Unternehmen immer 100 Prozent der Gesellschafteranteile behält und keine Partnerschaften bei der Markterschließung eingeht. So wird die Steuerbarkeit durch das Mutterunternehmen gewährleistet.

Ob ein Geschäftsmodell tatsächlich nachhaltig auf dem Auslandsmarkt bestehen kann, muss generell von Fall zu Fall im Hinblick auf die Kundenstruktur, die Vertriebsmöglichkeiten und viele andere Faktoren untersucht werden. Würth ist nur ein Beispiel für ein unkonventionelles Vorgehen bei der Erschließung neuer Märkte. Es soll Ihnen Mut machen, sich nicht davon abschrecken zu lassen, Ihr einzigartiges Geschäftsmodell in andere Märkte zu übertragen. Ein Regelbruch ist überall möglich — sogar bei der Internationalisierung.

Kurz & knapp: Das richtige Geschäftsmodell

- Ein Geschäftsmodell ist die ursächlich verknüpfte, bildhafte Darstellung der Erfolgsfaktoren eines Unternehmens.
- Geschäftsmodelle sind nicht für die Ewigkeit. In der Strategie eines Unternehmens geht es um die einfache und doch so schwer zu beantwortende Frage: Womit wird Ihr Unternehmen in sieben Jahren sein Geld verdienen? Und ist das heutige Geschäftsmodell dafür noch das Richtige?
- Das Wissen über den Markt, in dem Sie sich bewegen, fließt unmittelbar in die Ausrichtung Ihres Geschäftsmodells ein.
- Mit Benchmarking werden sich Unternehmen ähnlicher. Je ähnlicher die Struktur, desto brutaler der Verdrängungswettbewerb. Mit Benchbreaking differenzieren Sie sich von anderen Unternehmen. Differenzierung ist Voraussetzung für nachhaltigen Erfolg.
- Für Familienunternehmen gibt es grundsätzlich drei Kategorien von Regelbrüchen, die zu Geschäftsmodellen führen, die neuen Erfolg versprechen: Marktneuheit, Branchenneuheit und Unternehmensneuheit.
- Neue Geschäftsmodelle entstehen durch Verminderung, Verstärkung, Beseitigung oder Neuschaffung. Die Neuschaffung ist der Königsweg.
- Regelbrüche rufen Nachahmer auf den Plan. Entwickeln Sie Ihr Geschäftsmodell stetig weiter.
- Regelbrüche sind überall möglich, auch auf internationalen Märkten.
- Denken Sie das Undenkbare.

6 Strategie – Herzstück des Unternehmenserfolgs

Der eine oder andere Unternehmer tut angesichts der schnelllebigen Zeit das Entwerfen einer Strategie als sinnloses Unterfangen ab. Doch eine solche Überlegung führt in die Irre. Wie schon erwähnt, kann niemand wissen, was morgen, übermorgen, was in einem, in drei oder gar in fünf Jahren passiert. Dennoch behalten die bisher in diesem Buch getroffenen Aussagen ihre Gültigkeit: Es müssen Entscheidungen von langfristiger, weitreichender Bedeutung getroffen werden, auch wenn die Unsicherheit im Hinblick darauf, wohin diese Entscheidungen führen werden, stark gestiegen ist. Nach wie vor ist eine gute Strategie das Herzstück des Unternehmenserfolgs. Es gilt heute und in der Zukunft: In stagnierenden Märkten führen austauschbare Leistungen zwingend zu einer negativen Renditeentwicklung. Da kein Markt auf Dauer wachsen kann, trifft diese Gesetzmäßigkeit auf alle Märkte und Marktteilnehmer zu. Eine umfassende Strategie muss Aussagen zu folgenden Bereichen treffen:

- Kernkompetenzen
- Geschäftsfelder
- Wettbewerbsvorteile
- Positionierung
- Gestaltung der Wertschöpfungskette
- strategische Zielrichtung.

Erinnern Sie sich an den Schneemann aus Kapitel 1, den wir auch den „Schneemann des Erfolgs" nennen? Er ist das Grundprinzip für den Aufbau unserer Strategie. Als erstes gilt es, herauszufinden und festzulegen, welches Kernkompetenzen des Unternehmens sind. Die richtige Kombination richtiger Kernkompetenzen schafft die Grundlage für die Einzigartigkeit eines Unternehmens. Sie ist die DNA, der genetische Code. In diesem Sinne steht die Arbeit an den Kernkompetenzen und ihrer Verknüpfung im Geschäftsmodell im Zentrum unserer strategischen Arbeit für unsere Kunden (die Basis des Schneemanns). Kernkompetenzen schaffen Wettbewerbsvorteile und diese wiederum finanziellen Erfolg. Eine gute Strategie muss Aussagen zu den attraktiven Märkten von morgen, zu Wettbewerbsvorteilen und zu nachhaltigen Differenzierungsansätzen treffen. Sie sind die Hebel für den Erfolg (Bauch des Schneemanns). Stimmt das alles, und gelingt es uns, die Balance aus Wachstum, Rendite und Risiko zu finden, stellt sich der Erfolg zwangsläufig ein.

Unternehmensführung ohne Strategie ist nichts weiter als „Management by Nebelkerzen". Die Krise 2009 hat gezeigt, dass Unternehmen ohne Strategie am anfälligsten dafür sind, zu scheitern. Mit den in Kapitel 1 dargestellten „Universalprinzipien des Erfolgs" haben Sie eine Orientierung, die Sie dabei unterstützt, Ihre Strategie aufzubauen.

Eine einmal entwickelte Strategie ist nicht für die Ewigkeit. Sie muss den sich ändernden Verhältnissen angepasst und weiterentwickelt werden.

Bevor Sie nun in die Strategiearbeit eintauchen, rufen Sie sich noch einmal das wichtigste betriebswirtschaftliche Gesetz in Erinnerung:

In stagnierenden Märkten führen austauschbare Leistungen zwingend zu einer negativen Renditeentwicklung.

6.1   Kernkompetenzen, Seele des Unternehmens

In vielen Branchen sind die Akteure austauschbar. Es gibt nur wenige, die eine schlechte Leistung anbieten. Ein Automobilzulieferer, der nicht die von der Autoindustrie vorgegebenen Qualitätsnormen erfüllt, erhält keine Aufträge. Qualität ist heute kein Differenzierungsmerkmal mehr, sondern ein Standard, der gefordert und erwartet wird.

Wer sich nicht weiter differenziert, macht sich zur leichten Beute des Misserfolgs. Sobald der Wettbewerber ein Teil zwei Cent billiger anbietet, ist er weg. Nur ein Unternehmen, das die Probleme seiner Kunden erkennt und sichtbar besser löst als andere, hat dem Wettbewerb etwas voraus, unterscheidet sich dadurch und kann einen angemessenen Preis für seine Leistung verlangen. Speziell Familienunternehmen können einen Verdrängungswettbewerb über den Preis kaum gewinnen. Sie verfügen nicht über die Größendegressionseffekte, die eine auf den Preis ausgerichtete Erfolgsstrategie voraussetzt. Die Mehrzahl der Familienunternehmen wird sich über den Mehrwert differenzieren (müssen).

Das größte Problem für Unternehmen ist nicht der Wettbewerb, sondern die eigene Austauschbarkeit.

Auf der Erde leben geschätzt rund sieben Milliarden Menschen. Wie viele von ihnen sind genau gleich? Nicht ein einziges Paar werden wir finden. Nicht einmal eineiige Zwillinge sind absolut identisch. Und warum ist das so? Weil Unterschiede die Überlebensfähigkeit erhöhen: Be different or die.

Die Bionik zeigt uns, was uns die Natur voraus hat und wie einzigartig Tiere sind. Professor Ingo Rechenberg ist Inhaber des Lehrstuhls „Bionik und Evolutionstechnik" an der Technischen Universität Berlin. Immer wieder stößt er bei seinen Streifzügen durch die Wüste auf ganz außergewöhnliche Tiere, die sich durch ihre einzigartigen Fähigkeiten das Überleben sichern. Ein Beispiel dafür sind die so genannten Sandfische, die eigentlich kleine Echsen sind. Auf der Flucht vor Feinden verschwinden sie im Sand und bewegen sich unter der Oberfläche weiter. Ihre Haut ist ein Wunderwerk: glatter als Stahl, mit scharfen, sehr feinen Rillen bedeckt, die quer zum Körper verlaufen. Sie verhindern, dass die Sandkörner das Tier bremsen und befreien den Sand gleichzeitig von den mikroskopisch kleinen Partikeln, die für die schleifende Wirkung von Sand verantwortlich sind. Die Haut bleibt intakt und die kleinen Sandfische können sich problemlos im Sand bewegen und ihren Feinden entkommen.

> Arbeiten Sie heraus, weshalb Ihr Unternehmen einzigartig ist. Was unterscheidet Sie von den anderen Marktteilnehmern? Was haben Sie dem Wettbewerb voraus?

Wie Sie inzwischen wissen: Die Basis für Wettbewerbsvorteile — und damit die Basis für eine nachhaltige Differenzierung im Wettbewerb — bilden die Kernkompetenzen. Wettbewerbsvorteile lassen sich fast immer auf Kernkompetenzen zurückführen. Jegliche Differenzierung, Positionierung, jeder Logikbruch kann nur verwirklicht werden, wenn dafür die erforderlichen Kernkompetenzen zur Verfügung stehen. Sie sind die Grundlage für die Einzigartigkeit eines Unternehmens. Die wirklich schwierige Aufgabe besteht darin, die Kernkompetenzen stets so auszurichten, dass sie unter immer neuen Marktbedingungen Kundennutzen schaffen.

Kernkompetenzen sind die Seele, der Schatz eines Unternehmens, der wichtigste Baustein für die Strategie. Es gibt kein Unternehmen ohne Stärken, aber sehr viele ohne Kernkompetenzen. Sie sind in der Regel ein Bündel an Fähigkeiten, Wissen, Ressourcen und Know-how, das in dieser Kombination in Ihrem Markt idealerweise nur Ihr Unternehmen besitzt. Im Unterschied zu Stärken versetzen sie Sie am Markt in die Lage, Besonderes zu leisten. Sie schaffen Wettbewerbsvorteile, sind nachhaltig, verteidigungsfähig und nicht leicht zu kopieren, am Markt nicht frei käuflich. Außerdem haben sie das Potenzial, den Zugang zu einer Vielzahl von Märkten zu ermöglichen.

Abb. 30: Anforderung an Kernkompetenzen

Die folgenden Beispiele zeigen, wie sich Unternehmen aufgrund ihrer Kernkompetenzen Wettbewerbsvorteile verschafft haben:

Die Kernkompetenz von **Tchibo** ist es, in jeder Stadt hochfrequentierte Convenience Outlets zu haben. Auf Basis dieser persönlichen Kundenbeziehung hat der Kaffeeanbieter mittlerweile seinen Markt erfolgreich auf das Produktspektrum Non-Food ausweiten können. Mit seinen zusätzlichen Lifestyle-Produkten, die unter dem Motto „Jede Woche eine neue Welt" günstig angeboten werden, erzielt Tchibo mittlerweile einen Umsatzanteil von rund 70 Prozent. Seine Kernkompetenz hat das Unternehmen zu einer Marktausweitung befähigt, die zu einem Treiber des Unternehmenswerts wurde.

Die Bekleidungskette **Hennes & Mauritz** verfügt neben der Kernkompetenz Design auch über eine hohe Vertikalisierungskompetenz, also über die Kompetenz, vorgelagerte oder/und nachgelagerte Produktions- bzw. Handelsschritte zu integrieren. Dies beinhaltet alle Aktivitäten von der physischen Produktion der Artikel bis zum Abverkauf im Laden. Ohne diese Fähigkeit wäre ein zwölfmaliger Kollektionswechsel pro Jahr in den zahlreichen Filialen gar nicht möglich.

Der Fertigpizzahersteller **Wagner** stellt nicht nur gute Pizzas her, er verfügt über eine weitere Kernkompetenz, die aber erstaunlicherweise im Bereich des Maschinenbaus angesiedelt ist. In dem Unternehmen wurde der Ofen, in dem die Pizzen vorgebacken werden, über Generationen weiterentwickelt. Ohne diese Fähigkeit wäre die hohe Pizzaqualität nicht möglich.

Machen Sie nicht den Fehler, Kernkompetenzen mit Stärken zu verwechseln. Bei Kernkompetenzen liegt die Latte wesentlich höher. Fragen Sie sich: Was war für den Erfolg des Unternehmens in der Vergangenheit besonders wichtig und welche entscheidenden Kernkompetenzen unterstützen uns dabei, den langfristigen Unternehmenserfolg in der Zukunft zu sichern? Das Kernkompetenzportfolio hilft Ihnen dabei, diese Frage zu beantworten und die strategischen Optionen zum Aus- und Aufbau von Kernkompetenzen darzustellen.

Abb. 31: Kompetenzportfolio

Sie haben vier strategische Optionen, um Ihre Kernkompetenzen aus- bzw. aufzubauen:

1. Kompetenzausweitung

Begeben Sie sich auf die Suche nach neuen Kernkompetenzen, die Sie in Zukunft für den Erhalt oder Ausbau von Wettbewerbsvorteilen benötigen. Fragen Sie sich, was Sie morgen können müssen, um die größten Probleme Ihrer Kunden morgen besser zu lösen als andere. Dafür müssen Sie die neuen Trends identifizieren, die künftig für Ihr Unternehmen und Ihre Branche von Bedeutung sein werden. Nur so können Sie dafür rechtzeitig neue Kernkompetenzen aufbauen. Sich anzupassen ist unverzichtbar, voranzugehen ist besser. Nokia ist ein Beispiel dafür, wie man vom Trendsetter zum Verlierer wird, wenn man sich auf seinen Lorbeeren ausruht. Das Unternehmen ist viel zu spät auf den Trend zum Smartphone aufgesprungen. Samsung war da längst an ihm vorbei gezogen, Apple sowieso.

2. Ausschöpfen

Untersuchen Sie, mit welchen Ihrer bereits bestehenden Kernkompetenzen Sie die bereits heute von Ihnen bearbeiteten Märkte noch besser ausschöpfen können. Dabei geht es im Grunde genommen darum, in dem, was Sie tun, besser zu werden — schneller, qualitativ hochwertiger, preiswerter, individueller etc. Hier sind keine Riesensprünge zu erwarten, doch es wäre dumm, diese Möglichkeiten zu vernachlässigen, denn: Wer aufhört, besser zu werden, hat aufgehört, gut zu sein.

Beispielhaft stellen wir Ihnen einen Produktionsbetrieb vor, dessen Kernkompetenz in der reaktionsschnellen Bearbeitung von Kundenanfragen liegt. Im Rahmen eines Workshops stellte sich heraus, dass Informationen für die Angebotsbearbeitung häufig nicht vollständig vorhanden waren und es deshalb immer wieder zu Rückfragen kam. Ziel war es also, die Qualität der abgegebenen Angebote zu erhöhen. Als Ergebnis wurde allen Vertriebsmitarbeitern eine systematische und einheitliche Produktbeschreibung auf Basis gleicher Kalkulationsdaten zur Verfügung gestellt. Außerdem wurde das Wissensmanagement verbessert, indem man schnellen Zugriff auf bereits erstellte Angebote ähnlicher Produkte ermöglichte. Die Qualität der Angebote und die Geschwindigkeit, mit der sie abgegeben wurden, konnten damit deutlich verbessert und die Bearbeitungskosten konnten gesenkt werden. Auf diese Weise konnte die Kundenzufriedenheit erhöht werden. Das Unternehmen agiert also wie bisher, nur preiswerter, schneller und individueller.

3. Marktausweitung

Stellen Sie sich die Frage, wie mit bestehenden Kernkompetenzen neue Märkte erschlossen werden können. Welche Kernkompetenzen stehen dafür zur Verfügung und in welchen Stufen der Wertschöpfungskette werden sie abgebildet? So können Sie bestimmen, ob eine vertikale oder eine horizontale Ausdehnung der Wertschöpfungsstufen infrage kommt oder ob Sie Ihre Kernkompetenzen in eine neue Branche übertragen können. Nehmen wir noch einmal das Beispiel

Tchibo: Das Unternehmen konnte seinen Markt erfolgreich auf das Produktspektrum Non Food ausweiten. Voraussetzung dafür waren seine hochfrequentierten Convenience Outlets in jeder Stadt. Hier gilt das Motto: Nach innen konzentrieren, nach außen differenzieren.

4. Mega-Zukunfts-Chancen und -Risiken

Worin liegen die größten Chancen Ihres Unternehmens? Vielleicht liegen sie in Märkten, in denen Sie noch gar nicht aktiv sind und für die Sie auch nicht die passenden Kernkompetenzen vorweisen können. Es könnte sich um eine Mega-Chance handeln. Doch Mega-Chancen sind meistens mit ebenso hohen Risiken verbunden. Je weiter Sie sich von Ihren Kernkompetenzen entfernen, desto höher ist die Wahrscheinlichkeit, zu scheitern. Über 85 Prozent solcher Unterfangen gehen schief und vernichten Unternehmenswert. Der Grund dafür ist, dass sich Unternehmen dazu verleiten lassen, neue Märkte zu besetzen, ohne eine bessere Kundenlösung als die Mitbewerber zu bieten. Sie haben dafür nicht die nötigen Kernkompetenzen. Zumeist ist auch die Kenntnis der Märkte und der Kundenbedürfnisse nicht ausreichend. Damit wollen wir Sie keinesfalls davon abhalten, eine Mega-Chance zu ergreifen, sondern Ihnen nur raten, eine sehr bewusste Entscheidung zu treffen. Unternehmen wie Haniel, Freudenberg, Heraeus und Oetker zeigen uns, dass Diversifikation eine Riesenchance und sehr erfolgreich sein kann. Wenn Sie aber zu einer Aufsplitterung der Märkte führt, werden sie zwar breiter, aber auch durchschnittlicher. Dafür gibt es ebenfalls zahlreiche Beispiele.

Hüten Sie sich davor, sich auf Ihren Kernkompetenzen auszuruhen. Der Wettbewerb schläft nicht, und die Märkte sind einem ständigen Wandel unterworfen. Sie müssen dazu in der Lage sein, Ihre Kernkompetenzen so auszurichten, dass sie unter immer neuen Marktbedingungen Kundennutzen schaffen.

6.2   Das richtige Geschäftsfeld finden

Auf der Grundlage Ihrer definierten Kernkompetenzen können Geschäftsfelder ausgewählt und bewertet werden. Die Wahl des Geschäftsfelds ist eine grundlegende Entscheidung für den künftigen Unternehmenserfolg. Lassen Sie sich nicht von der Attraktivität eines Marktes verführen, in dem Sie keine Chance auf Marktführerschaft haben. Ein Markt, in dem schlechter verdient wird, in dem Sie aber die Standards setzen, ist langfristig besser.

> Gehen Sie nur in Geschäftsfelder beziehungsweise bleiben Sie nur in Geschäftsfeldern, in denen Sie aufgrund Ihrer Kernkompetenzen eine führende Rolle spielen können.

Damit ein Unternehmen erfolgreich ist, muss es in möglichst optimaler Weise auf die Herausforderungen der Märkte, in denen es aktiv wird, reagieren. Durch die Auswahl der Geschäftsfelder legt es gewissermaßen die Spielregeln fest, wie es agieren und seine zur Verfügung stehenden Ressourcen einsetzen möchte. Es kann auch passieren, dass bisherige Geschäftsfelder nicht mehr zukunftsfähig sind und daher aufgegeben werden müssen. Das Stammgeschäft der Haniel-Gruppe war zum Beispiel ursprünglich der Kohlenhandel, ein Geschäftsfeld, das es heute längst nicht mehr gibt. Von Geschäftsfeldern, die nicht mehr attraktiv sind, muss man sich trennen. Auch wenn Sie keinen Einfluss auf die Rahmenbedingungen und die Attraktivität des Marktes haben, sind es Sie allein, der bestimmt, in welchen Geschäftsfeldern das Unternehmen tätig werden möchte.

Langfristig erfolgreiche Unternehmen sind immer Marktführer oder streben nach Marktführerschaft. Keine andere Größe korreliert, empirisch gesehen, so stark mit dem Unternehmenswert wie die Marktführerschaft. In einem ungeeigneten Tätigkeitsfeld ist deshalb auch mit größtem Engagement manchmal kein Erfolg möglich. Gerade im Hinblick Absatz ist es deshalb zwingend notwendig, sich auf möglichst sinnvolle Märkte zu konzentrieren — also auf Märkte, in denen das Unternehmen über besondere Wettbewerbsvorteile mit den dahinter liegenden Kernkompetenzen verfügt und die gleichzeitig eine hohe Marktattraktivität besitzen. Immer wieder geraten Unternehmen in eine strategische Falle und investieren in Geschäftsfelder, die sie als attraktiv bewerten. Doch Erträge folgen nur, wenn Sie es schaffen, eine gute Wettbewerbsposition aufzubauen. Durchschnitt in einem attraktiven Markt zu sein, kann zu sehr schlechten Resultaten führen. Natürlich machen attraktive Märkte das (Unternehmer-)Leben leichter. Im Pharmamarkt zum Beispiel wird im Durchschnitt besser verdient als im Baugewerbe. Ihre Maxime sollte jedoch sein: Besser im Baugewerbe führend als im Pharmamarkt nur Durchschnitt. Lieber in einem kleinen Markt führend, als in einem großen Markt unter „ferner liefen".

> Lassen Sie sich nicht von der Attraktivität eines Marktes verführen, in dem Sie keine Chance auf Marktführerschaft haben.

6.3 Der Zwang zur Differenzierung

Viele Unternehmensstrategien scheitern, weil sie in ihrem Kern nicht auf Wettbewerbsvorteile ausgerichtet sind. Machen Sie sich Gedanken über folgende Fragen:

- Wie kann das Unternehmen seinen Kunden den größten Nutzen bieten?
- Wie profiliert sich das Unternehmen gegenüber den Wettbewerbern?

In den letzten drei Jahrzehnten ist es zu einer explosionsartigen Vervielfachung an Wahlmöglichkeiten aus verschiedenen Artikeln und Dienstleistungen in fast allen Produktsegmenten und Industrien gekommen. Gleichzeitig ist zu beobachten, dass sich eine äußerliche Angleichung der Fabrikate vollzieht, die ihren Höhepunkt in nahezu identischen Produkten, die unter unterschiedlichen Herkunftszeichen vermarktet werden, findet. Ursachen dafür sind die zunehmende Bereitschaft zur Produktkopie und zur Markenpiraterie sowie die zusammengewachsenen, globalisierten und offenen Märkte.

Die stark differenzierten Kundenwünsche und das Bestreben der Unternehmen, jedem das Gewünschte zu liefern, haben zu einer enormen Ausweitung der verfügbaren Produkte geführt. Auf dem deutschsprachigen Endverbrauchermarkt gab es vor rund 30 Jahren zwei verschiedene Sorten Zahnseide, eine Marke für Kontaktlinsen und überhaupt keinen Anbieter für MP3-Player. Heute existieren etwa 20 verschiedene Zahnseide-Marken und geschätzte 28 Kontaktlinsen-Varianten. MP3-Player bieten inzwischen unzählige Hersteller unter weit über 100 Labels an.

Egal, was der Verbraucher haben möchte — stets hat er verschiedene Sorten, Marken und Anbieter zur Auswahl. Die Angebotsfülle und die Wahlmöglichkeiten an Produkten haben den Wettbewerb für Unternehmen um Marktanteile und um bestehende sowie potenzielle Kunden deutlich dynamisiert. Hinzu kommen eine höhere Preissensibilität des Kunden, eine gestiegene Erwartungshaltung und die erhöhte Bereitschaft zum Produkt- und Anbieterwechsel. Das Internet mit seiner Möglichkeit zum Produkt- und Preisvergleich und mit seinen Bewertungsportalen sorgt für eine noch nie da gewesene Markttransparenz.

Früher überstieg die Nachfrage die Produktionsmöglichkeiten und damit das Angebot. Mittlerweile sind die meisten Märkte jedoch sogenannte Käufermärkte: Die Nachfrage bleibt hinter dem Angebot zurück. Wir müssen also von stagnierenden Märkten ausgehen. Unternehmen, deren Leistung oder Produkt nicht als anders oder einzigartig wahrgenommen wird, haben nur noch die Möglichkeit, über den Preis um Kunden zu konkurrieren. Preiszugeständnisse wirken sich jedoch für das

Unternehmen in erster Linie negativ auf die Umsatzrendite aus und vermindern damit den geschaffenen Unternehmenswert. Differenzierung ist also unabdingbar.

Die Kernkompetenzen geben vor, auf welchen Ebenen Sie Wettbewerbsvorteile aufbauen, sich vom Wettbewerb differenzieren können. Nur durch Kernkompetenzen gestützte Wettbewerbsvorteile sind nachhaltig. Ihre Unternehmensstrategie muss darauf ausgerichtet sein, Ihnen nachhaltige Wettbewerbsvorteile zu schaffen. Wettbewerbsvorteile bedeuten letztlich Differenzierung. Sie können sich auf drei Ebenen differenzieren

1. produktbezogene Ebene
2. produktbegleitende Ebene
3. emotionale Ebene

Abb. 32: Ebenen der Differenzierung

6.3.1   Produktbezogene Ebene

Hier geht es um die harten Faktoren wie Produktqualität, Gebrauchstauglichkeit, technische Funktionalität, technologische Überlegenheit oder auch um das reine Preis-Leistungsverhältnis. In vielen Branchen kann man sich nach wie vor auf der Produktebene unterscheiden. Navigationssysteme, ABS, E-Book-Reader, Smartphones oder digitale Hörgeräte sind Beispiele dafür. Wenn es Ihnen also gelingt,

Ihr Produkt mit kaufentscheidenden Produkteigenschaften auszustatten, die vom Wettbewerb nicht oder zumindest nicht in kurzer Zeit imitiert werden können, ist eine Differenzierung auf der Produktebene durchaus wirksam. Allerdings wird eine Unterscheidung auf der Produktebene in reifen und hart umkämpften Märkten immer schwieriger.

Ein neues medizinisches Produkt der Freudenberg-Gruppe namens „scaffolene" ist dafür ein Beispiel: Bei dem Produkt handelt es sich um ein biologisch abbaubares Vlies, das auch mit Wirkstoffen wie Antibiotika oder Enzymen versetzt werden kann, weshalb es zur lokalen Therapie und Medikation, eingesetzt werden kann.

Es gibt noch genügend Probleme, die gelöst werden können. Man sollte sich jedoch darüber bewusst sein, dass die Hoffnung, mit echten Produktvorteilen dauerhafte Wettbewerbsvorteile zu schaffen, in der Praxis nur noch relativ selten von Erfolg gekrönt ist. Die zunehmende Dynamik der Veränderungen, der Wandel zum Käufermarkt, die Anpassungs- und Imitationsfähigkeit der Mitbewerber, kürzere Produktlebenszyklen und sich schnell ändernde Kundenbedürfnisse stehen dem entgegen.

Eine Differenzierung auf der Ebene Produkt ist schwierig und kostspielig.

6.3.2 Produktbegleitende Ebene

Produktbegleitende Unterschiede sind alle Aktivitäten vor und nach der Übergabe einer Leistung an den Kunden sowie eventuelle Zusatzleistungen — wie Service, Systemlösungen und Beratung. Dazu gehören beispielsweise eine besonders qualifizierte Beratung vor dem Kauf oder eine intensive Betreuung nach dem Kauf. Ein Beispiel dafür sind die QR-Codes im Katalog der „Hahn+Kolb-Gruppe", ein in Stuttgart ansässiger Werkzeug-Dienstleister und Systemlieferant. Der Nutzer wird zu einer auf Smartphones zugeschnittenen Mobile-Plattform geleitet, die ihm über eine touch-optimierte Navigation vielfältige Möglichkeiten eröffnet. Mit einem Fingertipp steht dem Nutzer die gesamte Produktwelt des Unternehmens zur Verfügung. Ein anderes Beispiel ist die Firma Liebherr. Von einem Terminal im Biberacher Kranwerk oder vom Laptop aus können die Spezialisten via „Teleservice" Fehler in den Liebherr-Geräten auf Baustellen auf der ganzen Welt analysieren und beheben.

Aber auch hier gilt: Die Differenzierung über den Service wird immer schwieriger. Der Kunde nimmt heute Serviceprodukte und -leistungen als selbstverständlich hin. So ist es inzwischen allgemein Usus, dass Autohändler ihren Kunden eine Finanzierung, die Bereitstellung eines Ersatzwagens oder gar eine kostenlose Wagenreinigung nach dem Inspektionstermin anbieten. Die Differenzierungsstrategie auf der Serviceebene verfolgt das Ziel, dem Kunden einen wahrnehmbaren Zusatznutzen durch Serviceleistungen zu bieten. Doch auch auf dieser Ebene herrscht Verdrängungswettbewerb. Exzellenter Service ist heute nur noch selten eine Differenzierungschance, sondern vielmehr eine notwendige Voraussetzung zum Überleben in gesättigten Märkten. Nur selten gelingt Unternehmen eine wahrnehmbare Differenzierung auf dieser Ebene.

Eine Differenzierung auf der Ebene Service ist nur über eine im ganzen Unternehmen verankerte, exzellente Kundenorientierung und außergewöhnliche Serviceideen möglich.

6.3.3 Emotionale Ebene

Das ist sozusagen die Königsklasse der Differenzierung. Auf dieser Ebene sind emotionale und psychologische Faktoren wie die persönliche Kundenbeziehung und die Marke die entscheidenden Parameter. Im gleichen Maß, in dem Produkte und Leistungen austauschbar oder selbstverständlich werden, steigt der Wert der Beziehung. In der gegenwärtigen Marktsituation, in der den Verbrauchern die Austauschbarkeit auf den Ebenen der produktbezogenen und produktbegleitenden Faktoren sehr bewusst ist, gelingt eine Differenzierung gegenüber den Wettbewerbern zum großen Teil nur noch über subjektive, symbolische Nutzenkomponenten. Themen wie Customer Relationship Management (CRM) gewinnen vor diesem Hintergrund immer stärker an Bedeutung und immer mehr Unternehmen — zunehmend auch kleine und mittlere Familienunternehmen — investieren in Marken. Hinter Marken stecken die Geschichten von Menschen und Unternehmen und Menschen lieben Geschichten. Wenn sich die Marke dann noch mit der eigenen Geschichte beziehungsweise Lebenswelt verbinden lässt, entstehen starke Bindungen.

Die gegenwärtige Entwicklung der Markt- und Kundenbedürfnisse zeigt, dass neben den Wettbewerb auf der Produkt- und Serviceebene zunehmend der Kommunikationswettbewerb treten wird. Dabei rücken das Image eines Produkts sowie die persönliche Kunden-Marke-Beziehung als wichtige Differenzierungs- und Auswahlentscheidungsmerkmale in den Mittelpunkt moderner Unternehmensführung. Die persönliche Beziehung zu Marken übernimmt für viele Konsumenten eine präferenzbildende Funktion. Das wird deutlich am Verkauf der beiden baugleichen Großraumlimousinen Seat Alhambra und Volkswagen Sharan. Sie unterscheiden sich lediglich in marginalen Designdetails. Und obwohl auch die Marke Seat zum Volkswagen-Konzern gehört, konnte der Sharan deutlich höhere Absatzmengen erzielen als der Seat Alhambra. Außerdem gelang es dem Volkswagen-Konzern für den Sharan ein Preispremium von 5,5 Prozent gegenüber dem Alhambra durchzusetzen. Letztlich erzielte der Konzern mit dem Sharan fast viereinhalb Mal so viel Umsatz wie mit dem Alhambra. Obwohl der von Volkswagen und Seat angebotene Nutzen auf der Produktebene praktisch identisch ist, bietet die Marke Volkswagen anscheinend eine Art immateriellen, symbolischen Zusatznutzen, den der Kunde als kaufrelevant annimmt. Dies ist nur ein Beispiel, das verdeutlicht, dass Marken eine ökonomisch nachweisbare Wirkung auf Auswahl- und Kaufentscheidungen haben.

Gelingt der Aufbau einer starken Marke, treten bei den Konsumenten funktionale Produktmerkmale zugunsten emotionaler Faktoren in den Hintergrund. Die Unterscheidung auf Markenebene hilft Unternehmen, sich vom ruinösen Preiskampf loszulösen.

EXKURS: Markenführung

Während Marken jahrelang vor allem funktionale Vorteile repräsentierten, lassen sie sich heute im Wesentlichen durch die Identität des Wertesystems von Marke und Konsument kennzeichnen. Marken sind inzwischen komplexe Gebilde, die sich zunehmend vom ausschließlichen Produktfokus lösen. Nicht mehr die funktionalen Vorteile eines Produkts stehen im Vordergrund, sondern die Werte und die begleitende emotionale Welt, für die die Marke steht. Marken, die heute hoch attraktiv sind, können morgen schon „mega-out" sein. Morgen ist heute schon gestern — das gilt auch für die Aktualität von Marken. Deshalb müssen Sie sich der großen Herausforderung stellen, für Ihre Kunden und Fans immer aktuell und attraktiv zu bleiben. Sie müssen trotz jeder Veränderung die Menschen für sich begeistern können. Die Aufgabe ist, die Marke aktuell zu halten, ohne die Markenidentität und dadurch langfristig den Konsumenten zu verlieren. Die Weiterentwicklung von Marken muss behutsam, mit viel Wissen über und Verständnis für die Marke durchgeführt werden. Marken sollten entsprechend der sich ändernden Gesellschaft und Kundenstruktur weiterentwickelt werden, ohne dass jemals ihre Identität infrage gestellt wird. Durch sensibel vorgenommene Veränderungen bleiben Marken aktuell, können Kundenerwartungen erfüllen und das Interesse der Kunden an der Marke halten. Marke sein heißt oft, durchaus starr zu sein, doch immer flexibel genug, um sich zum Wertewandel der Nachfrager adäquat weiterzuentwickeln.

Marken, die die entsprechende Anpassungsfähigkeit nicht besitzen oder bei denen in der Vergangenheit eine selbstähnliche Markenentwicklung versäumt wurde, sind heute nicht mehr auf dem Markt zu finden. Solche Marken wurden von starrsinnigen Patriarchen, die sich dem neuen Phänomen Markenkraft verschlossen haben, heruntergewirtschaftet oder sie wurden durch unklare Positionierung gegenüber dem Wettbewerb schlicht weggefegt. So oder so ähnlich sind Dutzende von großen Marken in den vergangenen 30 Jahren allein in Deutschland einfach verschwunden. Zündapp, Kreidler, Nordmende, DKW sind nur einige der großen, vergessenen Marken von einst.

Viele Manager scheinen den Wert von so mancher Traditionsmarke erst jetzt erkannt zu haben. Vereinzelt wird nun hektisch versucht, zu retten, was zu retten ist, denn der Aufbau eines neuen Namens kostet Zeit und Geld. Viele Wiederbelebungsversuche scheitern. Das passiert vor allem dann, wenn nur auf Nostalgie gesetzt wird. Die „alte" Marke muss in den heutigen Kontext gestellt und mit zeitgemäßen Werten hinterlegt werden. Der Wert von Marken liegt im emotionalen Bereich. Wenn die neuen Markenprodukte diese emotionalen Erwartungen nicht erfüllen, ist eine erneute Etablierung der Marke nicht möglich.

Maybach: Ende eines wiederbelebten Mythos

Maybach ist ein gutes Beispiel für ein gescheitertes Revival. Einen Mythos wieder auferstehen zu lassen, ist keine leichte Aufgabe. Doch anscheinend fühlte sich Daimler der Aufgabe gewachsen, als die Stuttgarter Autobauer im Jahr 2002 die Marke Maybach wieder einführten. Die Schwaben wollten wohl der Konkurrenz nicht nachstehen. Ende der 90er-Jahre hatte sich VW Bentley als Nobelmarke gesichert, BMW nahm Rolls Royce unter seine Fittiche. 2002 wurde mit großem Pomp der Maybach 62 vorgestellt. Leider verbarg sich nach Meinung von Experten hinter dem großen Namen eine Mogelpackung. Georg Kacher schrieb am 5. Dezember 2011 in der „Süddeutschen Zeitung": „Der Luxuswagen war eine mit viel Chrom und wenig Stilsicherheit neu eingekleidete alte S-Klasse, die allenfalls durch nette Details wie Schlafsessel im Fond oder das in der hinteren Dachkonsole untergebrachte zweite Instrumentarium Aufsehen erregte."

Wahrscheinlich fehlte den Verantwortlichen die Erkenntnis, dass man eine historische Luxusmarke, die von technischen Innovationen lebte, nicht auf Sparflamme oder lediglich mit luxuriösen Spielereien wiederbeleben kann. Immerhin erwarben die Maybach-Kunden früherer Zeiten mit dem Kauf eines Maybach das Recht, von künftigen technischen Neuerungen zu profitieren. Daimler zog die Konsequenz aus dem anhaltenden Misserfolg. 2013 wird Maybach wieder in der Versenkung verschwinden.

Die Sinalco schmeckt

Besser lief die Wiederbelebung der Limonade Sinalco, deren eingängiger Werbejingle „Die Sinalco schmeckt", obwohl erst 1979 eingeführt, blitzschnell in ganz Deutschland bekannt wurde. 80 Prozent der Deutschen in Ost und West kennen noch heute den Namen Sinalco. Zwischen 1970 und 1997 wechselte die Marke mehrmals den Besitzer, was seinen Teil zum Niedergang der Marke beitrug. Seit 1997 bewegt sich die Marke wieder in ruhigeren Gewässern. Die

Hövelmann-Gruppe, ein Duisburger Familienunternehmen, das 1994 bereits die deutschen Markenrechte erworben hatte, erwarb auch die internationalen, mit Ausnahme der Rechte für die Schweiz. Der Getränkeunternehmer gründete die Deutsche Sinalco GmbH Markengetränke & Co. KG. Doch auch hier reichte die Nostalgie für den Erfolg nicht aus. Hövelmann musste sich etwas einfallen lassen. Sein ursprüngliches Konzept ging nicht auf. Die Verbraucher waren nicht bereit, für Limo in kleinen Flaschen mehr zu bezahlen. Der Unternehmer ließ sich nicht entmutigen und investierte rund 100 Millionen Euro. Zunächst brachte er Anfang des neuen Jahrtausends die Flaschen aus den 50er- und 60er-Jahren wieder auf den Markt: 0,2 Liter mit dem Sinalco-Schriftzug schräg über dem roten Punkt, darüber fünf Kohlensäureblasen. Zwei Jahre später folgte ein sinalcogelber Kasten mit Ein-Liter-Flaschen. 2003 verzeichnete die Nostalgie-Limo ein Umsatzwachstum von 20 Prozent.
2009 wurden 1,4 Millionen Hektoliter Limonade abgefüllt.

Im Spannungsfeld aus dem Aufbau einer eindeutigen Identität (Kontinuität) und der Notwendigkeit einer situativ bedingten Adaption an veränderte Rahmenbedingungen (Anpassung) gilt: So viel Kontinuität wie möglich, so viel Wandel wie nötig.

6.4 Profitabel arbeiten mit der richtigen Positionierung

Von der Entscheidung, welchen der drei oben vorgestellten Wege der Differenzierung Sie gehen möchten, hängt es ab, wie Sie sich im Markt positionieren sollten. Der Erfolg eines Unternehmens, das heißt Rendite und Wachstum, hängt davon ab, wie es sich am Markt positioniert. Ihre Positionierungsstrategie muss dem Unternehmen die Chance bieten, gestützt auf seine Kernkompetenzen in seinem Segment, eine Alleinstellung zu erzielen. Betrachten wir die heutigen Marktstrukturen, lassen sich drei erfolgreiche Basis-Positionierungsstrategien identifizieren. Mit allen drei Strategien können Unternehmen sehr profitabel arbeiten.

1. Die Discount-Strategie strebt die Kostenführerschaft an und erfordert operative Exzellenz.
2. Bei der More-for-Less-Strategie bieten Sie Ihren Kunden einen Mehrwert an.
3. Mit der Premium-Strategie setzen Sie mit Marke und Image Höchstpreise durch.

Die folgende Grafik zeigt die drei möglichen Positionierungen. Wir haben für Sie einige bekannte Unternehmen positioniert. Aldi folgt klar einer Discount-Strategie, Fressnapf, Ikea und Swatch bevorzugen die More-for-Less-Strategie, wobei wir Fressnapf in Richtung Kostenführerschaft und Swatch näher an der Premium-Strategie positioniert haben. Teekanne folgt einer Premiumstrategie. Eines haben alle gemeinsam: Sie zählen in ihrem Markt zu den Marktführern.

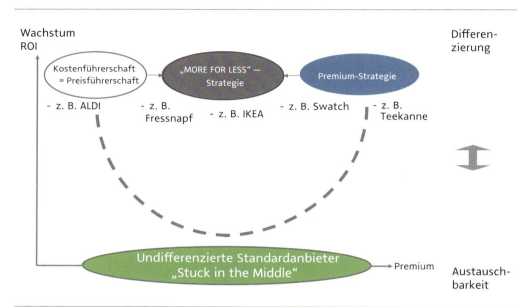

Abb. 33: Basiserfolgsstrategien in stagnierenden Märkten

Was zu Ihnen und Ihren Kernkompetenzen passt, muss im Strategieentwicklungs-prozess bestimmt werden. Auf keinen Fall sollten Sie sich dort ansiedeln, wo sich schätzungsweise 80 Prozent aller Unternehmen befinden: im Bereich „Stuck in the Middle". Dort tummeln sich die Austauschbaren, die Mittelmäßigen, die Durch-schnittlichen, die Zukunftslosen. Sie sind weder billig noch bieten sie dem Kunden einen Mehrwert oder ein Kultprodukt. Sie sitzen zwischen allen Stühlen, sind weder preiswert, noch bieten sie einen Zusatznutzen. Sie sind zum Scheitern verurteilte Mitläufer, die vom Markt verschwinden, sobald eine Marktbereinigung stattfindet.

Sich nicht zu positionieren, ist keine Option. Sollte sich ein Unternehmen nicht po-sitionieren, wird die Positionierung automatisch vom Kunden oder gar vom Wett-bewerber vorgenommen. Damit verlieren Sie den Einfluss auf die eigene Positionie-rung. Die Positionierungsstrategie sichert eine überdurchschnittliche Rendite und schafft die Basis für ein renditebewahrendes Wachstum.

6.4.1 Die Discount-Strategie

Unternehmen, die sich so positionieren, unterscheiden sich von ihren Mitbewerbern auf der Preisebene. Leistungen werden auf der Grundlage operativer Exzellenz zum optimalen Preis-Leistungs-Verhältnis angeboten. Solche Unternehmen haben ihre gesamte Struktur auf diese Positionierung ausgerichtet. Auffallend und unbedingt notwendig ist eine hohe Prozesskompetenz. Dass die Qualität ihres Angebots aus Kundensicht zufriedenstellend sein muss, versteht sich von selbst.

Ein Paradebeispiel für diese Strategie ist der Discounter Aldi. Durch hoch standardisierte Prozesse und ein relativ kleines Produktsortiment mit 600 bis 800 Basisartikeln hat er es in eine weltweit führende Position geschafft. Mit einer Umsatzrendite von mehr als sechs Prozent liegt Aldi weit vor anderen Unternehmen im Lebensmittelbereich, die es nur in Ausnahmefällen auf eine Umsatzrendite von mehr als 1,5 Prozent schaffen. Weitere Beispiele aus dem Discount-Bereich sind Lidl, KIK und Deichmann. Ähnlich arbeiten die sogenannten Billigfluglinien, die auf Service verzichten und sich darauf konzentrieren, ihre Passagiere möglichst günstig und sicher von A nach B zu bringen. Auch im industriellen Bereich gibt es Beispiele für eine gelungene Discount-Strategie, beispielsweise in der Lohnfertigung. Durch höchste Qualität, gepaart mit extrem effizienten Prozessen und Flexibilität, lässt sich hier ebenfalls eine Preisführerschaft aufbauen.

6.4.2 Die More-for-Less-Strategie

Bei dieser Strategie werden die (meist günstigen) Angebote mit einem zusätzlichen Nutzen ausgestattet, dem sogenannten Added Value. Er rechtfertigt den höheren Preis im Vergleich zu anderen Wettbewerbern. Es gibt zum Beispiel billigere Uhren als eine Swatch, aber die Kunden sind bereit mehr zu bezahlen, weil Swatch als schick und kultig gilt. Andere Unternehmen bieten ihren Kunden einen 24-Stunden-Lieferservice, Lieferung frei Haus oder besondere Zahlungskonditionen. Der Modeversandhändler Bon'a Parte zum Beispiel ist zwar teurer als die Wettbewerber, bietet aber einen eigenen Stil und in jedem Katalog und im Internet einen sogenannten Match Guide an, der den Kunden zeigt, wie sie die erworbenen Kleidungsstücke peppig kombinieren können. Auch ökologische Herstellung oder ausschließlich natürliche Zutaten, fairer Handel, der Verzicht auf Tierversuche oder der Ausschluss von Kinderarbeit können ein Zusatznutzen sein. Hennes & Mauritz verleiht der preisgünstigen Kleidung schlicht und einfach den Zusatzwert „jung und modisch". Zara und Mango zeigen, dass oft auch für mehrere Unternehmen derselben Branche im gleichen Positionierungssegment Platz ist.

Voraussetzung für diese Strategie ist ein klar erkennbarer Zusatznutzen. Zusatznutzen beziehungsweise Service wird als Unterscheidungsmerkmal immer stärker in den Hintergrund gedrängt, denn der Kunde erwartet mittlerweile viele Leistungen, für die er früher bereit war, zu zahlen, als Selbstverständlichkeit. Das kann man besonders gut an der Beratungsleistung sehen. Im Einzelhandel zum Beispiel gibt es viele Unternehmen, die sehr gute Beratungsleistungen anbieten, die Kunden auch gerne in Anspruch nehmen. Gekauft wird dann eventuell doch beim Discounter oder im Internet.

6.4.3 Die Premium-Strategie

Wenn Sie es schaffen, sich im Premiumbereich zu etablieren, können Sie sich dem Preiswettbewerb entziehen und höchste Preise in Ihrem Markt durchsetzen. Allerdings stellt der Premiumbereich auch hohe Anforderungen: meistens eine starke Marke, hohe Innovationskompetenz, höchste Qualität und außergewöhnliche Kundennähe. Oft sind Premiumprodukte nicht nur hochwertig, sondern verschaffen ihrem Besitzer Prestige und Status, manchmal handelt es sich um wahre Kultobjekte, denken Sie an Porsche, Harley Davidson, Schuhe von Manolo Blahnik oder Jimmy Choo, Teppiche von Jan Kath oder an einen Ring von De Grisogono. Premiummärkte sind häufig Nischenmärkte. Die Anbieter in solchen Märkten müssen die Bedürfnisse ihrer Zielgruppe genau erfassen und ihr Angebot darauf abstimmen. Hier geht es wie in keinem anderen Markt um Emotionen. Oft identifiziert sich der Kunde mit „seinem" Produkt, betrachtet es als Ausdruck seines Lebensgefühls. Er fühlt sich einer kleinen, elitären Gruppe zugehörig und verlangt entsprechende Ansprache.

> Wenn man eine Sache gut machen will, kann man sie nicht für jeden machen.

Beispiel Wiesmann:

Das Familienunternehmen Wiesmann aus dem Nordrhein-Westfälischen Dülmen beweist, dass mit einer Premiumstrategie sogar in einem kleinen Markt Erfolg möglich ist. Das Unternehmen stellt einen Roadster her: individuell, exklusiv, PS-stark, handgefertigt, im Retro-Design, aber mit modernster Technik und mit Motoren von BMW ausgestattet. Das Unternehmen hat eine kleine Kundengruppe identifiziert, die einen kompromisslosen Zweisitzer fahren möchte, Wert auf modernste Technik und Exklusivität legt, für die Porsche ein Massenprodukt ist und die bereit ist, Höchstpreise zu bezahlen. Mit der gläsernen Fabrik und mit Erlebnisbesuchen bindet das Unternehmen seine Fans noch stärker an sich.

Wie um jede gute Marke ranken sich auch um Wiesmann allerlei Geschichten. Die Geschichte der ersten Vermarktungsversuche der Brüder Friedhelm und Martin Wiesmann ist mittlerweile Legende. Nachdem die Entwicklung des Roadsters so viel Geld verschlungen hatte, dass nichts mehr für das Marketing übrig war, parkten die Brüder den Sportwagen vor einem Hamburger Nobelhotel, in dem zu diesem Zeitpunkt die Tennisprominenz untergebracht war. Jedes Mal, wenn jemand an dem Auto stehen blieb, waren die Brüder zur Stelle. Man kam ins Gespräch und unterhielt sich über das Auto. Das legte den Grundstein für die Bekanntheit der Marke Wiesmann in der anvisierten Zielgruppe. Die Geschichte dieser ersten Vermarktungsversuche zeigt dem Kunden, dass die Brüder Wiesmann hinter ihrem Produkt stehen. Der Kunde geht davon aus, dass sie das, was sie tun, aus Begeisterung tun. Er ist überzeugt, dass es nicht in erster Linie ums Verdienen geht, sondern um die Verwirklichung einer tollen Idee.

Beispiel Harley-Davidson:

Harley-Davidson hat mit seinen Motorrädern bewiesen, dass Kunden viel Geld ausgeben, wenn sie etwas unbedingt besitzen wollen, und dabei sogar Nachteile und einen hohen Preis in Kauf nehmen. Das Motorrad wurde ursprünglich für amerikanische Straßen entwickelt: gerade, nur wenige Kurven, überwiegend flaches Land, Geschwindigkeitsbegrenzungen. Durch den Film „Easy Rider" wurde Harley-Davidson Kult. Die Europäer kauften plötzlich ein Motorrad, das für die engen und kurvigen Straßen in Europa viel zu schwerfällig war. Doch das störte nicht. Eine Harley vermittelte den großen Traum von Freiheit, Abenteuer und Individualismus. Der Preis spielte nur eine untergeordnete Rolle. Der Motorradhersteller erkannte außerdem frühzeitig, dass seine Kunden Individualisten sind. Deshalb gibt es kaum eine Harley, die wie die andere ist. Es gibt zwar Basismodelle, aber Customizing, das Design nach Kundenwunsch, wird groß geschrieben.

Eine starke Marke ermöglicht die nachhaltigste Differenzierung zum Wettbewerb. Zwischen Kunde und Unternehmen entsteht durch die Marke eine enge emotionale Bindung, die allerdings gepflegt werden muss. Markenmanagement ist deshalb eine Aufgabe der obersten Führungsebene des Unternehmens. Marken sprechen Emotionen an — egal ob beim Endverbraucher oder beim Einkäufer eines Unternehmens. Der Ingenieur, der auf Verpackungsmaschinen des Familienunternehmens Schubert aus Crailsheim schwört, tut das nicht nur, weil die Maschinen so toll funktionieren oder gar einen günstigen Preis haben, sondern weil sie durch ihr Design aus der Masse hervorstechen.

Menschen begeistern sich für Produkte, die anders sind und dadurch ihren Besitzer zu etwas Besonderem machen. Natürlich spielen Produktqualität und Preis auch eine Rolle, aber bei der Kaufentscheidung stehen sie nicht im Vordergrund. Lifestyle-Produkte wie Smartphones, Hi-Fi-Equipment, Uhren, Kleidung, Schuhe, Kosmetik oder Möbel sind der beste Beweis dafür. Marken wie Apple, Rolex, Philippe Patek, Bang & Olufsen, Bose, Prada, Clinique und Rolf Benz bieten eben nicht nur Qualitätsprodukte, sondern auch Status. Wer diese Produkte besitzt, gehört dazu, ist „in". Denselben Effekt kann man übrigens auch im Normalpreisbereich beobachten. Seit die Kosmetikmarke Dove eine clevere Werbekampagne lanciert hat, bei der nicht perfekte Models im Mittelpunkt stehen, sondern normale Frauen, ist die Marke im öffentlichen Bewusstsein verankert.

6.5 Strategische Gestaltung der Wertschöpfungskette

Kaum ein Unternehmen kann in allen Bereichen der Wertschöpfungskette Spitzenkompetenzen erbringen. Um die Rentabilität zu sichern, müssen Sie zunächst überlegen, wie Sie Ihre Wertschöpfungskette gestalten wollen. Bei allen Entscheidungen gilt die Regel:

> Es gibt keine Möglichkeit, den Unternehmenswert schneller zu steigern als durch das Weglassen nicht wertschöpfender Tätigkeiten.

Dabei sollten Sie beachten, dass Ihre Kernkompetenzen auch bei der Gestaltung der Wertschöpfungskette von tragender Bedeutung sind. Ob Sie eine Aktivität selbst ausführen oder auslagern, hängt in hohem Maße davon ab, inwieweit diese von Kernkompetenzen bestimmt ist und dadurch zu Wettbewerbsvorteilen führt. Elemente aus dem Bereich der Kernkompetenzen dürfen niemals ausgelagert werden, da dies Ihr Unternehmen in größte Gefahr bringen würde. Alle Prozesse, die nicht auf Ihren Kernkompetenzen basieren, sollten Sie auf den Prüfstand stellen. Über die Neugestaltung von Wertschöpfungsketten entwickeln erfolgreiche Unternehmen Regelbrüche und differenzieren sich dadurch nachhaltig von ihren Mitbewerbern.

Viele Unternehmen haben Angst davor, sich durch Outsourcing von Zulieferern abhängig zu machen. Deshalb tendieren sie dazu, möglichst viele Leistungen im eigenen Haus zu erbringen. Das führt zu teuer aufgebauten Kapazitäten, die ausgelastet werden müssen, damit sie rentabel sind, was zumeist zur Folge hat, dass die Flexibilität eingeschränkt wird. Man kann auf Veränderungen des wirtschaftlichen Umfelds möglicherweise nicht oder nur langsam reagieren. Deshalb ist es aus strategischer Sicht empfehlenswert, die Auslagerung all derjenigen Aktivitäten zu prüfen, deren relative Kompetenz und strategische Bedeutung niedrig sind.

Die Vorteile eines strategischen Outsourcings liegen auf der Hand:

- Sie können sich auf Ihre Kernkompetenzen konzentrieren.
- Sie vergeuden keine Energie mit Leistungen, die nicht wertschöpfend sind.
- Sie schonen Ihre finanziellen und personellen Ressourcen.

Überlegen Sie sich, wie Sie Ihre Wertschöpfungskette so gestalten, dass Sie die Rentabilität optimal sichern können. Dazu können Sie sich in unterschiedlicher Weise positionieren.

Sie haben im Wesentlichen drei Möglichkeiten, sich aufzustellen:

1. Der Integrator

Wenn Sie sich für die Rolle des Integrators entscheiden, behalten Sie die Wertschöpfungskette nahezu vollständig in der eigenen Hand, von der Erstellung des Produkts bis zu seinem Verkauf an den Endkunden. Sie haben beinahe keinen Fremdbezug und optimieren damit die Transaktionskosten zwischen den einzelnen Stufen. Als Beispiel kann H & M gelten. Das Unternehmen behält alle Aktivitäten von der Produktion bis zum Verkauf in eigenen Läden unter Kontrolle. Der Vorteil dieses Modells liegt auf der Hand: Sie müssen keine Rücksicht auf andere nehmen und sind unabhängig. Sie sind in der Lage, innerhalb jeder Stufe Wettbewerbsvorteile in den Bereichen Zeit, Kosten, Qualität und Individualität aufzubauen. Der Nachteil ist — wie oben erwähnt —, dass Sie teuer aufgebaute Kapazitäten in vielen Bereichen haben, die ausgelastet werden wollen. Außerdem benötigen Sie Kompetenzen in Bereichen, die vermutlich nicht zu Ihren Kernkompetenzen zählen.

2. Der Netzwerkspieler

Netzwerkspieler sind kaum noch oder gar nicht mehr produzierend tätig. Sie konzentrieren sich ausschließlich auf ihre Kernkompetenzen und damit auf Aktivitäten, die im Markt differenzierend wirken. Adidas, Puma und das Bauunternehmen Bauwens zählen zu den Netzwerkspielern. Es gelingt Ihnen, über die geschickte Koordination arbeitsintensiver und zudem austauschbarer Wertschöpfungsaktivitäten, einen erheblichen Mehrwert zu generieren und Kostenvorteile zu realisieren. Der Vorteil liegt auf der Hand: Sie können auf teure Produktionsanlagen verzichten.

3. Der Funktionsspezialist

Die Funktionsspezialisten konzentrieren sich auf ein Leistungssegment in der Wertschöpfungskette, das sie branchenübergreifend ausführen und in dem sie besonders stark sind. Damit gelingt es ihnen, innerhalb des Marktes verteidigungsfähige Wettbewerbsvorteile aufzubauen. Ein gutes Beispiel ist hier der Walldorfer Software-Spezialist SAP, der sich zum größten europäischen und weltweit zu einem der fünf größten Softwarehersteller entwickelt hat. Seine Software zur Abwicklung sämtlicher Geschäftsprozesse eines Unternehmens ist in unzähligen Unternehmen zum Standard geworden und nur unter größten Mühen zu ersetzen.

Outsourcing ist nach unserer Überzeugung nicht nur etwas für große Unternehmen, sondern besonders für kleinere und mittelständische Unternehmen eine Möglichkeit, ihre Ressourcen zu schonen und ihre so wichtige Flexibilität zu erhalten. Nur wer auf nicht wertschöpfende Tätigkeiten verzichtet, erhält den Unternehmenswert.

6.6 Strategische Optionen und Ziele

Strategisches Oberziel und Erfolgsindikator jedes Unternehmens ist der nachhaltig geschaffene Unternehmenswert. Rendite, Wachstum und Risiko sind hier die maßgeblichen Werttreiber. Das strategische Oberziel ist somit für alle Unternehmen gleich:

Nachhaltig profitabel mit vertretbarem Risiko gesund wachsen.

Um dieses Oberziel zu erreichen, müssen Sie strategische Stoßrichtungen festlegen, die zu einer Verbesserung der Werttreiber Rendite und Wachstum führen sowie zu einer Reduzierung der Risiken. Gute Unternehmen legen sich nicht auf **eine** Strategie zur Umsetzung der strategischen Stoßrichtung fest, sondern prüfen stets verschiedene strategische Optionen. Die Stoßrichtungen ergeben sich aus der Weiterentwicklung der Kernkompetenzen, der Auswahl der Geschäftsfelder, der strategischen Positionierung und der Gestaltung der Wertschöpfungskette. Wägen Sie ab, welche strategischen Optionen für Ihr Unternehmen am besten geeignet sind. Ausschlaggebend ist, welche Option zum größten messbaren Mehrwert führt.

Bei den drei Werttreibern sollten Ihre Maßnahmen folgende Wirkungen erzielen:

- Wachstum: Steigerung der Gewinne und des Cashflows durch eine Steigerung des Umsatzvolumens.
- Rendite: Steigerung der Gewinne durch eine effizientere Nutzung des Umsatzpotenzials sowie eine Optimierung des Kapitaleinsatzes.
- Risiko: Risikoreduzierung (besseres Rating) bei gleichen Gewinnen.

Um diese Ziele zu erreichen, kann man drei strategische Stoßrichtungen als Hauptvarianten unterscheiden:

1. **Wachstumsstrategien**
   Die Umsetzung von Wachstumsstrategien benötigt eine relativ lange Zeit, allerdings stellen Wachstumsstrategien den größten Werthebel dar. Wachstum können Sie erreichen über
   - Verdrängung (neue Produkte, besserer Service, bessere Marke etc.),
   - Innovation (produktbezogen, produktbegleitend, emotional, Vertriebsausweitung),
   - Kooperation,
   - Zukauf (von Lieferanten, Märkten, Wettbewerbern).

2. **Rentabilitätsstrategien**
   Sie zeigen kurzfristig meistens die größte Wirkung und lassen sich relativ zügig umsetzen. Es handelt sich dabei um produktions- beziehungsweise kostenorientierte Strategien.
   - Reduzierung der Kosten (Herstellungs-, Verwaltungs-, Vertriebs-, Entwicklungskosten etc.),
   - Optimierung der Kapitalbindung in Anlage- und Umlaufvermögen,
   - Produktivitätssteigerung.

3. **Risikoorientierte Strategien**
   Bei einem ungünstigen Verhältnis von Risiko und Risikodeckungspotenzial stellen diese Strategien den größten Stellhebel dar.
   - Reduzierung von Risiken (Vermeidung, Verminderung oder Transfer auf Dritte),
   - Steigerung des Risikodeckungspotenzials (Eigenkapitalausstattung, Liquiditätsreserven etc.).

Jede Strategie sollte systematisch im Hinblick auf ihre Wirkung auf die künftige Rendite, das künftige Wachstum und das künftige Risiko abgebildet werden. Das ist mithilfe verschiedener Softwarelösungen leicht und sicher möglich. Sollte es Ihnen schwerfallen, sich für eine Strategie zu entscheiden, fragen Sie sich, ob Sie wirklich so weitermachen möchten wie bisher.

„Handle stets so, dass neue Möglichkeiten entstehen."

Norbert Wiener

Es gibt zahlreiche Unternehmen, die beweisen, dass das Oberziel, nachhaltig profitabel mit vertretbarem Risiko gesund zu wachsen, mit der richtigen Strategie über

Jahre hinweg erreicht werden kann. Ein sehr gutes Beispiel ist die Adolf Würth GmbH & Co. KG, die 50 Jahre lang bei sehr guter Rendite ein zweistelliges Umsatzwachstum verzeichnete. Reinhold Würth war es auch, der sagte: „Rendite ohne Wachstum ist tödlich. Wachstum ohne Rendite ist auch tödlich — dauert nur länger."

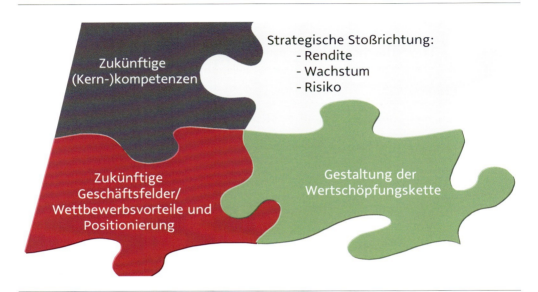

Abb. 34: Kernelemente der Strategie

6.7 Checkliste für Ihr strategisches Konzept

Ich empfehle Ihnen für die Entwicklung Ihres strategischen Konzepts die folgende Checkliste:

- Wie lauten die Mission, die Vision und das formulierte Wertesystem für Ihr Unternehmen?
- Ist das Unternehmensleitbild in der Unternehmenskultur verankert?
- Wie sieht das SWOT-Profil Ihres Unternehmens aus?
- Welches sind Ihre entscheidenden Kernkompetenzen?
- Welche Kernkompetenzen möchten Sie künftig aufbauen, um in den gewählten Geschäftsfeldern eine führende Wettbewerbsposition einzunehmen?
- Wie unterscheidet sich Ihr Angebot von dem des Wettbewerbs?
- Welchen Nutzen können Sie Ihren Kunden bieten, den die Mitbewerber nicht bieten?

- Welche zentralen Kundenprobleme lösen Sie auf wahrnehmbare Weise besser als die Mitbewerber?
- Wie lauten Ihre entscheidenden Wettbewerbsvorteile?
- Haben Sie sich über den Markt, die Branche und Ihre Mitbewerber informiert?
- Haben Sie sich mit den zukünftigen Trends in den Bereichen Gesellschaft, Technik und Politik befasst?
- Welche Schlüsse haben Sie daraus für Ihr Unternehmen und seine Aufstellung in der Zukunft gezogen?
- Welche Geschäftsfelder wollen Sie zukünftig besetzen und auf welchen Märkten wollen Sie tätig sein?
- Welche Wachstumsfelder sehen Sie für Ihr Unternehmen?
- Welche Positionierung strebt Ihr Unternehmen an?
- Welche Aktivitäten der Wertschöpfungskette bauen auf Kernkompetenzen auf und dienen dem Aufbau von Wettbewerbsvorteilen?
- Gibt es Aktivitäten, die Sie besser an Fremdunternehmen abgeben sollten? Welche?
- Wie sollten die betrieblichen Ressourcen auf die einzelnen Schritte der Wertschöpfungskette aufgeteilt werden?
- Wo muss besonders investiert werden?
- Wie wirkt sich die angestrebte Wertschöpfungskette auf Ihre Kostenstruktur aus?
- Wie sieht Ihre Finanzstruktur aus? Verfügen Sie über genug Eigenkapital und ausreichenden Cashflow?
- Wo liegen die durchschnittlichen Kapitalrenditen in Ihrem Markt und wo liegen sie im Vergleich dazu in Ihrem Unternehmen?
- Wie wollen Sie die Rendite Ihres Unternehmens erhöhen?
- Mit welchem Marktwachstum rechnen Sie?
- Welche strategische Stoßrichtung zur Steigerung Ihres Unternehmenswerts hat Priorität?
- Wurden Ihre Mitarbeiter in die Strategieentwicklung einbezogen und kennen Sie die Strategie?

EXKURS: Warum Strategien scheitern

Gleich vorneweg: Die meisten Strategien scheitern an Menschen, die sie nicht umsetzen. Eine Strategie zu entwickeln, ist eine anspruchsvolle Aufgabe. Fast noch anspruchsvoller ist ihre Umsetzung und Verankerung im Unternehmen. Eine nicht umgesetzte Strategie ist wirkungslos. Doch die Frage „Wie setzen wir die notwendigen grundlegenden Veränderungen im Unternehmen um?" wird allzu oft nicht beantwortet. Fast alle Strategien scheitern an diesem Punkt. Einer der wichtigsten Gründe dafür ist, dass sich nur wenige Führungskräfte konkrete Schritte zur Umsetzung einer Maßnahme überlegen. Die Qualität der

Umsetzung bestimmt jedoch, in welchem Maße und wie schnell die Strategie vom Papier in Ergebnisse übersetzt werden kann.

Hinzu kommen bei einem Strategiewechsel oder einer neuen strategischen Ausrichtung oft erhebliche Widerstände aus der Organisation, die überwunden werden müssen. Eine neue Strategie hat Konsequenzen für Mitarbeiter, Struktur, Prozesse und vieles mehr. Veränderungen lösen jedoch bei den meisten Menschen Unsicherheit aus und stehen im Widerspruch zum Wunsch des Menschen nach Stabilität. Die Sicherheit der vertrauten Gegenwart — auch wenn sie nicht gut sein sollte — wird nur ungern zugunsten einer unbekannten Zukunft aufgegeben. Führungskräfte, deren Mitarbeiter sich querstellen oder entziehen, kämpfen einen aussichtslosen Kampf. Deshalb ist die Einbeziehung aller Mitarbeiter auf allen Ebenen bei der Strategieumsetzung unabdingbar. Es reicht nicht aus, dass sie die Strategie kennen. Sie müssen genau wissen, was die Umsetzung der Strategie für das Unternehmen, ihre Abteilung und sie selbst bedeutet. Folgende Punkte sollten erfüllt sein:

- Mitarbeiter und Führungskräfte müssen die Strategie kennen, verstehen und als Leitidee für ihr Handeln im Sinne der Unternehmensziele akzeptieren.
- Die Mitarbeiter müssen in der Lage sein, neuen Anforderungen gerecht zu werden. Können Sie das nicht, muss die Unternehmensführung für einen entsprechenden Kompetenzaufbau Sorge tragen.
- Alle Mitarbeiter müssen ihre persönlichen Aufgaben kennen und wissen, wo sie künftig innerhalb der Organisation stehen und wie sie künftig mit Kollegen zusammenarbeiten sollen.
- Jeder Mitarbeiter sollte so motiviert sein, dass er die Realisierung der Strategie in seinem Aufgabenbereich aktiv vorantreibt.
- Die wichtigsten Werttreibergrößen, die entscheidend für die Umsetzung der Strategie sind, müssen klar herausgearbeitet, in standardisierter Form ermittelt und systematisch überwacht und gesteuert werden.
- Die Umsetzungsprojekte und -maßnahmen müssen konsequent abgearbeitet werden.

Kurz & knapp: Strategieentwicklung

- Die Strategie ist das Herzstück des Unternehmenserfolgs. Sie hat die Aufgabe, für nachhaltige Differenzierung zu sorgen, denn in stagnierenden Märkten führen austauschbare Leistungen zwingend zu einer negativen Rendite.
- Eine gute Strategie basiert auf Mission, Vision und dem Wertesystem des Unternehmens (Kapitel 2).
- Kernkompetenzen sind die Seele Ihres Unternehmens, der wichtigste Baustein der Strategie. Arbeiten Sie heraus, weshalb Ihr Unternehmen einzigartig ist. Was unterscheidet Sie von den anderen Marktteilnehmern? Was haben Sie dem Wettbewerb voraus?
- Langfristig erfolgreiche Unternehmen sind immer Marktführer oder streben nach Marktführerschaft. Gehen Sie nur in Geschäftsfelder beziehungsweise bleiben Sie nur in Geschäftsfeldern, in denen Sie aufgrund Ihrer Kernkompetenzen eine führende Rolle spielen können.
- Nur durch Kernkompetenzen gestützte Wettbewerbsvorteile sind nachhaltig. Ihre Unternehmensstrategie muss darauf ausgerichtet sein, Ihnen nachhaltige Wettbewerbsvorteile zu verschaffen. Wettbewerbsvorteile bedeuten letztlich Differenzierung.
- Die Positionierungsstrategie sichert eine überdurchschnittliche Rendite und schafft die Basis für ein renditebewahrendes Wachstum.
- Eine starke Marke ermöglicht die nachhaltigste Differenzierung zum Wettbewerb.
- Stellen Sie Ihre Wertschöpfungskette auf den Prüfstand. Es ist strategisch empfehlenswert, alle nicht wertschöpfenden Tätigkeiten auszulagern.
- Strategisches Oberziel jedes Unternehmens ist es, nachhaltig profitabel mit vertretbarem Risiko gesund zu wachsen. Prüfen Sie, mit welcher Strategie Sie dieses Ziel am besten erreichen.
- Strategien scheitern meistens an Menschen. Achten Sie darauf, Ihre Mitarbeiter bei der Erarbeitung und Umsetzung einer Strategie mitzunehmen.

MARKE

UNTERNEHMENS-STRATEGIE

VISION

MISSION

WERTESYSTEM

KERNKOMPETENZ

WERTSCHÖPFUNGSKETTE

© www.die-zeichner.de

Cockpitaufbau I: Von der Strategie zur Umsetzung

Sie haben es gelesen: Die meisten Strategien scheitern an der Umsetzung. Kommt man ein Jahr nach einem Strategieentwicklungsprozess in ein Unternehmen und fragt die Mitarbeiter, was sich im letzten Jahr verändert hat, erhält man häufig die Antwort: „Gar nichts." Diese Antwort macht das Dilemma vieler strategischer Konzeptionen deutlich. Die in Workshops gesammelten Ideen und erarbeiteten Konzepte werden nicht umgesetzt. Sie gehen — trotz der unumstritten großen Bedeutung — im Tagesgeschäft unter oder werden schlimmstenfalls torpediert. Es wird weiter gemacht wie bisher. Die große Strategie kommt bei den Mitarbeitern nicht an. Sie bleibt ein wenig greif- und begreifbares Gebilde, das sich in schönen Worten, Leitsätzen und Absichten erschöpft.

Das Unternehmenscockpit schließt die Lücke zwischen strategischer Planung und operativer Umsetzung.

Das Cockpit ist Ihr „Tool" zur Umsetzung Ihrer Strategie beziehungsweise setzt auf dieser auf. Sie können kein im Sinne der Unternehmenssteuerung funktionierendes Cockpit ohne die vorherige Strategieentwicklung aufbauen. Mit dem Cockpit werden die strategischen Themen in operativ greifbare Projekte und Maßnahmen umgesetzt und gemessen. Sie werden auf Ziele für Abteilungen, Gruppen und jeden einzelnen Mitarbeiter heruntergebrochen. Dadurch weiß jeder, was sein Beitrag zum Unternehmenserfolg ist. Die Unternehmensführung sieht frühzeitig, wohin die Entwicklung geht. Das gesamte Unternehmen wird transparent.

Das Unternehmenscockpit hilft — im Sinne einer Strategielandkarte mit den Perspektiven Markt/Kunde, Prozesse, Mitarbeiter/Führung und Finanzen — dabei, die manchmal etwas abstrakte Form einer Strategie in konkrete Handlungen zu übersetzen. Es dient dazu, Strategie und Vision systematisch zu konkretisieren, wirkungsvoll in Aktionen zu überführen und so in die Organisation zu tragen. Es formuliert Ziele, macht diese messbar und operationalisiert sie durch strategische Maßnahmen. Somit beeinflusst es das Verhalten der Mitarbeiter. Je besser in einem Unternehmenscockpit die Strategie zum Ausdruck kommt, desto stärker wird das Verhalten der gesamten Organisation in Richtung Vision und Strategie gelenkt. Es ist ein exzellenter Beitrag zur Unternehmenssicherung, da es als Frühwarnsystem für alle strategisch relevanten Aspekt des Unternehmens dient. Mit wenigen aussagefähigen Kennzahlen bildet es die Logik Ihres Unternehmens ab. Sie steuern mit einem Frühwarnsystem, das Ihnen hilft, den Kurs rechtzeitig zu korrigieren, wenn es notwendig wird.

Eine systematische Unternehmenssteuerung ist nichts anderes als die Fähigkeit, frühzeitig die Ursachen für die Entwicklung des Unternehmens zu erkennen und rechtzeitig die richtigen Maßnahmen einzuleiten. Es ist weder Hexenwerk noch Zauberei, sondern in vielen Fällen handwerkliche Arbeit. Doch sie muss gemacht werden, wenn Ihre Strategie zum Erfolg führen soll. Ohne Strategieumsetzung kein Erfolg. Wenn wir davon ausgehen, dass die Unternehmensführung alles richtig gemacht hat und doch der Erfolg ausbleibt, dann ist eine der wahrscheinlichsten Ursachen dafür, dass die Strategie zwar entwickelt, aber nicht umgesetzt wurde. Der Wirtschafts- und Sozialwissenschaftler Prof. Dr. Hardy Wagner hat Erfolg als „die persönliche Zufriedenheit aus Art und Grad der Zielerreichung" definiert. Ein wesentliches Element der Cockpitarbeit ist deshalb die Definition von Zielen und die Kontrolle der Zielerreichung.

EXKURS: Balanced Scorecard

Das Unternehmenscockpit geht zurück auf die von Kaplan und Norton Anfang der 1990er-Jahre entwickelte „Balanced Scorecard". Das Konzept basiert auf der Idee eines logischen Systems, das es modernen Unternehmen ermöglicht, nicht nur vergangene Ereignisse und Ergebnisse zu messen, sondern auch die Potenziale, die in Zukunft wertschöpfend sein werden, einzubeziehen. Nach Meinung der beiden Wissenschaftler gab es damals — und gibt es oft auch noch heute — in den meisten Managementsystemen eine Lücke, die Unternehmen davon abhielt, sich immer wieder an ihre Strategie anzupassen und sie konsequent zu verfolgen.

Kaplan und Norton erklären in ihrem Buch „Balanced Scorecard: Strategien erfolgreich umsetzen":

„Die Balanced Scorecard sollte die Mission und Strategie einer Geschäftseinheit in materielle Ziele und Kennzahlen übersetzen können. Die Kennzahlen sind eine Balance zwischen extern orientierten Messgrößen für Teilhaber und Kunden und internen Messgrößen für kritische Geschäftsprozesse, Innovation sowie Lernen und Wachstum. Die Kennzahlen halten die Balance zwischen den Messgrößen der Ergebnisse vergangener Tätigkeiten und den Kennzahlen, welche zukünftige Leistungen antreiben. Und die Scorecard ist ausgewogen in Bezug auf objektive, leicht zu quantifizierende Ergebniskennzahlen und subjektive, urteilsabhängige Leistungstreiber der Ergebniskennzahlen."

Dank ihrer flexiblen und damit umfassenden Gestaltungsmöglichkeiten ist die Balanced Scorecard ein Instrument zur Einrichtung eines integrierten Managementsystems. Sie ermöglicht es, die Geschäftsvision zu verfolgen. Dem Management wird dadurch über die Betrachtung der finanziellen Aspekte hinaus ermöglicht, auch strukturelle Frühindikatoren für den Geschäftserfolg zu steuern. Ausgehend von einer Strategie, die neben den Shareholdern auch andere Stakeholder wie Mitarbeiter und Lieferanten berücksichtigt, werden kritische Erfolgsfaktoren bestimmt und daraus wird mit „Key Performance Indicators" ein Kennzahlensystem (Scorecard) erstellt. Die Messgrößen repräsentieren den Erfüllungsgrad der strategischen Ziele. In einem kontinuierlichen Prozess werden Ziele und Zielerreichung überprüft und durch korrigierende Maßnahmen gesteuert.

Abb. 35: Die Balanced Scorecard

7.1 Was Ihnen das Unternehmenscockpit nützt

In diesem Kapitel steigen wir in die Strategieumsetzung und damit in die Cockpitarbeit ein, die sich in „Erfolgreich im Familienunternehmen — Strategie und praktische Umsetzung in 10 Stufen" über die Stufen sieben bis zehn erstreckt. In Stufe sieben geht es um die Vorarbeiten für ein auf die individuelle Unternehmenssituation zugeschnittenes Cockpit. In Stufe acht befassen wir uns mit dem Aufbau des Cockpits auf Basis der Strategie. In Stufe neun und zehn befassen wir uns mit der richtigen Umsetzung der Strategie und ihrer nachhaltigen Implementierung im Unternehmen. Wenn Sie mit dem Cockpit fertig sind, können Sie Ihr Unternehmen sicher führen, ähnlich einem Piloten, der sein Flugzeug stets sicher zum Zielflughafen bringt, auch bei Turbulenzen.

Bevor wir starten, sollten Sie sich noch einmal das Wesen einer Strategie bewusst machen: Strategie ist der Weg zu einem Ziel, zu den Wettbewerbsvorteilen von morgen. Eine Strategie ist nichts, mit dem Sie den nächsten Monat planen, sondern etwas Zukunftsweisendes. Ausgehend von der Ist-Situation planen Sie normalerweise mittelfristig, d. h. etwa drei Jahre voraus, die langfristige Planung — das, was wir Strategie nennen — umfasst etwa sieben Jahre. An die strategische Planung schließt sich die sogenannte normative Phase an, die sich mit übergeordneten Zielen der Unternehmensentwicklung wie dem Leitbild befasst. Das Cockpit bildet sowohl die mittelfristige Planung als auch die Strategie ab und legt die operativen Ziele fest, mit dem Monat als kleinste Einheit.

Viele Unternehmer halten eine siebenjährige Vorausplanung für zu lang. Das ist insofern richtig, als wir tatsächlich heute nicht wissen, was in sieben Jahren sein wird. Vielleicht wird es bis dahin keinen Euro mehr geben, vielleicht sind die USA schon in zwei Jahren zahlungsunfähig. Wir können uns unendlich viele Szenarien vorstellen. Ein Hersteller von Fischfiletiermaschinen plante zum Beispiel den Sprung nach Asien. Dann ereignete sich das Reaktorunglück in Fukushima und seine Pläne waren Makulatur. Trotzdem: Legen Sie Ihre Strategie immer langfristig aus und passen Sie sie den Veränderungen im Umfeld an. Nicht umsonst empfehlen wir, Werte mit Tinte zu schreiben, die Strategie aber mit Bleistift. Sie treffen täglich Entscheidungen, die weit über sieben Jahre hinausreichen. Sie investieren in Produktionsanlagen und Gebäude, die sich vielleicht erst nach zehn oder 15 Jahren amortisieren.

Audi hat zehn Jahre gebraucht, um sein heutiges Standing zu erreichen. Fressnapf arbeitet darauf hin, seine Produkte künftig über alle Kanäle zu verkaufen; allein der IT-Aufbau wird zwei Jahre in Anspruch nehmen. Wenn Sie als Franchise-Nehmer von Obi 25 bis 30 Millionen Euro für einen neuen Baumarkt investieren, wissen Sie heute nicht, ob sich die Rendite tatsächlich lohnt und ob Ihr Franchise-Vertrag in fünf Jahren verlängert wird. Porsche ist ein Sportwagenbauer. Über die Hälfte der verkauften Autos waren jedoch im Jahr 2012 Porsche Cayenne, 25 Prozent Porsche Panamera. Die Zeit von der ersten Idee bis zur Markteinführung eines neuen Autos beträgt mindestens fünf Jahre.

Denken Sie also unbedingt langfristig. Und machen Sie sich Gedanken über einen Plan B. Bei Strategiepräsentationen vor Kreditgebern erleben wir immer wieder, dass die Unternehmen keinen Plan B haben. Beziehen Sie kritische Annahmen in Ihre Planung ein und entwickeln Sie Alternativen. Wenn ein Bergsteiger vor einer Schlucht steht, muss er eine andere Route wählen, sonst bleibt ihm nur der Abbruch. Die Zukunft wird immer mit Fragezeichen versehen sein. Denken Sie in Alternativen.

Wussten Sie, dass 99,99 Prozent aller Flugzeuge an ihrem Zielflughafen ankommen, aber über 17.300 Unternehmen allein im ersten Halbjahr 2011 ihr Ziel verfehlt haben? Sie mussten Insolvenz anmelden. Sie hatten im Unterschied zu den Piloten kein Navigationssystem an Bord. Doch ein solches ist auch für Unternehmen unerlässlich, denn es hält die aktuellen Koordinaten vor (Eigensituationsanalyse) und erfasst das Ziel präzise. Der Weg zum Ziel wird ebenso präzise erfasst (Strategie). Bei Turbulenzen erfolgt eine permanente Kursanpassung, während das Ziel bleibt (Maßnahmen). Der Pilot hat also während des Flugs alle wesentlichen Informationen in seinem Cockpit.

Kein Pilot der Welt käme auf die Idee, sein Flugzeug ohne Instrumentenanzeige zu steuern. Aber viele Unternehmer und Führungskräfte gehen dieses Wagnis ein. Sie leben von der Hand in den Mund und folgen keinem erkennbaren Ziel. Verwunderlich ist lediglich, wie lange sich solche Unternehmen mitunter halten können, bevor die Schieflage nicht mehr korrigierbar ist. Das Unternehmenscockpit ermöglicht Ihnen die Steuerung Ihres Unternehmens mit einem Frühwarnsystem, das Ihnen rechtzeitig anzeigt, wenn Sie vom Kurs abkommen und Sie dabei unterstützt, den Kurs zu korrigieren.

In jedem Unternehmen, unabhängig von Branche und Markt, stellen die Mitarbeiter Produkte her oder erbringen Leistungen, die bei den Kunden beziehungsweise auf den Märkten abgesetzt werden. Jede ihrer Handlungen führt zu Ausgaben und/oder Einnahmen, die sich im Finanzergebnis widerspiegeln. Das Cockpit ist keine fiktive Zahlenwelt. Es zeigt Ihnen, was Sie tun müssen, damit das Unternehmen auch künftig wettbewerbsfähig sein wird. Finanzzahlen zeigen Ihnen die Wirkung Ihres unternehmerischen Handelns. Im Cockpit werden zusätzlich die Ursachen abgebildet. Aus dieser einfachen Logik heraus wurde das Unternehmenscockpit mit seinen vier Perspektiven — Markt/Kunde, Prozesse, Mitarbeiter/Lernen und Finanzen/Risiko — entwickelt, mit denen sich alle Unternehmen auseinandersetzen müssen.

Abb. 36: Die 4 Perspektiven des Unternehmenscockpits

Für alle Bereiche werden individuell die wichtigsten Schlüsselzahlen festgelegt und definiert und in festgesetzten Abständen erhoben. Ein Ampelsystem gibt darüber Auskunft, ob Handlungsbedarf besteht oder ob alles im grünen Bereich ist. Allerdings: Jedes strategische Steuerungssystem, also auch das Unternehmenscockpit, steht und fällt mit einer zuvor sorgfältig ausgearbeiteten Unternehmensstrategie und den daraus folgenden strategischen Ober- und Unterzielen. Sie sollten wissen, wo Sie starten, was Ihr Ziel ist und wie Sie dorthin gelangen. Überprüfen Sie also Ihre Strategie und erarbeiten Sie gegebenenfalls ein neues strategisches Konzept, bevor Sie mit der Cockpitarbeit starten.

Sie müssen eine Strategie haben, um aus dem Unternehmenscockpit Nutzen zu ziehen.

Pluspunkt 1: Flexibilität

Einer der großen Vorteile des Unternehmenscockpits ist seine hohe Flexibilität. Es ist kein starres Gebilde, das nach „Schema F" eingerichtet wird, sondern es ist genauso lebendig wie Ihr Unternehmen. Es ist so anpassungsfähig und flexibel, dass es für jede Branche und jedes Unternehmen, egal welcher Größe, genutzt werden kann. Es lässt sich den speziellen Gegebenheiten und der Strategie jedes Unternehmens anpassen. Einmal eingerichtet, kann es jederzeit angepasst, geändert und weiterentwickelt werden. Wenn Sie Ihre Strategie weiterentwickeln oder an veränderte Bedingungen anpassen, müssen auch die Kennzahlen angepasst werden. Den vier Perspektiven können weitere Dimensionen hinzugefügt werden. Allerdings sollte man darauf achten, dass das System handhabbar bleibt und nicht zu kompliziert wird.

Pluspunkt 2: Erkenntnisgewinn

Mit dem Unternehmenscockpit erkennen Sie, wie Ihr Unternehmen tatsächlich funktioniert. Sie lernen die Ursachen der Wirkungen kennen und erkennen so die Gründe für Ihren Erfolg oder Misserfolg. Eine Kennzahl alleine sagt noch nicht viel aus. An der Umsatzwachstumsrate können Sie lediglich sehen, ob die Wachstumsziele des Unternehmens erreicht wurden oder nicht. Doch die Ursachen dafür erkennen Sie erst, wenn Sie die Kausalkette bis hin zur Mitarbeiterperspektive verfolgen. Auf diese Weise lernen Sie, ganzheitlich im System zu denken und ersparen sich von blindem Aktionismus getriebene Maßnahmen, die nichts nützen, weil sie nicht an den Wurzeln des Problems ansetzen.

Pluspunkt 3: Messbarkeit

Was man nicht messen kann, kann man nicht managen. Alles für den Erfolg Wichtige, was im Unternehmen geschieht — von der Produktentwicklung über die Werbung bis zur Weiterbildung der Mitarbeiter — wird im Cockpit in einen messbaren Zusammenhang mit dem Unternehmenswert gebracht. Voraussetzung ist, dass die Leistungskennzahlen sorgfältig ausgewählt und definiert wurden. Sie müssen sich eindeutig bestimmten Zielen zuordnen lassen, durch ihren Namen die genaue Bedeutung signalisieren und Teil einer ganzheitlichen Sichtweise auf das Unternehmen sein.

Das Unternehmenscockpit

- erhöht die Transparenz im Unternehmen;
- stellt sicher, dass jeder im Unternehmen die Strategie kennt;
- ist ein Motivations- und Kommunikationsinstrument, das durch seine ganzheitliche Sichtweise Ressortegoismen und Abteilungsdenken sprengen kann;
- hilft, sich auf das Wesentliche zu konzentrieren und dadurch Ressourcen zu schonen;
- befähigt, Faktoren zu identifizieren, die nicht angestrebt sind;
- übersetzt die Strategie ins operative Geschäft;

- gibt Hinweise auf konkrete Maßnahmen mit strategischer Relevanz;
- ist ein Führungsinstrument, das jeden Mitarbeiter aktiv in die Strategie einbindet;
- macht die zur Erreichung der Vision benötigten Kompetenzen sichtbar;
- ist ausgewogen, da kurz- und langfristige, finanzielle und nicht finanzielle Aspekte einfließen;
- ist ein Frühwarnsystem, das Unternehmern Zeit verschafft, um sinnvolle Maßnahmen zu ergreifen, bevor sich das Ergebnis in den Finanzkennzahlen widerspiegelt;
- ist praxiserprobt und vielfach getestet.

7.1.1 Cockpit-Aufbau in fünf Schritten

Die folgende Abbildung veranschaulicht den Aufbau eines Unternehmenscockpits:

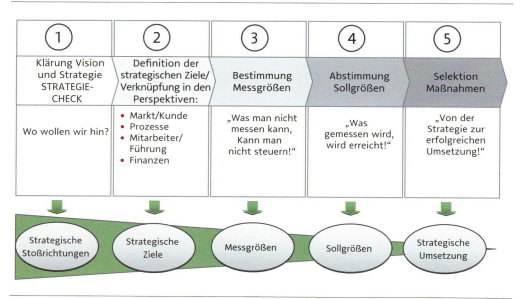

Abb. 37: Vorgehen beim Aufbau eines Cockpits

Vision und Strategie klären

Zu Beginn der Cockpitarbeit sollten Sie auf jeden Fall noch einmal die Vision und Strategie des Unternehmens klären. Sie erinnern sich: Die Vision klärt die Frage, wohin Sie wollen, die Strategie beschreibt den Weg dorthin. Sie ist die Grundlage, auf der das Unternehmenscockpit aufbaut.

Ihre Aufgabe: Überprüfen Sie die Strategie mindestens einmal jährlich und passen Sie sie gegebenenfalls an.

„Für uns als international tätiges mittelständisches Unternehmen sind ein analytisch einwandfreier und systemischer Ansatz in der Strategiedefinition sowie Exzellenz und Professionalität in der operativen Umsetzung unabdingbar."

Paul Atzwanger, Atzwanger AG, Bozen

Strategische Ziele definieren

Indem Sie Ihre strategischen Ziele auf die vier Perspektiven des Cockpits (Markt/Kunde, Prozesse, Mitarbeiter/Lernen und Finanzen) herunterbrechen und miteinander verknüpfen, verankern Sie die Strategie in allen Bereichen des Unternehmens und bei den Mitarbeitern. Keine Perspektive steht für sich alleine, sondern alle wirken zusammen und beeinflussen sich gegenseitig. Deshalb ist es wichtig, die Zusammenhänge herauszuarbeiten. Das Kausalnetz, das aus der Verbindung der Inhalte der Perspektiven und ihrer Zahlen entsteht, bildet die Ursachen für die Entwicklungen in Ihrem Unternehmen ab. Nur so können Sie an den richtigen Stellschrauben drehen, um Ihre Ziele zu erreichen.

Ihre Aufgabe: Betrachten Sie die Vorgänge in Ihrem Unternehmen ganzheitlich und arbeiten Sie die Zusammenhänge heraus.

Messgrößen bestimmen

Alles, was in Ihrem Unternehmen geschieht, muss in einen logischen, messbaren Zusammenhang gebracht werden können und letztlich auf den Unternehmenswert wirken. Dafür brauchen Sie aussagekräftige Kennzahlen für alle vier Perspektiven. Jedes Unternehmen muss seine eigenen Kennzahlen finden und festlegen. Lediglich die typischen Finanzkennzahlen gelten für jedes Unternehmen. Sie sollten nicht zu viele Kennzahlen festlegen, sondern lieber dem Motto „Qualität statt Quantität" folgen.

Ihre Aufgabe: Legen Sie die für Ihr Unternehmen sinnvollen Kennzahlen fest.

Was man nicht messen kann, kann man nicht steuern.

Zielwerte abstimmen

Hier geht es darum, das Cockpit zu operationalisieren, damit Sie jederzeit einen Überblick über den Fortschritt der Strategie haben und ein Frühwarnsystem installieren können. Dafür bietet sich ein Ampelsystem an, das Ihnen durch die Farben grün, gelb und rot anzeigt, wo Sie stehen. Dazu müssen die Kennzahlen genau definiert, Zielwerte sowie zulässige und maximale Abweichungen festgelegt und Verantwortliche benannt werden.

Ihre Aufgabe: Definieren Sie Ihre Kennzahlen und legen Sie Korridore fest, innerhalb derer sich die Zahlen bewegen dürfen. Berechnen Sie die Ist-Werte, damit Sie wissen, wo Sie starten beziehungsweise aktuell stehen.

Was gemessen wird, wird erreicht.

Maßnahmen selektieren

In der fünften Phase geht es ganz konkret um die strategische Umsetzung, um den Weg von der Strategie zur erfolgreichen Umsetzung. In der Arbeit mit dem Cockpit werden aus den Zahlen kontinuierlich Maßnahmen abgeleitet, die das Unternehmen zum Erfolg führen und den Unternehmenswert steigern.

Ihre Aufgabe: Behalten Sie Ihre Zahlen stets im Blick. Erhebliche Unterschiede zwischen den angestrebten Soll-Werten und den Ist-Werten signalisieren immer strategischen Handlungsbedarf. Lassen Sie die Zusammenhänge zwischen den Zahlen nicht außer Acht. Nur so können Sie richtig reagieren.

Jedes große Problem war einmal klein.

7.1.2   Das Cockpit in der Unternehmenssteuerung

Auf Ihrer Strategie als Grundlage einer wertorientierten Unternehmensführung setzen strategische Planung und die Festlegung der strategischen Ziele im Cockpit in den vier Perspektiven auf. Damit werden die strategischen Maßnahmen festgelegt, bewertet und überwacht. Diese Ergebnisse fließen wiederum in die mittelfristige Planung ein, die Umsatz, Märkte, Produktgruppen, GuV, Bilanz, Cashflow, Kennzahlen und die Integration der strategischen Projekte und Maßnahmen beinhaltet. Darauf bauen das Berichtswesen und eine integrierte Planung auf. Außerdem dient die mittelfristige Planung auch der Abbildung und Verbesserung des Ratings.

Das Berichtswesen mit Monatsberichten, einem Soll-Ist-Vergleich, mit Analysen und Steuerungsmaßnahmen ist Basis für die integrierte Planung mit Top-down-Vorgaben, Planungszielen und ihrer Umsetzung im Budgetprozess. Zusammen mit dem Risikomanagement wird so eine Prognose über die künftige Entwicklung des Unternehmenswerts möglich. Das Management erhält aussagekräftige Zahlen für das Rating. Die gewonnenen Erkenntnisse fließen wiederum in die Überprüfung und Ausrichtung des Cockpits ein.

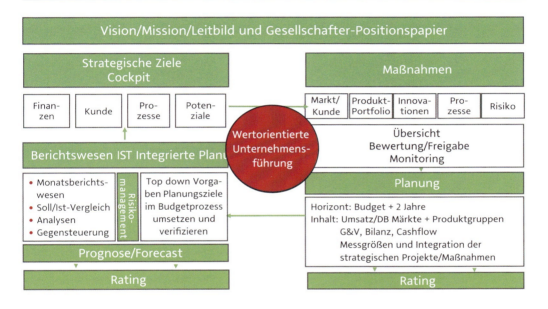

Abb. 38: Das Cockpit als integraler Bestandteil des Unternehmenssteuerungsmodells

Bei der Cockpitarbeit sollten Sie stets im Hinterkopf haben, was Erfolg für Sie als Unternehmer bedeutet. Für uns gilt folgender Satz:

Erfolg ist, wenn der Unternehmenswert nachhaltig gesteigert werden kann.

In den Kapiteln 1 und 4 haben wir uns bereits ausführlich mit dem Unternehmenswert befasst. Deshalb nur noch einmal in Kürze: Der Unternehmenswert wird entscheidend beeinflusst von den Faktoren Rendite, Wachstum und Risiko. Die Strategie soll den Erfolg Ihres Unternehmens sicherstellen und den Unternehmenswert nachhaltig steigern. Deshalb ist es wichtig, sich im Rahmen der Strategieentwicklung mit diesen Zusammenhängen gründlich zu befassen. Mit dem Cockpit stellen Sie sicher, dass Sie den Weg, den Sie gehen möchten, konsequent gehen,

Schlaglöcher und Stolpersteine rechtzeitig bemerken und sie ohne Verletzungen überwinden. Das Cockpit liefert Ihnen die Zahlen, die Sie brauchen, um den wirtschaftlichen Erfolg Ihres Unternehmens aussagekräftig zu dokumentieren und gleichzeitig das von den Banken durchgeführte Rating abzubilden.

Der in Kapitel 4 vorgestellte Werthebelbaum ist das zentrale Steuerungs- und Abbildungsinstrument für den Unternehmenserfolg. Er stellt den Unternehmenswert (Economic-Value-Added-Modell, EVA) dar, der die wichtigste Kenngröße für das Management ist. In ihm sind die Werttreiber des Unternehmens abgebildet. In den Unternehmenswert fließen alle Finanz-Kennzahlen aus dem Cockpit ein, in denen wiederum alle wichtigen Prozesse aus dem Unternehmen abgebildet sind. Mit dem Cockpit und seinem Kausalnetz, das Ihnen die Zusammenhänge zwischen geplanten Maßnahmen und dem künftigen Mehrwert abbildet, werden die Werttreiber des Unternehmens identifiziert. Außerdem wird sichergestellt, dass in allen Unternehmensbereichen eine Mindestrendite erzielt wird, denn:

Die Rendite auf das eingesetzte Kapital muss größer sein als die Kosten des eingesetzten Kapitals.

Bevor Sie jetzt mit der konkreten Arbeit an Ihrem Unternehmenscockpit beginnen, sollten Sie sich vergegenwärtigen, was zu tun ist. Ihre Vision und Strategie bilden den Mittelpunkt des Cockpits und sind von zentraler Bedeutung. Die vier Perspektiven Markt/Kunden, Prozesse, Mitarbeiter/Lernen und Finanzen/Risiko sind die strukturierenden Elemente des Cockpits. Ihnen werden jeweils Schlüsselelemente zugeordnet, aus denen die für Sie wichtigen Kennzahlen abgeleitet werden. Im Verlauf des Aufbauprozesses muss die Strategie kommuniziert, auf Ziele heruntergebrochen und mit Anreizsystemen verknüpft werden. Strategische Initiativen müssen abgestimmt und budgetiert, Meilensteine müssen gesetzt werden. Unerlässlich ist ein regelmäßiges Feedback. Wenn nötig, muss die Strategie angepasst und weiterentwickelt werden.

● TIPP

Der Aufbau eines Unternehmenscockpits ist eine Aufgabe, an der Sie beständig arbeiten müssen, wenn es Nutzen bringen soll. Deshalb hat es auch keinen Sinn, so lange am Cockpit zu „werkeln", bis es perfekt ist. Im Gegenteil: Sie müssen starten, damit arbeiten und sukzessive Schwachstellen und falsche Annahmen ausmerzen. Nachbearbeitung ist der Normalfall. Die Welt verändert sich, die Strategie muss sich anpassen. Wenn Sie entdecken, dass eine

Kennzahl, die Ihnen wichtig erschien, nicht konstant erhoben werden kann, der angesetzte Soll-Wert nicht realistisch ist, eine Kennzahl fehlt oder nicht relevant ist oder in keinem kausalen Zusammenhang steht, dann müssen Sie Ihr Cockpit nachbearbeiten.

Die Entwicklung eines Cockpits ist schweißtreibende Detailarbeit. Halbherzige Vorbereitungen führen zu halbherzigen Ergebnissen und das bedeutet das Aus für Ihr Cockpit, noch bevor Sie damit abheben können.

7.2 Schlüsselelemente – Basis des Unternehmenscockpits

Wenn Sie Ihr strategisches Konzept im Tagesgeschäft zum Leben erwecken wollen, müssen Sie dafür sorgen, dass bei Ihren Führungskräften die zentralen Aussagen der verfolgten Strategie präsent sind. Nur das stellt sicher, dass Ihre verantwortlichen Mitarbeiter auch im Tagesgeschäft „strategiekonform" entscheiden. Aufgrund der hohen Belastung im operativen Tagesgeschäft haben jedoch die wenigsten Führungskräfte Zeit, sich im laufenden Geschäftsbetrieb, also außerhalb der Strategiemeetings, die in den meisten Firmen gerade einmal jährlich stattfinden, intensiv mit der verabschiedeten Unternehmensstrategie auseinanderzusetzen. Deshalb müssen Sie die wichtigsten Aussagen Ihres strategischen Konzepts auf die wesentlichen Sachverhalte verdichten. Sie müssen „Schlüsselelemente" aus Ihrer Unternehmensstrategie filtern.

Die Schlüsselelemente sind die qualitativen Ober- und Unterziele des Unternehmens.

Das Oberziel für alle Unternehmen haben wir bereits festgelegt: die nachhaltige Steigerung des Unternehmenswerts. Er spiegelt sich in den Schlüsselelementen (Kapital-)Rendite, Wachstum und Risiko wider. Die Quintessenz der Strategie in Form der Schlüsselelemente ist für Ihre Führungskräfte schnell erfassbar und im Tagesgeschäft umsetzbar. Da die Mitarbeiter an der Strategieentwicklung und der Auswahl der Schlüsselelemente beteiligt sind, wissen sie, welche Aspekte sich hinter den einzelnen strategischen Ober- und Unterzielen verbergen. Die Schlüsselelemente sind die Basis des Unternehmenscockpits.

7.2.1   Die richtigen Schlüsselelemente identifizieren

Zur Identifikation der Schlüsselelemente gehen Sie zusammen mit Ihrem Führungsteam Ihr ausformuliertes strategisches Konzept durch. Extrahieren Sie aus
jeder Seite Ihres Strategiepapiers die wesentlichen beziehungsweise wichtigsten
Aussagen in Form von Schlagworten (Zielen) und ordnen Sie diese Schlagworte
der jeweiligen Perspektive des Unternehmenscockpits zu. Nach Kaplan und Norton
gehen wir von den vier bekannten Perspektiven aus:

- Markt/Kunde
- Prozesse
- Mitarbeiter/Lernen/Führung
- Finanzen/Risiko

Faktoren, die maßgeblich den Umsatz beeinflussen, werden der Markt/Kunde-Per-
spektive zugeschlagen. Faktoren, die in erster Linie Kosten darstellen, werden der
Prozessperspektive zugeordnet. Reklamationskosten finden sich demnach in der
Prozessperspektive, Kundenzufriedenheit zählt zur Perspektive Markt/Kunde.

Sie tun sich leichter damit, die Schlüsselelemente zu identifizieren, wenn Sie sich
bei der Suche folgende Fragen stellen:

- Wie wollen wir uns dem Kunden präsentieren?
- Bei welchen Prozessen müssen wir hervorragende Leistungen erbringen?
- Welche Pluspunkte kennzeichnen uns als erstrebenswerten Arbeitgeber?
- Wie können wir für Kapitalgeber attraktiv sein?

Schon in dieser frühen Phase des Cockpitaufbaus ist es von großer Bedeutung,
sich zu beschränken. Das Cockpit soll kein Meer an nutzlosen Daten enthalten,
sondern die entscheidenden Daten — nämlich die Daten, die „den Unterschied"
ausmachen: Verleihen Sie also nur den echten „Must-win-Battles" den Ritterschlag
zum Schlüsselelement.

Unsere Erfahrung zeigt, dass Unternehmen häufig weit mehr als die angestrebten 20 bis 25 Schlüsselelemente identifizieren. Wir empfehlen in solchen Fällen, die
Liste Ihrer Schlüsselelemente noch einmal oder sogar mehrmals durchzugehen und
jedes einzelne Element hinsichtlich seiner Wichtigkeit und Kongruenz zu bewerten. Sie werden Dubletten finden und Elemente, die sich bei näherer Betrachtung
als nur halb so wichtig wie gedacht entpuppen. Versuchen Sie, die Schlüsselelemente zu priorisieren, wenn Sie zu viele davon haben. Oder stellen Sie sich vor,

Sie lesen einen Text, aus dem Sie alles streichen müssen, was keine neue oder wertvolle Information enthält: Füllwörter, Phrasen ohne Inhalt, Wiederholungen werden gestrichen.

Am Schluss haben Sie einen Text, in dem Sie kein Wort mehr streichen können, weil jedes Wort wichtig ist. Genauso sollten Ihre Schlüsselelemente sein: so wichtig, dass Sie nicht auf sie verzichten können. Je mehr Schlüsselelemente Sie identifizieren, desto unübersichtlicher wird Ihr Cockpit.

7.2.2 Die vier Perspektiven entwickeln

Nachdem Sie die für Ihr Unternehmen relevanten Schlüsselelemente bestimmt haben, ordnen Sie sie einer der vier Perspektiven zu. Dabei können Sie erkennen, wie ausgewogen Ihr Zielsystem bereits in diesem Stadium der Cockpit-Entwicklung ist. Es ist möglich, eine weitere Perspektive hinzuzufügen. Einer unserer Kunden aus der chemischen Industrie definierte beispielsweise die „Gesellschaftsperspektive" als fünftes Element. Sein Ziel war es, Auflagen und Erwartungen von Behörden oder der Gesellschaft bezüglich Umweltbedingungen und Lebensqualität im Auge zu behalten und mit den Unternehmenszielen in Einklang zu bringen. Ein anderer fügte die Perspektive „Ökologie" hinzu. Sie sollten allerdings im Auge behalten, dass zusätzliche Perspektiven für zusätzliche Komplexität sorgen. Achten Sie darauf, dass das Cockpit für Sie handhabbar und übersichtlich bleibt.

Um Ihnen die Zuordnung zu erleichtern, finden Sie in der folgenden Übersicht eine beispielhafte Zuordnung von Themenbereichen zu den einzelnen Perspektiven. Das bedeutet nicht, dass alle aufgeführten Möglichkeiten für Ihr Unternehmen relevant sein müssen.

MÖGLICHE Themenbereiche der einzelnen Perspektiven

Markt/Kunde	Prozesse	Mitarbeiter/Lernen	Finanzen/Risiko
Innovationen	Qualität	Motivation	Unternehmenswert
Internationalisierung	Standardisierte Baugruppen	Betriebsklima	Wachstum
Produktportfolio	Prozesseffizienz	Fluktuation	Kundenabhängigkeit
Marktanteile	Fertigungstiefe	Wissensmanagement	Händlerabhängigkeit
Marke	Innovationsprozess	Verbesserungsvorschläge	Rendite

Markt/Kunde	Prozesse	Mitarbeiter/Lernen	Finanzen/Risiko
Neukundengewinnung	Entwicklungszeit	Zielvereinbarungen	Liquidität
Kundenbindung	Produktivität	Unternehmenskultur	Value Added
Kundenzufriedenheit	Flexibilität	Kooperation	Umsatz
Serviceleistungen	Zukauf	Führungsqualität	Verschuldungsgrad
Marktkenntnis	Durchlaufzeit	Job-Rotation	Forderungsbestand
Branchenquote	Stillstandzeit	Variabler Vergütungsanteil	Eigenfinanzierung
Referenzen	Auslastung	Emotionale Bindung	Kostenstruktur
...	Ausschuss	Prämiensystem	Rating
	Termintreue	Ungeplante Fluktuation	...
	Reklamationsquote	...	
	...		

Aufgabencheck Cockpit-Aufbau:

- Haben Sie die wesentlichen Aussagen Ihrer Strategie identifiziert?
- Konnten Sie diese Aussagen zu Schlüsselelementen verdichten?
- Verbinden alle Beteiligten die gleiche Aussage mit dem jeweiligen Schlüsselelement?
- Haben Sie die Schlüsselelemente den jeweiligen Perspektiven zugeordnet?
- Konnten Sie die Schlüsselelemente priorisieren und verdichten?
- Erklären die ausgewählten Schlüsselelemente Ihre Strategie?

7.3 Kausalnetz – keine Wirkung ohne Ursache

Sie haben Rückenschmerzen und nehmen Schmerztabletten. Die Schmerzen verschwinden, aber am nächsten Tag sind sie wieder da. Mit Schmerztabletten können Sie die Ursache für Ihre Rückenschmerzen nicht beseitigen, sondern nur den Schmerz unterdrücken. Wenn Sie dauerhaften Erfolg erzielen möchten, müssen Sie die Ursachen für Ihre Rückenschmerzen finden und beseitigen. Vielleicht sitzen Sie den ganzen Tag auf einem schlechten Stuhl oder haben einen eingeklemmten Nerv oder eine falsche Haltung. Möglicherweise haben Sie eine Muskelzerrung oder sogar einen Bandscheibenvorfall.

Genauso ist es in Unternehmen. Natürlich können Sie anhand der Umsatzwachstumsrate erkennen, ob die Wachstumsziele des Unternehmens erreicht wurden. Aber erst wenn Sie die Kausalkette bis hin zur Mitarbeiterperspektive verfolgen, erkennen Sie, wo die Ursachen dieses Erfolgs oder auch Misserfolgs liegen. Wenn Ihre Umsätze zurückgehen, liegt das möglicherweise daran, dass die Produktqualität nicht mehr den Erwartungen der Käufer entspricht. Jetzt können Sie natürlich eine Qualitätsoffensive starten mit Kick-off und allem Tamtam. Die läuft aber ins Leere, wenn Ihre Mitarbeiter nicht mitziehen. Letztlich ist das Problem vielleicht dadurch entstanden, dass viele Ihrer Mitarbeiter unzufrieden sind und Dienst nach Vorschrift schieben. Das bedeutet, dass Sie zunächst einmal das Problem auf der Mitarbeiterebene lösen müssen. Wenn Sie in Ihr Cockpit die Mitarbeiterzufriedenheit als Schlüsselelement aufgenommen haben, erkennen Sie die Wurzel des Problems frühzeitig und wissen, wo Sie ansetzen müssen.

Suchen Sie immer nach den Ursachen der Wirkungen.

Eine systemische Unternehmenssteuerung ist nichts anderes als die Fähigkeit, frühzeitig die Ursachen für die Entwicklung eines Unternehmens zu erkennen und rechtzeitig die richtigen Maßnahmen einzuleiten. Für viele Unternehmer und Führungskräfte gehört es zum täglichen Geschäft, zu entscheiden, ob sie dem Druck der Kunden nachgeben, die Preise senken und dadurch im Sinne einer besseren Fixkostenauslastung den Umsatz sichern oder ob sie die Preise stabil halten, auf ein gewisses Volumen verzichten und dadurch die Rendite in den Vordergrund stellen. Doch ein Unternehmen kann nicht nur nach Umsatz oder nur nach Rendite gesteuert werden. Denn diese Kennzahlen stehen in einem Zusammenhang, beeinflussen sich gegenseitig und werden selbst wiederum von vielen anderen Variablen beeinflusst.

Deshalb muss die Steuerung eines Unternehmens mehrdimensional erfolgen und sich anschließend in der Entwicklung des Unternehmenswerts widerspiegeln. Aus diesem Grund müssen die für den Erfolg des Unternehmens wichtigsten Ursache-Wirkungs-Beziehungen transparent dargestellt werden. Dazu dient das Kausalnetz. Nur wenn Sie die Ursache-Wirkungs-Beziehungen kennen, können Sie rechtzeitig die passenden Maßnahmen einleiten. Die Erfahrung zeigt: Jedes große Problem war einmal klein. Ein Kausalnetz, das die Zusammenhänge zwischen den einzelnen Schlüsselelementen zeigt, garantiert, dass Sie nicht an der Oberfläche der Probleme kleben, sondern an die Wurzeln gehen.

Man kann ein Problem niemals auf der Ebene lösen, auf der es auftritt.

7.3.1 Aufbau des Kausalnetzes

Beim Aufbau des Kausalnetzes werden die einzelnen Schlüsselelemente, die Sie identifiziert haben, in Ursache-Wirkungszusammenhänge gebracht. Insgesamt müssen dabei die Schlüsselelemente den Unternehmenswert maßgeblich erklären können. An der Spitze des Kausalnetzes steht das Oberziel des Unternehmens: die Steigerung des Unternehmenswerts mit den drei primären Werttreibern Rendite, Wachstum und Risiko. Die einzelnen Schlüsselelemente werden anschließend hinsichtlich ihrer Wirkung den primären Werttreibern zugeordnet. Auch die Perspektiven Markt/Kunde, Prozesse und Mitarbeiter/Lernen werden in ihre Schlüsselelemente aufgebrochen und hinsichtlich ihrer Wirkung den primären Werttreibern zugeordnet.

Allerdings wirken nicht alle Schlüsselelemente direkt auf diese Werttreiber, sondern zum Teil nur indirekt über andere Schlüsselelemente. Dadurch entsteht ein mehrdimensionales Kausalnetz. Anhand dieser Ursache-Wirkungsbeziehungen, die mit Pfeilen dargestellt werden, können die kritischen Erfolgsfaktoren identifiziert werden. Kritische Erfolgsfaktoren sind Knotenpunkte innerhalb des Kausalnetzes. Das Gesamtbild spiegelt das Zusammenspiel Ihrer in der Strategie festgelegten Erfolgsfaktoren, der Schlüsselelemente, in Ursache-Wirkungsketten wider. Auf diese Weise haben Sie alle zentralen Erfolgsfaktoren Ihres Unternehmens auf einen Blick und in einem Bild zur Verfügung. Erst durch die Ursache-Wirkungsbeziehungen wird das Cockpit zu einem Gesamtbild zusammengefügt.

> Kein Schlüsselelement kann für sich alleine stehen. Jedes dient entweder dazu, Ursachen zu finden, oder dazu, Wirkungen anzuzeigen.

Beim Aufbau Ihres ersten Unternehmenscockpits haben Sie noch keine Erfahrung und Sicherheit hinsichtlich der Ursache-Wirkungsbeziehungen zwischen den Schlüsselelementen. Sie müssen zwangsläufig mit Annahmen hinsichtlich der Zusammenhänge arbeiten. Es geht in diesem Schritt noch nicht darum, die Stärke der Ursache-Wirkungszusammenhänge quantitativ abzubilden. Sie sollen sich nur ein Bild davon machen, wie die identifizierten Erfolgsfaktoren zusammenspielen, sich gegenseitig beeinflussen und letztlich in ihrer Gesamtheit den Unternehmenserfolg beziehungsweise den Unternehmenswert erklären. Wenn Sie Ihr Kausalnetz visuell vor sich liegen haben, verfügen Sie über ein verlässliches Frühwarnsystem. Sie können damit Veränderungen, Tendenzen und Entwicklungen sehen, bevor sie sich in den Finanzkennzahlen abzeichnen. Ihre Finanzkennzahlen bilden lediglich die Wirkung Ihrer Tätigkeit in der Vergangenheit ab.

Sollte das entstandene Bild den Unternehmenserfolg in maßgeblichen Teilen nicht erklären können, gibt es dafür in der Regel drei Ursachen:

1. Sie haben eine lückenhafte oder nicht stimmige Strategie verabschiedet. In diesem Fall müssen Sie Ihr strategisches Konzept noch einmal auf den Prüfstand stellen und es eventuell überarbeiten. Oft liegt es am Feintuning.
2. Sie haben die falschen Schlüsselelemente identifiziert. Um die richtigen Schlüsselelemente zu finden, müssen Sie Ihr strategisches Konzept noch einmal sorgfältig analysieren. Möglicherweise haben Sie nicht die wichtigsten Aussagen Ihrer Strategie identifiziert oder sie nicht ausreichend verdichtet.
3. Die Ursache-Wirkungsbeziehungen stimmen nicht. Das macht eine Überarbeitung des Kausalnetzes nötig. Das kann vorkommen, denn Sie können in diesem Stadium nur Annahmen über die Zusammenhänge treffen. Hinterfragen Sie die Zusammenhänge genauer, dann finden Sie die richtigen Verbindungen.

7.3.2   Beispiel eines Kausalnetzes

Damit Sie sich vorstellen können, wie ein Kausalnetz aussehen kann, möchten wir das an einem Beispiel deutlich machen. Bei unserem Beispielunternehmen handelt es sich um ein produzierendes Familienunternehmen. Aus der Strategie des Unternehmens wurden Schlüsselelemente identifiziert und den vier Perspektiven zugeordnet. Zur Vereinfachung haben wir uns in diesem Beispiel auf 15 Schlüsselelemente beschränkt. Deshalb sind nicht in jeder Perspektive alle von uns als wichtig erachteten Schlüsselelemente vorhanden, in anderen Perspektiven dafür mehr. Welche Schlüsselelemente Sie wählen, hängt allein von der Situation in Ihrem Unternehmen ab. In der Perspektive Finanzen erachten wir die Schlüsselelemente Umsatz, Rendite, Risiko jedoch immer als unbedingt notwendig.

Perspektive Markt/Kunde:

- Kundenbindung
- Neukunden
- Wiederkaufsrate
- Aktive Referenz
- Kundenzufriedenheit
- Produkt- und Dienstleistungsqualität
- Wertschöpfung pro Kunde

Cockpitaufbau I: Von der Strategie zur Umsetzung

Perspektive Prozesse:

- Produktivität
- Prozessqualität

Perspektive Mitarbeiter/Führen/Lernen:

- Mitarbeiterqualifikation

Perspektive Finanzen/Risiko:

- Umsatz (= Wachstum)
- Rendite
- Risiko
- Leistungserstellungsrisiko

So sieht das daraus entstandene Kausalnetz aus:

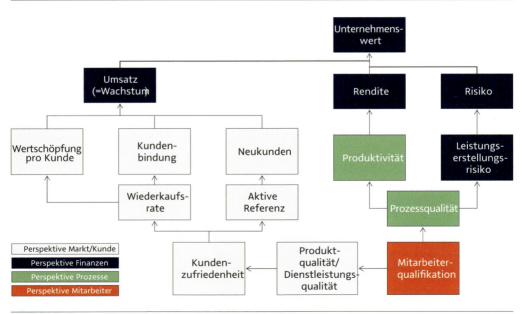

Abb. 39: Kausalnetz

Sie können sehen, dass das Qualifikationsniveau der Mitarbeiter über die Produkt- und Dienstleistungsqualität direkte Auswirkungen auf die Markt/Kunde-Perspektive und über die Prozessqualität auf die Dimension Prozesse hat. Die Qualität der angebotenen Produkte und Dienstleistungen wirkt sich auf die Kundenzufriedenheit aus. Wie wir alle wissen, kommen zufriedene Kunden wieder (Wiederkaufsrate) und empfehlen das Unternehmen weiter (aktive Referenz). Die Wiederkaufsrate fließt in die Kundenbindung ein, die aktive Referenz sorgt für einen Anstieg der Neukunden. Neukunden und Bestandskunden (Kundenbindung) generieren den Umsatz im Unternehmen. Somit wirken die beiden Größen direkt auf den Parameter Umsatz und auf das Wachstum.

Die Mitarbeiterqualifikation fließt maßgeblich in die Prozessqualität mit ein. Ein Anstieg der Prozessqualität hat zum einen eine Verbesserung der Produktivität des Unternehmens zur Folge und zum anderen wird das Leistungserstellungsrisiko gesenkt. Die Veränderung der Produktivität wirkt sich direkt auf die Rendite aus. Eine Veränderung des Leistungserstellungsrisikos wirkt unmittelbar auf den Werttreiber Risiko.

Unser Unternehmen kann durch das Sinken der Kundenzufriedenheit frühzeitig mit einer Reduktion des Umsatzes rechnen — lange bevor sich dies in den Finanzkennzahlen der betriebswirtschaftlichen Auswertung (BWA) niederschlägt. Die Unternehmensführung ist dadurch in der Lage, Maßnahmen zu ergreifen und der negativen Entwicklung entgegenzuwirken.

Was glauben Sie, passiert, wenn das Unternehmen über einen längeren Zeitraum keine Maßnahmen zur Qualifizierung der Mitarbeiter ergreift?

Vermutlich wird es in den ersten zwei Jahren unter sonst gleichen Bedingungen das Ergebnis verbessern können, weil der Aufwand für die Qualifizierungsmaßnahmen entfällt. Langfristig wird jedoch durch eine Abnahme der Produktivität und durch Qualitätseinbußen Unternehmenswert vernichtet.

Aufgabencheck Aufbau Kausalnetz:

- Haben Sie mit allen identifizierten Schlüsselelementen das kausale Netz aufgebaut?
- Sind die Ursache-Wirkungsbeziehungen vollständig dargestellt?
- Wurden die Schlüsselelemente den richtigen Werttreibern (Rendite, Wachstum, Risiko) zugeordnet?
- Welche Variablen sind Ihre kritischen Erfolgsfaktoren?
- Erklären die Faktoren den Unternehmenserfolg beziehungsweise -wert?
- Fehlen wichtige Schlüsselelemente zur Erklärung des Erfolgs?
- Welche Faktoren sind Ihre Frühwarnindikatoren?

7.3.3   Bessere Entscheidungen mit dem Kausalnetz

Ein überlegt aufgebautes Kausalnetz, das tatsächlich die Prozesse in Ihrem Unternehmen abbildet, verhindert, dass Sie falsche Entscheidungen treffen, zumindest, wenn Sie tatsächlich damit arbeiten. Wenn der Umsatz zurückgeht, werden oft reflexhaft Mitarbeiter entlassen. Dabei bringt diese Maßnahme ebenso oft viel weniger, als sich die Unternehmensführung davon verspricht. Das liegt daran, dass die Führungskräfte in vielen Fällen nicht einmal wissen, weshalb der Umsatz zurückgeht, wenn es sich nicht gerade um eine allgemeine Rezession oder Krise handelt.

Zertifizierung statt Mitarbeiter entlassen

Nehmen wir ein Beispiel aus der Spritzguss-Branche. Bei dem einen Spritzgießer boomt es, beim anderen gehen die Umsätze dramatisch zurück. Er entlässt Mitarbeiter, doch das wird langfristig nichts nützen. Ein Kausalnetz würde ihm zeigen, dass er es versäumt hat, in die Prozesstechnik und in die Zertifizierung zu investieren, die besonders Auftraggeber aus der Automobilindustrie erwarten. Solange er das nicht tut beziehungsweise der Sache nicht auf den Grund geht, wird es nicht aufwärts gehen, sondern wahrscheinlich weiter abwärts.

Kundenwünsche erfüllen statt Filialen schließen

Ein anderes Beispiel ist das Bäckereiunternehmen mit 20 Filialen, von denen zwei trotz bester Lage zwischen Innenstadt und Büroviertel Verluste machen. Der Geschäftsführer wollte die Filialen schließen. An sich eine richtige Entscheidung, denn sie vernichteten Wert. Doch der Geschäftsführer entschloss sich, der Sache zunächst auf den Grund zu gehen.

Tatsächlich zeigte sich, dass das falsche Sortiment an diese Filialen geliefert wurde, nämlich dasselbe wie an die anderen 18 Filialen, die allesamt in Wohngebieten liegen. Die meisten Kunden hatten jedoch andere Wünsche, denn diese beiden Filialen wurden hauptsächlich von den Mitarbeitern der in der Nähe gelegenen Büros frequentiert, die an Snacks, Getränken und belegten Brötchen interessiert waren und weniger an Brot und süßen Backwaren. Deshalb kamen die meisten Kunden nicht wieder, die Kundenfrequenz war sehr niedrig.

Außerdem musste sich der Geschäftsführer die Frage stellen, weshalb ihn die Mitarbeiter der betroffenen Filialen nicht auf diese Besonderheit aufmerksam gemacht hatten — entweder sie waren uninteressiert oder nicht genügend geschult.

Das Sortiment wurde an die besonderen Gegebenheiten der beiden Filialen angepasst; die Mitarbeiter erhielten eine Schulung. Mit einer speziellen Werbeaktion wurde auf das neue Angebot aufmerksam gemacht. Heute zählen beide Filialen zu den profitabelsten. Hätte der Geschäftsführer nicht nach den Ursachen geforscht, hätte er zwei sehr gute Standorte aufgegeben.

Sie mögen jetzt einwenden, um den Dingen auf den Grund zu gehen, bräuchten Sie kein Kausalnetz. Das mag sein, doch wenn das Cockpit vollständig aufgebaut ist und die Schlüsselelemente sich in Kennzahlen manifestieren, erhalten Sie mit dem Kausalnetz einen kompletten Überblick über die Abläufe in Ihrem Unternehmen. Im Falle unseres Bäckers würde Ihnen die Zahl für die Kundenfrequenz sofort sagen, dass hier der Hase im Pfeffer liegt, denn die Ampel würde auf Rot stehen und Handlungsbedarf signalisieren. Durch die Verknüpfung der Zahlen aus den verschiedenen Filialen wird die Schieflage der beiden Filialen entdeckt, lange bevor sie sich im Gesamtergebnis zeigt.

Kurz & knapp: Cockpitaufbau

- Das Unternehmenscockpit ist ein Steuerungs- und Führungsinstrument.
- Es ist ein Frühwarnsystem, das Risiken und Chancen frühzeitig anzeigt und es der Unternehmensführung ermöglicht, rechtzeitig entsprechende Maßnahmen zu ergreifen.
- Das Unternehmenscockpit setzt auf der Unternehmensstrategie auf und garantiert deren Umsetzung.
- Es übersetzt die Strategie ins operative Geschäft.
- Im Cockpit werden die strategischen Themen in operativ greifbare Projekte und Maßnahmen umgesetzt und gemessen. Sie werden auf Ziele für Abteilungen, Gruppen und jeden einzelnen Mitarbeiter heruntergebrochen.
- Als ersten Schritt müssen Sie die wichtigsten Aussagen Ihres strategischen Konzepts auf die wesentlichen Sachverhalte verdichten. Sie müssen „Schlüsselelemente" aus Ihrer Unternehmensstrategie filtern.
- Die Schlüsselelemente werden den vier Perspektiven Markt/Kunde, Prozesse, Mitarbeiter/Führen/Lernen und Finanzen/Risiko zugeordnet.
- Es ist sinnvoll, nicht mehr als 20 bis 25 Schlüsselelemente festzulegen, damit das Cockpit übersichtlich bleibt und nicht zu komplex wird.
- Die Schlüsselelemente dienen als Grundlage für die spätere Entwicklung der Kennzahlen.
- In einem Kausalnetz werden die Schlüsselelemente in Beziehung zueinander gesetzt. Dadurch wird deutlich, welche Wirkungen welche Ursachen haben. Das Kausalnetz zeigt, auf welcher Ebene die Probleme tatsächlich auftreten.
- An der Spitze des Kausalnetzes muss der Unternehmenswert mit den primären Werttreibern Rendite, Wachstum, Risiko stehen.
- Das Kausalnetz spiegelt das Zusammenspiel Ihrer in der Strategie festgelegten Erfolgsfaktoren (Schlüsselelemente) in Ursache-Wirkungsketten wider.

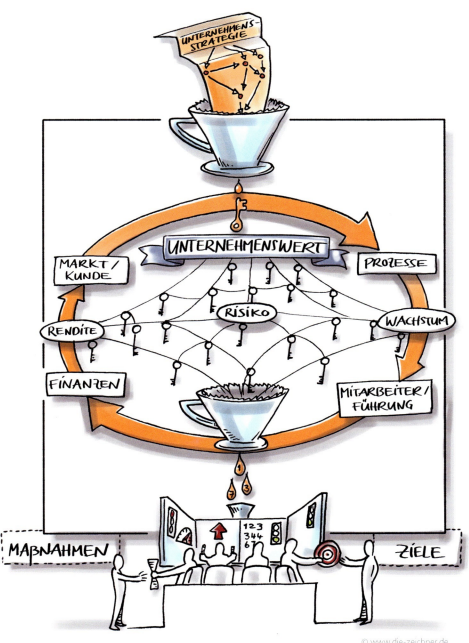

UNTERNEHMENS-STRATEGIE

UNTERNEHMENSWERT

MARKT / KUNDE

PROZESSE

RENDITE

RISIKO

WACHSTUM

FINANZEN

MITARBEITER / FÜHRUNG

MAßNAHMEN

ZIELE

8 Cockpitaufbau II: Mit den richtigen Zahlen steuern

In diesem Kapitel befassen wir uns damit, die Schlüsselelemente, die Sie festgelegt und den vier Perspektiven zugeordnet haben, so aufzubrechen, dass jedes Element eindeutig durch eine oder mehrere Leistungskennzahlen definiert werden kann und somit messbar ist, denn Sie wissen: Was man nicht messen kann, kann man nicht managen.

Zahlen, so die allgemeine Meinung, lügen nicht. Zahlen sind etwas Reelles, Nachprüfbares. Zahlen kann man vertrauen. Doch die Unternehmensführung über Kennzahlen ist in der Regel ein sehr zweischneidiges Schwert. Zahlen sind nämlich nur so gut wie diejenigen, die sie errechnen, interpretieren und in Beziehung zum tatsächlichen Geschehen und zueinander setzen. Genau an diesem Punkt beginnen die Missstände beziehungsweise die Nachteile der Unternehmensführung über Kennzahlen. Für sich genommen sind Kennzahlen nicht einmal in der Lage, etwas über den tatsächlichen Zustand des Unternehmens auszusagen. Denn Kennzahlen haben einen entscheidenden Nachteil: Sie beziehen sich auf die Gegenwart oder auf die Vergangenheit.

Die Zukunft kann trotz aller Zahlen nur geschätzt werden, Sie ist eine Voraussage über die Unternehmensentwicklung, die eintreten kann oder auch nicht. Wenn die vorhergesagte Entwicklung auf sich warten lässt, liegt es meist daran, dass sich die Schätzzahlen zu wenig an der Realität orientiert haben und diejenigen, die sie zusammengetragen haben, nicht in der Lage waren, die Faktoren, die die Zahl bestimmten, richtig einzuschätzen. Häufig halten Verantwortliche auch an Zahlen fest, die entweder die Prozesse im Unternehmen nicht richtig abbilden oder nur mit einem unverhältnismäßig hohen Aufwand erhoben werden können. In solchen Fällen ist ein erhöhter Verwaltungs- und Kostenaufwand die Folge. Das ist besonders dann der Fall, wenn mit einem einmal festgelegten Zahlenschema gearbeitet wird, das auf keiner Strategie fußt und nicht regelmäßig überprüft und gegebenenfalls erneuert wird.

Die alles entscheidende Aufgabe der Unternehmensführung ist es also, zum einen festzulegen, welche Zahlen wirklich etwas über den Zustand und die Zukunft des Unternehmens aussagen, sie richtig zu bestimmen und zu interpretieren, zum anderen, die „weichen" Faktoren, die für den Unternehmenserfolg entscheidend sind, mit zu berücksichtigen. Zu den weichen Faktoren gehören Dinge wie Marktentwicklung, Marktnähe, Flexibilität, Mitarbeitermotivation, Entwicklungszeiten, Umsetzungszeiten für neue Produkte etc. Unternehmensführung über Zahlen funktioniert nur im Zusammenspiel mit der Beobachtung, Interpretation und Gewichtung der weichen Faktoren. Doch gerade daran mangelt es in vielen Unternehmen.

Der größte Schwachpunkt der Unternehmensführung über Kennzahlen ist, dass das Management in der Regel einem doppelten Irrglauben unterliegt, der sich fatal auswirkt. Zum einen wird Management über Kennzahlen oft lediglich mit Kostenkontrolle und -ersparnis verwechselt, zum anderen wird der Faktor Mensch übersehen. Um brauchbare Kennzahlen zu erhalten, müssen alle im Unternehmen mitziehen. Das heißt, alle Mitarbeiter, bis hin zum Hilfsarbeiter müssen verstehen, wozu die Kennzahlen da sind und wofür sie verwendet werden. Tun sie das nicht, stimmen die Kennzahlen nur sehr bedingt.

Am Schlimmsten wirkt es sich aus, wenn die Mitarbeiter das Gefühl haben, Kennzahlen werden lediglich dazu benützt, um Kosten zu sparen und — schlimmer noch — die Mitarbeiterzahl zu reduzieren. Motivation und Loyalität der Mitarbeiter sinken auf einen Tiefpunkt. Prognosen aufgrund von Kennzahlen verkommen zu Wunschzahlen, die real weder angestrebt noch erreicht werden. Ihr Cockpit wird seinen Zweck nur erfüllen, wenn Sie Ihre Strategiearbeit sorgfältig erledigt haben und deren wichtigste Elemente mit derselben Sorgfalt in Schlüsselelementen verdichtet und diese in Zusammenhang zueinander gebracht haben.

Alles für den Erfolg Wichtige, was in Ihrem Unternehmen geschieht, muss im Cockpit in einen messbaren Zusammenhang zum Unternehmenswert gebracht werden können.

Intelligent ausgewählte Leistungskennzahlen zeichnen sich durch fünf Merkmale aus:

1. Sie lassen sich eindeutigen Zielen zuordnen.
2. Sie signalisieren allein durch ihren Namen ihre genaue Bedeutung.
3. Sie erklären das Schlüsselelement unmissverständlich.
4. Sie sind Teile einer ganzheitlichen Sichtweise auf das Unternehmen.
5. Sie lassen sich zu vertretbaren Kosten erzeugen.

Auf den folgenden Seiten gehen wir im Detail auf die gängigsten Kennzahlen aus den vier Perspektiven Markt/Kunde, Prozesse, Mitarbeiter/Führen/Lernen und Finanzen/Risiko ein. Auch bei der Entwicklung der Kennzahlen gilt: Weniger ist mehr. Achten Sie darauf, dass sich die Anzahl Ihrer Kennzahlen in einem vernünftigen

Rahmen hält. Fünf bis zehn Kennzahlen pro Perspektive sollten ausreichen. Nur wenn sich ein plausibler, messbarer Zusammenhang zum Unternehmenswert herstellen lässt, ist die Kennzahl sinnvoll und gehört ins Cockpit.

8.1 Kennzahlen für die Perspektive Markt/Kunde

Das Oberziel dieser Perspektive besteht darin, den richtigen Kunden zu finden und langfristig zu binden. Damit ist es Ihre Aufgabe, solche Faktoren greifbar zu machen und abzubilden, die den Absatzerfolg beziehungsweise den Umsatz des Unternehmens auf der Marktseite erklären und begründen. Sie müssen sich also fragen, welche Kunden für das Unternehmen wertvoll sind und ob Sie über Kundenbindungsmaßnahmen eine Steigerung des Unternehmenswerts erreichen können.

Gewinn ergibt sich aus Umsatz minus Kosten. Die geläufigste Form, den Umsatz darzustellen, ist die Formel „Menge x Preis". Viele Unternehmen lassen sich auf Rabattschlachten oder Rabattforderungen ihrer Kunden ein. Bevor Sie das tun, sollten Sie sich die Folgen vergegenwärtigen. Ein Unternehmen, das 100 Millionen Umsatz macht und eine Million Gewinn, verliert durch nur ein Prozent Rabatt seinen gesamten Gewinn. Das ist zwar ein stark vereinfachtes Beispiel, zeigt aber, wohin sich die Zahlen bewegen, wenn Unternehmen volumen- statt wertorientiert handeln. Es ist allemal besser, mit der Hälfte des Umsatzes den doppelten Gewinn zu machen. Das gelingt aber nur, wenn Sie sich ausreichend vom Wettbewerb differenzieren und sich von Geschäftsfeldern trennen, in denen Sie sich nicht differenzieren können.

8.1.1 Zufriedene statt begeisterte Kunden

Bevor Sie in den allgemeinen Chor für begeisterte Kunden einstimmen, sollten Sie sich einmal überlegen, was der Kunde eigentlich von Ihnen erwartet. Unserer Ansicht nach erwartet er das beste Produkt zum günstigsten Preis. Dann ist er zwar eventuell begeistert, aber Ihr Unternehmen ist dabei der Verlierer. Betrachten Sie die Sache einmal anders: Der Kunde kauft nicht ein Produkt oder eine Leistung, sondern den Nutzen daraus. Lagert ein Unternehmen seine Logistik aus, dann ist der Nutzen zum Beispiel, dass es eine Lagerhalle für andere Zwecke verwenden kann. Daher: Bieten Sie Ihren Kunden „mehr Nutzen als Kosten" an, also ein gutes Leistungs-Preis-Verhältnis.

Natürlich spielt der Preis immer eine Rolle, aber manchmal hat ein Kunde auch das Recht auf ein begründetes Nein. Je größer der Nutzen aus Ihrem Produkt ist und je stärker es sich von den Produkten des Wettbewerbs unterscheidet, desto geneigter wird der Kunde sein, einen höheren Preis zu bezahlen. Unter diesem Aspekt betrachtet zeigt sich, wie wichtig es ist, dass Sie in der Strategieentwicklung Ihre Kernkompetenzen und die daraus resultierenden Wettbewerbsvorteile herausarbeiten. Tun Sie nicht alles für begeisterte Kunden, sondern für die richtigen Kunden.

Das Cockpit gibt Ihnen die Möglichkeit, sich Ihre Kunden genauer anzusehen und sich auf diejenigen zu konzentrieren, die tatsächlich wertschöpfend sind. Wir empfehlen, den Umsatz pro Kunde durch die Kennzahl Wertschöpfung pro Kunde zu ersetzen. Sind Sie zum Beispiel in einer Branche tätig, in der der Umsatz stark aufgrund von Veränderungen des Preisgefüges der Rohmaterialien stark schwankt, können Sie damit die Umsatzschwankungen bereinigen, die aufgrund von Schwankungen des Materialpreises zustande kommen. Das ist sinnvoll, denn die Schwankungen beschreiben nicht den Werttreiber „Wachstum" im Sinne der Wertorientierung. Die Wertschöpfung Ihres Unternehmens berechnet sich demnach aus der Anzahl der Kunden, also aus der Summe der Bestands- und Neukunden, multipliziert mit der durchschnittlichen Wertschöpfung pro Kunde.

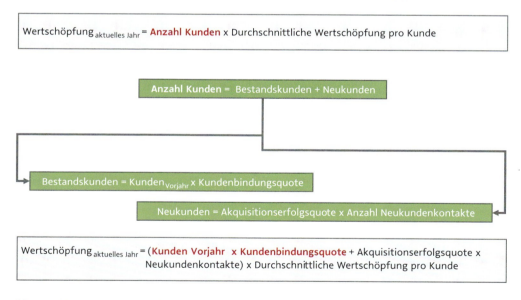

Abb. 40: Ableitung der Wertschöpfung

Aus dieser Grafik können Sie die drei in der Perspektive Markt/Kunde dominieren-den Größen — Anzahl der Neukunden, Anzahl der Bestandskunden bzw. Kunden-bindungsquote und Wertschöpfung pro Kunde — erkennen.

8.1.2 Wertorientiertes Kundenportfolio aufbauen

Diese drei Determinanten beschreiben die Perspektive Markt/Kunde und erklären den Umsatz. Alle anderen möglichen Größen dieser Perspektive wie Kundenzufrie-denheit, Reklamationsquote, Referenzen, Werbeerfolgsquote etc. sind Subgrö-ßen, die sich letztlich auf die Kundenbindung, die Anzahl der Neukunden und/oder die Wertschöpfung pro Kunde auswirken. Es kommt darauf an, die entscheidenden Faktoren abzubilden, die den Erfolg des Unternehmens auf der Marktseite erklären und begründen. Die richtigen Kennzahlen in der Perspektive Markt/Kunde erlauben es Ihnen, ein wertorientiertes Kundenportfolio aufzubauen und an den richtigen Schrauben zu drehen. Wenn Sie zum Beispiel Ihren Marktanteil steigern möchten, können Sie versuchen, dafür die Kundenzufriedenheit zu erhöhen. Das wird sich nicht nur auf die Kundentreue auswirken, sondern aufgrund der größeren Zahl an Empfehlungen auch auf die Kundenakquisition. Beides erhöht den Marktanteil.

Natürlich müssen alle Kennzahlen, die Sie verwenden, genau definiert werden.

Die **Kundenbindungsquote** zum Beispiel gibt an, wie viele Kunden aus dem Vorjahr im aktuellen Jahr noch als Kunden erhalten geblieben sind. Sie ergibt sich also aus der Anzahl der Kunden des aktuellen Jahres aus dem Vorjahr, dividiert durch die An-zahl der Kunden des Vorjahres. Die **Neukundengewinnung** ist schlicht die Anzahl der neu gewonnenen Kunden.

Am Beispiel des Neukunden zeigt sich übrigens, dass wirklich in jedem Einzelfall sorgfältig überlegt werden muss, wie eine Zahl definiert wird. Ein Neukunde kann jemand sein, der in den letzten zwölf Monaten keinen Umsatz getätigt hat und jetzt wieder einkauft oder aber jemand, der noch nie bei Ihrem Unternehmen ein-gekauft hat.

Die von Ihnen definierten Zahlen werden Ihnen zum Beispiel erlauben, Kunden zu identifizieren, die außergewöhnlich viel zur Wertschöpfung beitragen, oder auch solche, die Potenzial haben und eine erhöhte Aufmerksamkeit verdienen. Manch-mal verlassen A-Kunden ein Unternehmen, weil sie sich schlecht behandelt füh-len. Investieren Sie nicht zu viel Energie in Kunden, die für das Unternehmen nicht wertvoll sind, sondern in die besten.

Nehmen Sie als Beispiel die Lufthansa und ihr Kundenbindungsprogramm „Miles and More". Die Teilnehmer werden in fünf Kategorien eingeteilt und sogar noch in Unterkategorien. Diejenigen, die am häufigsten fliegen und am meisten dafür ausgeben, werden bevorzugt behandelt. Das geht so weit, dass im höchsten Level ein Platz im Flieger garantiert wird. Dafür zahlt die Fluglinie anderen Fluggästen eine Prämie, wenn sie einen späteren Flug nehmen. Dieses Geld ist weit besser angelegt, als wenn Sie mittelmäßigen Kunden hohe Rabatte gewähren.

Letztlich muss aber jedes Unternehmen für sich bestimmen, welche die geeignete Kennzahl ist. Erinnern Sie sich an unser Beispiel mit den Bäckereifilialen aus dem letzten Kapitel? In einer Bäckerei sind die Kunden nicht so erfassbar wie zum Beispiel im B2B-Bereich. Hier muss eine andere Definition der relevanten Kennzahlen gefunden werden. Die einfache Möglichkeit ist „Menge x Preis". Vielleicht lässt sich aber auch die Wertschöpfung pro Kunde über das Kassensystem erfassen. Ein Unternehmen, das Häuser baut, tut sich schwer mit einer Kennzahl wie Bestandskundenbindung. Eine Alternative wäre vielleicht eine Kunden-Empfehlungsquote. Es gilt: Die Kennzahlen müssen sich zu vertretbaren Kosten und mit vertretbarem Aufwand erzeugen lassen.

8.1.3 Umsatzplanung konkret mit Kennzahlen

Am Beispiel eines Unternehmens aus der Automobilzulieferbranche möchten wir Ihnen zeigen, wie die Umsatzplanung mit Kennzahlen konkret aussehen kann.

Beispiel: Umsatzplanung mit Kennzahlen

Das Unternehmen Auto GmbH hat 2013 einen Umsatz von 13 Millionen Euro mit 65 Kunden erzielt. Dadurch ergibt sich ein durchschnittlicher Umsatz pro Kunde von 200.000 Euro (= 13 Mio € : 65 Kunden).

In den vergangenen Jahren hat man beobachtet, dass die Kundenbindungsquote bei etwa 65 Prozent liegt. Der technische Vertrieb des Unternehmens benötigte in den letzten Jahren durchschnittlich drei qualifizierte Neukundenkontakte, um einen neuen Kunden zu akquirieren. Das entspricht einer Akquisitionserfolgsquote von 33 Prozent.

Damit die Ziele des Unternehmens mit der vorhandenen Struktur erreicht werden können, strebt das Unternehmen 2014 einen Umsatz von 14,2 Millionen Euro an. Aufgrund eines breiteren Leistungsspektrums geht das Unternehmen davon aus, dass 2014 der Umsatz pro Kunde um etwa 10.000 Euro auf 210.000 Euro erhöht werden kann. Außerdem soll das neue CRM-System die Kundenbindung von 65 Prozent auf 70 Prozent erhöhen.

Weitere Maßnahmen im Vertrieb fanden nicht statt, sodass auch in 2014 mit einer Akquisitionserfolgsquote von 33 Prozent gerechnet werden kann.

Ausgangssituation:

Umsatz 2013	= 13 Mio. €
Kunden 2013	= 65
durchschnittl. Umsatz pro Kunde	= 200.000 €
Kundenbindungsquote	= 65 %
Akquisitionserfolgsquote	= 33 %

Planung:

Umsatzziel 2014	= 14,2 Mio. €
Umsatz pro Kunde 2014	= 210.000 €
Kundenbindungsquote	= 70 %
Akquisitionserfolgsquote	= 33 %

Fragestellung:

Wie viele Neukundenkontakte müssen bei den getroffenen Annahmen hergestellt werden?

Umsatz   =   (Kundenbindungsquote x Kunden 2012 + Neukundenkontakte x Akquisitionserfolgsquote) x Ø Umsatz pro Kunde

14,2 Mio. €   =   (0,7 x 65 + Neukundenkontakte x 0,33) x 210.000 €

$$\text{Neukundenkontakte} = \frac{(14{,}2 \text{ Mio. € } : 210 \text{ T €}) - (0{,}7 \times 65)}{0{,}33} = 67$$

Aus dieser Rechnung geht hervor, dass der technische Vertrieb des Unternehmens 67 qualifizierte Neukundenkontakte generieren muss, damit die Umsatzzielsetzung des Unternehmens erreicht werden kann. Mit der bestehenden Struktur des Unternehmens kann der Vertrieb, der ja bleiben soll wie er ist, aber maximal 40 qualifizierte Neukundenkontakte erreichen. Das zeigte den Verantwortlichen bereits in der Planungsphase, dass mit der bestehenden Struktur des Unternehmen die Umsatzziele nicht erreicht werden können. Sie kennen die Schwachstelle (Vertrieb) und können rechtzeitig handeln, um ihre Ziele dennoch zu erreichen.

Das Unternehmen hat nun verschiedene Möglichkeiten, die Umsatzentwicklung zu beeinflussen. An folgenden Punkten kann es den Hebel ansetzen:

- durchschnittlicher Umsatz pro Kunde
- Kundenbindungsquote
- Anzahl der Neukundenkontakte
- Akquisitionserfolgsquote

Wenn das Unternehmen an seinem Umsatzziel festhalten möchte, muss es geeignete Maßnahmen ergreifen. Folgende Möglichkeiten kommen in Betracht:

- Einstellung eines weiteren Vertriebsmitarbeiters
- Dadurch kann die Anzahl der Neukundenkontakte erhöht werden.
- Schulung der Vertriebsmitarbeiter
- Damit kann eventuell die Akquisitionserfolgsquote verbessert werden.
- Verbesserung der Betreuung der Bestandskunden
- Das ist ein Weg, um die Kundenbindungsquote zu erhöhen.
- Bessere Darstellung des Leistungsspektrums

Damit lässt sich eventuell die durchschnittliche Wertschöpfung pro Kunde steigern.

In diesem Beispiel zeigt sich, dass mit dem Cockpit nicht nur die Vergangenheit abgebildet wird, sondern dass es die Unternehmensführung dabei unterstützt, die Zukunft zu gestalten und planbar zu machen.

8.2   Kennzahlen für die Perspektive Prozesse

Ein Unternehmen muss Wettbewerbsvorteile aufbauen, um langfristig erfolgreich am Markt agieren zu können. Deshalb lautet auch in dieser Perspektive die zentrale Frage: Wie können auf der Prozessseite Wettbewerbsvorteile erzielt werden? Diese Frage betrifft die ganze Organisation und somit die gesamte Leistungserstellung. Wir betrachten daher auf der Prozessseite immer zwei Dimensionen:

Welche Wettbewerbsvorteile hat Ihr Unternehmen beziehungsweise welche will es auf-/ausbauen?

Was tut es auf der Prozessseite, um sich diese Wettbewerbsvorteile zu verschaffen?

Die Prozess-Perspektive ist durch die Faktoren Zeit, Kosten, Qualität und Individualität geprägt. In allen vier Bereichen haben Sie Möglichkeiten, durch optimierte Prozesse Wettbewerbsvorteile aufzubauen. Dabei sollten Sie beachten, dass Sie auf allen Feldern die nötigen Mindeststandards erfüllen müssen. Kostengünstige Prozesse sind nur solange zielführend, wie das damit erzielte Qualitätsniveau aus Kundensicht akzeptabel ist. Andererseits erzeugen die qualitativ besten Prozesse keinen positiven Beitrag zum Unternehmenswert, wenn Sie es nicht schaffen, Ihre Produkte oder Leistungen in der vereinbarten Zeit an den Kunden zu liefern.

Das bedeutet, dass Sie Ihre Prozesse in allen vier Dimensionen

- Zeit
- Kosten
- Qualität
- Individualität

richtig steuern, aber gleichzeitig einen Schwerpunkt bei der Ausrichtung Ihrer Prozesse setzen müssen. Denn diese vier Dimensionen stellen konkurrierende Ziele dar. Sie müssen sich somit bewusst für einen Schwerpunkt entscheiden. Auch hier gilt: „Alles für Alle" führt in die Austauschbarkeit und damit zur Wertvernichtung.

Abb. 41: Das magische Viereck der Prozessoptimierung

8.2.1   Wenn Zeit zählt

Wenn Sie bei der Ausrichtung Ihrer internen Prozesse auf den Faktor Zeit setzen, müssen Sie auf Kundenwünsche schnell reagieren können. Mit dem Wettbewerbsvorteil Flexibilität treten Sie am Markt als kurzfristiger Problemlöser auf. Ansatzpunkte hierfür sind zum Beispiel intelligente Arbeitszeitmodelle, eine elastische Produktion oder „generalistische" Mitarbeiter und Maschinen. Sinnvolle Kennzahlen sind in diesem Fall zum Beispiel „interne Durchlaufzeiten" oder die „Zeit vom Auftragseingang bis zur Auslieferung".

Zeit ist Geld.

Beispiel: Lohnbeschichter

Nehmen wir an, unser Unternehmen ist ein Lohnbeschichter. Die Teile, die es zu beschichten gilt, werden meistens kurzfristig angeliefert, werden bearbeitet und wieder zum Kunden gebracht oder von diesem abgeholt. Zeit, Kosten und Qualität spielen hier eine ähnlich wichtige Rolle. Werden die Aufträge nicht schnellstens erledigt, ist der Kunde unzufrieden. Aber es liegt natürlich auch im Interesse des Unternehmens, die internen Prozesse so zu gestalten, dass ein möglichst schneller und reibungsloser Durchlauf stattfindet. Die Gewinnmargen in dieser Branche sind sehr gering, höhere Preise nicht ohne Weiteres durchzusetzen. Umso wichtiger ist es, Zeit zu sparen, aber trotzdem eine hohe Qualität zu erreichen. Die Zeit hat den entscheidenden Einfluss auf die Wertschöpfung. Mögliche Kennzahlen: Qualität, Auslastung, Durchlaufzeit, Termintreue.

8.2.2   Prozesskosten im Fokus

Hier geht es um die Optimierung der Prozesskosten. Durch die Kostenfokussierung der internen Prozesse sparen Sie Ihren Kunden Geld, indem Sie Ihren Kostenvorteil zumindest zum Teil über den Preis an den Kunden weitergeben. Kostenführer stellen ihre Prozesse und ihre Organisation extrem schlank und effizient auf. Während ein Unternehmen bei der Ausrichtung der Prozesse auf den Faktor Zeit möglicherweise in der Nähe seiner Kunden produzieren muss, kann es für ein anderes Unternehmen aus derselben Branche strategisch sinnvoll sein, in einem vom Kunden weit entfernten Billiglohnland zu fertigen. Sie müssen Kennzahlen definieren, anhand derer Sie Ihre potenziellen Kosten frühzeitig erkennen können wie Maschinenauslastung, Ausschussquote, Durchlaufzeit etc.

Die Kennzahl Prozesskosten zum Beispiel errechnen Sie, indem die gesamten Produktionskosten durch die Anzahl produzierter Teile dividiert werden. Bei der Orientierung auf die Kosten, kommt es darauf an, Ihre Prozesse so zu optimieren, dass sie maximal effizient und wirtschaftlich sind.

$$\text{Prozesskosten} = \frac{\text{Produktionskosten gesamt}}{\text{Anzahl produzierter Teile}}$$

Kostenführer stellen ihre Prozesse extrem effizient auf.

Beispiel: Spritzgießer

Unser Unternehmen aus der Spritzgussbranche erhält ebenfalls Aufträge, die möglichst schnell erledigt werden müssen. Auch die Kosten spielen eine große Rolle, aber noch mehr die Qualität. Die verlangten Standards sind sehr hoch. Das Unternehmen konzentriert sich deshalb auf die Prozesse. Dazu zählen kurze Umrüstzeiten, vollautomatisierte Maschinen, niedrige Ausschussquoten etc. Durch die Dokumentation und Kontrolle aller Prozesse über die EDV ist es möglich, höchste Qualität zu guten Preisen zu liefern.

Mögliche Kennzahlen: Qualität, Prozesseffizienz, Produktivität, Stillstandzeit, Ausschuss.

8.2.3   Maßstab Qualität

Mit der Ausrichtung Ihrer Prozesse auf den Fokus Qualität generieren Sie Wettbewerbsvorteile wie Zuverlässigkeit oder Qualitätsführerschaft. Kennzahlen, die maßgeblich die Prozessqualität beschreiben, sind zum Beispiel die externen Reklamationen, die Zahl beziehungsweise der Umsatz der Produktinnovationen oder die Qualitätsbewertung Ihrer Kunden. Letztlich ist jedoch der Qualitätsmaßstab allein der Kunde, denn Qualität bedeutet nichts anderes als die Erfüllung von Kundenerwartungen. Deshalb halten wir die Kundenbindungsquote für das Maß der Qualität. Als Qualitätsführer verfügen Sie durch Ihre Prozesse über wirkliche Vorteile auf der Produktseite, zum Beispiel über die Steuerung des Innovationsprozesses.

Qualität ist erfüllt, wenn der Kunde zurückkommt, und nicht das Produkt.

Beispiel: Schuhhersteller

Das Beispielunternehmen verkauft Schuhe im Hochpreis-Segment. Die Schuhe werden nicht individuell angepasst, zeichnen sich aber durch höchste Qualität aus. Das zeigt sich nicht nur in der Auswahl des Materials, sondern auch in der Passform, der Lebensdauer und der ökologischen Fertigung. Die Kunden kaufen die Schuhe nicht, weil sie besonders modisch sind, sondern weil sie ihre Anforderungen an gesunde und verantwortlich produzierte Schuhe erfüllen. Qualität steht im Vordergrund.

Mögliche Kennzahlen: Qualität, Innovationsprozess, Reklamationsquote.

8.2.4 Individuelle Wünsche erfüllen

Unternehmen, die auf Individualität setzen, schaffen es trotz einer hohen Standardisierung auf der Prozessebene, dem Kunden ein Gefühl der Individualität zu vermitteln. Das bedeutet, sie können individuelle Kundenwünsche in einem hoch standardisierten Fertigungsprozess erfüllen. Voraussetzung dafür ist in der Regel ein standardisierter Grundkern der Leistung, der die Individualität durch Anpassungen an der Oberfläche erreicht. Sinnvolle Kennzahlen für diesen Bereich sind zum Beispiel der Standardisierungsgrad eines Produkts oder die Anzahl der individuellen Lösungen mit geringen Anpassungskosten. Das ist zum Beispiel eine Vorgehensweise, die bei Autos, Motorrädern oder Möbeln üblich ist. Der Kunde kann Leistung, Ausstattung, Farben und Materialien selbst bestimmen. Der Sondermaschinenbau lebt von der Individualität. Keine Maschine gleicht der anderen, sondern wird an die speziellen Anforderungen des Kunden angepasst. Die Basis für diese Individualität sind in der Regel hoch entwickelte Module und Bausteine.

Intern standardisieren, extern individualisieren.

Beispiel: Fahrradhandel

Ein Fahrradhändler verkauft nur wenige Fahrräder „von der Stange". Seine Spezialität sind individuell für den Käufer zusammengebaute, hochwertige Modelle. Um die Kosten in einem von den Kunden akzeptierten Rahmen zu halten, werden die Fahrräder aus fertigen Modulen verschiedener Hersteller zusammengebaut. Dadurch können sie individuell auf Körpergröße und andere Anforderungen der Käufer zugeschnitten werden. Die Individualität steht klar im Vordergrund.

Mögliche Kennzahlen: Standardisierte Baugruppen, Flexibilität, Reklamationsquote.

● **TIPP**

Unsere Beispiele zeigen Ihnen, dass oft alle vier Faktoren eine Rolle spielen, aber in der Regel kristallisiert sich einer als der wichtigste heraus. Befassen Sie sich intensiv mit der Prozess-Perspektive, damit Sie die richtigen Kennzahlen wählen können.

Neben den Kennzahlen, die auf der Prozessseite Ihre Wettbewerbsvorteile wiedergeben, sind auch diejenigen Kennzahlen im Cockpit darzustellen, die die maßgeblichen Kostentreiber in Ihrer Wertschöpfungskette kenntlich machen. Dazu sollten Sie die Wertschöpfungskette des Unternehmens analysieren. In der folgenden Grafik ist dies beispielhaft dargestellt.

Mitarbeiter	12	9	44	5
Kosten	1,5 Mio.	0,8 Mio.	3,8 Mio.	0,5 Mio.
Kapitalbindung	0,3 Mio.	4,5 Mio.	2,2 Mio.	0,2 Mio.

Abb. 42: Strategische Prozessanalyse (Quelle: Gleißner, W. (2004), Future Value)

8.3 Kennzahlen für die Perspektive Mitarbeiter/Führen/Lernen

Spätestens bei der Erstellung des Kausalnetzes haben Sie bemerkt, dass die Mitarbeiter entscheidenden Einfluss auf alles haben, was im Unternehmen passiert. Wie könnte es anders sein — Menschen stellen die Dinge her, verkaufen sie und kommunizieren mit Lieferanten, Kunden und auch der Öffentlichkeit. Die Mitarbeiterzufriedenheit übt sowohl über die Qualität und die Kundenzufriedenheit als auch über die Produktivität Einfluss auf das Ergebnis aus. Die direkten Ursache-Wirkungszusammenhänge der Mitarbeiterebene im Hinblick auf den Unternehmenswert können nur qualitativ abgeleitet werden. Die Wirkung einer durchgeführten Schulungsmaßnahme auf den Unternehmenswert ist quantitativ nicht abbildbar. Trotzdem sind richtig qualifizierte und motivierte Mitarbeiter ein großer Hebel, um den Unternehmenswert nachhaltig zu steigern. Unter diesem Gesichtspunkt sollten Sie der Perspektive Mitarbeiter/Führen/Lernen ebenso große Aufmerksamkeit widmen wie den anderen drei Perspektiven, die Ihnen vielleicht auf den ersten Blick wichtiger erscheinen mögen. Erfolgreiche Unternehmen wissen, dass jedes Unternehmen von der Eigeninitiative seiner Mitarbeiter lebt und Mitarbeiter genauso „gepflegt" werden müssen wie eine Marke oder der Kunde.

> *„Mitarbeiter sind wie das Marketing, sie sind genauso zu pflegen wie eine Marke, und dafür muss man Geld in die Hand nehmen."*

> *Christine Handl, Handl Tyrol GmbH*

Damit Ihre Mitarbeiter höchste Leistungen erzielen können, müssen die optimalen Rahmenbedingungen vorherrschen. Die Mitarbeiter müssen ihr Potenzial voll ausschöpfen können und wollen. Die entscheidenden Faktoren dafür sind

- **Leistungsfähigkeit (Kompetenz)**
  Sie beschreibt die Kompetenz, die die Mitarbeiter brauchen, damit sie die im beruflichen Alltag gestellten Aufgaben erfolgreich ausführen können.

- **Leistungsbereitschaft (Motivation)**
  Dahinter verbergen sich letztlich die Motivation, die Bereitschaft und der Wille, die geforderten Aufgaben anzugehen und zu lösen.

- **Leistungsbedingungen (Instrumente)**
  Unter diesem Begriff wird alles zusammengefasst, was das Unternehmen dem Mitarbeiter zur Verfügung stellt, damit er seine Aufgaben erledigen kann.

Sie werden zu Recht sagen, dass es hier um eher „weiche" Faktoren geht und dass es deshalb schwierig sein wird, geeignete Kennzahlen zu definieren und zu erheben. Aber denken Sie daran: Was man nicht messen kann, kann man nicht managen. Kennzahlen, die nach unserer Meinung mit vertretbarem Aufwand erhoben werden können, sind die Weiterbildungsquote, die Gesundheitsquote, die Mitarbeiterloyalitätsquote und die Anzahl der Verbesserungsvorschläge pro Mitarbeiter. Auch die Zahlen über Fluktuation und ungeplante Eigenfluktuation oder über die Anzahl der Bewerbungen geben einen Eindruck von der Zufriedenheit Ihrer Mitarbeiter beziehungsweise von der Wirkung Ihres Unternehmens als Arbeitgeber. Hier gilt ebenso wie in den anderen Perspektiven: Sie müssen selbst entscheiden, welche Kennzahlen für Ihr Unternehmen sinnvoll und aussagekräftig sind.

8.3.1 Leistungsfähigkeit – Kompetenz Ihrer Mitarbeiter

Es ist erfolgsentscheidend, dass die Qualifikation der einzelnen Mitarbeiter an der Strategie des Unternehmens und damit an den Unternehmenszielen ausgerichtet wird. Qualifizierungsmaßnahmen müssen strategiekonform stattfinden. Das setzt voraus, dass Sie wissen, wie es um die Qualifikation der einzelnen Mitarbeiter bestellt ist. Erst dann können Sie eine zielgerichtete Kompetenzentwicklung betreiben. Mit dem Teamkompetenzmodell möchten wir Ihnen ein praktikables Instrument anbieten.

Mitarbeiterentwicklung mit dem Teamkompetenzmodell

In diesem Modell werden die Kompetenzanforderungen aus der Unternehmensstrategie auf die jeweilige Abteilung heruntergebrochen. Die Frage dabei ist: Welche Kompetenzen benötigt die Abteilung heute und in Zukunft, um die verabschiedete Strategie optimal umsetzen zu können? Nach der Erfassung der relevanten Kompetenzfelder wird jeder Mitarbeiter der Abteilung hinsichtlich seiner vorhandenen Kompetenz im einzelnen Kompetenzfeld bewertet. Dabei hat sich eine Einteilung in Einsteiger, Anwender und Experten, denen Sie Kompetenzen zuordnen müssen, als sinnvoll erwiesen.

Ein **Einsteiger** arbeitet sich innerhalb kurzer Zeit in sein Aufgabenfeld ein und kann alle seine Aufgaben auf Einsteigerebene lösen. Das heißt, er hat die Unterstützung der Führungskraft an vereinbarten Stellen, er weiß, dass er nachfragen muss, um Unterstützung zu erhalten. Ein **Anwender** beherrscht seine typischen Aufgabenstellungen im normalen Ablauf und arbeitet zunehmend selbstständig in schwierigen komplexen Situationen. Der **Experte** beherrscht seine typischen Aufgabenstellungen auch in schwierigen, komplexen und außergewöhnlichen Situationen. Er denkt über sein Aufgabenfeld hinaus und ist der natürliche Ansprechpartner für seine Kollegen.

Zum besseren Verständnis ein Beispiel: Wenn man das Projektmanagement betrachtet, hat der Anwender, was die fachlichen Anforderungen betrifft, einen fundierten Erfahrungsschatz in der Projektarbeit aufgebaut und beherrscht alle einzusetzenden Instrumente. Der Experte ist ein exzellenter Projektmanager und ein gefragter Projektcoach. Der Einsteiger dagegen kennt zwar alle theoretischen und praktischen Projektmanagement-Tools und hat bereits in Projekten als Teilprojektleiter und auch als Projektleiter in kleineren Projekten gearbeitet, aber noch fehlt ihm die Erfahrung, die ihn sicher macht. Er hat noch größeren Schulungsbedarf.

A Fachliche Anforderungen			
Kompetenz			**Profil 4**
○ Projektmanagement	• Er kennt theoretisch und praktisch Projektmanagementtools • Er hat bereits in Projekten gearbeitet sowohl als Teilprojektbearbeiter als auch als Projektleiter von kleineren Projekten	• Er hat einen fundierten Erfahrungsschatz in der Projektarbeit aufgebaut und beherrscht alle einzusetzenden Instrumente (Projektplanung bis Projektcontrolling, -beurteilung)	• Er ist ein exzellenter Projektmanager und ist gefragter Projektcoach
B Organisatorische Anforderungen			
○ Planung und Aufgabenverteilung im Projektmanagement	• Im Bereich Projekte verschafft er sich einen grundlegenden Überblick über alle bei „FIRMA ABC" laufenden und geplanten Projekte (Masterplan) • Er kann die grundsätzlichen Aufgabenverteilungen der Projektmitarbeiter je Projekt beurteilen	• Aufgrund der Masterplanung kann er erarbeitete Projektbudgets in den FIRMA ABC Gesamtkontext stellen • Er kann den Mitarbeitereinsatz in FIRMA ABC Projekten hinsichtlich Über- oder Unterdeckung bewerten und ggf. Umverteilungen vornehmen	• Er steht Projektleitern in allen Projektbudgetierungs- und Mitarbeiterplanungsaufgaben als Coach zur Verfügung
C Soziale Kompetenz			

○ Führungsfähigkeit in Projekten	• Projektarbeit stellt besondere Anforderungen an die Führungskompetenz; der Projektmanager verschafft sich regelmäßig einen Überblick über die laufenden Projekte und berücksichtigt dabei die individuelle Belastungssituation der Projektmitarbeiter	• Der Projektmanager führt eigene Projekte, indem er mitarbeiterindividuell eher steuernd oder eher koordinierend unterstützt; er sucht nach Ansatzpunkten, diese Art der Führung auch bei anderen Projektleitern zu etablieren	• Der Projektmanager führt und fördert seine einzelnen Teammitglieder:
			   • indem er projektspezifische fachliche und individuelle Ziele mit den Projektmitarbeitern vereinbart
			   • die Mitarbeiter bei der Erarbeitung begleitet
			• Er stellt sicher, dass diese Handhabung in allen FIRMA ABC Projekten so durchgeführt wird

D Denkrahmen			
○ Denkrahmen Projektmanagement	• Er versteht die jeweiligen Projektziele und die zugrundegelegte Planung (Aktivitäten und Meilensteine) • Er sucht nach prinzipiellen Ansatzmöglichkeiten das jeweilige Projekt inhaltlich und zeitlich voranzutreiben (Sicherstellung der Meilensteine)	• Er hinterfragt die jeweiligen Projektziele und die zugrundegelegte Planung • Er stellt alle Projekte in den FIRMA ABC Zusammenhang und kann dadurch Priorisierungen in der Masterplanung vorschlagen und dies auch unterjährig durchführen	• Er sucht nach Verbesserungspotentialen in den einzelnen Projekten, d.h. er versteht sich als inhaltlicher Ideengeber und als Coach für effizientes Projektmanagement • Er entwickelt neue Projektthemen aus der Unternehmensanalyse von FIRMA ABC sowie aus dem unternehmerischen Umfeld (Entwicklungen in der Branche, gesetzliche Veränderungen, Mitarbeiterbefragung...)

Abb. 43: Projektmanagement beispielhaft in einer Kompetenzmatrix

In die genannten Kategorien können sie alle Mitarbeiter einer Abteilung einteilen. Im nächsten Schritt werden die Kompetenzbewertungen aller Mitarbeiter übereinandergelegt. Diese Aggregation zeigt das Ist-Kompetenzprofil der Abteilung. Beim Vergleich von Ist- und Soll-Kompetenzen werden die Kompetenzlücken der Abteilung deutlich. Daraus kann der Schulungs- und Entwicklungsbedarf der Abteilung abgeleitet werden. Daraus wiederum wird der Schulungsplan für den einzelnen Mitarbeiter entwickelt. Das Kompetenzmodell kann auch quantifiziert werden (Scoring-Modell) und eine Kennzahl, die den Wert aller Mitarbeiter im Hinblick auf ihre Kompetenzen darstellt, kann ins Cockpit übernommen werden. Denken Sie daran: Die richtige Qualifikation der Mitarbeiter hat Einfluss auf ihre Zufriedenheit und ihren Leistungswillen. Wer dauerhaft überfordert oder unterfordert ist, bringt keine optimale Leistung.

Mit dem Teamkompetenzmodell differenzieren wir uns deutlich von der Auffassung: Was kann der Einzelne? Wie kann der einzelne Mitarbeiter optimal gefördert werden? Wir rücken stattdessen die Gruppe, das Team in den Vordergrund: Was kann die Gruppe? Wie kann die Gruppe optimal gefördert werden? Die Kompetenzen des Einzelnen sind nach wie vor wichtig, aber eher als Beitrag zur Kompetenz der Gruppe. Wir sind der Überzeugung:

Wer einzeln arbeitet, addiert. Wer zusammenarbeitet, multipliziert.

8.3.2   Leistungsbereitschaft – Motivation Ihrer Mitarbeiter

Die Motivation und damit die Einstellung aller Mitarbeiter findet sich in der gelebten Unternehmenskultur, den Werten des Unternehmens wieder. Erfolgsfaktorenforschungen zum Thema Werte zeigen, dass es keine einheitlichen Werte in den erfolgreichen Unternehmen gibt. Alle untersuchten Unternehmen verfügten über unterschiedliche Werte, aber allen gemeinsam war ein ausgeprägtes und gelebtes Wertesystem. Deshalb ist es wichtig, das angestrebte Wertesystem im Unternehmen zu festigen und zu entwickeln. Mitarbeiter werden in einem Unternehmen nur dann langfristig motiviert und mit hohem Einsatz arbeiten, wenn ihnen die Arbeit und der Umgang miteinander Spaß macht und sie sich im Unternehmen geschätzt fühlen. Das heißt nicht, dass Sie einen Kuschelkurs anstreben sollen, aber eine Atmosphäre gegenseitiger Wertschätzung und Respekts.

Im Cockpit kann die Stimmung im Unternehmen auf der Mitarbeiterebene über den Werteindex abgebildet werden. Der Index sollte im Abstand von ein bis zwei Jahren mittels professioneller Mitarbeiterbefragungen ermittelt und über ein Scoring-Modell quantifiziert und messbar gemacht werden. Diese Messung ist nötig, um abzuleiten, ob sich die Unternehmenskultur und die Werte im Unternehmen verändert haben. Der Werteindex ist zudem ein Gradmesser dafür, wie es der Führung gelingt, Werte vorzuleben und zu vermitteln. Wenn, wie in manchen Unternehmen, zwei Wertesysteme parallel existieren — das der Führung und das der Mitarbeiter — ist davon auszugehen, dass das Unternehmen langfristig nicht mehr sehr erfolgreich sein wird, weil die Mitarbeiter möglicherweise innerlich gekündigt haben.

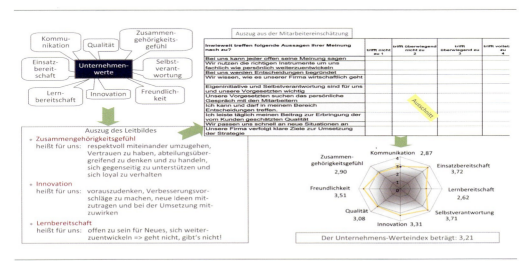

Abb. 44: Der Werteindex als Verbindung von „Werten-Leitbild-Mitarbeitereinschätzung"

Die Ermittlung des Werteindex sollte immer auf dieselbe Weise erfolgen, damit eine Vergleichbarkeit gewährleistet ist. Als Erstes sollte man die Unternehmenswerte überprüfen und Aussagen zu den Leitbildwerten erarbeiten. Im nächsten Schritt wird die Befragung der Mitarbeiter durchgeführt. Danach werden die Ergebnisse ausgewertet und interpretiert. Sie bilden die Grundlage für die Erarbeitung des Handlungsbedarfs und der konkreten Maßnahmen. Im letzten Schritt werden die Maßnahmen umgesetzt.

Beispiel SBS-Feintechnik:

Die SBS-Feintechnik, ein Unternehmen der Burger-Gruppe, zählt seit sechs Jahren zu den Top-Innovatoren des Wettbewerbs Top 100. Thomas Burger, geschäftsführender Gesellschafter der SBS-Feintechnik, weiß, dass für diesen Erfolg die Motivation und Kreativität seiner Mitarbeiter entscheidend sind: „Innovation lässt sich nur verwirklichen, wenn man nicht nur Mitarbeiterinnen und Mitarbeiter hat, sondern Mitdenkerinnen und Mitdenker. Jeder muss bei seinen Aufgaben innovativ sein. Die Führungskräfte müssen diesen Geist vorleben und Denkwerkstätten schaffen, in denen permanent kreativ gearbeitet wird. Die Geschäftsführung ist der Motor, der das Unternehmen mit einer zielgerichteten Innovationskultur antreibt. Kreativität braucht entsprechende Freiräume, die je nach Aufgabe passend zugeschnitten sein sollten. Die Motivation der Menschen wächst mit der Verantwortung, die man ihnen überträgt." Der Erfolg gibt Thomas Burger Recht. Zahlreiche Verbesserungsvorschläge liefert jeder Mitarbeiter pro Jahr. Über 80 Prozent davon werden umgesetzt. An rund 16 Tagen im Jahr bilden sich die Mitarbeiter extern und in der hauseigenen Burger-Academy weiter.

8.3.3 Leistungsbedingungen – Voraussetzung zur Leistungserfüllung

Leistungsbedingungen sind die physischen Faktoren, die vom Arbeitgeber zur Verfügung gestellt werden müssen, damit der Mitarbeiter seine Arbeit überhaupt durchführen kann. Das beginnt beim Bürostuhl und den Räumen, geht über PC, Drucker und Kopierer, bis zu Maschinen und ganzen Anlagen. Ein Informatikexperte kann nicht ohne PC arbeiten. Ein Arbeiter an der Maschine braucht einen ergonomisch vernünftigen Arbeitsplatz, damit er nicht ständig krank wird. Letztlich umfassen die Leistungsbedingungen die Bereitstellung des Arbeitsplatzes und der Arbeitsmittel — was Investition und Kosten bedeutet. Kosten werden normalerweise der Prozessperspektive zugeordnet, der sie auch zugeordnet werden können. Allerdings spielen die Kosten für die Arbeitsplätze in der Regel strategisch eine untergeordnete Rolle. Im Normalfall werden sie gar nicht ins Cockpit aufgenommen.

Trotzdem sollten die Leistungsbedingungen nicht vernachlässigt werden. Sind sie schlecht, wirken sie sich nämlich auf die Motivation aus. Wer sich Tag für Tag mit veralteten Maschinen oder nicht leistungsfähigen PCs herumschlagen muss und dadurch seine Arbeit, selbst wenn er es gerne möchte, nicht richtig oder nicht in der vorgegebenen Zeit bewältigen kann, wird schnell frustriert sein. Schlechte Leistungsbedingungen sind eine Form der Nicht-Wertschätzung.

8.3.4 Führung spielt die entscheidende Rolle

Bei der Umsetzung der Strategie spielt die zweite Führungsebene eine entscheidende Rolle. Sie muss die Strategie ins Unternehmen tragen. Ihre Einstellung und ihr Wertesystem müssen stimmen, das heißt, sie müssen zum Unternehmen passen. Leider sind die direkten Vorgesetzten der häufigste Grund für Kündigungen von Mitarbeitern. Was machen Sie mit einem Key Account Manager, der für 30 Prozent des Umsatzes verantwortlich zeichnet, aber menschlich versagt? Es gibt keine Alternative — nur Trennung funktioniert.

Wenn die Mitarbeitermotivation dauerhaft am Boden liegt beziehungsweise wenn Sie selbst gute Mitarbeiter nicht mehr binden können, wird das Unternehmen leiden. Wir müssen den ökonomischen Wert mit dem Wertesystem verbinden, wenn das Unternehmen dauerhaft erfolgreich sein soll. Nehmen Sie in Ihr Cockpit eine Kennzahl auf, die die Führungskompetenz und nicht nur die Sachkompetenz Ihrer Führungskräfte abbildet. Dazu eignen sich die oben erwähnten Mitarbeiter-Befragungen. Sie sind mühsam, aber lohnenswert. Das ist keine Zahl, die jeden Monat erhoben werden muss, aber — wie erwähnt — zum Beispiel alle zwei Jahre.

Eine Mitarbeiter-Befragung muss anonym erfolgen. Die Ergebnisse sollten ehrlich und ohne Weichzeichner präsentiert werden. Halten Sie die Ergebnisse der Befragung unter Verschluss, weil sie Ihnen nicht passen, kommt von den Mitarbeitern ein Bumerang auf Sie zurück. Schneidet die Führungsebene bei der Befragung schlecht ab, ist das ein Grund zur Kommunikation und zur Verbesserung, nicht zur Verschleierung. Sprechen Sie über die Konsequenzen und ergreifen Sie entsprechende Maßnahmen. Mitarbeiter machen den Unterschied zwischen einem guten und einem schlechten Unternehmen.

Zwei Beispiele für Mitarbeiterbefragungen:

In einem Unternehmen mit acht verschiedenen Werken wurde eine Mitarbeiter-Befragung durchgeführt. Die Ergebnisse waren überwiegend gut, nur in einem Werk erwies sich die Stimmung als sehr schlecht. Man versuchte mit dem Werkleiter zu sprechen, der sich jedoch jedem Gespräch verweigerte. Schließlich entschloss sich der Geschäftsführer des Unternehmens, dem Werkleiter zu kündigen. Sofort hob sich die Stimmung und die Motivation der Mitarbeiter. Sie betrachteten den Rauswurf des Werkleiters als Befreiung und Neuanfang. „Dieser Mensch führte ein Regiment von Terror und Panik", sagte der Geschäftsführer später.

Die Mitarbeiter-Befragung in einem sehr erfolgreichen Unternehmen erbrachte ein relativ schlechtes Ergebnis, mit dem niemand gerechnet hatte. Die Analyse zeigte, dass die Gründe für die schlechte Beurteilung hauptsächlich im extrem schnellen Wachstum des Unternehmens zu finden waren. Die Geschäftsführung reagierte offen, bedankte sich bei den Mitarbeitern für die ehrliche Rückmeldung und ergriff Maßnahmen wie ein Führungskräfte-Entwicklungsprogramm und die Weiterentwicklung des Leitbilds. Außerdem wird die Befragung nach einem Jahr wiederholt, um zu sehen, ob die Maßnahmen tatsächlich Wirkung zeigen.

8.4 Kennzahlen für die Perspektive Finanzen/Risiko

Die Perspektive Finanzen/Risiko wird von den meisten Unternehmern als die wichtigste betrachtet. Manche Unternehmen werden sogar nur über diese Zahlen gesteuert. Das bringt allerdings langfristig nicht viel, wenn die anderen drei Perspektiven vernachlässigt werden, denn in der Perspektive Finanzen wird dargestellt, welche Wirkungen die in den anderen drei Perspektiven getroffenen Maßnahmen auf die Werttreiber Rendite, Wachstum und Risiko haben.

Wenn Sie also die Kennzahlen für die anderen drei Bereiche nicht sauber definiert bzw. die falschen identifiziert haben oder wenn Sie sie nicht in die richtigen Zusammenhänge gebracht haben, laufen Ihnen die Finanzkennzahlen aus dem Ruder bzw. sind nicht aussagekräftig. Nur wenn das Kausalnetz über alle vier Perspektiven stimmt, können Sie die Hebel finden, an denen Sie ansetzen müssen, wenn Ihre Finanzkennzahlen nicht stimmen. Zudem berauben Sie sich äußerst nützlicher Frühwarnindikatoren, wenn Sie auf die anderen drei Perspektiven verzichten. Im Finanzbereich müssen Sie Kennzahlen finden, die den wirtschaftlichen Erfolg des Unternehmens aussagekräftig dokumentieren und gleichzeitig das von den Banken durchgeführte Rating abbilden.

Nichts, was Sie in den anderen drei Perspektiven unternehmen, bleibt ohne Wirkung auf die Perspektive Finanzen/Risiko.

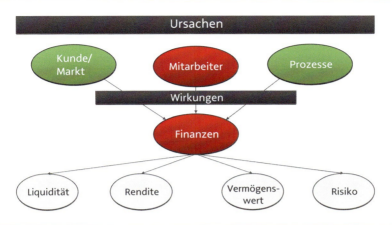

Abb. 45: Ursachen und Wirkungen

8.4.1 Spitzenkennzahl für den Bereich Rendite

Als Spitzenkennzahl eines wertorientierten Ansatzes steht im Bereich Rendite die Verzinsung des eingesetzten Kapitals im Mittelpunkt. Aus dieser Kennzahl lassen sich nach dem DuPont-Schema weitere Kennzahlen wie die Umsatzrendite oder der Rohertrag ableiten und in einen eindeutigen mathematischen Zusammenhang stellen.

8.4.2 Wachstum muss Rendite erzielen

Das Wachstum wird in der Finanzperspektive über die Entwicklung des Umsatzes oder des Rohertrags beschrieben. Weitere Messgrößen wie die Marktanteilsentwicklung und ähnliches werden in der Markt/Kunde-Perspektive abgebildet. Beachten Sie, dass Umsatzwachstum an sich nichts Positives ist. Wenn der Umsatz wächst, aber die Rendite sinkt, haben Sie es mit Wertvernichtung zu tun. Umsatzwachstum um jeden Preis ist kontraproduktiv. Messen Sie den Umsatz nicht nur quantitativ, sondern auch qualitativ.

8.4.3 Risiko spiegelt Kapitalmarktfähigkeit

Die Risikoperspektive gewinnt nicht zuletzt aufgrund des Bankendrucks (Basel II und III sowie Rating) in Deutschland immer mehr an Bedeutung. Die Risikoberechnung ist über die Berechnung des aggregierten Risikos R_A möglich, welches das Marktrisiko (MR), das Leistungsrisiko (LR), das Kapitalstrukturrisiko (KSR), Fremdkapital (FK) und Eigenkapital (EK) einbezieht. Die Formel dafür lautet:

$$R_A = (MR + LR) \times KSR \times (1 + FK / EK)$$

Liegt der Wert für das aggregierte Risiko bei einem Wert höher als 12, ist das Unternehmen für Investoren nicht mehr interessant, das heißt „nicht mehr kapitalmarktfähig". Wir sind jedoch der Überzeugung, dass ein Familienunternehmen, auch wenn es nicht an den Kapitalmarkt gehen möchte, kapitalmarktfähig sein sollte.

Das zwangsläufige Ausscheiden eines Unternehmens aus dem Markt kann nur durch eine zu geringe Liquidität und Überschuldung geschehen. In der Risikoperspektive des Finanzbereichs sollten zumindest Kennzahlen erhoben werden, die diese Entwicklung abbilden. So ist zum Beispiel eine hohe Eigenkapitalquote ein Indikator dafür, dass das Unternehmen einen Verlust tragen kann, ohne dass sofort der Überschuldungstatbestand eintritt. Gemeinhin wird eine Eigenkapitalquote von 30 bis 40 Prozent als gut betrachtet. Allerdings kann sich diese Aussage schnell relativieren, wenn hohe Risiken bestehen. Deshalb ist es unerlässlich, dass man in Unternehmen die drohenden Risiken kennt. Die Liquiditätsreichweite und die Cashflow-Marge sind Kennzahlen, die die liquide Situation des Unternehmens beschreiben. Alle Risikopositionen des Unternehmens verdichten sich letztlich in der Berechnung der „durchschnittlich gewichteten Kapitalkosten" (WACC — Weighted Average Cost of Capital).

EXKURS: Abhängigkeiten

Wenn Sie sich mit den Risiken für Ihr Unternehmen befassen, sollten Sie auch die Abhängigkeit von einzelnen Lieferanten oder Kunden nicht außer Acht lassen. Besonders kleine Unternehmen erzielen häufig mehr als 50 Prozent Ihres Umsatzes mit einem Kunden oder auch mit einer Branche. Während der Finanz- und Wirtschaftskrise 2009/2010 konnte man in der Automobilzulieferindustrie die Effekte solcher Abhängigkeiten gut beobachten. Als die Umsätze der Automobilhersteller einbrachen, traf das viele kleine Zulieferer besonders hart, da sie sich völlig auf diese Branche konzentriert hatten. Sie hatten extreme Umsatzeinbrüche zu verkraften. Einige gingen daran zugrunde. Auch Unternehmen, die von einem Lieferanten abhängig sind, setzen sich einem großen Risiko aus. Fällt der Lieferant aus, steht im schlimmsten Fall die Produktion still. Um solche Situationen zu vermeiden, sollten Sie sich nicht nur auf einen großen Kunden oder auf einen Lieferanten verlassen.

8.4.4 Unternehmenswert zeigt Bonität

Die ultimative Finanzkennzahl ist der Unternehmenswert, also das Verhältnis von Fremdkapital zum Marktwert des Eigenkapitals. Dieses Verhältnis ziehen auch die Banken als Kriterium zur Beurteilung Ihrer Bonität heran. Sie erinnern sich: „Erfolg ist, wenn der Unternehmenswert nachhaltig gesteigert werden kann." In Kapitel 4 haben wir Ihnen im Abschnitt „wertorientierte Unternehmensführung" verschiedene Methoden (unter anderem den EVA) zur Berechnung des Unternehmenswerts ausführlich vorgestellt. Eine rechtlich verbindliche Bestimmung für den Unternehmenswert gibt es nicht. Für jedes in der Praxis handhabbare System muss man einen geeigneten Kompromiss zwischen der effizienten Anwendung einerseits und der methodischen Präzision andererseits finden.

Aufgabencheck Kennzahlen:

- Können Sie Ihren Vertriebsprozess mit der Ableitung des Umsatzes erklären und mit den daraus gewonnenen Erkenntnissen steuern?
- Können Sie über die gefundenen Kennzahlen frühzeitig Entwicklungen erkennen, die sich zeitversetzt auf Ihren Umsatz auswirken werden?
- Sind die größten Kostentreiber in Ihrem Unternehmen identifiziert und im Cockpit abgebildet?
- Sind Ihre größten Risikopositionen wie eine Lieferanten- oder Kundenabhängigkeit abgebildet?
- Erklären die gefundenen Finanzkennzahlen Ihr Rating?

8.5 „10+4+1" – Kennzahlen des Unternehmens

Wenn Sie sich durch alle vier Perspektiven gearbeitet haben, werden Sie vermutlich feststellen, dass Sie immer noch zu viele Kennzahlen haben. Wie schon mehrfach betont, sollte die Qualität der Zahlen im Mittelpunkt Ihrer Überlegungen stehen und nicht die Quantität. Fünf bis zehn Kennzahlen pro Perspektive sollten ausreichen. Sie können relativ leicht überprüfen, ob Sie sich auf die richtigen Kennzahlen festgelegt haben, das heißt, auf strategie- und erfolgsrelevante Messgrößen. Nur wenn sich ein plausibler, messbarer Zusammenhang zum Unternehmenswert herstellen lässt, gehört die Kennzahl ins Cockpit. Wenn das auf Ihre Kennzahlen zutrifft, schaffen Sie für Ihr Unternehmen auf verblüffend einfache Weise eine Strategie-Landkarte, die die Grundlage für Ihre gesamte Unternehmenssteuerung darstellt. Sie können damit Veränderungen, Tendenzen und Entwicklungen sehen, bevor diese in den Finanzkennzahlen ihren Niederschlag finden. Je besser Ihnen die Erstellung der Strategie-Landkarte gelingt, desto leichter können Sie daraus konkrete Handlungsanweisungen ableiten.

Mit den Kennzahlen „10+4+1" wollen wir Ihnen die wichtigsten Elemente vorstellen, die Sie in Ihren Kennzahlen abbilden sollten. Wir nennen diese Kennzahlen absichtlich „10+4+1", um die dahinter stehende Logik zu betonen. Aus den zehn unten stehenden Schlüsselelementen aus den Perspektiven Markt/Kunde, Prozesse und Mitarbeiter/Führen/Lernen leiten Sie die Kennzahlen ab, die sich auf die vier Kennzahlen aus der Perspektive Finanzen auswirken und sich in ihnen manifestieren. Der Unternehmenswert schließlich ist das Ergebnis aus allen Kennzahlen, kulminiert in den vier Zahlen aus der Perspektive Finanzen.

Alle Kennzahlen, die über diese 15 hinausgehen, sind unserer Meinung nach Subgrößen, die sich in irgendeiner Form auf diese 15 Zahlen auswirken. Natürlich kann es je nach Unternehmen und Strategie sinnvoll sein, die eine oder andere Zahl zu ersetzen oder noch Kennzahlen hinzuzunehmen. Wenn zum Beispiel in der Perspektive Prozesse „Individualität" für Sie keine Rolle spielt, können Sie sie durch ein für Sie relevantes Element und die daraus abgeleitete Zahl ersetzen.

Unser Vorschlag:

Leiten Sie aus den folgenden 15 Schlüsselelementen die für Sie relevanten Kennzahlen ab.

Perspektive Markt/Kunde
- Bestandskundenbindung
- Neukundengewinnung
- Wertschöpfung pro Kunde

Perspektive Prozesse
- Kosten/Produktivität
- Zeit
- Qualität
- Individualität

Perspektive Mitarbeiter/Führen/Lernen
- Leistungsfähigkeit
- Leistungsbereitschaft
- Leistungsbedingungen

10

Perspektive Finanzen
- Liquidität
- Rendite
- Wachstum
- Risiko

+ 4

Unternehmenswert

+ 1

Über allem steht natürlich der Unternehmenswert als fünfzehnte Zahl. Seine Entwicklung zeigt, ob der Wert Ihres Unternehmens steigt, ob es in der Lage ist, sein Generalziel, die „gesteigerte Überlebensfähigkeit" zu erreichen.

8.6 Unumgänglich: Verantwortlichkeiten festlegen

Bevor Sie nun mit der Operationalisierung Ihres Cockpits starten, sollten Sie unbedingt die Verantwortlichkeiten festlegen. Das betrifft alles, von der Erhebung der Zahlen und deren Fortschreibung bis hin zur Umsetzung bis in die Tiefe. Nicht nur die Führungskräfte, sondern auch die Mitarbeiter müssen wissen, was das Cockpit ist und wie es funktioniert. Schließlich ist das Cockpit das Instrument, das Ihnen hilft, Ihre Strategie umzusetzen. Wenn Sie wollen, dass das Cockpit wirklich funktioniert und Sie jederzeit einen Nutzen davon haben, sollten Sie unbedingt klare Verantwortlichkeiten für das Cockpit und seine Umsetzung im Unternehmen festlegen. Dazu benötigen Sie den vollen Rückhalt Ihrer Führungskräfte. Deren Aufgabe ist es, dafür zu sorgen, dass das Cockpit tatsächlich zum Einsatz kommt. Nur wenn die Führungsmannschaft die Entwicklung und die Einführung des Cockpits unterstützt, wird es die Akzeptanz im Unternehmen erhalten, die erforderlich ist, um es nachhaltig zu implementieren und erfolgreich einzusetzen.

Indem Sie klar festlegen, wer für welchen Teil des Cockpits zuständig ist, können Sie vermeiden, dass Ihre Führungskräfte Verantwortlichkeiten von sich weisen. Besonders wenn die Ergebnisse einmal schlechter sind, neigen Führungskräfte dazu, das Cockpit einschlafen zu lassen, um sich vermeintlich wichtigeren Aufgaben zuzuwenden. Dabei ist das Cockpit gerade in diesen Zeiten von elementarer Bedeutung, weil es Ihnen die Ursachen der schlechteren Ergebnisse transparent machen kann, sodass Sie adäquat handeln können. Anfangs halten wir regelmäßige Cockpit-Meetings für sehr empfehlenswert. Sie können dabei die Kennzahlen überprüfen, Lücken schließen, Maßnahmen diskutieren und den Umsetzungsprozess kontrollieren. Außerdem können Unsicherheiten bei der Erhebung der Zahlen und ihrer Einordnung in den Gesamtzusammenhang besprochen und ausgemerzt werden.

> Wenn es keine klaren Verantwortlichkeiten gibt, fühlt sich auch niemand verantwortlich.

Das folgende Beispiel eines Getränkeproduzenten soll Ihnen die Cockpitvorbereitung ganz konkret vor Augen führen. Sie können daran die einzelnen Schritte, die wir Ihnen in der Theorie vorgestellt haben, noch einmal nachvollziehen:

Beispiel: Cockpitvorbereitung Getränkeproduzent

Strategisches Oberziel:

- Nachhaltige Steigerung des Unternehmenswerts und Sicherung/Ausbau der Arbeitsplätze

Strategische Stoßrichtung:

1. Rentabilität erhöhen
2. Signifikantes Wachstum
3. Aufmerksame Beachtung spezifischer Risikofaktoren

Strategisches Zielsystem für 2015:

- Wir wollen wachsen können, aber nicht müssen.

A: Renditesteigerung durch	B: Wachstum durch	C:Optimierung/Beibehaltung der Risikosituation durch
1. Sortiment marktorientiert managen	4. Marktdurchdringung erhöhen	11. Unternehmenskultur aufbauen und festigen
2. Verwaltung/Technik optimieren	5. Grenzgebiete aufbauen	12. Top-Qualitäten halten und ausbauen
3. Logistikprozesse optimieren	6. Vertrieb Kerngebiet optimieren	13. Partnerschaftscontrolling
	7. Endkundenanteil erhöhen	14. Liquidität sichern
	8. Innovationskraft erhöhen	
	9. Markenbekanntheit und -attraktivität erhöhen	
	10. Entwicklung neuer Vertriebskanäle	

Auf dieser Grundlage wurde eine strategische Landkarte entwickelt, die die Ursache-Wirkungszusammenhänge abbildet. Außerdem wurden die verschiedenen Ziele den vier Perspektiven zugeordnet. Anhand der Nummerierung können Sie die einzelnen Punkte in der Landkarte leicht wiederfinden.

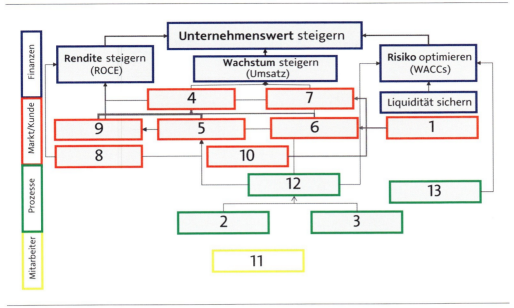

Abb. 46: Die Strategische Landkarte

An einigen Beispielen aus dem Bereich Markt/Kunde sehen Sie nachfolgend, wie Sie die entsprechenden Kennzahlen finden, um Ihre Ziele zu erreichen. Auch hier können Sie sich wieder an der Nummerierung orientieren.

Strategisches Ziel	Indikator	Kennzahlen
1. Sortiment marktorientiert managen	■ Renner/Penner-Analyse (Mindestumsatz) ■ DB-Analyse	■ DB-Rechnung pro Produkt ■ Absatzrangliste inklusive Entwicklung
4. Marktdurchdringung erhöhen (Kern- und erweitertes Gebiet)	■ Anzahl Neukunden ■ Anzahl Bestandskunden ■ GFGH*-Potenzial pro Gebiet ■ Türöffner-Platzierungen ■ Anzahl neue Veranstaltungen, auf denen das Unternehmen auftritt	■ Anzahl Neukunden / Bestandskunden jew. pro Gebiet ■ GFGH*-Potenzial pro Gebiet = 1 — (Kundenzahl GFGH* pro Gebiet / Anzahl GFGHs* im Gebiet) ■ Anzahl Neukunden, gewonnen durch Türöffner-Produkt

Cockpitaufbau II: Mit den richtigen Zahlen steuern

Strategisches Ziel	Indikator	Kennzahlen
5. Grenzgebiete ausbauen	• Anzahl Besuche im Grenzgebiet	• Anzahl Neukunden im Grenzgebiet • Umsatzanteil Grenzgebiet / Gesamtumsatz • Anzahl Besuche „Bedarfer" im Grenzgebiet / Anzahl Besuche gesamt
6. Optimierung Vertrieb (Kerngebiet)	• Neukundenkontakte • Bestandskundenbesuche • Persönliche Beziehungen • Akquisitionserfolgsquote • Durchschnittlicher Umsatz pro Kunde • Aktive Referenzen • Qualifikationsniveau des Außendienstes • Teilnahme und Präsenz Events • Wertorientiertes Kundenmanagement leben	• … • …

*GFGH = Getränkefachgroßhandel

Kurz & knapp: Kennzahlen

- Für die vier Perspektiven werden Kennzahlen definiert, die sich aus den Schlüsselelementen ergeben.
- Alles für den Erfolg Wichtige, das im Unternehmen geschieht, muss im Cockpit in einen messbaren Zusammenhang gebracht werden.
- Intelligent ausgewählte Kennzahlen lassen sich eindeutigen Zielen zuordnen, signalisieren durch ihren Namen ihre genaue Bedeutung, erklären das Schlüsselelement, sind Teil einer ganzheitlichen Sichtweise auf das Unternehmen und lassen sich zu vertretbaren Kosten erzeugen.
- Für jede Perspektive gibt es dominierende Elemente, die für viele Unternehmen gültig sind. Wir bezeichnen Sie als die wichtigsten Kennzahlen „10+4+1", die aus den Schlüsselelementen abgeleitet werden: Bestandskundenbindung, Neukundengewinnung, Wertschöpfung pro Kunde, Kosten/Produktivität, Zeit, Qualität, Individualität, Leistungsfähigkeit, Leistungsbereitschaft, Leistungsbedingungen, Liquidität, Rendite, Wachstum, Risiko und Unternehmenswert.
- Sie sollten nicht möglichst viele Kennzahlen definieren, sondern möglichst aussagekräftige. Fünf bis zehn pro Perspektive sind genug.
- Nur wenn sich ein plausibler, messbarer Zusammenhang zum Unternehmenswert herstellen lässt, gehört die Kennzahl ins Cockpit.

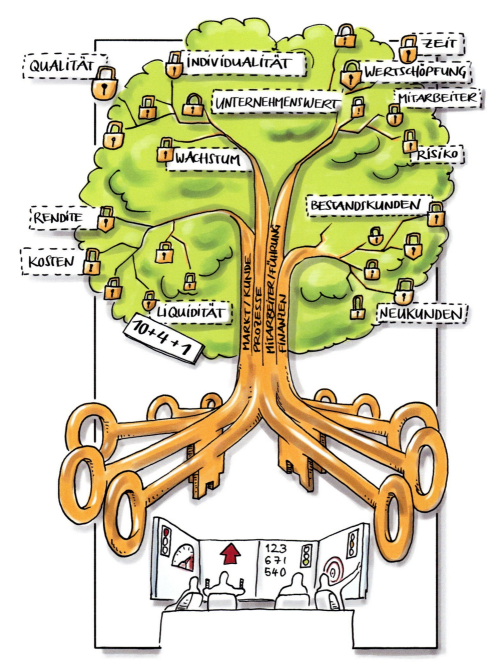

QUALITÄT
INDIVIDUALITÄT
ZEIT
WERTSCHÖPFUNG
UNTERNEHMENSWERT
MITARBEITER
WACHSTUM
RISIKO
BESTANDSKUNDEN
RENDITE
KOSTEN
LIQUIDITÄT
NEUKUNDEN
10 + 4 + 1

MARKT / KUNDE
PROZESSE
MITARBEITER / FÜHRUNG
FINANZEN

123
671
540

9 Operationalisierung des Cockpits

Jetzt geht es zur Sache. Wenn Sie denken, die Operationalisierung des Cockpits sei der einfachste Teil der Aufgabe, nachdem alle anderen schon erledigt wurden, täuschen Sie sich. Die Operationalisierung sollte sehr sorgfältig geschehen. Schließlich wird das Cockpit erst durch sie zum Steuerungsinstrument für das Unternehmen. Außerdem werden bei der Operationalisierung konkrete Ziele sowie die strategischen Maßnahmen zur Zielerreichung definiert. Erst dadurch weiß jeder im Unternehmen, wie sein Beitrag zum Erfolg aussehen soll.

Folgende Aufgaben müssen bei der Operationalisierung des Cockpits erledigt werden:

- Optimierung der Kennzahlenauswahl und -definition
- Definition von Zielen
- Festlegen von Ist- und Sollgrößen
- Vergleiche mit dem Vorjahr beziehungsweise den Vorjahren
- Kontrolle der Abweichungen zum Soll
- Kontrolle der Abweichungen zum Vorjahr beziehungsweise zu den Vorjahren
- Ableitung der Ampelfarbe aus dem Zielerreichungsgrad (grün, gelb, rot)
- Festlegen von Kennzahlenverantwortlichen
- Definieren von strategischen Maßnahmen zum Erreichen der gesetzten Ziele
- Festlegen von Maßnahmenverantwortlichen mit Terminen

Wenn Sie mit der Operationalisierung des Cockpits beginnen, sollten alle Vorarbeiten sorgfältig abgeschlossen sein. Überprüfen Sie noch einmal, ob

- Ihr Strategieentwicklungsprozess abgeschlossen und die Strategie klar ist;
- Sie die vier Perspektiven mit den für Ihr Unternehmen relevanten Schlüsselelementen aufgebaut haben;
- Sie aus den Schlüsselelementen relevante Kennzahlen abgeleitet haben.

9.1   Den Ist-Zustand erfassen

Bevor Sie mit der Operationalisierung beginnen, sollten Sie sich ein bis drei Monate Zeit nehmen, um die Ist-Daten für Ihre Kennzahlen im Unternehmen zu erheben. Dafür sollten Sie bereits Verantwortliche festgelegt haben. Aus diesen Daten können die definierten Kennzahlen mit ihrem Ist-Wert berechnet werden, denn:

Wer nicht weiß, wo er steht, wird kaum einen Weg zum Ziel finden.

Viele Zahlen, die Sie brauchen, werden sich irgendwo im ERP-System (ERP — Enterprise Resource Planning) oder in der Buchhaltung, in der Warenwirtschaft oder in anderen Systemen verstecken. Manche Zahlen haben Sie unter Umständen noch nie zuvor erhoben. Das gilt häufig für Zahlen, die die Perspektiven Markt/Kunde und Mitarbeiter/Lernen betreffen. Die meisten Unternehmen tun sich leichter mit „harten Zahlen" aus den Perspektiven Prozesse und Finanzen/Risiko. Nur die wenigsten machen sich Gedanken darüber, wie man die Kundenbindung, die Mitarbeiterzufriedenheit oder die Innovationsfähigkeit erheben kann. Vielleicht haben Sie bisher auch Zahlen erhoben, die gar nicht mehr relevant und aussagekräftig sind. Durch die Überprüfung und eventuelle Neuausrichtung Ihrer Strategie in den Vorarbeiten zur Vorbereitung des Cockpits haben sich möglicherweise neue Aspekte ergeben, sodass andere Zahlen als bisher sinnvoll erscheinen. Lassen Sie sich durch die bereits im Unternehmen vorhandenen Zahlen nicht dazu verführen, bei dem Abstriche zu machen, was Sie aus der Strategieentwicklung heraus identifiziert und definiert haben. Strategie ist nichts, was tagesaktuell zur Disposition steht. Jede Strategieentwicklung war für die Katz', wenn sie nicht überlegt und konsequent umgesetzt wird. Der Aufwand mag Ihnen manchmal hoch erscheinen, doch bedenken Sie: Sie haben schon ein großes Stück des Weges hinter sich gebracht, Sie stehen schon auf Stufe neun von zehn. Vielleicht bemerken Sie auch im Zuge der Ist-Daten-Erhebung, dass sich die eine oder andere Zahl gar nicht mit einem vertretbaren Aufwand erheben lässt. In diesem Fall sollten Sie überlegen, ob es eine andere Zahl gibt, die Ihnen dieselbe Information liefert, aber einfacher erhoben werden kann. Möglicherweise haben Sie die Zahl auch nur falsch definiert. Überprüfen Sie in einem solchen Fall die Definition beziehungsweise die Berechnung der Kennzahl noch einmal.

> *„Fehlende Daten sind normalerweise kein Datenerfassungsproblem, es handelt sich vielmehr um ein Managementproblem: ‚If you can't measure it, you can't manage it'. Wenn es keine Daten gibt, die eine Kennzahl ergeben, dann ist der Managementprozess für eine strategische Hauptzielsetzung wahrscheinlich ungeeignet oder schlicht nicht existent."*

> *Kaplan und Norton in „Balanced Scorecard"*

Lassen Sie sich nicht ewig Zeit mit der Erfassung der Ist-Daten. Legen Sie einen konkreten Zeitpunkt fest, zu dem die Zahlen vorliegen müssen. Das setzt voraus, dass Sie Verantwortliche dafür bestimmt haben — im Führungskreis kann das zum Beispiel der jeweilige Bereichsleiter sein. Er muss die Zahlen in seinem Verantwortungsbereich erheben (lassen) und dafür sorgen, dass die Zahlen rechtzeitig vorliegen und vor allem überprüfen, ob die Zahlen auch tatsächlich der jeweiligen Definition entsprechen. Regelmäßige Cockpit-Meetings sorgen dafür, dass die Aufgaben nicht in Vergessenheit geraten und Schwierigkeiten rechtzeitig diskutiert und ausgeräumt werden können.

Das Cockpit ist eine gute Gelegenheit, ihre gesamte Zahlenwirtschaft auf Vordermann zu bringen beziehungsweise zu vereinheitlichen. In vielen Unternehmen, je kleiner desto wahrscheinlicher, existieren eine Vielzahl von Systemen nebeneinanderher. Oft behilft man sich mit Excellisten. Dagegen ist nichts zu sagen, wenn es funktioniert. Leider ist es häufig so, dass die eine Hand nicht weiß, was die andere tut beziehungsweise viele Zahlen eine Existenz im Dunkeln fristen. Es wird nicht erkannt, welche Bedeutung sie für die Unternehmenssteuerung haben beziehungsweise die Führung weiß manchmal gar nicht, dass die so wichtigen Zahlen existieren. In vielen Fällen fristen Zahlen auch ein isoliertes Dasein ohne Zusammenhang zu den anderen Zahlen, die sie vielleicht bedingen. Machen Sie nicht den Fehler, nur auf die Zahlen der Finanz-Perspektive zu schielen. Solange sie nicht in einen Zusammenhang zu den anderen Zahlen gebracht werden, sind sie nur halb so viel wert.

Das Herunterbrechen der Strategie auf klar messbare Erfolgsfaktoren und Zielgrößen ist eine der wichtigsten Voraussetzungen für die Umsetzung der Strategie im Cockpit. Alle betriebswirtschaftlichen Treibergrößen, die für die Umsetzung der Strategie entscheidend sind, müssen bestimmt und nach einem standardisierten Verfahren ermittelt werden, damit ihre Vergleichbarkeit kontinuierlich gewährleistet ist. Das gilt für alle Bereiche. Dabei muss ein ausgewogenes Verhältnis zwischen finanzwirtschaftlichen, internen und marktbezogenen Kennzahlen herrschen, in denen alle vier Perspektiven berücksichtigt werden. Durch intensive Diskussionen über die Werttreiber und die Kausalketten entsteht ein breiter Konsens über die wichtigsten Ziele, Steuerungsgrößen und Maßnahmen. Da das Cockpit in Workshops erarbeitet wurde, genießt es auch eine hohe Akzeptanz bei den Mitarbeitern.

Unterschätzen Sie nicht die Wirkung des Cockpits nach innen und außen.

Familienunternehmen sind bekannt dafür, dass sie sehr zurückhaltend sind, wenn es um die Unternehmenszahlen geht. Gegenüber den Mitarbeitern ist die Finanz- und Ertragslage oft eine geheime Kommandosache. Das öffnet natürlich Spekulationen und Gerüchten Tür und Tor. Wenn die tatsächliche finanzielle Lage der

Firma ein Geheimnis bleibt, gehen Mitarbeiter schnell davon aus, dass sie sehr gut ist oder dass das Unternehmen bald pleite sein wird. Die Motivation schwankt und niemand sieht so richtig seinen Beitrag zu was auch immer. Das Unternehmenscockpit schafft hier Transparenz und macht Schluss mit vagen Vermutungen.

> *„Mitarbeiter, die wissen, wie es ihrer Firma geht und dass sie in guten Zeiten profitieren, sind motivierter und eher bereit, auch unangenehme Maßnahmen mitzutragen."*
>
> *Wolf Hirschmann, Gründer und Geschäftsführer der Slogan Werbung Marketing Consulting GmbH, Filderstadt*

Natürlich werden nicht alle Zahlen, die Sie erheben, an alle Mitarbeiter oder gar an Außenstehende kommuniziert werden. Wir empfehlen aber, den Transparenzeffekt des Cockpits innerhalb eines vernünftigen Rahmens zu nutzen. Prinzipiell gibt man natürlich mit dem Cockpit auch ein Stück weit die eigenen Unternehmensziele preis. Das macht es für den Wettbewerb interessant, vor allem, wenn konkrete Zahlen hinterlegt sind. Aus diesem Grund raten wir, das Cockpit nur zu zeigen und es nicht komplett via Kopie oder Ähnlichem aus der Hand zu geben. Doch wenn Sie den Einsatz des Unternehmenscockpits extern kommunizieren und Außenstehende von der Kompetenz Ihres Unternehmens damit überzeugen können, wird man Ihnen sehr viel mehr Vertrauen bei außerplanmäßigen Entwicklungen entgegenbringen. Das gilt ganz besonders für Banken und andere Geldgeber, die durch das Cockpit sehen, dass Sie Ihr Unternehmen vorausschauend und geplant führen.

Das Cockpit übersetzt die Strategie in das operative Geschäft und macht sie transparent, wodurch die Mitarbeiter viel besser begreifen können, welche Bedeutung sie selbst und ihre Abteilung/Gruppe im Gesamtzusammenhang des Unternehmens haben. Sie sehen durch das Cockpit und sein Kausalnetz, welche Auswirkungen das eigene Handeln — im Guten wie im Schlechten — auf das Unternehmen und seinen Erfolg hat. Die transparenten Strukturen des Cockpits zeigen den Mitarbeitern im Übrigen auch, dass das Unternehmen, in dem sie arbeiten, nicht nach „Laune des Chefs" geführt wird, sondern planvoll und strategisch.

Das Unternehmenscockpit stärkt das Vertrauen in die Unternehmensführung bei den Mitarbeitern und anderen Stakeholdern.

9.2 Definition der Zielwerte – vom Ist zum Soll

Wenn Sie alle Ist-Werte erhoben haben — mit vertretbarem Aufwand versteht sich — und noch einmal alle Kennzahlen im Hinblick auf ihre Relevanz überprüft haben, müssen Sie sich mit Ihren Zielen auseinandersetzen. Allein mit den Ist-Werten kommen Sie nicht weiter. Sie müssen zusätzlich einen Zielwert, der mit Ihren strategischen Zielen im Einklang steht, festlegen sowie die erlaubten Abweichungen von diesem Wert. Die Übertragung der Abweichungen in ein Ampelsystem erlaubt es Ihnen, auf einen Blick zu sehen, wo Sie Ihre Ziele nicht erreichen beziehungsweise wo Handlungsbedarf besteht oder auch wo Sie über Plan sind.

Beispiele: Zielwerte und Abweichungen

In unserem ersten Beispiel geht es um die Perspektive Markt/Kunde. Wir haben als Kennzahlen für diese Perspektive die Kundenbindungsquote, den Umsatz pro Kunde und die Neukundengewinnung festgelegt und definiert.

	Kundenbindungs-quote	Umsatz pro Kunde	Anzahl neuer Kunden
Zielwert	90 %	2.000 Euro	4 Kunden pro Monat
Erlaubte Abweichung (Ampel Grün)	5 %	5 %	1 Kunde
Erlaubte Abweichung (Ampel Gelb)	10 %	10 %	2 Kunden
Erhebungsfrequenz	jährlich	monatlich	monatlich
Quelle	Vertrieb	Vertrieb	Vertrieb
Durchschnitt	87,5 % (6 Jahre)	1.800 Euro (12 Monate)	2,75 (12 Monate)
Bereich	Markt/Kunde	Markt/Kunde	Markt/Kunde

$$\text{Kundenbindungsquote} = \frac{\text{Anzahl der Kunden 2012 aus 2011}}{\text{Anzahl der Kunden 2011}}$$

$$\text{Umsatz pro Kunde} = \frac{\text{Gesamtumsatz}}{\text{Anzahl Kunden}}$$

$$\text{Neukundengewinnung} = \text{Anzahl neuer Kunden}$$

Operationalisierung des Cockpits

Sinnvoll ist es, wenn die Entwicklung zusätzlich noch in Form eines Charts abrufbar ist. Im Chart sollten Sie den Zielwert als Nulllinie einziehen, sodass Sie auf einen Blick die Erreichung des Zielwerts ablesen können.

Im zweiten Beispiel geht es um die Perspektive Prozesse. Unsere Kennzahlen sind hier Individualität, Qualität, Prozesskosten und Zeit.

	Individualität	Qualitätsindex	Prozesskosten	Zeit
Zielwert	80,00%	< 0,50 %	< 40 Cent/Teil	< 3 Tage
Erlaubte Abweichung (Grün)	8,00%	0,10%	2 Cent/Teil	0,25 Tage
Erlaubte Abweichung (Gelb)	12,00%	0,20%	4 Cent/Teil	0,5 Tage
Erhebungsfrequenz	Quartal	monatlich	monatlich	monatlich
Quelle	Vertrieb	PPS*	PPS	PPS
Durchschnitt	63 % (12 Monate)	0,45 % (12 Monate)	42 Cent/Teil (12 Monate)	2,6 Tage
Bereich	Prozesse	Prozesse	Prozesse	Prozesse

* Produktionsplanungs- und -steuerungssystem

$$\text{Individualität} = \frac{\text{Anzahl umgesetzter Sonderanfragen}}{\text{Anzahl Sonderanfragen}}$$

$$\text{Qualitätsindex} = \frac{\text{Summe der Fehler}}{\text{Anzahl der Teile gesamt}}$$

Prozesskosten = Produktionskosten gesamt

Zeit = Zeit vom Auftragseingang bis zum Versand der Ware

Wenn Sie die Zahlen in Zusammenhang mit der Kausalkette sehen, die Sie angelegt haben, können Sie von der Mitarbeiterperspektive bis zur Finanzperspektive erkennen, welchen Einfluss die verschiedenen Werttreiber auf den Unternehmenserfolg haben. Darüber hinaus wird deutlich, ob die Zahlen, die erhoben werden, auch tatsächlich die richtigen sind. Die Kennzahlen, die Sie für Ihr Unternehmen festgelegt haben, müssen nicht unbedingt dieselben sein, die wir für unsere Beispiele verwendet haben. Wesentlich ist, dass die Kennzahlen die Strategie **Ihres** Unternehmens abbilden. Sie sollen an ihnen ablesen können, ob Ihre Strategie funktioniert.

Die Kennzahlen im Bereich Finanzen werden ebenso wie die in den anderen Perspektiven gehandhabt. Auch hier müssen Zielwerte und Abweichungen festgelegt werden. Als oberste Kennzahl gilt der Unternehmenswert, der definiert wird als Ergebnis der Division des Ist-Jahres durch den des Vorjahres. Das Cockpit sorgt dafür, dass Sie nicht nur rechtzeitig sehen, wo Sie eingreifen müssen, sondern ermöglicht zudem, weil es die Ursache-Wirkungszusammenhänge aufzeigt, die richtigen Stellschrauben für Maßnahmen zu identifizieren und so die richtigen Maßnahmen einzuleiten.

> Im Idealfall passt Ihr Kennzahlenbericht auf ein Blatt und zeigt Ihnen durch die Ampelfarben sofort, wo Sie aktuell stehen und wo Handlungsbedarf besteht.

● **TIPP**

Erstellen Sie für sich eine „Chef-Übersicht". Stellen Sie sich ein Blatt mit den wichtigsten Kennzahlen zusammen, das Ihnen stets und aktuell die Zahlen zeigt, die für die Abbildung des Unternehmenserfolgs entscheidend sind. Dadurch verfügen Sie über ein Instrument, das Ihnen sofort zeigt, wenn etwas nicht im Plan ist und Sie sich die Dinge genauer anschauen müssen.

Erlauben Sie uns noch einige Bemerkungen zu den Zielwerten. Die Zielwerte, die Sie setzen, müssen mit Ihren strategischen Zielen korrespondieren und sinnvoll, das heißt, erreichbar sein. Es ist legitim, sich ambitionierte Ziele zu setzen, aber es ist kontraproduktiv, wenn sie nur mit größten Anstrengungen oder mit den vorhandenen Ressourcen gar nicht erreichbar sind. Wenn Ihr Vertrieb bisher in der Lage war, pro Monat zwei neue Kunden zu gewinnen, kann er unter denselben Voraussetzungen wie bisher vermutlich nicht zehn neue Kunden gewinnen. Damit Sie ein solches Ziel erreichen, müssen Sie an den Stellschrauben drehen. Sie müssen zum Beispiel mehr Vertriebsmitarbeiter einstellen oder die derzeitigen Mitarbeiter schulen oder das Vertriebssystem ändern. Stellen Sie Ihren Mitarbeitern keine nicht zu lösenden Aufgaben. Das frustriert und trägt nicht dazu bei, das Vertrauen in die Unternehmensleitung und die Motivation zu stärken.

Die Ampelregelung

Erhebliche Unterschiede zwischen den angestrebten Soll-Werten und den tatsächlichen Ist-Werten einer Kennzahl weisen immer auf strategischen Handlungsbedarf hin. In welche Richtung sich die Kennzahl entwickelt, wird durch das Ampelsystem visuell verdeutlicht. Steht die Ampel auf Grün, stimmen Soll- und Ist-Wert überein oder der Soll-Wert ist höher als der Ist-Wert. Rot signalisiert akuten Handlungsbedarf. Gelb ist ein Warnsignal und fordert umgehende Aktivitäten. Das Ampelsystem bildet damit die Basis für eine Diskussion der Ergebnisse und der einzuleitenden Maßnahmen. Das unterstreicht den kommunikativen Charakter des Cockpits.

Der Erhebungszeitraum

Für jede Kennzahl wird festgelegt, in welchen Abständen sie erhoben wird. Der Abstand liegt, je nach Kennzahl und Erhebungsaufwand, zwischen einem Monat (zum Beispiel EBIT) und zwei Jahren (zum Beispiel Erhebung der Kundenzufriedenheit). Der für die Kennzahl Verantwortliche sorgt dafür, dass die Kennzahl zum vereinbarten Termin erhoben wird, in das Unternehmenscockpit eingepflegt und an die Geschäftsführung kommuniziert wird.

Aufgabencheck Cockpiterstellung

- Haben Sie die Schlüsselelemente in den vier Perspektiven identifiziert und in einer Kausalkette die Zusammenhänge dargestellt?
- Haben Sie die Kennzahlen definiert und den vier Perspektiven zugeordnet?
- Haben Sie die Ist-Werte erhoben und überprüft, ob sich die Zahlen mit einem vertretbaren Aufwand erheben lassen?
- Haben Sie sinnvolle Zielwerte und zulässige Abweichungen festgelegt und ein Ampelsystem installiert?
- Haben Sie die Zeiträume festgelegt, in denen die Zahlen künftig erhoben werden sollen?
- Haben Sie Verantwortliche für die Erhebung der Zahlen bestimmt?
- Haben Sie ein Mustercockpit erstellt, in dem Sie Ihre strategischen Ziele in den vier Perspektiven niedergelegt haben?

9.2.1 Maßnahmen ableiten

Aus Ihren strategischen Zielen leiten Sie die Maßnahmen ab. Diese sind kurzfristiger angelegt als die strategischen Ziele. Anhand eines Beispiels aus der Automobilzuliefer-Branche möchten wir Ihnen zeigen, wie eine solche Maßnahmen-Ableitung funktioniert. Der Automobilzulieferer hat sich das strategische Ziel gesetzt: „im Non-Automotive-Geschäft überdurchschnittlich wachsen". Er möchte sich damit von der Automobilindustrie unabhängiger machen. Das ist die strategische Stoßrichtung. Geeignete Maßnahmen, um dieses Ziel zu erreichen, könnten zum Beispiel sein:

- die Akquisitionstätigkeit im Non-Automotive-Geschäft steigern;
- die Wertschöpfung pro Kunde in diesem Bereich erhöhen.

Maßnahmen sind die Mittel, mit denen Sie ein Ziel erreichen.

Das folgende Schema zeigt, wie die unternehmensspezifische strategische Stoßrichtung operationalisiert bzw. auf ein messbares Zielsystem heruntergebrochen werden kann. Die aus dem Zielsystem abgeleiteten Maßnahmen haben eine unmittelbare und damit messbare Wirkung auf die Werttreiber, nämlich Renditesteigerung, Wachstum und Optimierung der Risikosituation. Umgekehrt kann überprüft werden, welchen Beitrag die jeweiligen Maßnahmen zum Erreichen der strategischen Ziele leisten.

Abb. 47: Strategische Ziele

Die Maßnahmen, die Sie aus Ihren strategischen Zielen ableiten, sollten Sie priorisieren. Sie können sie dazu unter den Gesichtspunkten Dringlichkeit/operative Handlungsnotwendigkeit und Wichtigkeit/strategische Relevanz bewerten. Die folgende Grafik gibt Ihnen einen Eindruck davon, wie das aussehen könnte. Sie sehen, dass die Maßnahmen in den vier Quadranten hinsichtlich ihrer Bedeutung unterschiedlich bewertet werden. In Quadrant I finden sich Maßnahmen, die keine wesentliche Bedeutung haben. Quadrant II zeigt die Maßnahmen zur Erreichung der operativen Ziele und Quadrant III die Maßnahmen zur Erreichung der strategischen Ziele. Quadrant IV beschreibt Maßnahmen, die eher auf künftige Ziele ausgerichtet sind.

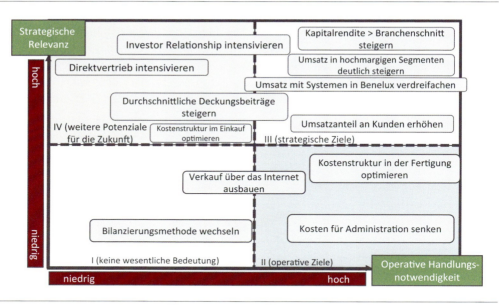

Abb. 48: Beispielmatrix: Strategische Relevanz – operative Handlungsnotwendigkeit

9.2.2 Portfolio-Steuerungsmodell

Wenn Sie ein Unternehmen mit 200 Mitarbeitern an einem Standort haben, fällt es Ihnen nicht schwer, Ihr Unternehmenscockpit im Blick zu behalten und damit Ihr Unternehmen zu steuern. Anders sieht es aus, wenn Ihr Unternehmen aus zehn verschiedenen Gesellschaften in verschiedenen Ländern besteht, die Sie unter einem Holding-Dach zu führen haben. Sie werden dann nicht die Zeit haben, sich mit jedem einzelnen Unternehmen eingehend zu befassen, um jedes einzelne Cockpit anzuschauen. Um sich trotzdem jederzeit einen Überblick zu verschaffen, können Sie das Portfolio-Steuerungsmodell benutzen.

Es ermöglicht Ihnen, verschiedene operative Gesellschaften mit jeweils eigenen Cockpits über eine Portfoliosteuerung auf Holding-Ebene zu führen. Dafür werden die strategischen Geschäftseinheiten in der Werttreiber-Matrix und in einem Marktattraktivitäts-/Wettbewerbsportfolio abgebildet. Durch die Positionierung der verschiedenen Einheiten in dem Portfolio mit den Achsen Wettbewerbsposition (X) und Marktattraktivität (y) können Sie entscheiden, wo sich Investitionen lohnen und wo nicht. Die Übertragung in die Werttreiber-Matrix identifiziert Marktanteilsverlierer und -gewinner sowie wertsteigernde und wertvernichtende

Bereiche. Auf der Holding-Ebene können Sie dadurch strategische Investitionsentscheidungen für alle Unternehmen auf fundierter Basis treffen. Die Darstellung der Werttreiber-Matrix finden Sie in Kapitel 4.2.2.

9.3 Implementierung durch Software

Ihr Unternehmenscockpit ist jetzt so weit aufgebaut, dass Sie es implementieren können. Dafür brauchen Sie natürlich die entsprechende Software. Je nach Unternehmensgröße, Budget und Gegebenheiten in der EDV, im Rechnungs- und Berichtswesen bieten sich hier verschiedene Lösungen an. Die am Markt angebotenen Lösungen reichen von der einfachen „Kennzahlenliste" über die von Vorsystemen unabhängige „Insellösung" bis hin zum „integrierten System" mit Schnittstellen zu den entsprechenden Vorsystemen.

9.3.1 Einfach mit Nachteilen: Kennzahlenliste

Die wohl einfachste und kostengünstigste Möglichkeit, das Cockpit zu implementieren, ist mit Sicherheit eine Kennzahlenliste, zum Beispiel mit Microsoft Excel. Der klare Vorteil dieser Methode ist, dass weder nennenswerte Investitionen noch Zeitaufwand für Schulungen etc. erforderlich sind. Demgegenüber steht jedoch eine Reihe von Nachteilen. Eine Visualisierung, die auch das Kausalnetz abbildet, ist nur mit sehr großem Aufwand möglich. Änderungen werden fehleranfällig und erfordern viel Handarbeit. Eine echte Struktur lässt sich nicht hinterlegen. Daher muss immer ein Mitarbeiter für die gesamte Liste zuständig sein — oder alle beteiligten Mitarbeiter erhalten automatisch Zugriff auf alle vorhandenen Daten, was eine Reihe von Doppelarbeiten nach sich ziehen würde, da jeder für sich die Daten jeweils aufbereiten müsste. Das mag manchem zu viel Transparenz sein. Wir halten diese Option in der Praxis kaum für empfehlenswert. Sie kommt höchstens für sehr kleine Unternehmen infrage.

9.3.2 Aufwendig, aber praktisch zum Einstieg: Insellösung

Viele Unternehmen favorisieren für den Einstieg die sogenannte Insellösung. Bei dieser Methode arbeitet die Software unabhängig, das heißt ohne Schnittstellen zu bestehenden Vorsystemen. Diese Lösung wird meist webbasiert angeboten, die

Bedienung erfolgt also online. Eine Installation ist nicht erforderlich. Eine solche Lösung bildet automatisch das Kausalnetz Ihres Cockpits ab und verschafft sofort einen guten Überblick über den aktuellen Stand der Dinge. Mithilfe solcher Systeme haben Sie die Möglichkeit, jederzeit sowohl im Ganzen als auch im Detail den aktuellen Stand der Kennzahlen Ihres Cockpits inklusive deren Verlauf abzurufen. Jeder Mitarbeiter hat den Überblick über seine eigenen Kennzahlen, und die Mitglieder der Geschäftsleitung erhalten einen Gesamtüberblick.

Der Nachteil dieser Lösung besteht darin, dass die Daten von Hand eingegeben werden müssen. Da jeder Kennzahlenverantwortliche seine Ergebnisse (etwa zehn Werte pro Mitarbeiter pro Monat) selbst erfasst, hält sich der erforderliche Zeitaufwand hierfür jedoch in Grenzen. Die Problematik möglicher Fehleingaben durch das Übertragen der Ergebnisse aus den Vorsystemen per Hand bleibt jedoch bestehen. Trotzdem eignet sich diese Lösung hervorragend für den Einstieg, da sie mit wenig Aufwand schnell Ergebnisse liefert — ein direkter Start der Arbeit am Cockpit also machbar ist.

9.3.3 Elegant: Integrierte Systeme

Um das Problem der Erfassung per Hand bei den Insellösungen zu lösen, sind Schnittstellen zu den entsprechenden Vorsystemen wie Warenwirtschaft und Rechnungswesen nötig. Sofern sich die Software zur Abbildung Ihres Cockpits quasi nahtlos in die bestehende Umgebung einfügt, spricht man von einem integrierten System. Darunter versteht man mittelstandsgerechte Business-Intelligence- und Enterprise-Performance-Management-Lösungen. Sie eignen sich für größere Unternehmen und werden von verschiedenen Firmen angeboten. In der Regel enthalten Sie die Möglichkeit zu OLAP-Analysen (Online Analytical Processing), multidimensionalem Reporting, Lösungen im Bereich Risikomanagement und Reporting, Informationsportale und Werkzeuge zur Datenextraktion. Für die Auswahl sind in erster Linie die Anforderungen Ihres Unternehmens entscheidend, unter anderem die Kompatibilität mit Ihren bereits vorhandenen Systemen. Folgende Voraussetzungen halten wir für allgemein gültig:

- Das System sollte webbasiert sein, damit es überall verfügbar ist.
- Es sollte über einen sicheren VPN-Zugang über Web-Server verfügen.
- Die Menüführung muss einfach und übersichtlich sein.
- Kundenindividuelles Branding sollte möglich sein.
- Das System sollte flexibel sein und eine Gestaltung nach Ihren Bedürfnissen ermöglichen.

Bei den Funktionsmerkmalen der Software sollten Sie Wert darauf legen, dass alle Messgrößen stets aktuell, verfügbar und verlässlich sind. Hier ist natürlich das eigene Unternehmen gefordert, denn die Verfügbarkeit aktueller und verlässlicher Daten ist abhängig von der Pflege des Systems durch die Verantwortlichen. Zahlen, die nicht erhoben und eingegeben werden, sind auch nicht vorhanden. Die Systeme können in der Regel bestimmte Zahlen aus vorhandenen ERP- und CRM-Programmen oder aus Excellisten auslesen und andere definierte Zahlen daraus errechnen, aber auch dort kommen die Zahlen nicht von selbst hin. Deshalb ist es so wichtig, dass Sie Verantwortliche für die verschiedenen Kennzahlen benennen. Weitere Funktionsmerkmale:

- Von aggregierten Kennzahlen im Cockpit auf detaillierte operative Größen durch die Drill-Down-Funktion schließen. Hat man zum Beispiel Informationen über den Abverkauf einer Produktgruppe in einem Quartal zur Verfügung, kann man mit einem Drill Down sehen, welcher Artikel der Produktgruppe für welchen Umsatz gesorgt hat. Mit einem Drill Up auf den Faktor Zeit könnte man dagegen den Abverkauf für das Halbjahr errechnen. Mit solchen Funktionen besteht die Möglichkeit, das Zustandekommen der Werte zu verstehen und zu interpretieren.
- Frei wählbare Cockpitansichten, damit Sie je nach Bedarf Kennzahlenlisten, Radar-Übersichten oder Grafiken zur Verfügung haben. Die Cockpit-Übersicht soll Ihnen zeigen, wo Sie auf Ihrem Weg stehen. Das Radardiagramm erlaubt Ihnen einen Rundum-Blick. Mit der Datenausgabe in Excel können Sie Management Summarys erstellen.
- Freie Periodenwahl je Messgröße, also Kalenderwoche, Monat, Quartal oder Jahr.
- Ein Berechtigungskonzept, das regelt, wer worauf Zugriff hat. Die Dokumentation der Unternehmensstrategie im System sollte für die Unternehmensführung zu 100 Prozent abgebildet werden. Unterstützende Kommunikation an die Mitarbeiter sollte mit individueller Transparenz in verschiedenen Stufen über das Berechtigungssystem möglich sein.
- Die Projektsteuerung sollte in das System integriert werden können.
- Zusätzliche Cockpits und Dashboards für Firmen, Werke, Niederlassung und Abteilungen sollten möglich sein.

Integrierte Systeme besitzen über die sehr kurzfristige Realisierbarkeit hinaus alle Vorteile eines Inselsystems ohne den Nachteil der ausschließlichen Erfassung per Hand. Abhängig von der Unternehmensgröße und der Komplexität der vorhandenen Strukturen sollten Sie für die Einführung eines solchen Systems etwa zwei bis drei Monate einplanen. Um sich grundsätzlich mit der Methodik vertraut zu machen, bietet es sich grundsätzlich an, zunächst mit einer Insellösung zu starten. Im Anschluss können Sie optional auf ein integriertes System umsteigen, das Ihren individuellen Anforderungen entspricht. Eine gute Software strafft Ihr Berichtswesen und verbessert ihre Kommunikationsprozesse.

„Steuern mit Kennzahlen bedeutet steuern mit Informationen — die Zeit der Ausreden, weswegen zum Beispiel bestimmte Entscheidungen nicht getroffen werden können, muss vorbei sein", sagt Benjamin Weissman, Geschäftsführer der Solisyon GmbH in Nürnberg. Aufgabe eines Unternehmenscockpits und der Daten, die ihm zugrunde liegen, müsse es sein, jedem Verantwortlichen schnell die Antworten auf seine Fragen zu liefern — in geeigneter Form, zur richtigen Zeit, auf Knopfdruck", fasst der Spezialist für Business-Intelligence-Konzepte zusammen. „Um zukunftssicher agieren zu können, müssen somit zielgerichtete, vollumfängliche und einheitliche Datentöpfe bereitgestellt werden — keine Datengräber, aber auch keine künstliche Einschränkung der Mitarbeiter durch unnötige Geheimhaltung wesentlicher Informationen."

Aufgabencheck Cockpit-Implementierung

- Haben Sie den zeitlichen Ablauf für die Implementierung des Cockpits festgelegt?
- Haben Sie die für Ihr Unternehmen passende Software ausgesucht?
- Sind Ihre EDV und die entsprechenden Mitarbeiter auf die Implementierung vorbereitet?
- Haben Sie im Vorfeld für Information und Schulung gesorgt?
- Stehen ausreichende Kapazitäten und Ressourcen zur Verfügung?

TIPP

Investieren Sie in Schulung. Egal wie einfach ein solches System erscheint: Sie und Ihre Mitarbeiter sind weder mit der Software noch mit dem Unternehmenscockpit vertraut. Damit kein Frust aufkommt, sollten Sie in Schulungen investieren, die die Anbieter der Software in der Regel auch anbieten. Es behindert die Begeisterung für das Cockpit, wenn seine Bedienung und Nutzung als mühsam angesehen wird.

9.4 Arbeiten mit dem Cockpit

Soll Ihr Unternehmenscockpit nachhaltig erfolgreich sein, dürfen Sie nicht den Fehler machen, den abgeschlossenen Aufbau als ein einmaliges „Jetzt-haben-wir-ein-Unternehmenscockpit-Ereignis" zu betrachten. Neben der ständigen Pflege der Kennzahlen müssen Sie mindestens einmal im Jahr Ihre Unternehmensstrategie auf den Prüfstand stellen und gegebenenfalls überarbeiten. Wenn sich die Rahmenbedingungen für Ihr Unternehmen ändern, muss die Strategie angepasst werden. Fragen Sie sich zu diesem Zweck: Bildet das Cockpit noch unsere aktuelle Strategie ab? Die folgenden Tipps sollen Ihnen dabei helfen, Ihr Cockpit optimal zu nutzen und noch einmal die wichtigsten Voraussetzungen dafür deutlich zu machen.

5 Tipps für ein erfolgreiches Cockpit

1. Regelmäßige Cockpit-Meetings
   Die Einführung eines Cockpits setzt einen permanenten Kontrollprozess voraus. Gerade am Anfang können regelmäßige spezielle Cockpit-Meetings dabei helfen. In den Meetings werden die Kennzahlen überprüft, Lücken geschlossen, Maßnahmen diskutiert und der Umsetzungsprozess überprüft. Nur wenn Ihr Cockpit reibungslos funktioniert, kann es zum alltagstauglichen strategischen Instrument werden.

2. Auf Kommunikation setzen
   Kommunizieren Sie den Einsatz des Unternehmenscockpits auch nach außen. Das Cockpit erhöht die Kompetenz Ihres Unternehmens und macht es transparenter. Bei außerplanmäßigen Entwicklungen wird man Ihnen mehr Vertrauen entgegenbringen.

3. Auf Verantwortlichkeiten bestehen
   Die Festlegung klarer Verantwortlichkeiten für das Cockpit und seine Umsetzung im Unternehmen ist entscheidend für seine Akzeptanz und sein reibungsloses Funktionieren. Dazu müssen Ihre Führungskräfte voll hinter dem Cockpit stehen, denn sie sind es, die den Mitarbeitern als Vorbild dienen. Akzeptieren die Führungskräfte das Cockpit nicht als Instrument der Unternehmenssteuerung, werden die Mitarbeiter die Strategieumsetzung nicht leisten können. Lassen Sie nicht zu, dass Ihre Führungskräfte die Verantwortung für das Cockpit und damit die Strategieumsetzung von sich weisen, weil vielleicht die Zahlen schlecht sind.

4. Auf Grundlage des Cockpits entscheiden
   Greifen Sie bei allen Strategie- und Managemententscheidungen auf Ihr Cockpit zurück. Bedeutsame Entscheidungen lassen sich viel einfacher und sicherer

treffen, wenn Ihnen ein unterstützendes Instrument zur Verfügung steht. Außerdem kann Ihr Cockpit seine volle Wirkung nur dann entfalten, wenn Sie es konsequent einsetzen. Nachdem Sie so viel Mühe auf die Erstellung verwandt haben, sollten Sie es nicht wieder einrosten lassen.

5. Auf Richtigkeit kontrollieren
    Weder Ihre Strategie noch Ihr Cockpit sind für die Ewigkeit gemacht. Kontrollieren Sie Ihr Cockpit deshalb regelmäßig auf seine Richtigkeit. Ändert sich Ihre Strategie, kann es auch sein, dass sich Kausalketten oder Kennzahlen im Cockpit ändern. Prüfen Sie deshalb immer wieder, ob eine Anpassung beziehungsweise Änderung notwendig ist.

Nur wenn es Ihnen gelingt, das Cockpit zu einem festen Bestandteil des Unternehmensalltags zu machen, kann sich sein gesamtes Potenzial als Instrument der Unternehmenssteuerung entfalten. Betrachten Sie das Cockpit nicht als Kontrollinstrument, sondern verankern Sie es als Lern-, Motivations- und Kommunikationssystem in den Köpfen Ihrer Mitarbeiter. Die nachhaltige Implementierung und der Einsatz gelingen jedoch nur, wenn die Geschäftsführung die Entwicklung und Einführung des Cockpits unterstützt.

> *„Ich fordere nichts von meinen Mitarbeitern, das ich nicht auch selbst bereit bin zu geben. Denn nur wenn ich selbst meine Erfahrungen vorlebe, werden andere diese akzeptieren und ihnen folgen."*

> *Katharina Geutebrück, Geutebrück GmbH*

9.4.1 Szenarienarbeit

Das Cockpit ist nicht nur dazu da, Ist- und Soll-Werte abzubilden. Es eignet sich auch hervorragend für die Szenarienarbeit. Unternehmen können damit einerseits sehen, was passiert, wenn sich die Zahlen ändern, zum anderen können sie erkennen, welche Möglichkeiten sie haben, um besonders ehrgeizige Ziele, die sie vielleicht sogar für unerreichbar halten, doch zu erreichen. Das Cockpit erlaubt Ihnen durch die Verknüpfung von Ursachen und Wirkungen zu sehen, welche Stellschrauben Sie drehen müssen, um bestimmte Ziele zu erreichen.

Das Cockpit ermöglicht Ihnen, Antworten auf die Frage „Was wäre, wenn ...?" zu finden. Was wäre zum Beispiel, wenn Ihnen Ihr größter A-Kunde wegbrechen würde? Oder was wäre, wenn die Aufträge aus der Autobranche um 40 Prozent zurückgehen würden? Wie würde es sich auswirken, wenn sich plötzlich einer

Ihrer Mitgesellschafter zurückziehen wollte oder wenn sich Ihre Kreditzinsen erhöhen würden? Was würde passieren, wenn sich die Löhne durch einen Tarifabschluss um 3,5 Prozent erhöhen würden? Mit dem Cockpit können Sie nicht nur die Auswirkungen bis zur letzten Stufe ausrechnen, sondern auch sofort sehen, wie sich eventuelle Maßnahmen ihrerseits auswirken würden. Das Wissen um die Auswirkungen versetzt Sie in die Lage, rechtzeitig strategische Maßnahmen einzuleiten, die verhindern, dass das Unternehmen Schaden nimmt. Sie können Worst Cases und Best Cases simulieren und daraus ableiten, wo Sie eingreifen müssen. Über die Kausalkette können Sie verfolgen, was passiert, wenn Sie eine bestimmte Maßnahme ergreifen und welche Ursache welche Wirkung hat. Doch das ist noch längst nicht alles. Sie können mithilfe des Cockpits auch Investitionsentscheidungen absichern oder simulieren, welche Auswirkungen sich aus einer Änderung Ihrer Geschäftsfelder ergeben würden.

Kaplan und Norton beschreiben in ihrem Buch „Balanced Scorecard" einen beeindruckenden Fall, in dem ein Unternehmen sich ein sehr ehrgeiziges Ziel setzte, von dem ursprünglich niemand glaubte, dass es erreichbar wäre. Die intensive Beschäftigung mit den Ursache-Wirkungszusammenhängen zeigte jedoch, dass das Ziel durchaus erreichbar wäre, wenn man einen anderen Weg als geplant beschreiten würde, nicht nur an einer Stellschraube, sondern an mehreren drehen würde und so das scheinbar unerreichbare Ziel durch die Aufspaltung in kleine Ziele doch erreichen würde.

Kleben Sie nicht an den Zahlen. Betrachten Sie immer auch die Ursache-Wirkungszusammenhänge.

Die Arbeit mit Szenarien nützt übrigens nicht nur Ihrer unmittelbaren eigenen Planung. Sie ist auch gut, um die Banken zu überzeugen. Unternehmen mit einer soliden, überzeugenden Planung haben entscheidende Vorteile gegenüber Unternehmen, die nur mit Vergangenheitscontrolling arbeiten.

9.4.2 Cockpitnachbearbeitung

Sie haben viel Arbeit in den Aufbau Ihres Cockpits investiert. Jetzt ist es implementiert und sollte funktionieren. Was aber ist, wenn es das nicht tut, zumindest nicht so, wie Sie sich das vorgestellt haben? Die Ergebnisse entsprechen nicht Ihren Erwartungen, denn Sie können nicht viel damit anfangen. Wir raten Ihnen dringend, jetzt nicht aufzugeben. Obwohl Sie bestimmt mit großer Sorgfalt an den Aufbau des Cockpits herangegangen sind, mussten Sie sich doch in vielen Fällen auf Annahmen verlassen. Vielleicht waren nicht alle davon richtig. Geben Sie nicht auf, sondern machen Sie sich auf die Suche nach den Ursachen dafür, weshalb das Cockpit Ihre Erwartungen nicht erfüllt. Die häufigsten davon nennen wir Ihnen hier.

Strategieänderung/unvollständige Strategie

Eine Strategieänderung ist zwar in der Anfangsphase, nachdem Sie gerade den gesamten Strategieentwicklungsprozess hinter sich gebracht haben, nicht unbedingt ein Grund dafür, warum das Cockpit nicht die gewünschten Ergebnisse liefert, aber später ist es einer der häufigsten Gründe für das Scheitern des Cockpits. Wenn Sie jedoch bereits in der Anfangsphase vermuten, dass ein Scheitern des Cockpits an einer Strategieänderung liegen könnte, handelt es sich vermutlich eher um eine unvollständig oder nicht sauber ausgearbeitete Strategie. Dann müssen Sie wohl noch einmal ran. Nur wenn aus Ihrer Strategie hervorgeht, welche Kernkompetenzen das Unternehmen hat und braucht, welche Wettbewerbsvorteile und Geschäftsfelder es belegt und in Zukunft belegen wird, wie seine Wertschöpfungskette künftig aussehen wird und wie seine Werttreiber Wachstum, Rendite und Risiko belegt sind, ist die Ableitung eines Cockpits möglich.

Falsch aufgebaute Kausalketten

Das passiert immer wieder. Egal wie sorgfältig Sie beim Aufbau der Ursache-Wirkungszusammenhänge vorgegangen sind, kann es doch passieren, dass Ihnen irgendwo ein Fehler unterlaufen ist. Das lässt sich reparieren. Überprüfen Sie Ihre Kausalketten noch einmal, am besten gemeinsam mit den betreffenden Bereichsleitern.

Kennzahlen-Probleme

Hier gibt es verschiedene Möglichkeiten: Die Kennzahl kann nicht konstant erhoben werden, nicht mit vertretbarem Aufwand oder ist nicht relevant. Zunächst einmal sollten Sie nach den Gründen dafür suchen, dass eine Kennzahl nicht konstant oder nicht mit vertretbarem Aufwand erhoben werden kann. Manchmal liegt es an der Methodik. Wahrscheinlicher ist, dass die Zahl nicht die Relevanz hat, die Sie ihr zumessen. Notfalls sollten Sie auf solche Zahlen verzichten und sich nach besseren umschauen. Gerade anfangs tendiert man dazu, zu viele Kennzahlen festzulegen, die sich nicht sauber zuordnen lassen, sich überschneiden, doppelt oder parallel erhoben werden. Mehrere Zahlen dienen dann dazu, denselben Sachverhalt zu dokumentieren. Gehen Sie in sich und verzichten Sie auf solche redundanten Zahlen. Definieren Sie Ihre Kennzahlen sauber, eindeutig und mit Relevanz.

Fehlende Kennzahl

Anders sieht es aus, wenn eine wichtige Kennzahl fehlt. In diesem Fall werden Ihre Ergebnisse nicht richtig abgebildet. Das kann sich eventuell bis zur Perspektive Finanzen durchziehen und ins Ergebnis fortsetzen. Sie können zum Beispiel eine Kennzahl für die Kundenzufriedenheit nicht abbilden, wenn Sie sich nicht auch um die Zahlen für Rücksendungen oder Reklamationen bemühen. Fehlende Kennzahlen unterbrechen die Kausalkette.

Wirkungslose Maßnahmen

Wenn Maßnahmen nicht auf die Kennzahl wirken, sollten Sie überprüfen, ob sie überhaupt auf die Kennzahl wirken können. Vielleicht sind diese Maßnahmen gar nicht die richtigen Instrumente zur Umsetzung der Strategie auf dieser Ebene. Manchmal reicht es, die Maßnahmen nur ein kleines bisschen zu modifizieren, damit sie wirken. Möglicherweise fließen in die Kennzahl auch nicht alle Ergebnisse der Maßnahmen ein, die laut Definition nötig sind.

Falsche Verantwortliche

Kennzahlen sind nur so gut wie die Information, die hinter ihnen steckt. Ein falscher Kennzahlenverantwortlicher ist eventuell gar nicht in der Lage, die Kennzahl (richtig und vollständig) zu erheben. Vielleicht kommt er nicht an die notwendigen Basiszahlen oder sitzt an der falschen Stelle. Suchen Sie nach einem Verantwortlichen, der die Kompetenz und die Möglichkeit hat, die Zahl regelmäßig mit vertretbarem Aufwand zu erheben.

Unrealistischer Soll-Wert

Die Ampel steht regelmäßig auf Rot, weil der Soll-Wert stark unterschritten wurde. Dahinter verbirgt sich ein typischer Fehler: Der Soll-Wert wurde so hoch angesetzt, dass er nicht einmal unter allergrößten Anstrengungen erreicht werden kann. Dafür gibt es prinzipiell zwei mögliche Ursachen: Entweder bei der Festsetzung des Werts war der Wunsch Vater des Gedankens und er wurde einfach unrealistisch hoch angesetzt oder die Hebel wurden nicht richtig gestellt. Wenn Sie Ihre Kundenzahl erhöhen möchten, müssen Sie Ihren Vertrieb entsprechend aufstellen. Wenn es Ihnen um schnellere Durchlaufzeiten geht, müssen Sie möglicherweise in modernere Maschinen investieren. Befassen Sie sich noch einmal mit Ihren Ursache-Wirkungsketten und Ihren Maßnahmen.

Auch hier gilt: Jede Wirkung hat eine Ursache. Geben Sie nicht gleich auf, wenn Ihr Cockpit noch nicht optimal funktioniert, sondern suchen Sie nach den Gründen dafür.

Neben den Gründen, die im Aufbau des Cockpits selbst liegen, gibt es noch zwei typische Stolpersteine, an denen die Cockpitentwicklung scheitern kann:

Viele Unternehmen gehen mit **falschen Erwartungen** an die Entwicklung des Cockpits heran. Der weit verbreitete Glaube, ein Cockpit ließe sich nebenbei mitentwickeln, ist ein Irrtum. Nur weil es einfach und übersichtlich aufgebaut ist, heißt das noch lange nicht, dass die Entwicklung keinen großen Aufwand darstellt. Ganz im Gegenteil. Was am Ende so einfach und gut verständlich ist, erfordert eine extrem genaue und sorgfältige Vorbereitung. Nehmen Sie sich daher genug Zeit für den Aufbau des Cockpits. Investieren Sie lieber einen Tag mehr in die Diskussion, ob es sich um eine richtige Kennzahl handelt oder nicht, wie sie definiert werden soll und wo Sie die relevanten Informationen herbekommen. Und opfern Sie, wenn es sein muss, gleich noch einen zweiten Tag, um die Ursache-Wirkungsketten logisch nachvollziehbar zu erarbeiten und sprachlich präzise zu formulieren. Die Entwicklung eines Cockpits ist keine kreative Spaßveranstaltung, sondern eine schweißtreibende Detailarbeit. Nur so kann Ihr Cockpit funktionieren. Unsere Erfahrung zeigt: Halbherzige Vorbereitungen führen zu halbherzigen Ergebnissen. Und das können Sie sich sparen.

Übertriebener Perfektionismus hilft niemand. Erwarten Sie nicht, dass Ihr Cockpit von Anfang an perfekt ist. Das wäre vermessen. Gerade am Anfang werden Sie feststellen, dass Sie noch viel an Ihrem Strategieinstrument feilen müssen. Vielleicht müssen Sie Ihre Ursache-Wirkungsketten noch einmal überarbeiten, oder in Ihrer Operationalisierung sind noch Lücken, weil Sie zum Teil noch keine Soll- oder sogar Ist-Größen haben, oder weil Ihnen Daten zur Erhebung fehlen. Übertriebener Perfektionismus bringt Sie jedoch an dieser Stelle nicht weiter. Starten Sie mit der ersten, noch nicht perfekten Fassung, bevor Sie gar nicht starten. Sie werden sehen, dass Sie im Lauf der Zeit an Erfahrung im Umgang mit dem Cockpit gewinnen und es immer feiner und genauer justieren können. Ein Cockpit ist ein lernendes System, das mit zunehmender Anwendung immer intelligenter wird. Natürlich kann es passieren, dass Sie nach einem Jahr feststellen, dass Sie Kennzahlen austauschen müssen, um effektivere Ergebnisse zu erhalten — na und? Besser, als mit denen weiterzuarbeiten, die nicht adäquat sind. Lassen Sie sich nicht entmutigen: Ihr System lernt durch Ihre Erfahrung und wird stetig besser.

9.4.3 Krisenprävention mit dem Cockpit

Wenn Unternehmen in Krisen geraten, manifestieren sich die Ursachen schon lange vorher in Zahlen. Das beweist unter anderem eine Untersuchung der Deutschen Bundesbank, die auf Basis von 2.651 Insolvenzfällen analysierte, welche Jahresabschlusskennzahlen Indikatoren für eine drohende Insolvenz waren:

- In 63 Prozent der Konkursfälle lag die Kapitalrückflussquote unter vier Prozent.
- In 68 Prozent der Konkursfälle lag die Umsatzrendite unter einem Prozent.
- In 71 Prozent der Konkursfälle lag die Cashflow-Marge unter zwei Prozent.
- In 85 Prozent der Konkursfälle lag der dynamische Verschuldungsgrad über 6,25 Prozent.

Eine Vielzahl von Unternehmen kann also vor dem Aus bewahrt werden, wenn rechtzeitig und konsequent Krisenursachen beziehungsweise Schwachstellen erkannt und Präventionsmaßnahmen ergriffen werden. Je früher, desto besser, denn je weiter die Krise fortschreitet, desto geringer werden die Handlungsspielräume.

Das Cockpit ist ein hervorragendes Instrument zur Krisenprävention, weil es eben nicht nur die Zahlen aus der Vergangenheit abbildet, sondern Ihnen ermöglicht, in die Zukunft zu schauen. Lange bevor sich negative Entwicklungen in den Finanzkennzahlen abbilden, sind sie bereits am Ende der Kausalkette sichtbar. Wenn zum Beispiel die Kennzahl für die Produktqualität in den roten Bereich rutscht, wissen Sie sofort, dass etwas nicht in Ordnung ist und können gegensteuern, solange das Problem noch relativ klein ist. Arbeiten Sie nur mit Finanzkennzahlen, spiegelt sich ein Qualitätsproblem dort erst wider, wenn es bereits zu einem großen Problem geworden ist. Es dauert eine Zeitlang bis sich Qualitätsprobleme in zurückgehenden Verkäufen und damit in den Finanzkennzahlen niederschlagen. Der Markt reagiert mit Verzögerung.

Das Cockpit bietet Ihnen die Möglichkeit, frühzeitig zu reagieren und geeignete Maßnahmen zu ergreifen. Auch bei der Identifikation geeigneter Maßnahmen helfen Ihnen die Ursache-Wirkungszusammenhänge, die in der Kausalkette dargestellt sind. Die Wirkung Ihrer Maßnahmen wird wiederum in den entsprechenden Kennzahlen sichtbar. Auch die Arbeit mit Szenarien lässt sich zur Krisenprävention nutzen.

Operationalisierung des Cockpits

Von manchen von Ihnen wird jetzt vielleicht der Einwand kommen: „Wenn ich an die letzte Krise denke, hätte uns das Cockpit auch nichts genützt. Das ging alles viel zu schnell und war außerdem in seinen Ausmaßen dramatisch. Wie soll man sich gegen 40 Prozent Umsatzeinbruch wappnen?" Das können Sie nicht ernst meinen. Zum einen hat sich die Krise durchaus angekündigt. Spätestens nach der Lehman-Pleite war klar, dass die Krise früher oder später die Realwirtschaft erfassen würde. Viele Unternehmen waren im Übrigen hinsichtlich ihrer Liquidität und ihres Eigenkapitals sehr schlecht aufgestellt. Zumindest das hätte Ihnen ein Cockpit schon lange vorher gezeigt. Und: Auch in der Krise gab es Unternehmen, die sie gut meisterten, ja sogar investierten, und andere, die daran scheiterten. Gut geführte Unternehmen verfügten zumindest über ausreichende Liquidität und ausreichend Eigenkapital, um einbrechende Erträge zusammen mit anderen Maßnahmen wie Kurzarbeit zu verkraften. Ihre Zahlen zeigten ihnen zudem frühzeitig zurückgehende Umsätze und ausbleibende Auftragseingänge. Ein weiterer Pluspunkt des Cockpits ist das Vertrauen, das es bei Banken und anderen Geldgebern schafft.

> „Vorausschauende Planung und die entsprechende Kommunikation sind ein großes Plus bei der Zusammenarbeit mit den Banken. Dadurch war es uns zum Beispiel möglich, die Bank von einer Investition in neue Maschinen mitten in der Krise zu überzeugen."
>
> Andreas Rupp, Geschäftsführer der Andreas Rupp GmbH, Eppingen-Rohrbach

> „In der Krise ist es enorm wichtig, auf aussagekräftige Zahlen bauen und die zukünftige Entwicklung visualisieren und damit besser abschätzen zu können. Mit solchen Zahlen wird man von der Entwicklung nicht überrascht und kann auch bei den Banken punkten."
>
> Bernhard Rathke, Geschäftsführer des Holzwerks Keck, Ehningen

In Kapitel 4 haben wir gesagt: Einer Ertragskrise geht immer eine Strategiekrise voraus. Wenn Sie sich nun vergegenwärtigen, dass Ihr Cockpit die Umsetzung Ihrer Strategie ist, sollte Ihnen seine Bedeutung für die Krisenprävention noch einmal deutlich werden. Achten Sie auf die Signale, die Ihnen das Cockpit gibt. Es ist kein simples Controllinginstrument, sondern ein Instrument zur Unternehmenssteuerung.

Kurz & knapp: Operationalisierung und Implementierung des Cockpits

- Die Operationalisierung des Cockpits bietet einen detaillierten und kompletten Überblick über den Fortschritt der Strategie und dient als Frühwarnsystem.
- Kennzahlen und Ziele müssen genau definiert werden.
- Ist-Daten müssen sorgfältig erhoben werden.
- Ein Ampelsystem wird eingerichtet, damit Sie auf einen Blick sehen können, ob Ist- und Soll-Größen übereinstimmen
- Aus den strategischen Zielen werden Maßnahmen abgeleitet und Verantwortliche für die Umsetzung der Maßnahmen bestimmt.
- Beschränken Sie sich in der Anzahl Ihrer Kennzahlen — weniger ist mehr. Eine Übersicht sollte auf ein Blatt passen.
- Das fertig vorbereitete Cockpit (Muster-Cockpit erstellen!) wird mittels einer Software implementiert.
- Das Cockpit ist ein Steuerungssystem für das ganze Unternehmen.
- Die Kennzahlenverantwortlichen müssen die Kompetenz und die Möglichkeit haben, die Kennzahlen zu erheben.
- Das Cockpit ermöglicht Ihnen eine vorausschauende Unternehmenssteuerung.

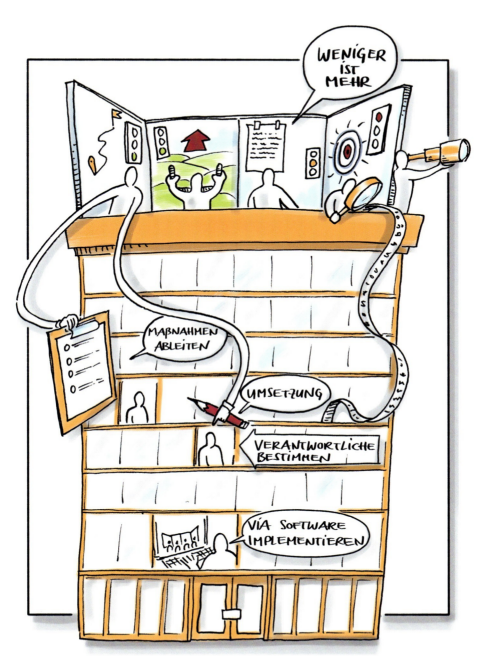

10 Nachhaltige Strategieumsetzung

Sie haben es bis zur letzten Stufe von „Erfolgreich im Familienunternehmen — Strategie und praktische Umsetzung in 10 Stufen" geschafft. Entwarnung gibt es keine. Denn wie Sie wissen: Strategien sind keine Selbstläufer und ihre Umsetzung schon gar nicht. Doch genau das ist jetzt Ihre Aufgabe: Ihre Strategie nachhaltig im Unternehmen zu verankern und umzusetzen. Dafür brauchen Sie eine sorgfältige Durchführungsplanung, eine laufende Fortschrittskontrolle und den langen Atem der Verantwortlichen sowie deren Einigkeit. Grundlegende Veränderungen lassen sich nämlich nur durchsetzen, wenn ein Konsens in der Führungsmannschaft besteht. Deshalb möchten wir Ihnen detailliert vor Augen führen, welche Maßnahmen notwendig sind, damit sich das Cockpit wirklich zu einem wirkungsvollen Instrument der Strategieumsetzung und der Unternehmenssteuerung entwickelt.

Die Angst der Mitarbeiter bei Strategieprojekten und nachfolgenden Veränderungen sitzt tief. Dabei spielen nicht nur die eigenen Erfahrungen und das Verhalten der Führung eine Rolle, sondern auch der gesamtgesellschaftliche Umgang mit Veränderung. Gerade in Deutschland mussten sich die Unternehmen in den letzten zehn Jahren mit einem ungeheuren Veränderungsdruck auseinandersetzen. Das wurde gut gemeistert, wie die heutige Wettbewerbsfähigkeit deutscher Unternehmen am Weltmarkt zeigt, aber es wurde auch jede Menge Porzellan zerschlagen. Zu oft sahen Unternehmen die Möglichkeit zur Verbesserung ihrer Wettbewerbsfähigkeit nicht in einer strategischen Neuausrichtung, sondern gingen den einfachsten Weg zur Kostensenkung: Entlassungen.

Besonders ältere und gering qualifizierte Mitarbeiter betrachten deshalb Strategieentwicklungen — gleichgültig ob mit oder ohne eigene Vorerfahrung — mit deutlichem Misstrauen. Das führt zu Angst oder Widerstand, zumindest bei einigen. Die meisten resignieren nach dem Motto: Die da oben haben wieder eine neue Idee. Das ist keine gute Voraussetzung für den Unternehmenserfolg und den Erfolg der Strategieumsetzung. Die Unternehmensführung muss diese Reaktionen ernst nehmen und ihnen bereits in einem möglichst frühen Stadium des Strategieprozesses begegnen. Transparenz im gesamten Prozess und die Beteiligung der Mitarbeiter ist das beste Gegenmittel. Wer den Strategieprozess als geheime Kommandosache behandelt, wird spätestens bei der Umsetzung scheitern.

Als Familienunternehmer können Sie im Unterschied zu Konzernchefs meistens einen Bonus in Anspruch nehmen. Man unterstellt Ihnen nicht automatisch Gier und kurzfristiges Handeln zur Gewinnmaximierung. Allerdings wird Ihr Handeln umso genauer beobachtet. Sobald Ihre Handlungen nicht mehr mit dem übereinstimmen, was Sie sagen oder im Leitbild niederlegen, schwindet das Vertrauen. Sie werden an dem Anspruch gemessen, den Sie an sich selbst und andere stellen. Die Erfahrung zeigt, dass es für das grundsätzliche Vertrauen Ihrer Mitarbeiter entscheidend ist, dass Sie alles, was Sie tun, überzeugend tun und sich dabei treu bleiben.

Die meisten Strategien scheitern an ihrer Umsetzung.

Machen Sie sich keine Illusionen über die Zeit, die Sie für die Umsetzung der Strategie benötigen. Eine Strategie kann normalerweise in drei bis sechs Monaten erarbeitet werden. Bis sie vollständig umgesetzt und auch dem letzten Mitarbeiter in Fleisch und Blut übergegangen ist, können mehrere Jahre vergehen. Unterschätzen Sie niemals den Aufwand, den allein die Umstellung der Organisation und der Systeme verlangt, gar nicht zu reden von der Anpassung der Führungs- und Unternehmenskultur. Das ist nicht verwunderlich, wenn man bedenkt, dass eine Strategie keine kurzfristige Maßnahme ist, sondern eine Ausrichtung des gesamten Unternehmens mit allen Mitarbeitern auf die Zukunft. Lassen Sie sich also nicht entmutigen und rechnen Sie mit Rückschlägen.

Für die Umsetzung einer Strategie sind die operativen Einheiten gefordert. Jetzt zeigt sich, wie ernst die Mitarbeiter den Strategieprozess wirklich genommen haben, wie gut die abzusehenden Veränderungen von den Führungskräften vermittelt wurden und wie hoch die Bereitschaft der Mitarbeiter ist, den Weg mitzugehen, auch wenn er für sie große Veränderungen bedeutet. Bei den konkreten Entscheidungen auf Abteilungs-, Gruppen- und Mitarbeiterebene ist mit Widerständen, Vermeidungs- und Entziehungsstrategien zu rechnen.

Nach unseren Erfahrungen läuft die Strategieumsetzung am besten in Form eines Portfolios von Projekten. Bei umfangreichen Strategieprojekten bietet sich das Aufsetzen einer Projektorganisation mit einem verantwortlichen Projektleiter und klaren Spielregeln an. Das heißt, es muss ein Projektteam, einen Steuerungsausschuss und einen eindeutigen Projektauftrag geben, in dem Startpunkt, Zwischenziele, Endpunkt, Rahmenbedingungen, Ressourcen und ein laufender Soll-Ist-Vergleich festgeschrieben sind.

Das Projekt Strategieumsetzung hat die Aufgabe, die strategische Stoßrichtung in präzise Aktions- und Zeitpläne mit Verantwortlichen herunterzubrechen. Beantwortet werden müssen die Fragen: Wer macht was? Mit wem? Wann und wo?

Wir halten es für sehr wichtig, bei der Umsetzung der Strategie sogenannte Meilensteine zu setzen. Ein großes Ziel wird normalerweise nicht mit einem großen Sprung erreicht, sondern mit vielen kleinen Schritten. Psychologisch betrachtet ist es viel besser, wenn man nicht an einem Tag den höchsten Berg erklimmen muss, sondern sich über eine Hügelkette langsam nach oben arbeiten kann. Denken Sie daran, nicht alle, die Sie mitzunehmen haben, sind gleich schnell, ähnlich begeisterungsfähig und gleichermaßen motiviert. Die Aufteilung der Umsetzung in Meilensteine stellt sicher, dass Sie alle Mitarbeiter mitnehmen und keinen überfordern. Allerdings sollten Sie die Meilensteine so setzen, dass die Mitarbeiter auch nicht unterfordert werden oder der Prozess den Beteiligten Zeit gibt, sich in neuen Komfortzonen einzurichten.

Voraussetzungen für die Strategieumsetzung:

Die Führungsmannschaft ist sich hinsichtlich der Strategie und ihrer Umsetzung einig.

- Es wurden Projektverantwortliche benannt.
- Es wurde sichergestellt, dass die getroffenen strategischen Entscheidungen regelmäßig auf ihre Umsetzungserfolge hin überprüft werden.
- Es wurden Meilensteine gesetzt und es wurde ein Zeitplan erstellt.
- Es wurde erneut überprüft, ob die der Strategie zugrunde liegenden Annahmen noch stimmen.

Der gesamte Umsetzungsprozess ruht auf dem Fundament Projektorganisation. Steuerung/Controlling, Anreizsysteme, Organisationsstruktur, Personal/Kompetenzen bilden die Säulen des Gebäudes, das nur vollständig ist, wenn Sie als Dach die Kommunikation aufsetzen. Damit sorgen Sie dafür, dass das ganze Gebäude vom Geist der Strategie durchdrungen wird.

Sechs Stellhebel der Strategieumsetzung

1. Strategiekommunikation
   - Kennen Mitarbeiter und Führungskräfte die neue Strategie?
   - Wird sie von allen verstanden?
   - Wird sie von allen als Leitidee für ihr Handeln im Sinne der Unternehmensziele akzeptiert?

2. Personal/Kompetenzen
   - Werden die Mitarbeiter den neuen Anforderungen gerecht?
   - Welche Veränderungen sind erforderlich?
   - Wie können sie erreicht werden?

3. Organisationsstruktur
   - Kennen die Mitarbeiter ihre persönliche Aufgabe?
   - Wissen die Mitarbeiter, wie sie künftig mit Kollegen zusammenarbeiten werden?

4. Anreizsysteme
   - Ist jeder Mitarbeiter motiviert?
   - Wird er in seiner Position und im Team die Strategie mit Nachdruck umsetzen?

5. Steuerung/Controlling
   - Werden die für die Umsetzung der Strategie entscheidenden Werttreibergrößen klar herausgearbeitet?
   - Werden sie in standardisierter Form ermittelt, systematisch überwacht und gesteuert?

6. Projektorganisation
   - Ist sichergestellt, dass die das Tagesgeschäft überlagernden und bereichsübergreifenden Maßnahmen abgearbeitet werden?
   - Wurde die Projektverantwortung klar delegiert und hat der Verantwortliche die nötigen Kompetenzen und Ressourcen zur Verfügung?

10.1 Ohne Mitarbeiter geht nichts

Eine Strategieumsetzung ist im Grunde genommen ein Change-Prozess und Veränderungen sind bekanntlich nichts, was Menschen leicht fällt. Sie verharren gerne im Gewohnten. Viele Menschen sehen nur die Risiken und Nachteile einer Veränderung und weniger die Vorteile und Chancen. Unser Gehirn ist so strukturiert — es bewegt sich am liebsten auf den ausgetretenen Pfaden vergangener Erfahrungen. Für Veränderungen gibt es nur zwei Gründe: Lust oder Leid. Sie können sich vorstellen, dass Veränderungen, die aus einer positiven Sogwirkung heraus entstehen, wesentlich leichter umzusetzen sind. Mitarbeiter müssen demzufolge verstehen, weshalb Veränderungen notwendig sind und ein „Weiter-wie-bisher" nicht möglich ist beziehungsweise das Unternehmen, ihre Position, ihren Arbeitsplatz gefährdet.

Statt einem Lösungskonsens muss ein Problemkonsens hergestellt werden. Das heißt, anstatt sich mit Begeisterung in den Strategieumsetzungsprozess zu stürzen, kann es sinnvoller sein, den Mitarbeitern zum Beispiel die aktuelle Geschäftsentwicklung zu erläutern und mögliche Trendszenarien einzubeziehen, zum Beispiel den Handlungsdruck anhand von Marktveränderungen zu erläutern. Wenn

Mitarbeitern die Strategie bekannt ist, heißt das noch nicht, dass sie auch verstehen, weshalb sich die Dinge für sie ändern müssen. Und beachten Sie: Nicht jeder Mitarbeiter ist gleich. Die richtige Maßnahme hängt vom Mitarbeiter ab. Gerade mit Mitarbeitern, die sich gegen Veränderungen sträuben oder sie sogar bewusst sabotieren, sollten während der Umsetzungsphase Gespräche geführt werden. Ihr Engagement hängt entscheidend von ihrem Problembewusstsein ab.

Der Köder muss dem Fisch schmecken und nicht dem Angler.

10.1.1 Schlüsselpersonen gewinnen

Eine entscheidende Rolle bei Veränderungsprozessen und damit auch bei der Strategieumsetzung spielen neben der Führungsmannschaft die sogenannten Schlüsselpersonen. Wir wissen aus unserer Begleitung bei der Strategieumsetzung, dass es in jedem Unternehmen Personen gibt, die für das Gelingen eines Veränderungsprozesses eine entscheidende Rolle spielen. Sie müssen identifiziert und frühzeitig in den Prozess einbezogen werden. Als Partner der Führung zum Beispiel auf Abteilungsebene können sie eine wertvolle Hilfe sein, wenn es darum geht, die anderen Mitarbeiter für den Prozess zu gewinnen.

In der Regel zählen solche Personen zu den Meinungsführern. Sie sind im Unternehmen bestens vernetzt, kennen die Interna, wissen über die Stimmungslage im Unternehmen Bescheid und stellen für viele Kollegen eine Anlaufstelle dar. Sie verfügen meistens über fachliche und soziale Kompetenz. Sie können gleichermaßen Stütze und Stolperstein sein, deshalb ist es sinnvoll, sie von Anfang an gut in den Umsetzungsprozess zu integrieren. Gelingt das, fungieren sie als Motivatoren und Multiplikatoren. Gelingt es nicht, können sie den ganzen Prozess zum Scheitern bringen.

Setzen Sie sich mit den Menschen auseinander, besetzen Sie die Position von Verantwortlichen im Umsetzungsprozess mit Bedacht und beziehen Sie Schlüsselpersonen frühzeitig ein.

10.1.2 Umgang mit Emotionen

Sie haben die Mitarbeiter in die Strategieentwicklung einbezogen, haben die Strategieumsetzung auf den Weg gebracht und ein Projektteam für die Umsetzung gebildet — eigentlich haben Sie alles richtig gemacht. Trotzdem sollten Sie sich darauf einstellen, dass nicht alles glatt läuft. Wie in jedem Veränderungsprozess wird es auch bei der Strategieumsetzung emotionale Höhen und Tiefen geben, die den Projektfortschritt entscheidend vorantreiben oder aber behindern.

Jeanie Daniel Duck von der Boston Consulting Group hat in einer Untersuchung festgestellt, dass es einen charakteristischen Verlauf der „emotionalen Kurve" in Veränderungsprozessen gibt. Das reicht von gemischten Gefühlen der Mitarbeiter zu Beginn des Projekts über Euphorie, Konzeptkrise, Turnaround bis hin zur Umsetzungskrise. Entscheidend für den Verlauf des Umsetzungsprozesses sind folgende Faktoren:

- die Vorerfahrungen der Mitarbeiter mit Veränderungsprozessen,
- die grundsätzliche Veränderungsbereitschaft der Mitarbeiter und
- das Problembewusstsein der Mitarbeiter.

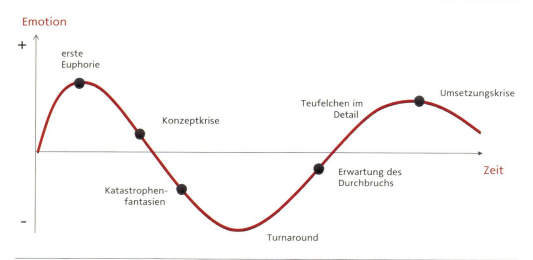

Abb. 49: Schematische Darstellung der Klimakurve

Anfangs werden zumeist Unsicherheit und Angst überwiegen und eine gewisse Skepsis gegenüber den Vorgesetzten, dem Projektteam und eventuellen Beratern. Der Umgang mit der Umsetzungskrise ist entscheidend für den Projekterfolg. Sie entwickelt sich schleichend und ähnelt einer Durststrecke. Dramatische Projektabbrüche sind zwar selten, aber es gibt viele kleine Probleme, die in der Summe die Krise herbeiführen. Die Gefahr dabei ist, dass das Projekt versandet, weil sich auf Dauer niemand mehr aufraffen kann, es voranzutreiben. Bevor es so weit kommt, sollte die Geschäftsführung ins Geschehen eingreifen und gemeinsam mit der Projektleitung dafür sorgen, dass die qualitativen und quantitativen Ziele nicht aus den Augen verloren werden.

Angst frisst Motivation

Veränderung erscheint den meisten Menschen bedrohlich. Sie fragen sich, ob die Veränderung mit Auswirkungen auf die eigene Position verbunden ist und ob sie der neuen Herausforderung gewachsen sind. Diese Ängste werden zumeist hinter Skepsis, aggressivem Verhalten, hektischer Betriebsamkeit, dem Ausweichen auf Nebenkriegsschauplätze versteckt. Menschen mit Ängsten handeln anders und unvorhersehbar. Die Aufgabe von Führungskräften ist es, die Ängste ihrer Mitarbeiter zu erkennen und richtig damit umzugehen — unabhängig davon, ob Sie die Angst als berechtigt oder unberechtigt, rational oder irrational einschätzen.

Beispiel: Einführung eines neuen Betriebssystems

In einem Unternehmen aus der Medienbranche wurde ein neues Betriebssystem eingeführt. Alle begrüßten das neue System, weil es für eine spürbare Erleichterung sorgte. Die aggressive Abwehrhaltung der 45-jährigen Chefsekretärin löste daher allgemeines Erstaunen aus. Im Vier-Augen-Gespräch stellte sich heraus, dass sie Angst hatte, da sie sich im Umgang mit Computern sowieso weit hinter ihren jüngeren Kolleginnen sah. Sie befürchtete, durch eine dieser Kolleginnen ersetzt zu werden. Man fand eine Lösung: Sie nahm in ihrer Freizeit — unbemerkt von den Kolleginnen — an einem Kurs teil. Die gerne gebrauchte Floskel „das wird schon" hätte ihr nicht geholfen.

> Nehmen Sie Ängste wahr, nehmen Sie Ängste ernst und suchen Sie gemeinsam mit den Betroffenen nach einer Lösung.

Noch besser ist es natürlich, wenn Sie Ängste schon im Vorfeld reduzieren können. Eine offene Kommunikation ist das beste Gegenmittel gegen Ängste, selbst dann, wenn die Wahrheit nicht angenehm ist. Das heißt, Sie müssen kommunizieren, bevor die Gerüchteküche zu brodeln beginnt. Betroffene müssen so früh wie möglich über die Veränderungen, die sie direkt betreffen, informiert werden. Sie sollten alles Wesentliche aus erster Hand erfahren. Die Information darf die tatsächliche Situation weder dramatisieren noch beschönigen. Wie Sie mit dem Faktor Angst umgehen, hat erhebliche Auswirkungen auf den weiteren Projektverlauf.

> Angst verwandelt sich oft in Widerstand.

Widerstand — zwischen Angriff und Flucht

Widerstand kommt meistens ungelegen und ist lästig. Deshalb ist es verständlich, dass die Reaktion auf Widerstand zumeist darin besteht, abzuwiegeln und darüber hinweg zu gehen. Notfalls gibt es eine Order „von oben". Doch damit wird die Situation meistens verschlimmert. Führungskräfte sollten besser versuchen, die Ursachen der Widerstandshaltung zu verstehen, sonst erzeugen Sie nur Blockaden und langwierige Verzögerungen.

Beispiel: Erhöhung der Wochenarbeitszeit

Um sein Überleben zu sichern, stellte ein Automobilzulieferer die Erhöhung der Wochenarbeitszeit von 35 auf 38 Stunden in Aussicht. Insbesondere durch den zunehmenden Wettbewerbsdruck war dieses Vorgehen unumgänglich. Viele Mitarbeiter stellten die Richtigkeit dieser Maßnahme infrage, vermehrt wurden Rufe nach einer anderen Lösung laut. Aufgrund des zeitlichen Drucks wurde jedoch die Arbeitszeitverlängerung einfach eingeführt. Daraufhin trat die gesamte Belegschaft in den Streik.

Die Unternehmensführung hat sich hier selbst ein Ei gelegt. Offensichtlich war bei den Mitarbeitern kein Problembewusstsein vorhanden. Es war ihnen nicht klar, unter welchem Druck das Unternehmen stand. Mögliche Lösungen waren nicht ausreichend diskutiert worden. Die Unternehmensführung hatte es versäumt, sich in die Lage der Mitarbeiter zu versetzen und das Problem aus deren Perspektive zu betrachten.

Wenn Menschen sich gegen sinnvoll erscheinende Veränderungen wehren, haben sie emotionale Gründe dafür. Diese zu ignorieren, löst das Problem nicht, sondern führt nur dazu, dass die Emotionen an einer anderen Stelle, in wahrscheinlich gesteigerter Form, wieder auftauchen und dadurch das Projekt gefährden.

Projekte scheitern nicht an Widerständen, sondern daran, wie mit Widerständen umgegangen wird.

Den Widerstand erkennen

Die folgende Übersicht zeigt, an welchen Signalen Sie Widerstand erkennen können:

	Verbal (Reden)	**Non-Verbal (Verhalten)**
Aktiv (Angriff)	Widerspruch ▪ Gegenargumente ▪ Vorwürfe ▪ Drohungen ▪ Polemik ▪ sturer Formalismus	Aufregung ▪ Unruhe ▪ Streit ▪ Intrigen ▪ Gerüchte ▪ Cliquenbildung
Passiv (Flucht)	Ausweichen ▪ Schweigen ▪ Bagatellisieren ▪ Blödeln ▪ ins Lächerliche ziehen ▪ unwichtiges Debattieren	Lustlosigkeit ▪ Unaufmerksamkeit ▪ Müdigkeit ▪ Fernbleiben ▪ innere Emigration ▪ Krankheit

Nach Doppler/Lauterburg, S. 327

Dem Widerstand begegnen

Wenn Sie mit Widerstand konfrontiert werden, sollten Sie folgende Hinweise berücksichtigen:

- Suchen Sie nach den Ursachen für den Widerstand, vor allem im emotionalen Bereich.
- Legen Sie Denkpausen ein und gehen Sie nochmals Ihr Vorgehen durch.
- Gehen Sie mit dem Widerstand und stemmen Sie sich nicht gegen ihn.
- Nehmen Sie Druck weg und geben Sie dem Widerstand Raum.
- Treten Sie in einen Dialog.
- Finden Sie einen gemeinsamen Konsens.

Widerstand kann man konstruktiv nutzen, um das Projekt noch einmal von allen Seiten zu beleuchten. Nehmen Sie die Diskussion mit den Mitarbeitern zum Anlass, um nochmals alle kritischen Punkte des Projekts zu überdenken. Versetzen Sie sich in die Lage Ihrer Mitarbeiter und betrachten Sie die Probleme aus deren Perspektive. Stellen Sie sich die Frage, was sich aus Sicht der Mitarbeiter ändern wird, welche neuen Fähigkeiten benötigt werden, wo es zu Engpässen kommen könnte. Eventuell kristallisieren sich dabei völlig neue Aspekte heraus.

10.1.3 Ziele individuell klären

Strategie ist eine schöne Sache, aber für viele Mitarbeiter etwas abstrakt. Die Führungskräfte sind tief in die Strategieentwicklung und -umsetzung involviert. Sie geben den großen Plan vor. Die mittlere Führungsebene muss die Strategie nach unten vertiefen, erklären und umsetzen. Dazu gehört die Individualisierung. Die Zielsetzung für jede Abteilung, jede Gruppe, jedes Team und für den Einzelnen muss klar sein. Ist sie das nicht, bleibt die Strategie ein abstraktes Gebilde, an deren oberem Ende eine Vision steht, die nicht greifbar ist, die scheinbar nichts mit dem Alltag und dem operativen Geschäft zu tun hat. „Da haben die da oben sich mal wieder etwas ausgedacht", heißt es dann. Selbst eine Vision, die alle einmal als motivierend empfunden haben, verblasst dann und wird zum Papiertiger. Deshalb: Setzen Sie Ziele und kontrollieren Sie die Zielerreichung. Bringen Sie die Ziele mit der Strategie in Zusammenhang.

Zielvereinbarungen sind das Instrument, um die Unternehmensziele über Bereichs-, Abteilungs-, Teamziele auf jeden einzelnen Mitarbeiter zu übertragen. Sie beschreiben den zu erreichenden Zustand mit klaren, messbaren Leistungsparametern, das heißt, sie müssen machbar, messbar und motivierend sein.

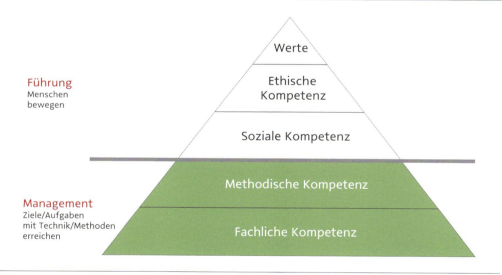

Abb. 50: Der Unterschied zwischen Führung und Management

Führen mit Zielen stellt hohe Ansprüche an die Führungskraft, denn die Ergebnisse müssen systematisch evaluiert, der Grad der Zielerreichung muss bestimmt, die Qualität der Leistung nuss beurteilt und der Mitarbeiter soll motiviert werden.

Dazu müssen Ziele herausfordernd, aber noch erreichbar sein. Darum ist der Zielvereinbarungsprozess eine zeitintensive Führungsherausforderung. Schlechte Zielvereinbarungen sind eher demotivierend, lösen Frust aus und haben eine distanzierende Wirkung auf den Mitarbeiter. Gute Zielvereinbarungen leisten einen wichtigen Beitrag zur effektiven Gestaltung des Umsetzungsprozesses. Sie sind die Roadmap, für die es sich lohnt, sich als Führungskraft zu engagieren und Zeit in sie zu investieren. Mit der SMART-Regel können Sie die Qualität einer Zielvereinbarung überprüfen.

Die SMART-Regel

Strategic   - strategisch

Measurable   - messbar

Attainable   - erreichbar und selbst beeinflussbar

Realistic   - realistisch, aber herausfordernd

Timebased   - klarer zeitlicher Rahmen mit Meilensteinen

10.1.4   Kompetenzen anpassen

Strategieumsetzung bedeutet auch, dass Führungskräfte und Mitarbeiter über die Fähigkeiten verfügen, die sie künftig zur Umsetzung der beschlossenen Strategie benötigen. Wenn wir davon ausgehen, dass die Organisation strategiekonform strukturiert wurde, einfache und klare Verantwortungsbereiche geschaffen wurden sowie ein durchgehender, schnittstellenfreier Informationsfluss und die Ausrichtung an geschäftsspezifischen Engpässen sichergestellt ist, geht es noch um die Benennung und Prüfung der Stelleninhaber.

Die grundlegende Frage dabei ist, ob die jeweiligen Kandidaten den künftigen Anforderungen gerecht werden beziehungsweise welche Veränderungen erforderlich sind. Höchste Priorität hat dabei die Besetzung der Führungspositionen, denn die Führungskräfte müssen die ihnen unterstellten Mitarbeiter auf die neue Strategie einschwören und ihre Abteilungen im Sinne der strategischen Ausrichtung strukturieren. Die zweitwichtigste Gruppe sind die Mitarbeiter in den Schlüsselbereichen, die die angestrebten Kernkompetenzen des Unternehmens umsetzen müssen.

In Kapitel 8 haben wir Ihnen mit dem Teamkompetenzmodell bereits ein geeignetes Instrument vorgestellt, um die Fähigkeiten der Mitarbeiter im Sinne der Unternehmensstrategie zu fördern. Ein weiteres Instrument sind regelmäßige Trainings und die Weiterbildung, entweder intern oder extern. Insbesondere die Themen Führungskompetenz, Change Management, Coaching, Potenzialanalyse und -entwicklung, Kommunikation, Arbeitsmethodik und der Aufbau einer internen Weiterbildungsakademie fallen in diesen Bereich. Erst wenn das ganze Unternehmen im Sinne der neuen Strategie entwickelt und trainiert wird, kann sichergestellt werden, dass eine nachhaltige Implementierung der Strategie im Unternehmen erfolgt. Auch weitere Instrumente und Systeme wie Managementplanungssysteme, IT, Personalmanagement, Finanzsysteme, leistungsorientierte Bezahlung, Anreizsysteme und das Unternehmenscockpit unterstützen Sie bei der Implementierung.

Weiterbildung und Qualifizierung der Mitarbeiter sind ein Dauerbrenner, dem allerdings in der Praxis besonders in kleineren Unternehmen selten die nötige Aufmerksamkeit gewidmet wird. Das viel geforderte lebenslange Lernen kann allerdings nur gelingen, wenn dafür die notwendigen Ressourcen zur Verfügung gestellt werden. Bei der Aufstellung der vier Perspektiven und der Entwicklung der Kausalketten haben Sie gesehen, welchen Stellenwert der Mitarbeiter im Hinblick auf den Unternehmenserfolg einnimmt. Ist er nicht kompetent und motiviert, kann er langfristig den Unternehmenserfolg gefährden oder verhindern. Es ist Ihre Aufgabe als Unternehmer oder Führungskraft, dafür zu sorgen, dass Ihre Mitarbeiter über die Kompetenzen verfügen, die sie zur Erfüllung ihrer Aufgaben benötigen.

Verlangt also die Umsetzung der Strategie neue Kompetenzen oder wird der Mitarbeiter den Anforderungen nicht gerecht, müssen Sie dafür sorgen, dass er die geforderten Kompetenzen erwerben kann oder ihn an einen Platz stellen, für den er die richtigen Kompetenzen hat. Manchmal stehen Mitarbeiter an einem Platz, an dem sie selbst herausragende Fähigkeiten nicht einsetzen können, weil sie dort nicht gebraucht werden. Das ist ebenso frustrierend und demotivierend wie über nicht ausreichende Kompetenzen zu verfügen. Finden Sie heraus, wo und wie Sie die Potenziale Ihrer Mitarbeiter optimal nutzen können.

TIPP

Einige Unternehmen haben bereits eigene Akademien ins Leben gerufen, in denen die Mitarbeiter durch interne und externe Trainer weitergebildet werden. Die Vorteile liegen auf der Hand: Die Mitarbeiter haben kurze Wege, können die Weiterbildung also besser in ihr alltägliches Leben integrieren. In einer Akademie können auch Sport-, Freizeit- und Gesundheitskurse angeboten werden. Das stärkt gleichzeitig Ihre Arbeitgebermarke. In der Würth-Akademie werden zum Beispiel regelmäßig Kunstexkursionen angeboten. Unternehmenschef Reinhold Würth ist überzeugt, dass die Beschäftigung mit Kunst und anderen fachfremden Themen Kreativität freisetzt, die letztlich wieder dem Unternehmen zugutekommt.

EXKURS: Ältere Mitarbeiter

In diesem Zusammenhang kommt künftig auch der Einbindung älterer Mitarbeiter wachsende Bedeutung zu. Wie wir alle wissen, tobt der „War for Talents". Die Unternehmen reißen sich um den gut ausgebildeten Nachwuchs, befassen sich mit der Vereinbarkeit von Familie und Beruf und werben um Fachkräfte aus dem Ausland. Doch nur wenige Unternehmen haben bisher begriffen, dass ihnen in den nächsten Jahren noch größeres Ungemach droht: Die Babyboomer werden scharenweise in Rente gehen — mit all ihrem Wissen und ihrer Erfahrung.

Beispiel Toyota:

Wie verheerend das sein kann, war vor Jahren beim Autohersteller Toyota zu beobachten. Damals kämpfte der Branchenprimus mit erheblichen Qualitätsproblemen. Eine Analyse förderte zutage, dass etwa eineinhalb Jahre vor dem Auftreten der Probleme Umstrukturierungen im Personalbereich stattgefunden hatten. Viele junge Kräfte waren damals ins Unternehmen geholt und viele ältere Mitarbeiter ausgemustert worden. Ihr Wissen und ihre Erfahrung im Qualitätsmanagement fehlte und trug letztlich entscheidend zu den Qualitätsproblemen bei. Bei Toyota hat man reagiert und arbeitet heute mit sogenannten Kompetenz-Tandems, in denen sich alte Hasen und junge Wilde ergänzen.

Während diese Erkenntnis bei den großen Konzernen angekommen ist und die meisten von ihnen heute mit demografieorientiertem Personalmanagement arbeiten, tut sich der Mittelstand noch schwer bei der Bewältigung des Problems. In zahlreichen Unternehmen bestimmen Vorurteile den Umgang mit älteren Mitarbeitern. „Es gibt nicht den Hauch eines wissenschaftlichen Beweises, dass die Älteren prinzipiell weniger leistungs- und innovationsfähig sind als die Jüngeren", sagt Dr. Uwe Kleinemas vom ZAK Zentrum für Alternskulturen an der Universität Bonn. „Bewiesen ist allerdings, dass ältere Mitarbeiter deutlich weniger Weiterbildungschancen erhalten und auch im Vorschlagswesen weniger ernst genommen werden. Das demotiviert und führt dazu, dass sie sich nicht mehr bemühen."

Er empfiehlt, ältere Mitarbeiter in die betriebsinterne Weiterbildung einzubeziehen, ihre Kenntnisse und Erfahrungen zu nutzen, sie im Vorschlagswesen ernst zu nehmen, sie gleichermaßen zu Lernenden und Lehrenden zu machen. Am Wichtigsten ist es nach Kleinemas Erfahrung, dass der veränderte Umgang mit älteren Mitarbeitern als Chefsache betrachtet wird. „Die Unternehmen müssen sich dem demografischen Wandel genauso anpassen wie den Marktveränderungen", so der Wissenschaftler. „Die älteren Mitarbeiter werden künftig für Unternehmen erfolgsentscheidend sein, denn es kommt nicht genug Nachwuchs nach. Unternehmen, die das nicht erkennen und ältere Mitarbeiter nicht an das Unternehmen binden, werden ein massives Fachkräfteproblem bekommen." Zuerst müsse sich die Unternehmenskultur ändern, erst dann sei es sinnvoll, sich der verschiedenen Werkzeuge und Instrumente zu bedienen, wie Wikis, Kompetenz-Tandems, Kollaborationssoftware usw. Fehler, die man hier mache, würden sich langfristig auswirken und dem Unternehmen schaden.

„Die Wertschätzung älterer Arbeitnehmer muss in den Leitsätzen des Unternehmens schriftlich zum Ausdruck gebracht und in der Unternehmenskultur verankert werden."

Prof. Dr. Uwe Kleinemas

10.1.5 Fitnesscheck für Führungskräfte

Es ist keine Frage, dass die Führungskräfte bei der Strategieentwicklung und -umsetzung eine entscheidende Rolle spielen. Während die oberste Führungsebene die Strategie entwickelt, die mittlere Führungsebene die Strategie vermittelt, muss die Basis-Führungsebene für die Umsetzung sorgen. Letztere ist erste Anlaufstelle für die Mitarbeiter und steht im Austausch mit der mittleren Führungsebene. Alle Führungskräfte müssen sowohl die Fähigkeit zum Managen als auch zum Führen besitzen. Sie müssen Vorbild, Organisator, Coach, Macher, Praktiker, Entscheider, Feuerwehrmann und Motivator sein.

Unser 5-Punkte-Schnell-Test

Können Sie sich Wege zwischen Alltag und Chaos erarbeiten?

Die Strategieumsetzung wird Sie und Ihr Team zumindest anfangs zusätzlich zu Ihrem bestehenden Arbeitspensum belasten. Damit Sie alle unter dieser Last nicht zusammenbrechen, müssen Sie sich trotz Unsicherheit Freiräume schaffen beziehungsweise eine effektive und effiziente Umsetzung sicherstellen.

Können Sie Ihren Mitarbeitern Orientierung vermitteln?

Das Darstellen von Vision, gemeinsamen Werten und Strategie ist die eine Sache, aber wie sieht es während des Umsetzungsprozesses mit all den notwendigen Veränderungen aus? Zuweilen verlieren sich die Beteiligten in Konflikten und Details. Der Blick für das große Ganze geht verloren. Können Sie das übergeordnete Ziel im Auge behalten und es Ihrer Mannschaft immer wieder vor Augen führen?

Können Sie Ihre Mitarbeiter im Umsetzungsprozess begleiten?

Dabei geht es nicht nur um Daten, Fakten und Ziele, sondern auch um die Menschen und ihre Bedürfnisse und Gefühle. Können Sie Ihren Mitarbeitern das Gefühl vermitteln, dass sie verstanden werden? Geben Sie Ihnen das Gefühl, Teil der Lösung zu sein und einen wertvollen Beitrag zu leisten?

Können Sie Konflikte erkennen und lösen?

Im Umsetzungsprozess gibt es viele kritische Punkte. Nach der ersten Euphorie kommen die Zweifel und Krisen. Haben Sie sich Gedanken über die möglichen kritischen Punkte gemacht und sich überlegt, was zu tun ist?

Können Sie eine Vertrauenskultur erhalten oder aufbauen?

Der Umsetzungsprozess bringt Veränderungen mit sich, die möglicherweise das Vertrauen der Mitarbeiter in die Führung infrage stellen oder gar den Aufbau einer neuen Vertrauenskultur verlangen. Sind Sie in der Lage, Veränderungen ehrlich und frühzeitig zu kommunizieren und mit den möglicherweise auftauchenden Widerständen adäquat umzugehen? Treffen Sie klare Entscheidungen, die Sie auch konsequent umsetzen?

10.2 Die Organisation muss sich ändern

Eine neue Strategie ist für das Unternehmen, seine Organisation, seine Führung und seine Mitarbeiter der Aufbruch in eine neue Zukunft. Dafür reicht es nicht, dass sich die Mitarbeiter ändern beziehungsweise anpassen — die Führung und die gesamte Organisation muss es ebenfalls tun.

> *„Wir arbeiten in Strukturen von gestern mit Methoden von heute an Problemen von morgen vorwiegend mit Menschen, die Strukturen von gestern gebaut haben und das Morgen innerhalb der Organisation nicht mehr erleben werden."*
>
> *Knut Bleicher, Wirtschaftswissenschaftler und Autor des Standardwerks*
> *„Das Konzept Integriertes Management"*

Getreu dem Grundsatz „structure follows strategy" sind Organisationen ein wichtiges Mittel der Strategie und nicht Selbstzweck: Durch bestimmte Regeln müssen sie die Energien der Mitarbeiter in die richtige Richtung lenken. Dabei gibt es keine Patentlösungen, keine universell richtige Organisationsform. Man könnte eher von der passenden Struktur sprechen. Was passend ist, richtet sich nach Faktoren wie Branche, Industrie, Markt- und Wettbewerbssituation und den spezifischen Stärken und Schwächen des Unternehmens.

Grundlegende Anforderungen an die Organisation sind:

- einfache und klar strukturierte Verantwortungsbereiche (Unternehmen von Unternehmern),
- Ausrichtung an den geschäftsspezifischen Engpässen,
- klare, aber flexible Berichtswege (Netzwerkgedanke).

Strukturen sind mehr als das Zeichnen neuer Organigramme. Ziel ist es, die Regeln so zu verändern, dass sie die Umsetzung der Strategie begünstigen und nicht behindern. Um dieses Ziel zu erreichen, sollten Sie sich folgende Fragen stellen:

- Sind die veränderten Teilaufgaben jedes Einzelnen klar?
- Ist sichergestellt, dass alle Beteiligten erfolgsorientiert zusammenarbeiten können?
- Welche neuen Aufgaben werden notwendig, welche entfallen oder können durch Externe erledigt werden?
- Welche neuen Spielregeln sind erforderlich?
- Welche Entscheidungsfreiheiten sollen die einzelnen Einheiten haben, um unternehmerisch, aber im Sinne des Gesamtunternehmens zu handeln?
- Wie verändern sich die Rollen und Stellenbeschreibungen?

Im Normalfall hat sich eine schrittweise Weiterentwicklung der Organisation im Gleichklang mit der Geschäftsentwicklung bewährt. Bei großen strategischen Neuerungen sind jedoch grundlegende Veränderungen notwendig. Große strategische Umwälzungen entstehen, wenn sich der Geschäftsschwerpunkt stark ändert oder durch tiefgreifende Änderungen auf den Märkten und/oder in der Wettbewerbsstruktur.

10.2.1 Anreizsysteme anpassen

Neben der Organisationsstruktur müssen bei der Umsetzung einer neuen Strategie auch die Anreizsysteme Veränderungen erfahren, denn die Einstellung und Motivation der Mitarbeiter ist durch Bewertungs- und Entlohnungssysteme beeinflussbar, zumindest begrenzt. Deshalb ist es so wichtig, dass klar ist, welche Ziele die Mitarbeiter erreichen sollen und was dabei für sie herauskommt. Passende Anreiz- und Beurteilungssysteme können Mitarbeiter dazu motivieren, die auf ihren Arbeitsbereich anfallenden Maßnahmen mit Nachdruck voranzutreiben. Dabei sind wertorientierte Anreizsysteme auf dem Vormarsch.

Die erfolgreiche Strategieumsetzung drückt sich in einer Wertsteigerung aus. Die Ermittlung der Wertbeiträge ist meistens bis auf Geschäftsfeldebene möglich. Die darunterliegenden Bereiche können an ihren Beiträgen zur Unternehmensentwicklung gemessen werden, also zu Unternehmenswachstum, Kostensenkung oder Verminderung des Kapitaleinsatzes. Die individuelle Arbeitsleistung wird aufgrund von qualitativen und quantitativen Kriterien gewürdigt und beurteilt. Wertorientierte Anreizsysteme zur möglichst gerechten Kopplung von Unternehmenswertsteigerung und individueller Einkommensentwicklung gibt es viele, zum Beispiel Optionsmodelle, einen direkten Aktienerwerb, variable Vergütungssysteme und vieles mehr. Vor allem bei Führungskräften sollte die Vergütung so gestaltet werden, dass ein Interesse an einer langfristigen Bindung an das Unternehmen entsteht.

Für Mitarbeiter mit einfacheren Tätigkeiten eignen sich variable Vergütungssysteme eher weniger. Sie sind an einem festen, planbaren Einkommen interessiert. Hier können Anreize durch Prämien und andere Vergünstigungen geschaffen werden. Es gibt Unternehmen, die Benzingutscheine ausgeben oder den Kindergartenplatz bezuschussen und ähnliches mehr. Für jüngere Mitarbeiter der Generation Y, die sogenannten Digital Natives, zählen eher Spaß, Abwechslung und Flexibilität. Auch hier können spezielle Anreize gesetzt werden. Geld ist für die Digital Natives ein Hygienefaktor. Was zählt, ist die Lebensbalance leben zu können und Wahlfreiheit in den Aufgaben zu haben. Sie haben den Wunsch nach Mitgestaltung, Mitwirkung und Mitverantwortung. Jedes Unternehmen muss für sich gangbare Wege finden, um die Mitarbeiter zu motivieren. Einen Königsweg gibt es nicht, aber Kreativität ist durchaus erlaubt.

Beispiel: Wohngemeinschaft für Senioren (WGfS)

Rosemarie Amos-Ziegler und ihr Mann Klaus Ziegler führen drei Pflegeheime mit 134 Bewohnern und einen ambulanten Pflegedienst. Pflegeberufe zählen nicht gerade zu den Wunschberufen junger Menschen, deshalb geht man bei der WGfS außergewöhnliche Wege. Die Mitarbeiter erhalten Urlaubs- und Weihnachtsgeld, großzügige Zuzahlungen zur Altersvorsorge nach nur einem Jahr Betriebszugehörigkeit, eine Krankenzusatzversicherung und Unfallversicherung zu günstigen Bedingungen.

Besonders stolz sind die Zieglers auf das Gesundheitsprogramm, für das sie den „Corporate Health Award 2009" erhielten und sich damit in Gesellschaft von Großkonzernen wie Boehringer Ingelheim, der Daimler AG und SAP befinden. Herzstück des Programms ist die Prävention. „Die Mitarbeiter in der Pflege sind stark belastet. Ihre Gesunderhaltung liegt uns am Herzen", sagen die Zieglers. Es gibt Ernährungsberatung, Grippeschutzimpfungen, Qigong- und Yogakurse, Kochkurse und jährlich für neun Mitarbeiter eine einwöchige Kur, die vom Unternehmen bezahlt wird. Auch für die Auszubildenden gibt es eine zusätzliche Motivation: Wer einen guten bis sehr guten Notendurchschnitt schafft, darf drei bis vier Monate lang eines der drei unternehmenseigenen Cabrios fahren und erhält monatlich eine Tankfüllung dazu. „Ganz klar, dass sich alle anstrengen", schmunzelt Klaus Ziegler. „Über schlechte Noten bei unseren Auszubildenden können wir uns nicht beklagen."

Beispiel: Würth-Gruppe

Das Unternehmen aus Künzelsau hat es geschafft, über 50 Jahre zweistellig zu wachsen. Unternehmenschef Prof. Dr. h.c. Mult. Reinhold Würth sagt, es gebe zwei Themenblöcke, die für den Erfolg entscheidend seien — die Führungstechnik und die Führungskultur. Letztere mache 70 bis 80 Prozent des Erfolgs aus. „Je größer der Erfolg, desto größer die Freiheit", beschreibt der Unternehmer die Führungskultur in seinem Unternehmen. „Wir sind extrem dezentralisiert ausgerichtet, aber der Dezentralismus ist nicht die einzig richtige Führungsstrategie." Bei Bedarf könne man auch auf Zentralismus umschalten. Das sei dann der Fall, wenn Ziele nicht erreicht würden. „Ich betrachte das Unternehmen Würth als ein Containerschiff mit verschiedenen großen Platten an der Wasserlinie. Wenn es hier ein Leck gibt, wäre es fatal, wenn es unbeachtet bliebe", so Reinhold Würth weiter. „Führungsschwäche war schon oft genug der Auslöser für Insolvenzen."

„Was würden wir tun, wenn wir keine Erfolgserlebnisse hätten? Das ist doch grausam."

Reinhold Würth

10.2.2 Führungsstruktur nicht vergessen

Zur Steuerung jeder Organisation bedarf es eines konsistenten Führungsmodells. Es zeichnet sich durch richtig gesteuerte Prozesse und ein klares Verständnis für die Aufgaben der jeweiligen Führungsstufe aus, auf Basis flacher Hierarchiestufen, das Drei-Stufen-Modell.

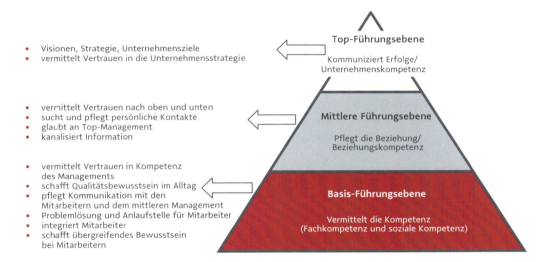

- Visionen, Strategie, Unternehmensziele
- vermittelt Vertrauen in die Unternehmensstrategie

Top-Führungsebene

Kommuniziert Erfolge/
Unternehmenskompetenz

- vermittelt Vertrauen nach oben und unten
- sucht und pflegt persönliche Kontakte
- glaubt an Top-Management
- kanalisiert Information

Mittlere Führungsebene

Pflegt die Beziehung/
Beziehungskompetenz

- vermittelt Vertrauen in Kompetenz des Managements
- schafft Qualitätsbewusstsein im Alltag
- pflegt Kommunikation mit den Mitarbeitern und dem mittleren Management
- Problemlösung und Anlaufstelle für Mitarbeiter
- integriert Mitarbeiter
- schafft übergreifendes Bewusstsein bei Mitarbeitern

Basis-Führungsebene

Vermittelt die Kompetenz
(Fachkompetenz und soziale Kompetenz)

Abb. 51: Die 3 Führungsstufen und ihre Kommunikationsaufgabe

Die verschiedenen Führungsstufen greifen so ineinander, dass die Erfolgsideen des Top-Managements auf allen Mitarbeiterebenen richtig ankommen. Die Mitarbeiter haben ein klares Bild von der Führungsstruktur und den Kompetenzen ihres Unternehmens. Informationswege sind zum einen nach dem Kaskadenmodell (Top-down) aufgebaut und andererseits gibt es Strukturen, die Bottom-up Informationswege sicherstellen.

10.3 Kommunikation zeigt Wertschätzung

In Kapitel 2 sind wir ausführlich auf das Thema „Wert" und die Notwendigkeit von Kommunikation in Unternehmen nach innen und außen eingegangen. Hier wollen wir noch einmal auf die Wichtigkeit von Kommunikation im Strategieumsetzungsprozess hinweisen. Eine neue Strategie geht meistens mit einer Veränderung der

Unternehmenskultur einher. Jede Unternehmenskultur wird von den Menschen, ihren Erwartungen und Bedürfnissen, aber auch von ihrer Sozialisation und von gesellschaftlichen Trends beeinflusst. Ein Unternehmen existiert nicht im luftleeren Raum, sondern in einer Gesellschaft. In Familienunternehmen hat die Unternehmerfamilie mit ihren Werten einen großen Einfluss. Doch auch deren Werte ändern sich, zum Beispiel durch einen Generationswechsel.

Die vordringliche Aufgabe der Kommunikation im Prozess der Strategieumsetzung ist es, den Prozess für alle Mitarbeiter verständlich zu machen, Strategie, Ziele und Maßnahmen zu erklären, auf sachliche und emotionale Vorbehalte einzugehen und die Mitarbeiter durch den gesamten Prozess zu begleiten. Dabei sind Transparenz und Offenheit wichtig sowie eine zielgruppengerechte Ansprache. Probleme sollten ebenso angesprochen werden wie Erfolge. Dabei sollte nicht nur graue Theorie verbreitet werden, sondern am besten Geschichten. Menschen lieben Geschichten, vor allem, wenn sie selbst oder Menschen, die sie kennen, eine Rolle darin spielen. Welche Medien dafür eingesetzt werden, ist abhängig vom Unternehmen und vom Zweck der Kommunikation.

Beispiel: Kommunikation via Blog

Ein Unternehmen mit 50 Mitarbeitern begleitete seinen gesamten Strategieentwicklungs- und -umsetzungsprozess mit einem internen Blog auf der Website. Die drei Bereichsleiter stellten in regelmäßigen Abständen Berichte und Fotos über die Strategiemeetings in ihren Teams in den Blog. Die Mitarbeiter konnten kommentieren oder den Bereichsleitern E-Mails dazu schicken. Außerdem gab es einen umfangreichen Frage-Antwort-Katalog im Intranet. Einmal im Monat stellte sich einer der Bereichsleiter in einem internen Chat für eine Stunde den Fragen der Mitarbeiter. „Dieses Vorgehen verlangte von unseren Führungskräften Mut zur Offenheit, denn natürlich wussten die Mitarbeiter genau, was vor sich ging und stellten auch unangenehme Fragen", erzählt der Geschäftsführer. „Allerdings war es für uns auch ein fruchtbarer Prozess. Wir haben noch nie zuvor so viel Feedback von den Mitarbeitern erhalten. Dadurch haben wir viele Hinweise darauf erhalten, wo es noch Dinge zu verbessern gilt."

Grundregeln für die erfolgreiche Kommunikation:

- Verzichten Sie auf reine Informationsveranstaltungen. Geben Sie immer die Möglichkeit zum Dialog.
- Die Unternehmensführung muss sich aktiv an der Kommunikation beteiligen und bei Veranstaltungen vertreten sein.

- Kommunizieren Sie regelmäßig und halten Sie auch dazwischen Kontakt mit den Mitarbeitern.
- Achten Sie darauf, dass das, was Sie sagen, mit Ihrem Handeln übereinstimmt.
- Kommunizieren Sie auf mehreren Schienen, wie Mitarbeiterzeitung, Intranet, Aushänge, Gespräche, Newsletter etc.
- Nutzen Sie alle Wege der Kommunikation inklusive Trainingsprogramme, Feedbackgespräche oder Routinebesprechungen.
- Scheuen Sie sich nicht, ein Thema mehrmals auf die Agenda zu setzen oder es unter verschiedenen Aspekten zu betrachten.
- Vergessen Sie die Gefühle nicht. Wenn sich Mitarbeiter verweigern, geht es in der Regel nicht um Sachthemen, sondern um Gefühle. Gerade wenn Strategieumsetzungen Veränderung bedeuten, haben viele Mitarbeiter Angst. Gute Gefühle hingegen bringen jede Menge Motivation und Energie.
- Suchen Sie nach Geschichten im Unternehmen. Unser Gehirn liebt Geschichten und Bilder. Wir kommen viel besser damit zurecht als mit nüchternen Informationen und Erklärungen. Erzählen Sie von ersten Erfolgen von Menschen oder Abteilungen.
- Setzen Sie bei Bedarf externe Kommunikationsprofis ein. Kommunikation, die niemanden interessiert, kommt Sie teurer.
- Sprechen Sie die Sprache derer, die Sie erreichen wollen.

„Die Kommunikation mit Mitarbeitern über die Vision und Strategie sollte als interne Marketing-Kampagne betrachtet werden. Die Ziele einer solchen Kampagne sind identisch mit denen eines traditionellen Marketingfeldzuges: Bewusstsein schaffen und Verhalten beeinflussen."

Kaplan und Norton in „Balanced Scorecard: Strategien erfolgreich umsetzen"

Kurz & knapp: Strategieumsetzung

- Erst die tatsächliche Umsetzung der sorgsam ausgearbeiteten Strategie kann den Unternehmenserfolg nach sich ziehen.
- Die Qualität der Umsetzung bestimmt, wie schnell die Strategie in Ergebnisse übersetzt werden kann.
- Das Projekt Strategieumsetzung hat die Aufgabe, die strategische Stoßrichtung in präzise Aktions- und Zeitpläne mit Verantwortlichen herunterzubrechen. Beantwortet werden müssen die Fragen: Wer macht was? Mit wem? Wann und wo?
- Der Umsetzung stehen vonseiten der Mitarbeiter oft Ängste entgegen, die Sie unbedingt beachten sollten, da sie sonst in Widerstand und Gleichgültigkeit münden können, die das gesamte Strategieprojekt gefährden.
- Die Strategieumsetzung übersetzt die strategischen Ziele ins operative Geschäft. Die Zielsetzung für jede Abteilung, jede Gruppe, jedes Team und für den Einzelnen muss klar sein, damit alles funktionieren kann.
- Achten Sie darauf, dass Führungskräfte und Mitarbeiter die richtigen Fähigkeiten haben, um die Ziele umzusetzen. Führen Sie entsprechende Weiterbildungsmaßnahmen durch.
- In der Umsetzungsphase müssen die Organisation, die Führung und Anreizsysteme an die neuen Erfordernisse angepasst werden.
- Ein konsistentes Führungsmodell erleichtert Ihnen die Steuerung der Organisation. Es zeichnet sich durch richtig gesteuerte Prozesse und ein klares Verständnis für die Aufgaben der jeweiligen Führungsstufe aus, auf Basis flacher Hierarchiestufen.
- Die vordringliche Aufgabe der Kommunikation im Prozess der Strategieumsetzung ist es, den Prozess für alle Mitarbeiter verständlich zu machen, Strategie, Ziele und Maßnahmen zu erklären, auf sachliche und emotionale Vorbehalte einzugehen und die Mitarbeiter durch den gesamten Prozess zu begleiten.
- Halten Sie den Umsetzungsprozess durch eine kontinuierliche Kommunikation aufrecht. Orientieren Sie sich dabei an den Bedürfnissen Ihrer Zielgruppen.

STRATEGIE

WIE

WANN   WARUM

WER

WAS

Schlusswort – die DNA erfolgreicher Familienunternehmen

Die erfolgreichen deutschen Familienunternehmen sind auf der ganzen Welt bekannt. Sie sind es, die den herausragenden Ruf deutscher Innovationskraft begründen, für überdurchschnittliches Wachstum sorgen und besser durch Krisen kommen als andere. Jedes Familienunternehmen ist anders, aber es hat sich gezeigt, dass es gemeinsame Grundlagen für ihren Erfolg gibt:

- eine konservative Finanzierung,
- angemessenes Wachstum,
- gelebte Werte,
- eine stabile Unternehmenskultur,
- hohe Innovationskraft,
- langfristiges Denken und
- eine Balance zwischen Rendite, Wachstum und Risiko.

Ein Familienunternehmen heute erfolgreich zu führen, ist eine der schwierigsten Aufgaben, die es gibt. Der Druck hat sich in den letzten Jahren erheblich verschärft: Globalisierung, schärferer Wettbewerb, eine immer schnellere Abfolge von Krisen und immer schärfere Regeln für die Kreditvergabe sind dafür verantwortlich. Aber auch hausgemachte Probleme, wie Führungsschwächen und misslungene Nachfolgeprozesse, verschärfen die Situation in manchen Unternehmen. Mit dem in diesem Buch vorgestellten zehnstufigen Strategiesystem möchte ich Ihnen ein Instrument anbieten, das Sie dabei unterstützt, Ihr Unternehmen gesund, agil und flexibel zu halten und beständig weiterzuentwickeln, um künftige Herausforderungen zu meistern.

Die folgenden zehn Punkte sollen Ihnen noch einmal die wesentlichen Erfolgspunkte mittelständischer Familienunternehmen vor Augen führen:

Streben Sie in Ihrem Markt eine führende Rolle an.

Verfolgen Sie das klare Ziel, die Nr. 1 zu sein oder zu werden. Es ist besser, in einem kleinen Markt der Erste zu sein, als in einem großen Markt einer unter vielen.

Konzentrieren Sie sich auf Ihre Kernkompetenzen.

Definieren Sie Ihre Märkte eng und beziehen Sie Kundenbedürfnis und Technologie mit ein. Konzentrieren Sie sich eher auf die Tiefe als auf die Breite. Trennen Sie sich von nicht wertschöpfenden Tätigkeiten.

Behalten Sie die Beziehung zum Kunden in der Hand.

Kombinieren Sie Ihre Spezialisierung im Hinblick auf das Produkt und Know-how mit starker, professioneller Vermarktung. In wichtigen Zielmärkten sollten Sie mit eigenen Tochtergesellschaften präsent sein. Delegieren Sie die Beziehung zum Kunden nicht an Dritte. So erreichen Sie trotz Ihrer Nischenmärkte Wachstum.

Verkaufen Sie über den MEHR-Wert.

Setzen Sie auf Kundennähe, insbesondere zu den Top-Kunden. Die Kundennähe umfasst alle Funktionen und Ebenen. Sie verkaufen primär über den Wert und nicht über den Preis, ohne dabei die Kosten zu vernachlässigen. Sie bieten Ihren Kunden mehr Nutzen als der Wettbewerb.

Setzen Sie auf Innovation.

Innovation bezieht sich auf das Produkt und den Prozess. Ihre Entwicklungszeiten und die Time-to-Market sind kurz, der Anteil an „jungen" Produkten und Dienstleistungen ist überdurchschnittlich hoch. In Ihrem Unternehmen herrscht ein innovationsförderndes Klima. Durch kontinuierliche Innovation bleiben Sie an der Spitze.

Handeln Sie markt- und technologiegetrieben.

Anders als Großunternehmen integrieren Sie Markt und Technik als gleichwertige Antriebskräfte und erreichen damit die Synergie von internen Kompetenzen und externen Marktchancen.

Setzen Sie Standards.

Messen Sie sich mit dem Wettbewerb, aber belassen Sie es nicht dabei. Setzen Sie die Standards und geben Sie die Richtung vor. Bieten Sie Lösungen für die dringenden Probleme Ihrer Kunden. So schaffen Sie sich ausgeprägte Wettbewerbsvorteile im Hinblick auf Produktqualität und Service.

Vertrauen Sie auf Ihre eigenen Kräfte.

Andere werden Ihre Probleme nicht lösen. Betrachten Sie Probleme als Chance und arbeiten Sie mutig an ihrer Lösung. Ihre Kernkompetenzen und Ihr Know-how sind dabei Ihr wichtigstes Kapital. Gehen Sie Kooperationen und Allianzen nur ein, wenn Sie Ihnen nützlich sind und Ihre Wettbewerbsposition nicht gefährden.

Kümmern Sie sich um Ihre Mitarbeiter.

Der Erfolg eines Unternehmens hängt entscheidend von der Identifikation, Motivation und Kompetenz der Mitarbeiter ab. Sorgen Sie dafür, dass Ihre Mitarbeiter weder unter- noch überfordert sind, sondern sich der richtigen Herausforderung gegenübersehen. Sie sollten stets „mehr Arbeit als Köpfe" haben. Setzen Sie auf eine gesunde Mischung von „alten Hasen und jungen Wilden".

Nehmen Sie Ihre Führungsaufgabe wahr.

Führen ist mehr als Managen. Als Unternehmer müssen Sie Leader, Vorbild und Coach sein. Arbeiten Sie an sich, damit Sie allen Rollen gerecht werden. Führen Sie autoritär in den Grundwerten und partizipativ im Detail. Treffen Sie Entscheidungen überlegt, aber schnell und setzen Sie sie konsequent um.

Dr. Hans-Jürgen Hannig, Gründer und CEO des Laminatherstellers Classen-Gruppe aus Baruth in Brandenburg hat es kürzer gefasst: „Unser überdurchschnittliches Wachstum liegt an der klaren Fokussierung und der Führerschaft in Kosten, Qualität, Programm und Innovation. Wir setzen auf die Kompetenz und die Kreativität unserer Mitarbeiter. Wir fördern das Engagement unserer Mitarbeiter mit Lob und Prämien. Sie sind stolz darauf, wenn ihre Leistung wahrgenommen und anerkannt wird. Von ihnen erhalten wir täglich neue Ideen und Vorschläge zu Produkten, Prozessen und Verpackung. Die Mitarbeiter sind enorm wichtig, wenn sich ein Unternehmen weiterentwickeln will. Deshalb sind ein fairer Umgang und ein offenes Ohr für ihre Bedürfnisse unabdingbar. Meine Tür ist offen für jeden, der mit einem Anliegen zu mir kommen möchte. Wir alle gehen offen und anständig miteinander um, damit sich jeder in einem Unternehmen wiederfindet, in dem er ernst genommen wird und sich wohlfühlt."

Ich wünsche Ihnen allen, dass Sie Ihre Unternehmen mit Freude, Weisheit und Energie in die Zukunft führen können. Wenn dieses Buch Sie dabei unterstützt, Ihren Erfolg auf eine sichere Basis zu stellen, hat es seinen Zweck erfüllt.

Ihr

Arnold Weissman

Literaturverzeichnis

Allgemeine Quellen

Brandes, Dieter: Die 11 Geheimnisse des Aldi-Erfolgs, Campus Verlag, Frankfurt/NewYork 2003.

Buckingham, Marcus; Coffman, Curt: Erfolgreiche Führung gegen alle Regeln: Wie Sie wertvolle Mitarbeiter gewinnen, halten und fördern, 2. Aufl., Campus Verlag, Frankfurt/NewYork 2005.

Buzzell, Robert; Gale Bradley: Das PIMS-Programm, Gabler Verlag, Wiesbaden 1987.

Collins, Jim: Der Weg zu den Besten: Die sieben Management-Prinzipien für dauerhaften Unternehmenserfolg, dtv Verlag, München 2003.

Copeland, Tom; Koller, Tim; Murrin, Jack: Unternehmenswert, 2. Aufl., Campus Verlag, Frankfurt/NewYork 1998.

Copeland, Tom; Kollert, Tim; Murrin, Jack: Unternehmenswert, 2. Aufl., Campus Verlag, Frankfurt/NewYork 1998.

Deltl, Johannes: Strategische Wettbewerbsbeobachtung: So sind Sie Ihren Konkurrenten laufend einen Schritt voraus, Gabler Verlag, Wiesbaden 2004.

Doppler K.; Lauterburg, C.: Den Unternehmenswandel gestalten, 11. Aufl., Campus Verlag, Frankfurt/NewYork 2005.

Frankl, Viktor: Der Mensch auf der Suche nach Sinn, Tonträger, Vier-Türme-Verlag, Münsterschwarzach 1990.

Ghemawat, Pankaj: Commitment: The Dynamic of Strategy, Free Press, New York 1991.

Gleißner, Werner: Future Value: 12 Module für eine strategische wertorientierte Unternehmensführung, Gabler Verlag, Wiesbaden 2004.

Literaturverzeichnis

Gleißner, Werner; Füser, Karsten: Leitfaden Rating- Basel II: Rating-Strategien für den Mittelstand, Verlag Vahlen, München 2002.

Gleißner, Werner; Weissman, Arnold: Kursbuch Unternehmenserfolg: 10 Tipps zur nachhaltigen Steigerung des Unternehmenswertes, Gabal Verlag, Offenbach 2001.

Gleißner, Werner; Weissman, Arnold: Kursbuch Unternehmenserfolg: 10 Tipps zur nachhaltigen Steigerung des Unternehmenswertes, Gabal Verlag, Offenbach 2001.

Hamel, Gary; Prahalad, C. K: Wettlauf um die Zukunft, Ueberreuter Verlag, Wien 1997.

Horvath & Partner: „100 x Balanced Scorecard" 2003-Ergebnisbericht, 01/2004. Unveröffentlichte Studie.

Kaplan, Robert S.; Norton, David P.: Balanced Scorecard: Strategien erfolgreich umsetzen, Schäffer-Poeschel Verlag, Stuttgart 1997.

Kaplan, Robert S.; Norton, David P.: Balanced Scorecard: Strategien erfolgreich umsetzen, Schäffer-Poeschel Verlag, Stuttgart 1997.

Kaplan, Robert S.; Norton, David P.: Die strategiefokussierte Organisation: Führen mit der Balanced Scorecard, Schäffer-Poeschel Verlag, Stuttgart 2001.

Kaplan, Robert S.; Norton, David P.: Die strategiefokussierte Organisation: Führen mit der Balanced Scorecard, Schäffer-Poeschel Verlag, Stuttgart 2001.

May Peter: Lernen von den Champions: Fünf Bausteine für unternehmerischen Erfolg, FAZ-Buchverlag, Frankfurt am Main 2001.

May, Peter: Lernen von den Champions: Fünf Bausteine für Unternehmerischen Erfolg, FAZ-Buchverlag, Frankfurt am Main 2001.

Mewes, Wolfgang: EKS: Die Energo-Kybernetische Strategie (Lehrgang), Frankfurt am Main 1976.

Mewes, Wolfgang: EKS: Die Energo-Kybernetische Strategie (Lehrgang), 1976

Müller-Stewens, Günter; Lechner, Christoph: Strategisches Management, Schäffer-Poeschel Verlag, Stuttgart 2001.

Murphy, Joseph: Die Macht Ihres Unterbewusstseins: das Buch der inneren und äußeren Entfaltung, 64. überarbeitete Aufl., Hugendubel Verlag, Kreuzlingen 2000.

Peters, Tom; Waterman, Robert: In Search of Excellence- Lessons from America's Best-Run Companies, Harper & Row, New York 1982.

Pfläging, Niels: Die 12 neuen Gesetze der Führung, Campus Verlag, Frankfurt/ New York 2009.

Porter, Michael E.: Wettbewerbsstrategie: Methoden zur Analyse von Branchen und Konkurrenten, 10. Auflage, Campus Verlag, Frankfurt/New York 1999.

Porter, Michael E.: Wettbewerbsvorteile: Spitzenleistungen erreichen und behaupten, 5. Auflage, Campus Verlag, Frankfurt/NewYork 1999.

Riemann, Fritz: Grundformen der Angst, Ernst-Reinhardt-Verlag, München 1990.

Ries, Al; Traut, Jack: Positioning: The Battle for Your Mind, McGraw-Hill, New York 2001.

Sawtschenko, Peter: Positionierung — das erfolgreichste Marketing auf unserem Planeten: Das Praxisbuch für ungewöhnliche Markterfolge, Gabal Verlag, Offenbach 2005.

Scheffler, Eberhard: Die 115 wichtigsten Finanzkennzahlen, Verlag C. H. Beck oHG, München 2010.

Schmelcher, Jill: Die unsichtbare Kraft, Gabler Verlag, Wiesbaden 2002.

Schmelcher, Jill: Die unsichtbare Kraft, Gabler Verlag, Wiesbaden 2002.

Schmelcher, Jill: Erfolg kommt nicht von ungefähr: In 7 Schritten zur Life Excellence, Gabler Verlag, Wiesbaden 2003.

Simon, Hermann: Die heimlichen Gewinner (Hidden Champions): Die Erfolgsstrategie unbekannter Weltmarktführer, 5. Aufl., Campus Verlag, Frankfurt/ New York 1998.

Simon, Hermann: Hidden Champions des 21. Jahrhunderts: Die Erfolgsstrategien unbekannter Weltmarktführer, Campus Verlag, Frankfurt/NewYork 2007.

Literaturverzeichnis

Simon, Hermann: Hidden Champions des 21. Jahrhunderts: Die Erfolgsstrategien unbekannter Weltmarktführer, Campus Verlag, Frankfurt/New York 2007.

Thommen John-Paul; Achleitner, Ann-Kristin: Allgemeine Betriebswirtschaft: Umfassende Einführung aus managementorientierter Sicht, 2. Aufl., Gabler Verlag, Wiesbaden 1998.

Venohr, Bernd: Wachsen wie Würth, Das Geheimnis des Welterfolgs, Campus Verlag, Frankfurt/NewYork 2006.

Weissman, Arnold: Die Großen Strategien für den Mittelstand, 2. aktualisierte Auflage, Campus Verlag, Frankfurt/NewYork 2011.

Weissman, Arnold: Erfolgreich mit den Großen des Managements, Campus Verlag, Frankfurt/NewYork 2008.

Weissman, Arnold: Management-Stufen — 5 Stufen zum Erfolg, Verlag Moderne Industrie, Landsberg/Lech 1994.

Weissman, Arnold: Marketing-Strategie: 10 Stufen zum Erfolg, 4. Aufl., Verlag Moderne Industrie, Landsberg/Lech 1995.

Weissman, Arnold; Augsten, Tobias & Artmann, Alexander: Das Unternehmens-cockpit — Erfolgreiches Navigieren in schwierigen Märkten, Springer Gabler, Wiesbaden 2011.

Weissman, Arnold; Feige, Joachim: Sinnergie: Wendezeit für das Management, 2. Aufl., Orell Füssli Verlag, Zürich 2000.

Weissman, Arnold; Feige, Joachim: Sinnergie: Wendezeit für das Management, 2. Aufl., Orell Füssli Verlag, Zürich 2000.

Quellen aus der Schriftenreihe der WeissmanGruppe

Weissman, Arnold; Megerle, Marcel: Das Weissman-Credo — Leitgedanken zur wert(e)basierten Führung von Familienunternehmen, Nürnberg 2012.

Weissman, Arnold: Die Universalprinzipien des Erfolgs — Was Manager von der Natur lernen können, 2. Auflage, Nürnberg 2012.

Artmann, Alexander; Augsten, Tobias; Weissman, Ben: Das Unternehmenscockpit — 10 Kennzahlen zur Steuerung meines Unternehmens, Nürnberg 2005.

Hippach, Joachim; Mandat, Michael; Schultheiss, Björn: Die Marke strategisch führen — Unternehmenswert durch Markenwert — Markenwert durch strategische Markenführung, Nürnberg 2007.

Schmelcher, Jill; Thamm, Stefan: Führung neu leben — Der mündige Mitarbeiter fordert eine mündige Führungskraft, Nürnberg 2007.

Artmann, Alexander; Liebers, Simone; Weissman, Arnold: Raus aus der Strategiefalle — Mit innovativen Geschäftsmodellen neue Standards setzen und die Zukunft gestalten., Nürnberg 2009.

Baumgartner, Irena; Schmelcher, Jill; Beinlich, Anna: Den Wandel gestalten — Strategisches Change-Management — Veränderungsprozesse wirksam führen und managen, Nürnberg 2010.

Augsten, Tobias; Koths, Hubert: Sicherung der Handlungsfähigkeit im Familienunternehmen — Leitfaden zur Krisenprävention, Nürnberg 2011.

Sonstige Quellen

Augsten, Tobias; Dr. Bömelburg, Peter; Löffler, Hendrik F. (Hrsg.): Risikomanagement im Mittelstand, Benchmarkstudie zu Stand und Perspektiven des Risikomanagements in deutschen (Familien-)Unternehmen von Weissman & Cie, Rödl & Partner, Funk RMCE.

Monatsbericht der Deutschen Bundesbank Januar 1992: Die Untersuchung von Unternehmensinsolvenzen im Rahmen der Kreditwürdigkeitsprüfung durch die Deutschen Bundesbank, S. 34.

Kerstin Viening: „Wüstenbionik: Rollen wie eine Spinne", Hamburger Abendblatt online, 16. Juni 2011.

„Anpassungsfähige Auster", Stuttgarter Zeitung, 20. September 2012.

Danksagung

Danke zu sagen stellt einen Wert dar, der in unserer Zeit manchmal ein bisschen zu kurz kommt. Deshalb ist es mir ein sehr wichtiges Anliegen, all denen zu danken, die die Entstehung dieses Buches direkt und indirekt wesentlich unterstützt haben.

Mein Dank gilt zunächst all den Unternehmerinnen und Unternehmern, die uns täglich mit ihren außergewöhnlichen Ideen und Erfolgsgeschichten Mut machen und von denen wir alle so viel lernen können. Man muss unsere „Hidden Champions" sicher nicht kopieren, aber wir können „kapieren", warum sie nachhaltig so erfolgreich sind. Wir haben das besondere Privileg, dieses Wissen weitergeben zu dürfen. Vergessen wir nicht: Die ganze Welt bewundert uns um unsere Weltmarktführer und speziell auch um den „German Mittelstand". Ein Phänomen, das außerhalb des deutschen Sprachraums nur wenige wirklich verstehen. Dank also an die UnternehmerInnen, die wir in den letzten 25 Jahren begleiten durften und von denen wir lernen durften, dass die in diesem Buch vorgestellte Theorie in der Praxis einfach funktioniert.

Mein besonderer persönlicher Dank gilt Andrea Przyklenk, Birte Fiege und Marcel Megerle, die mich bei der Erarbeitung des Manuskripts, aber auch bei der Überarbeitung unterstützt haben. Sie haben nicht nur viel Mühe, sondern auch viel Herzblut in dieses Projekt gesteckt und dafür ein herzliches Dankeschön. Bedanken möchte ich mich auch bei Herrn Dr. Breitsohl und „DIE NEWS", die mich in der aktuellen Recherche, aber auch als Gesprächspartner immer wieder unterstützt haben.

Last but not least möchte ich mich bei meiner Familie und allen Mitgliedern der gesamten WeissmanGruppe bedanken, die mich in meinem Tun täglich unterstützen und ohne die meine Arbeit gar nicht möglich wäre.

Nürnberg, im Dezember 2013

Arnold Weissman

Abbildungsverzeichnis

Stichwortverzeichnis

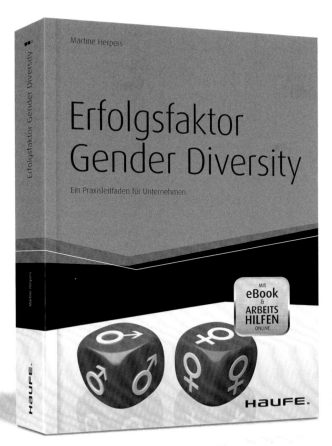

€ 49,95 [D]
ca. 320 Seiten
ISBN 978-3-648-03704-1
Bestell-Nr. E04191

Praxisleitfaden für gender-kompetentes Handeln

Trotz politischer und gesellschaftlicher Debatten um Gleichstellung, Fachkräftemangel und Frauenförderung sind Frauen in Führungspositionen weiterhin stark unterrepräsentiert. Wie kann man Gender-Diversity fest in der Unternehmensstruktur verankern? Die Autorin, Martine Herpers, bietet Führungskräften einen wertvollen Praxisleitfaden für die erfolgreiche Umsetzung im Unternehmen.

> Eigene Webseite zum Thema mit Assessment-Bögen zur Durchführung eines Gender-Diversity-Capability-Assessments und Best-Practice-Cases

> Inklusiv eBook-Version

Eva B. Müller

Innovative Leadership

Die fünf wichtigsten Führungstechniken der Zukunft

MIT
eBook
&
ARBEITS
HILFEN
ONLINE

€ 49,95
ca. 320 Seiten
ISBN 978-3-648-04040-9
Bestell-Nr. E01637

Die fünf wichtigsten Führungstechniken

Das Buch zeigt, warum die klassischen Managementmethoden der Top-down-Führung in täglich wachsenden Netzwerken immer weniger funktionsfähig sind. Detailliert werden die fünf wichtigsten Führungstechniken erläutert, welche die veraltete Führungskultur ablösen.

> Network Leadership im Unternehmen
> Virtuelle Teamführung durch Management 2.0
> Selbstführung: Das psychologische Kapital einsetzen
> Den eigenen Arbeitsbereich mitdefinieren und ein
   erfülltes Arbeitsleben führen